Christian Kleinschmidt und Dieter Ziegler (Hrsg.)

Dekolonisierungsgewinner

Dekolonisierungsgewinner

Deutsche Außenpolitik und Außenwirtschaftsbeziehungen im Zeitalter des Kalten Krieges

Herausgegeben von
Christian Kleinschmidt und Dieter Ziegler

DE GRUYTER
OLDENBOURG

ISBN 978-3-11-053909-7
e-ISBN (PDF) 978-3-11-054112-0
e-ISBN (EPUB) 978-3-11-053918-9

Library of Congress Cataloging-in-Publication Data
Names: Kleinschmidt, Christian, 1961- editor. | Ziegler, Dieter, editor.
Title: Dekolonisierungsgewinner : deutsche Aussenpolitik und Aussenwirtschaftsbeziehungen im Zeitalter des Kalten Krieges / edited by Christian Kleinschmidt, Dieter Ziegler.
Description: 1 Edition. | Boston/Berlin : De Gruyter Oldenbourg, 2018. Includes bibliographical references and index.
Identifiers: LCCN 2018009489 (print) | LCCN 2018024150 (ebook) | ISBN 9783110541120 | ISBN 9783110539097 (hardback) | ISBN 9783110541120 (PDF) | ISBN 9783110539189 (EPUB)
Subjects: LCSH: Germany (West)--Foreign economic relations--Developing countries. | Developing countries--Foreign economic relations--Germany (West) | Germany (East)--Foreign economic relations--Developing countries. | Developing countries--Foreign economic relations --Germany (East) | Cold War. | Decolonization. | BISAC: HISTORY / General. | HISTORY / Europe / Germany. | BUSINESS & ECONOMICS / Economic History. | HISTORY / Modern / 20th Century.
Classification: LCC HF1546.15.D44 (ebook) | LCC HF1546.15.D44 D45 2018 (print) | DDC --dc23
LC record available at https://lccn.loc.gov/2018009489

Bibliografische Information der Deutschen Nationalbibliothek
Die Deutsche Nationalbibliothek verzeichnet diese Publikation in der Deutschen Nationalbibliografie; detaillierte bibliografische Daten sind im Internet über http://dnb.dnb.de abrufbar.

Umschlagabbildung: Anwar as-Sadat mit einem Modell eines Hochofens. Historisches Archiv Krupp, Essen (WA 16 k 818.14).
Druck und Bindung: CPI books GmbH, Leck

www.degruyter.com

Inhalt

Afrika

Indien und Indonesien

Volksrepublik China

Christian Kleinschmidt, Dieter Ziegler

Deutsche Wirtschaftsinteressen zwischen Entwicklungshilfe und Dekolonisierung: eine Einleitung

Nach dem Ende des Zweiten Weltkriegs und nach der Gründung der Bundesrepublik Deutschland und der DDR waren die außenpolitischen und außenwirtschaftlichen Beziehungen der beiden deutschen Staaten im Zuge der Blockbildung durch die jeweiligen Führungsmächte USA und UdSSR sowie im Verlauf der 1950er Jahre durch die politisch-ökonomischen und militärischen Bündnisse der NATO und der EWG bzw. des „Warschauer Vertrages" und des RGW geprägt. Während die Bundesrepublik mit der Einbindung in die westlichen Bündnissysteme sowie das Allgemeine Zoll- und Handelsabkommen *GATT* eine „Weichenstellung für die Globalisierung" (Reinhard Neebe) anstrebte und damit an die Traditionen des Freihandels und der ersten Globalisierungsphase im 19. Jahrhundert anknüpfte, konzentrierten sich – verstärkt durch die amerikanische Embargopolitik (*Coordinating Committee on Export Controls*/COCOM) – die Außenwirtschaftsbeziehungen der DDR auf die sozialistischen Volkswirtschaften.[1] Für die Bundesrepublik waren Europa und die USA die wichtigsten Außenwirtschaftspartner. Etwa zwei Drittel des westdeutschen Außenhandels wurden mit westeuropäischen Staaten abgewickelt. Mit weitem Abstand folgten die USA, Lateinamerika und Asien. Auch bei den Direktinvestitionen westdeutscher Unternehmen im Ausland führten die westeuropäischen Staaten vor den USA, Lateinamerika, Afrika und Asien.[2]

Im Zeitalter des Kalten Krieges, der politischen und militärischen Blockbildung und im Zuge sich überlappender Entwicklungen des Dekolonisierungsprozesses nach 1945, zeichneten sich die Außenwirtschaftsbeziehungen beider deutscher Staaten durch ein hohes Maß an Politisierung aus. Nicht mehr allein liberale Vorstellungen des Freihandels und komparative Kostenvorteile im Sinne Adam Smiths und David Ricardos bestimmten die Wirtschaftsbeziehungen der Staaten unter-

---

1 Ausführlich dazu s. *R. Neebe*, Weichenstellung für die Globalisierung. Deutsche Weltmarktpolitik, Europa und Amerika in der Ära Ludwig Erhard, Köln 2004 sowie *J. Bellers*/ *M. Porsche-Ludwig*, Außenwirtschaftspolitik der Bundesrepublik Deutschland 1950–2011. Ein Handbuch zu Vergangenheit und Gegenwart, Berlin 2011; *A. Steiner*, Von Plan zu Plan. Eine Wirtschaftsgeschichte der DDR, München 2004, S. 63 ff.; *J. Scholtyseck*, Die Außenpolitik der DDR, München 2003.

2 *Neebe*, Weichenstellung, S. 230.

https://doi.org/10.1515/9783110541120-001

einander, sondern politische und strategische Ziele der führenden Wirtschafts- und Militärmächte USA und Sowjetunion und deren geostrategische Überlegungen bildeten die Rahmenbedingungen für die Handels- und Investitionsstrategien auch der Bundesrepublik und der DDR, so dass man in diesem Zusammenhang von *strategischen Außenwirtschaftsbeziehungen* und damit auch von einem „Primat der Politik" auf diesem Feld sprechen kann.[3] Diese strategischen Außenwirtschaftsbeziehungen zeigten sich vor allem im Zuge des Dekolonisierungsprozesses nach 1945, wobei die USA und die Sowjetunion mit Unterstützung der jeweiligen Juniorpartner Bundesrepublik und DDR außenpolitische und außenwirtschaftliche Beziehungen zu denjenigen Ländern knüpften, die sich in geostrategisch wichtigen Regionen der Welt befanden, zu denen traditionell gute Wirtschaftsbeziehungen bestanden, und/oder deren zukünftige politische, militärische und ökonomische Ausrichtung in der Phase der Rekonstruktion, im Zuge der Dekolonisation und der Neuordnung als unsicher, unentschieden oder als instrumentalisierbar im Sinne der eigenen politischen und ökonomischen Ziele im „globalen Klassenkampf" (Bernd Stöver) galt. Insofern spielten hier auch regionale und nationale Sicherheitsinteressen eine Rolle.[4] Zentrale Regionen und Staaten waren in diesem Zusammenhang – neben den lateinamerikanischen Staaten als *Hinterhof der USA* – vor allem der Vordere Orient von der Türkei über Israel und dessen Nachbarstaaten bis nach Ägypten und den Maghreb in Nordafrika. In Zentralafrika waren dies die Noch-Kolonialstaaten sowie die sich im Unabhängigkeitsprozess befindlichen Staaten der Subsahara, insbesondere diejenigen, die als ehemalige französische Kolonien eine Anbindungsmöglichkeit an die EWG hatten sowie Südafrika als eine der größten Volkswirtschaften des Kontinents. In Asien gerieten China, der indische Subkontinent und Indonesien in den Fokus nicht nur der USA und der Sowjetunion, sondern auch der Bundesrepublik und der DDR.

Obwohl die Staaten dieser Regionen rein quantitativ im Vergleich zu den klassischen Handelspartnern in Europa und den USA nur eine geringe Rolle spielten, wurde ihnen im Sinne der *strategischen Außenwirtschaftsbeziehungen* von der Bundesrepublik und der DDR im Zeitalter des Kalten Krieges große Aufmerksamkeit geschenkt, nicht zuletzt im Rahmen eines neuen Instrumentariums, der *Entwicklungshilfe*, welche die entsprechenden Zielländer in die politischen und militärischen Machtblöcke integrieren oder sie zumindest attrahieren sollte. In den Beiträgen dieses Sammelbandes stehen somit strategisch wichtige Staaten

3 *C. Kleinschmidt*, Internationale Wirtschafts- und Unternehmensbeziehungen nach 1945, in: Jahrbuch für Wirtschaftsgeschichte 53/1, 2012, S. 9–14; Ders., Strategische Außenwirtschaftsbeziehungen. Die Bundesrepublik, die Türkei und der Kalte Krieg 1945–1970, in: ebd., S. 43–67.

4 Zum Thema Sicherheit jüngst: *E. Conze*, Geschichte der Sicherheit. Entwicklung – Themen – Perspektiven, Göttingen 2018, S. 60 ff.

der Regionen des Vorderen Orients, Afrikas sowie Ost- und Südostasiens im Mittelpunkt.[5]

Im Unterschied zu einem Band über die „Ökonomie im Kalten Krieg“, der sich in erster Linie mit den wirtschaftlichen und militärischen Beziehungen der beiden Großmächte USA und Sowjetunion zu unterschiedlichen Drittstaaten beschäftigt,[6] geht es in der vorliegenden Publikation um die außenpolitischen und außenwirtschaftlichen Beziehungen der Bundesrepublik und der DDR. Die sich im Verlauf der 1950er und 60er Jahre entwickelnden *special relations* zu Staaten der sogenannten *Dritten Welt* bzw. der *Peripherie*, in heutiger Begrifflichkeit: des *globalen Südens*, boten den Volkswirtschaften der beiden deutschen Staaten, so eine für einen Großteil der vorliegenden Beiträge gültige These, Chancen zur Erschließung neuer, internationaler Märkte – trotz bzw. gerade wegen der Tatsache, dass Deutschland seit Ende des Ersten Weltkriegs über keine Kolonien mehr verfügte. Beide Staaten nutzten diese Möglichkeiten einer kolonial-unbelasteten wirtschaftlichen Zusammenarbeit im Windschatten der Siegermächte des Zweiten Weltkriegs und dessen bisweilen ökonomisch-restriktiven Begleiterscheinungen und Sachzwängen. Sie können deshalb durchaus als Dekolonisierungsgewinner gelten. Diese Vorteile mussten allerdings nicht selten in Konfrontation mit dem *Klassenfeind* erkämpft werden, sollten sich dann aber – das gilt insbesondere für die Bundesrepublik und dessen Beziehungen zu China und Indien gegen Ende des Kalten Kriegs – mittel- und langfristig als erfolgversprechend erweisen. Im chinesischen Fall waren es nicht die Folgen der Dekolonisierung, sondern das Zerwürfnis mit der Sowjetunion, welches der Bundesrepublik zumindest zeitverzögert die Möglichkeit zur Aufnahme wirtschaftlicher Beziehungen zu einem riesigen Markt öffnete.

1 Entwicklungshilfe und Systemkonkurrenz

Das Konzept der *Entwicklungshilfe* als Hilfe für *unterentwickelte* Länder wurde unter dem amerikanischen Präsidenten Harry S. Truman nach dem Ende des Zweiten Weltkriegs als Instrument der Containment-Politik entwickelt und ist somit ein integraler Bestandteil der US-Außenpolitik während des Kalten Krieges.

5 Die Beziehungen zu lateinamerikanischen Staaten sind nicht Gegenstand dieses Sammelbandes. Dazu ist jüngst ein eigener Band erschienen von *A. Manke/K. Brezinová* (Hg.): Kleinstaaten und sekundäre Akteure im Kalten Krieg. Politische, wirtschaftliche, militärische und kulturelle Wechselbeziehungen zwischen Europa und Lateinamerika, Bielefeld 2016.

6 *B. Greiner/C. T. Müller/C. Weber* (Hg.): Ökonomie im Kalten Krieg (Studien zum Kalten Krieg Bd. 4), Hamburg 2010.

Ziel dieser Politik eines nachkolonialen Zeitalters war die Verringerung sozialer Ungleichheiten durch entsprechende Hilfsmaßnahmen für die neuen, nun unabhängigen Nationalstaaten der „Dritten Welt“, die vor allem als „Hilfe zur Selbsthilfe“ gedacht war und mittelfristig ein sich selbst tragendes Wachstum in Gang setzen sollte.[7] Das Konzept der Entwicklungshilfe knüpfte einerseits an Vorläufer aus der Kolonialzeit wie etwa die Idee des „colonial development“ an, die etwa für Frankreich und Großbritannien in der Zwischenkriegszeit die Möglichkeit bieten sollte, zur Überwindung der krisenhaften Entwicklung nach dem Ersten Weltkrieg die Kolonien als Exportmärkte und Rohstofflieferanten stärker an die Volkswirtschaften der Mutterländer zu binden. Nach dem Zweiten Weltkrieg und im Zuge der Dekolonisierung ging es den ehemaligen Kolonialmächten, ebenso wie den neuen Supermächten USA und Sowjetunion, ebenfalls um eine engere Anbindung der inzwischen unabhängigen Kolonialstaaten – diesmal im Zuge der Systemkonkurrenz während des Kalten Krieges mit dem Ziel, die eigene Gesellschaftsform und Wirtschaftsordnung zu exportieren und eine Einflussnahme der Gegenseite zu verhindern.[8] Trumans entwicklungspolitisches Programm mündete zu Beginn der 1960er Jahre in das Gesetz über die Auslandshilfe und führte mit der Gründung der „US Agency for International Development“ (US AID) zu einem umfangreichen Programm der Wirtschafts- und Nahrungsmittelhilfe mit dem Ziel, den zunehmend wachsender sowjetischen Einfluss in Ländern der „Dritten Welt“ einzudämmen (Containment Politik), den freien Zugang zu Ressourcen und Verkehrswegen zu sichern sowie die nationale Sicherheit durch internationale Zusammenarbeit im Bereich von Wirtschaft, Militär und Politik zu garantieren. Im Zuge geostrategischer amerikanischer Interessen liefen Außenpolitik und Außenwirtschaftsbeziehungen, Militär- und Entwicklungshilfe, oftmals Hand in Hand. Entwicklungshilfe wurde somit im Kalten Krieg nicht selten als „Waffe“ eingesetzt.[9] Im Focus der amerikanischen Wirtschaftshilfe standen nach dem Zweiten Weltkrieg neben den Ländern Westeuropas (Marshallplan-Hilfe), dem Nahen Osten und Südasiens (Ägypten, Israel, Indien, Pakistan), der Ferne Osten (Südvietnam, Südkorea, Indonesien, Philippinen, Taiwan, Japan),

7 *P. H. Lepenies*, Lernen vom Besserwisser: Wissenstransfer in der ‚Entwicklungshilfe‘ aus historischer Perspektive, in: *H. Büschel/D. Speich* (Hg.): Entwicklungswelten. Globalgeschichte der Entwicklungszusammenarbeit, Frankfurt 2009, S. 34–38.

8 *N. P. Petersson*, ‚Großer Sprung nach vorn‘ oder ‚natürliche Entwicklung‘? Zeitkonzepte der Entwicklungspolitik im 20. Jahrhundert, in: *Büschel/Speich:* Entwicklungswelten, S. 91–99; *T. W. Zeiler*, Offene Türen in der Weltwirtschaft, in: *A. Iriye* (Hg.): Geschichte der Welt. 1945 bis heute. Die globalisierte Welt, München 2013, S. 223.

9 *B. Stöver*, Der Kalte Krieg 1947–1991. Geschichte eines radikalen Zeitalters, München 2007, S. 314.

Afrika (Ägypten, Marokko, Tunesien, Zaire, Sudan) sowie Südamerika (Brasilien, Kolumbien, Bolivien).[10]

Die Entwicklungshilfe der Sowjetunion, ebenfalls in den meisten Fällen eine Kombination aus militärischer und Wirtschaftshilfe, verstand sich als Ausdruck antikolonialer und antikapitalistischer Strategien und als Fortsetzung der Systemkonkurrenz in Mitteleuropa und zielte ebenfalls auf Staaten in Asien, Afrika und Lateinamerika ab mit dem Ziel, das sowjetische Wirtschafts- und Gesellschaftsmodell in den Empfängerländern zu verbreiten.[11] Strukturell unterschieden sich somit die amerikanische und die sowjetische Entwicklungshilfe kaum, z.T. orientierten sie sich sogar auf die gleichen Staaten wie etwa Indien, Indonesien oder Ägypten, die den Entwicklungshilfe-Systemwettbewerb dann zu ihren Gunsten auszunutzen versuchten. Dabei spielte die Bewegung der blockfreien Staaten, die aus der Konferenz von Bandung im Jahr 1955 hervorgegangen war, eine zentrale Rolle. Ein Großteil der dort vertretenen Länder waren ehemalige Kolonien, die nach z.T. jahrhundertelanger Fremdherrschaft ihre neu errungene Unabhängigkeit nicht mehr durch neue Abhängigkeiten im Zuge der westlichen und östlichen Entwicklungshilfe aufgeben wollten.[12]

Die Entwicklungshilfe der Bundesrepublik und der DDR[13] bewegte sich in der gleichen Logik wie diejenige der USA und der Sowjetunion. Beide deutsche

---

10 *E. Conteh-Morgan*, Die US-Entwicklungshilfe während des Kalten Krieges, in: *Greiner, Müller, Weber*, Ökonomie im Kalten Krieg, S. 63 – 70. Die Länder in Klammern stellen in absteigender Form die größten Bezieher amerikanischer Wirtschaftshilfe dar.

11 *R. E. Kanet*, Vier Jahrzehnte sowjetischer Wirtschaftshilfe, in: *Greiner, Müller, Weber* (Hg.): Ökonomie im Kalten Krieg, S. 45 – 51.

12 Zu den Beispielen Indien und Indonesien s. *R. Boden*, Das Scheitern der sowjetischen Modernisierungsoffensive in Indonesien, in: *Greiner, Müller, Weber*, Ökonomie im Kalten Krieg, S. 104 – 123 sowie *C. R. Unger*, Export und Entwicklung: Westliche Wirtschaftsinteressen in Indien im Kontext der Dekolonisation und des Kalten Krieges, in: Jahrbuch für Wirtschaftsgeschichte 53/1, 2012, S. 69 – 86; Dies.: Rourkela, ein ‚Stahlwerk im Dschungel'. Industriealisierung, Modernisierung und Entwicklungshilfe im Kontext von Dekolonisation und Kaltem Krieg (1950 – 1970), in: *A. Kruke* (Hg.): Dekolonisation. Prozesse und Verflechtungen 1945 – 1990, S. 367 – 388; *D. Rothermund*, Indiens wirtschaftliche Entwicklung. Von der Kolonialherrschaft5 bis zur Gegenwart, Paderborn 1985.

13 Ausführlich zur Entwicklungshilfe beider deutscher Staaten s. *H. Büschel*, Hilfe zur Selbsthilfe. Deutsche Entwicklungsarbeit in Afrika, Frankfurt 2014; Zu den Anfängen der westdeutschen Entwicklungshilfe s. *B. Hein*, Die Westdeutschen und die Dritte Welt. Entwicklungspolitik und Entwicklungsdienste zwischen Reform und Revolte 1959 – 1974, München 2006; Zur DDR-Entwicklungshilfe s. *H. Möller*, Die DDR und die Dritte Welt. Die Beziehungen der DDR mit Entwicklungsländern – ein neues theoretisches Konzept, dargestellt anhand der Beispiele China und Äthiopien sowie Irak/Iran, Berlin 2004; Zu den Anfängen der westdeutschen Entwicklungshilfe

Staaten spiegelten als Juniorpartner die entwicklungspolitischen Strategien ihrer Schutzmächte und Verbündeten wider. Beide verstanden Entwicklungshilfe als „Hilfe zur Selbsthilfe", wobei die DDR die Überwindung des Kolonialismus und die Hinwendung einer „Internationalen Solidarität" im Rahmen der sozialistischen Staatenwelt anstrebte, während die Bundesrepublik gerade einer solchen systematischen Beeinflussung durch den Kommunismus entgegenzuwirken versuchte. Selbst diejenigen Regionen und Staaten, in denen sich sowohl die Bundesrepublik und die DDR entwicklungspolitisch engagierten, deckten sich teilweise mit denjenigen der Führungsmächte USA und Sowjetunion. Deren Politik bestand zunehmend darin, ihren deutschen Juniorpartnern Verantwortung bei der Stabilisierung unsicherer Regionen zu übertragen. So waren die USA allein kaum in der Lage, die wachsenden Herausforderungen der Dekolonisierung und des Kalten Krieges zu bewältigen, so dass die Bundesrepublik als wiedererstarkte Wirtschaftsmacht zunehmend an Bedeutung gewann.

2 Strategisch wichtige Regionen

2.1 Mena Region

Dies zeigt sich etwa am Beispiel der Wirtschafts- und Militärhilfe im Nahen Osten und in Afrika. Zu Beginn der 1960er Jahre waren die Türkei und Israel (neben Indien) wichtigste Bezieher bundesdeutscher Entwicklungshilfe. Hinsichtlich der Militärhilfe standen die Türkei und Israel an der Spitze der Empfängerländer.[14] Im Vorderen Orient bzw. dem Nahen Osten sollte westdeutsche Entwicklungshilfe nicht nur die wirtschaftliche Entwicklung in den Empfängerländern im Sinne einer „Hilfe zur Selbsthilfe" stärken und die deutschen Wirtschafts- und Unternehmensinteressen in der Region befördern. Flankierende Militärhilfe diente der politischen Stabilisierung in einer Region, die sich auch nach dem Zweiten Weltkrieg infolge zahlreicher Kriege und Krisen als weitgehend instabil und unsicher erwies, wobei die Waffenlieferungen aus West und Ost die Konflikte eher verstärkten als befriedeten. Gerade auch in dieser Region war die amerikanische Wirtschaftshilfe Bestandteil der Truman-Doktrin und der Containmentpolitik. Die Region stellte zudem einen Großteil der weltweiten Erdölreserven, deren Förderung aus westlicher Perspektive zunehmend als bedroht erschien. Im Zuge des

---

s.a. *M. Lohmann:* Von der Entwicklungspolitik zur Armenhilfe. Die Entwicklungspolitik der Bundesrepublik Deutschland 1961–1989 auf dem Weg in die Wirkungslosigkeit?, Berlin 2010.

14 *L. G. Feldman*, The Special Relationship between West Germany and Israel, Boston 1984, S. 103, 124.

Suez-Krieges 1956 und der Verschlechterung der ägyptischen Beziehungen zum Westen stießen die sozialistischen Staaten in diese Lücke und knüpften Beziehungen auch nach Syrien, dem Jemen, dem Irak sowie in den Sudan.[15] Indirekt kann auch die DDR somit als „Dekolonisierungsgewinner" gelten, da sie im Nahen Osten von den gescheiterten Beziehungen des Westens zu einigen Staaten der Region profitierte und im Zuge eines „antiimperialistischen Engagements" dort Entwicklungshilfe leistete, Rohstoffe importierte und über Exporte Deviseneinnahmen generierte. Überlegungen eines „arabischen Sozialismus" und Nassers Enteignungspolitik in Ägypten sowie das sowjetische Engagement beim Assuan-Staudamm – bei einem gleichzeitigen Scheitern des westlichen und westdeutschen Assuan-Projekts – wurden von westlicher Seite als Destabilisierung der Region empfunden.[16] Das westdeutsche Engagement im Nahen Osten und damit auch in Israel[17] muss wiederum auch vor diesem Hintergrund betrachtet werden. In der Türkei schließlich sollte die Bundesrepublik, nicht zuletzt auf Drängen der USA, die Südostflanke der NATO militärisch und ökonomisch stabilisieren helfen. Die Türkei ist insofern ein Beispiel für die Fortsetzung traditionell guter politischer, militärischer und ökonomischer Beziehungen, die bis ins 19. Jahrhundert zurück reichen, und die nach 1945 unter geänderten politisch-militärischen Rahmenbedingungen im Zeitalter des Kalten Krieges eine Fortsetzung fanden.[18]

Der Kalte Krieg übertrug sich somit im Zuge der Dekolonisierung und Blockbildung auch auf die „Dritte Welt" und es entwickelte sich daraus eine Systemkonkurrenz, die beide deutsche Staaten sowie der Entwicklungshilfe betraf, und die verstärkt wurde durch die „Hallstein-Doktrin" der Bundesregierung, wonach diese mit dem Abbruch jeglicher Beziehungen im Falle der Kontaktaufnahme von Drittstaaten mit der DDR drohte.[19]

Die Konflikte und Umbrüche im Nahen Osten sollten auch in den folgenden Jahrzehnten die Außenpolitik und die Außenwirtschaftsbeziehungen – nicht zu-

---

15 *S. Wippel*, Die Außenwirtschaftsbeziehungen der DDR zum Nahen Osten, Berlin 1996, S. 19–28; s.a. *Zeiler*, Offene Türen, S. 250f.

16 *T. Scheben*, Wachstumsstrategien im Nahen Osten während des Kalten Krieges, in: *Greiner, Müller, Weber*, Ökonomie im Kalten Krieg, S. 124ff., 147–150; s.a. *S. O. Berggötz*, Nahostpolitik in der Ära Adenauer. Möglichkeiten und Grenzen 1949–1963, Düsseldorf 1998, S. 335–360; *Wippel*, Außenwirtschaftsbeziehungen der DDR, S. 13f..

17 Israel stellt aufgrund der nationalsozialistischen Vergangenheit zugleich einen Sonderfall dar. S. dazu *Berggötz*, Nahostpolitik; *C. Kleinschmidt*, Von der „Shilumim" zur Entwicklungshilfe. Deutsch-israelische Wirtschaftskontakte 1950–1966, in: Vierteljahrschrift für Sozial- und Wirtschaftsgeschichte 97/2, 2010, S. 176–192.

18 *C. Kleinschmidt:* Strategische Außenwirtschaftsbeziehungen, S. 44–67.

19 *Büschel*, Hilfe zur Selbsthilfe, S. 12ff., 51–63; Zur DDR-Entwicklungshilfe; s.a. *Möller*, DDR und Dritte Welt.

letzt vor dem Hintergrund der energiewirtschaftlichen Interessen der Bundesrepublik und der besonderen Beziehungen zu Israel – immer wieder vor besondere Herausforderungen stellen. Dies gilt schließlich bis weit über das Ende des Kalten Krieges hinaus bis in die jüngste Vergangenheit. Die Auswirkungen der historisch überraschenden systemischen Umbrüche im Kontext des „Arabischen Frühlings" aus dem Jahr 2011 haben nicht nur ein großes Potential, innerstaatliche Entwicklungen zu verändern, sondern können auch außenpolitische Handlungsstrategien staatlicher Akteure des internationalen Umfelds von Staaten dynamisieren. Vor den Umbrüchen in der arabischen Welt erfuhr die deutsche Außenpolitik in der MENA-Region („Middle East & North Africa") mit Ausnahme von Israel keine prioritäre Behandlung und beschränkte sich auf einzelne Aktionsfelder. Dennoch wurde gleichzeitig die grundsätzlich kooperative Haltung gegenüber den diktatorischen Regimen nicht in Frage gestellt. Trotz eines zunehmenden außenpolitischen Interesses Deutschlands in den letzten zwei Dekaden ist bis zuletzt der Einfluss anderer staatlicher Akteure, vornehmlich von südeuropäischen Staaten und den USA, in der MENA-Region als strategisch umfassender und gewichtiger in Erscheinung getreten. Seit dem „Arabischen Frühling" sind hinsichtlich der deutschen interessenpolitischen Gemengelage Prioritätsverschiebungen konstatierbar, die sich vor allem in Bezug auf Ägypten, Libyen und Tunesien kenntlich machen. Dennoch sind diese Handlungsstrategien internalisiert in tradierte Leitlinien deutscher außenpolitischer Kultur, die wiederum die außenpolitischen Rollenvorstellungen Deutschlands prägen.[20]

2.2 Afrika

Während der Nahe Osten über Jahrzehnte im Fokus der Entwicklungs- und Militärhilfe beider deutscher Staaten stand, wurde dem afrikanischen Kontinent deutlich weniger Aufmerksamkeit geschenkt. Im Unterschied etwa zu Frankreich und Grossbritannien gab es hier – zumindest seit Ende des Ersten Weltkriegs – keine deutsche koloniale Vergangenheit mehr. Gleichwohl verstärkte die Bundesrepublik seit Mitte der 1950er Jahre insbesondere in der Subsahara ihr politisches und wirtschaftliches Engagement. Dabei spielte die Gründung der Europäischen Wirtschaftsgemeinschaft (EWG) eine zentrale Rolle. Im Juli 1963 kam es in der kamerunischen Stadt Jaunde zur Unterzeichnung eines wirtschaftspolitischen Assoziationsvertrags zwischen der EWG und einer Reihe von afrikanischen

20 Zur Bedeutung der MENA-Region s. jüngst *M. M. Erdogdu/B. Christiansen*, Comparative political and economic perspectives on the MENA region, Hershey 2016.

Staaten, mit dem das schwierige Thema des Kolonialismus im Prozess der europäischen Integration abgeschlossen werden konnte. Aus der afrikanischen Perspektive bildete der Vertrag einen wichtigen Baustein, um die errungene nationale Souveränität zu sichern. Die afrikanischen Territorien traten erstmals als gleichberechtigte Partner auf, während die Bundesrepublik über die EWG Entwicklungshilfe in Aussicht stellte und dafür Zugang zu Versorgungs- und Absatzmärkten erlangte, die man damals als lebenswichtige Ergänzungsräume der deutschen Volkswirtschaft einschätzte. Aus Sicht des westdeutschen Außenministers Heinrich von Brentano kam so „die Bundesrepublik in den wirtschaftlichen Genuss der überseeischen Gebiete, ohne an den Verwaltungskosten beteiligt zu sein."[21] Als Vertreter der europäischen Seite fungierte der EWG-Kommissionspräsident Walter Hallstein, der bekanntlich eine zentrale Funktion in der Neuformulierung der deutschen Außenpolitik im Kalten Krieg hatte. Hallsteins Blick nach Afrika war weitgehend durch technisches Wissen strukturiert und stand zugleich zwischen alten Kolonialträumen und neuen Souveränitätskonzeptionen. Durch dieses Spannungsfeld war die deutsche Afrikapolitik der sechziger Jahre wesentlich geprägt.[22]

Einen Sonderfall stellten in diesem Zusammenhang Südafrika und Rhodesien dar. Trotz des Apartheid-Regimes zählte der Westen Südafrika zur „freien Welt" und unterstützte zunächst beide Regime gegen kommunistische Einflüsse, während die DDR der Oppositionsbewegung des African National Congress (ANC) materielle und technische Hilfe gewährte. Die Bundesrepublik hatte bereits Anfang der 1950er Jahre über die „South African-German Chamber of Trade and Industry" Kontakte nach Südafrika aufgenommen, die wiederum an die Vorkriegskontakte einiger großer deutscher Unternehmen anknüpften.[23]

---

21 *M. Rempe*, Entwicklung im Konflikt. Die EWG und der Senegal 1957–1975, Wien 2012, S. 41. Marc Frey weist darauf hin, dass bis Mitte der 1950er Jahre einigen westdeutschen Ministerialbeamten durchaus eine Rekolonisierung Afrikas durch Europa vorschwebte. S. *M. Frey:* Die Bundesrepublik Deutschland und der Prozess der Dekolonisierung, in: *E. Conze* (Hg.): Die Herausforderung des Globalen in der Ära Adenauer, Bonn 2010, S. 183.

22 Ausführlicher zur Assoziierungspolitik der EWG gegenüber dem subsaharischen Afrika s. *U. Vahsen*, Eurafrikanische Entwicklungskooperationen. Die Assoziierungspolitik der EWG gegenüber dem subsaharischen Afrika in den 1960er Jahren, Stuttgart 2010. Knapp zur Entstehung und Entwicklung der westdeutschen Entwicklungshilfe mit Blick auf Nigeria und Liberia s.a. *Bellers*, Außenwirtschaftspolitik, S. 247–258.

23 *B. H. Schulz*, Die zwei deutschen Staaten und das subsaharische Afrika, in: *Greiner, Müller, Weber*, Ökonomie im Kalten Krieg, S. 167; *K. Ndumbe III*, Was will Bonn in Afrika? Zur Afrikapolitik der Bundesrepublik Deutschland, Pfaffenweiler 1992, S. 83–101. Zu einem Beispiel deutsch-südafrikanischer Unternehmensbeziehungen s. jüngst *A. Biss*, Die Internationalisierung der

2.3 Indien und Indonesien

Beide deutsche Staaten maßen Indien aufgrund seiner Größe sowie seiner politischen und potentiellen wirtschaftlichen Rolle in der Weltwirtschaft besondere Bedeutung zu, so dass es zu einem deutsch-deutschen Wettstreit über das politische und wirtschaftliche Engagement vor Ort kam. Dieses Engagement beinhaltete Entwicklungs- und Technikhilfe, aber auch Handelsabkommen über die Lieferung von Großmaschinen, Anlagen und anderen Produktionsgütern, die Indien selbst nicht herstellte und es muss im Rahmen komplexer internationaler Beziehungen unter Berücksichtigung der indischen Dekolonisierung sowie den indisch-chinesischen und indisch-pakistanischen Spannungen der 1950er und 60er Jahre betrachtet werden.[24]

Was das Engagement der Bundesrepublik und der DDR in Indien anbelangt, so wird bisher angenommen, dass sich die politischen und wirtschaftlichen Grundlagen dieses Wettstreits erheblich unterschieden. Das bundesdeutsche Indien-Engagement wird gemeinhin vor dem Hintergrund von „Deutschlands Rückkehr zum Weltmarkt“ (Ludwig Erhard, 1953) verstanden und vor allem mit dem Interesse einer expansiven Industrie- und Außenhandelspolitik begründet. Hingegen wird das Engagement der DDR mehr auf der ideologischen Ebene verortet, vor allem, da beide Länder zumindest eine sozialistisch orientierte Politik teilten. Indien hatte für die DDR einen ähnlichen Stellenwert wie Ägypten. Die DDR bemühte sich in Indien vor allem um staatliche Anerkennung, konnte sich aber auf dem Gebiet der Wirtschaftshilfe kaum gegen die bundesdeutsche Konkurrenz durchsetzen, die aus indischer Perspektive deutlicher attraktiver war als entsprechende Hilfen aus der DDR. Zudem wirkte im indischen Fall die Hallstein-Doktrin.[25] Tatsächlich wurde die Bundesrepublik in Kooperation mit bundesdeutschen Großunternehmen zu einem wichtigen Pfeiler indischer Entwicklungshilfe und Industrialisierungsbemühungen zu. Zugleich werden am indischen Beispiel die unterschiedlichen Stränge außenpolitischer und außenwirtschaftlicher Interessenkonstellationen und die zunehmende Komplexität entwicklungspolitischer Strategien im Rahmen des Kalten Krieges und der Dekolonisation deutlich. Auch in Indien waren neben den USA[26]

Bayerischen Motorenwerke AG. Vom reinen Exportgeschäft zur Gründung eigener Tochtergesellschaften im Ausland, München 2017, S. 575 ff.

24 Dazu ausführlicher *A. D. Gupta*, Handel, Hilfe, Hallstein-Doktrin. Die bundesdeutsche Südasienpolitik unter Adenauer und Erhard 1949–1966, Husum 2004.

25 *H. Wentker*, Außenpolitik in engen Grenzen: Die DDR im internationalen System 1949–1989, München 2007, S. 287 ff.

26 Zur amerikanischen Südasienpolitik s. *M. Bearth*, Weizen, Waffen und Kredite für den indischen Subkontinent. Die amerikanische Südasienpolitik unter Präsident Johnson im Dilemma

und der Sowjetunion deren Juniorpartner aus beiden deutschen Staaten aktiv. Dabei wird allerdings deutlich, dass nicht nur der Systemwettbewerb, sondern auch der Wettbewerb innerhalb der Systeme von Relevanz war. Im Zuge des indischen Industrialisierungsprogramms konkurrierten nicht nur amerikanische und sowjetische Investoren um den Auf- und Ausbau indischer Hüttenwerke, wobei die indischen Auftraggeber beide zu ihren Gunsten gegeneinander ausspielen konnten. Schließlich hegte der indische Premierminister Nehru im Zuge der wirtschaftspolitischen Neuausrichtung des unabhängigen Indien starke Vorbehalte gegenüber dem amerikanischen Kapitalismus. Der „Westen“ stellte aber in diesem Kontext keinen monolithischen Block dar. Unternehmen aus Japan, Frankreich, Grossbritannien und der Bundesrepublik konkurrierten ebenfalls um indische Großaufträge, wobei deutlich wird, dass die Entwicklungshilfe der westlichen Staaten eng mit den Interessen der jeweiligen privaten Wirtschaft verknüpft war. Im bundesdeutschen Fall profitierten etwa der Stahlhersteller Krupp und der Anlagenbauer Uhde von indischen Großprojekten der Industrialisierung wie etwa dem Stahlwerksbau in Rourkela mit verbundener Düngemittelfabrik, wobei letztere durch staatliche Hermes-Exportgarantien flankiert wurde, die wiederum dazu führten, dass sich der westdeutsche Hersteller gegenüber einem französischen Konkurrenten erfolgreich durchsetzen konnte. Gegenüber französischen und britischen Konkurrenten verfügte die Bundesrepublik zudem über eine hohe technische Reputation des „Made in Germany“ sowie über den Vorteil eines „Landes ohne koloniale Vergangenheit“, was im Zuge der indischen Loslösung von Grossbritannien von nicht geringer Bedeutung war.[27]

Ähnlich wie in Indien profitierte in Indonesien die Bundesrepublik vom Status des Landes ohne koloniale Vergangenheit, wobei sich die Kritik der indonesischen Regierung als Land der Blockfreien-Bewegung auf die ehemalige Kolonialmacht Niederlande konzentrierte, deren Eigentum im Jahr 1957 konfisziert und dessen Unternehmen verstaatlicht wurden. Und wie im indischen Fall versuchte die Sowjetunion von den Verwerfungen mit der ehemaligen Kolonial-

---

zwischen Indien und Pakistan, 1963–1969, Stuttgart 1990; s.a. *M. Frey*, Dekolonisierung in Südostasien. Die Vereinigten Staaten und die Auflösung der europäischen Kolonialreiche, München 2006, zu Indonesien S. 269–276.

27 *Unger*, Export und Entwicklung, S. 70, 73–79, 81f; S.a. dies., Rourkela, S. 367–388; sowie im Rahmen der Entwicklung Indiens nach der Unabhängigkeit, dies., Entwicklungspfade in Indien. Eine internationale Geschichte 1947–1980, Göttingen 2015, insbesondere ab S. 158; Zur Auslandshilfe anderer Staaten in Indien s.a. Helmut Tischner, Die wirtschaftliche Entwicklung Indiens in den Jahren 1951–1978 unter besonderer Berücksichtigung der Auslandshilfe, Berlin 1981; Zum Instrumentarium der Hermes-Exportkreditversicherung s. *J. Bellers*, Das ‚Hermes-System‘. Die Geschichte der deutschen Exportkreditversicherung seit 1949, Münster 1989.

macht zu profitieren, wobei entsprechende Unterstützung zu 89 % aus militärischer und nur zu 11 % aus zivilen Hilfen bestanden. Die indonesisch-sowjetischen Beziehungen erwiesen sich allerdings unter dem Eindruck der Blockfreien-Bewegung und der Konferenz in Bandung im weiteren Verlauf als problematisch, so dass die Bundesrepublik spätestens seit den 1960er Jahren erfolgreich in diese Lücke stoßen konnte. Das westdeutsche Handelsvolumen mit Indonesien stieg seit Mitte der 1950er kontinuierlich an.[28] Die Bundesrepublik und die westdeutsche Industrie erscheinen, so zeigen die Beziehungen zu ehemaligen Staaten der Subsahara, zu Indien und Indonesien exemplarisch, insofern als Dekolonisierungsgewinner. In eingeschränktem Masse gilt das auch für die DDR, die in einigen Regionen neue Wirtschaftskontakte knüpfen konnte und erfolgreich um ihre politische Anerkennung warb.

2.4 Volksrepublik China

In China waren die Rahmenbedingungen für ein Engagement beider deutscher Staaten sehr unterschiedlich. Mit China hatten vor dem Zweiten Weltkrieg intensive Handelsbeziehungen bestanden, die mit dem Kriegsausbruch zum Stillstand kamen und auch nach der Revolution von 1949 und der Gründung von Volksrepublik (VR) China und Bundesrepublik Deutschland zunächst nicht wieder aufgenommen wurden. Ein wesentliches Hindernis für die Wiederbelebung der politischen (bzw. diplomatischen) und der Handelsbeziehungen war der Koreakrieg und das aus diesem Konflikt folgende Handelsembargo der USA gegen die VR China. Die Westbindung der Bundesrepublik und der Kalte Krieg verhinderten auch in den fünfziger und sechziger Jahren die diplomatische Annäherung. Die Teilung Deutschlands und die Gründung der DDR sowie deren diplomatische Anerkennung durch die VR China führten ebenfalls dazu, dass die Bundesregierung auf Grund der Hallstein-Doktrin kein Interesse an der Aufnahme diplomatischer Beziehungen mit der VR China hatte. Darüber hinaus scheiterte auch der chinesische Versuch, ein offizielles Handelsabkommen zu schließen an der Hallstein-Doktrin und dem politischen Druck aus den USA, die mit Blick auf den eskalierenden Konflikt in Vietnam ihr Handelsembargo aufrechterhielten.[29]

---

28 *Frey*, Die Bundesrepublik, S. 188; *Boden*, Das Scheitern, S. 104–113; Außenwirtschaftsdienst des Betriebs-Beraters, Bd. 13, 1967, S. 24.

29 Eine detaillierte Darstellung zu den deutsch-chinesischen Wirtschaftsbeziehungen nach 1949 existiert bislang nicht. Überblicksmäßig zu den deutsch-chinesischen Beziehungen s. *S. Fischer*, Deutschland und die Volksrepublik China seit 1949, in: *D. Fischer*, *M. Lackner* (Hg.): Länderbericht China, Bonn 2007, S. 402–417.

In diese Lücke stieß zunächst die DDR, die bereits im Jahr der Gründung der Volksrepublik China Kontakte aufnahm und diese insbesondere im wirtschaftlichen Bereich seit Beginn der 1950er Jahre intensivierte, wobei China vor allem Nahrungsmittel und Rohstoffe in die DDR lieferte, während diese weiterverarbeitete Produkte und Industrieanlagen nach China exportierte. Nach dem Bruch Chinas mit der Sowjetunion stieg das chinesische Interesse an Handels- und Wirtschaftsbeziehungen mit dem Westen. Aber nicht nur die Embargopolitik des Westens, sondern auch die innenpolitischen Krisen in der VR China („Readjustierung" nach dem gescheiterten „Großen Sprung nach vorn", „Kulturrevolution") verhinderten zunächst eine Intensivierung der Beziehungen. In den fünfziger Jahren war das Interesse der chinesischen Regierung an der Intensivierung der Handelsbeziehungen mit der Bundesrepublik auch deswegen noch eher schwach ausgeprägt, weil sich die DDR als Alternative beim Wiederaufbau der deutsch-chinesischen Handelsbeziehungen anbot. Die DDR und die VR China waren in derselben Woche gegründet worden und verstanden sich zunächst als „Bruderländer", so dass sich ihre politischen Beziehungen in den 1950er Jahren anfänglich positiv entwickelten. Das galt auch für die wirtschaftlichen Kontakte. Deshalb wurde bereits im Oktober 1950 ein Handelsvertrag zwischen beiden Ländern geschlossen. Aus chinesischer Sicht sollte der Handel mit der DDR dazu dienen, die Stabilisierung der wirtschaftlichen und politischen Lage in der DDR zu fördern und die DDR wollte die Außenhandelsbeziehungen mit der VR China in erster Linie zur Deckung ihres Rohstoff- und Nahrungsmittelbedarfs nutzen. Auf dem Höhepunkt ihrer Handelsbeziehungen war die DDR im Jahr 1959 neben der Sowjetunion der zweitwichtigste Handelspartner Chinas. Das sollte sich seit Beginn der sechziger Jahre aber nachhaltig ändern. Die verheerende Hungersnot als Folge des „Großen Sprung nach vorn" bedrohte die politische Stabilität der VR China und zwang die chinesische Regierung, den Außenhandel mit der DDR zu reduzieren und am Ende ganz zu stoppen. Im November 1960 teilte die chinesische Regierung deshalb dem Handelsrat der DDR in Peking mit, dass China nicht mehr in der Lage sei, die Export-Planungen für das Jahr 1960 einzuhalten. Der Ausfall der chinesischen Importe war ein Schlag für die DDR und spielte neben dem sino-sowjetischen Bruch eine wichtige Rolle in der Verschlechterung der bilateralen Beziehungen im Jahr 1961. Trotz der Verschärfung des Konfliktes zwischen der KP Chinas und der SED zeichnete sich Mitte der sechziger Jahre wieder eine allmähliche Verbesserung der außenwirtschaftlichen Beziehungen zwischen beiden Ländern ab. Aber als Handelspartner war bereits zu diesem Zeitpunkt die Bundesrepublik für die VR China weitaus interessanter geworden, zumal die Bundesregierung ihrerseits die Bemühungen von Teilen der deutschen Industrie um eine Intensivierung des Handelskontaktes vorsichtig unterstützte. Außerdem verhinderte der eskalierende Grenzkonflikt zwischen der VR China und der Sowjetunion („Ussuri-Konflikt“) die Intensivierung der Beziehungen mit der DDR.[30]

Der Ussuri-Konflikt zeigte der chinesischen Führung sehr deutlich, welche Gefahren sich aus der außenpolitischen Isolierung des Landes ergaben und so setzte die sogenannte Ping-Pong-Politik der Annäherung der VR China an den Westen ein. Für die Bundesregierung hatte die Verbesserung der politischen Beziehungen zur Volksrepublik China allerdings keine Priorität. Mit Blick auf deren Ostpolitik, die nicht durch eine Annäherung an die VR China gefährdet werden sollte, verhielt sich die sozialliberale Regierung in dieser Hinsicht eher abwartend. Zur Aufnahme diplomatischer Beziehungen kam es deshalb vergleichsweise spät und erst nach der Ratifizierung der Ostverträge. Entsprechend langsam entwickelte sich auch der Handelskontakt zwischen der deutschen und der chinesischen Wirtschaft, während die US-Wirtschaft und auch die Industrien der westeuropäischen Nachbarländer früher damit beginnen konnten sich dem chinesischen Markt zu öffnen. Erst im Jahr 1972 stieg dann auch das deutsch-chinesische Handelsvolumen wieder an und erreichte seit der „Reform- und Öffnungspolitik“ 1978 ständig neue Rekordwerte.[31]

3 Themenschwerpunkte

Vor dem Hintergrund des forschungsorientierten Überblicks über die Zusammenhänge zwischen Dekolonisierung, Kaltem Krieg und deutschen Wirtschaftsinteressen werden im vorliegenden Band einige Themenschwerpunkte einer genaueren Betrachtung unterworfen. Zunächst gibt Dieter Ziegler einen Überblick über den Strukturwandel des deutschen Außenhandels im 20. Jahrhundert und verdeutlicht, wie stark dieser politisch geprägt war. Die weiteren Beiträge sind nach Regionen geordnet, wobei die Mena Region und afrikanische Staaten südlich der Sahara, Indien und Indonesien sowie die Volksrepublik China im Zentrum des Interesses stehen und dabei – wenn auch nicht in allen Fällen – die Beziehungen zu den beiden deutschen Staaten Berücksichtigung finden.

30 Zur Beziehung zwischen der DDR und China s. *J. Krüger* (Hg.): Beiträge zur Geschichte der Beziehungen der DDR und der VR China: Erinnerungen und Untersuchungen, Hamburg 2002; s.a. *Zeiler*, Offene Türen, S. 230..

31 *Fischer*, Deutschland und die Volksrepublik, S. 402–417 sowie für die 1980er Jahre *Y. Lian*, Bestimmungsfaktoren der Westeuropapolitik Chinas. Die Beziehungen der Volksrepublik China zur Bundesrepublik Deutschland in den 80er Jahren, Frankfurt 1995. Zum Ussuri-Konflikt s.a. *Stöver*, Der Kalte Krieg, S. 348–355.

In der Großregion des Nahen Ostens war die Türkei nicht nur ein wichtiger Pfeiler an der Südostflanke der Nato, sondern bot auch aus der Sicht westdeutscher Unternehmen großes Potential für wirtschaftliche Beziehungen, als Exportmarkt wie auch als Investitionsstandort. Fatma Uzun gibt einen Einblick in Unternehmensstrategien am Beispiel von Siemens und zeigt Möglichkeiten und Grenzen unternehmerischen Engagements in einem Risikoland an der europäischen „Peripherie" auf.

Anhand eines außergewöhnlichen westdeutschen Entwicklungshilfeprojektes untersucht Theresa Lennert die außenpolitischen Ziele der Bundesregierung in Ägypten in den 1970er Jahren sowie die Rolle des Bündnispartners USA in einem Zeitraum äußerster politischer und militärischer Anspannung. In diesem Zusammenhang von großer Bedeutung ist auch das zunehmende militärische Engagement der Bundesrepublik in der Region, wie Stephanie van de Kerkhof zeigt. Rüstungsexporte in diese Spannungsregion wurden zunächst sehr restriktiv gehandhabt, doch im Zuge der Systemkonkurrenz und der internationalen Militärhilfe stiegen die Exporte der Bundesrepublik deutlich an. Am Beispiel Saudi-Arabien, das sich nach 1956 von Frankreich und Grossbritannien abwandte, wird deutlich, wie die Bundesrepublik in diese Lücke stieß und sich nach den USA zum zweitstärksten Exportpartner entwickelte. Während sich im Zeitalter des Kalten Krieges das Engagement der Bundesrepublik im Nahen Osten zumeist im Windschatten der USA abspielte, so der Beitrag von Rachid Ouaissa und Julius Dihstelhoff, lässt sich für die Zeit des „Arabischen Frühlings" ein Wandel der Außenpolitik hin zu einer deutlich aktiveren Rolle in der MENA-Region beobachten, die zugleich durch eine geringere Rücksichtnahme auf die USA gekennzeichnet ist. Und auch hier zeigte sich die Bundesrepublik als Dekolonisierungsgewinner, profitierte sie doch bei der Erweiterung ihrer Handlungsspielräume in der Region von der geringen historischen Belastung als Kolonialmacht.

Am Beispiel des Jaundé-Vertrages der EWG mit Staaten Subsahara-Afrikas 1963 zeigt Daniel Speich-Chassé, wie der Nicht-Kolonialmacht Bundesrepublik durch die EWG-Mitgliedschaft neue Marktzugänge in Afrika ermöglicht wurden. Die Bundesrepublik entpuppte sich damit ebenfalls als Dekolonisierungsgewinner, während der Vertrag zugleich einzelne Länder Afrikas im Ost-West Konflikt stärker an den Westen band.

Besonders umstritten in West und Ost waren die Wirtschaftskontakte zum südafrikanischen Apartheid-Regime. Annika Biss widmet sich am Beispiel von BMW der Frage, wie westdeutsche Unternehmen mit dieser Situation umgingen, welche Interessen sie verfolgten, und welche Probleme und Chancen sich ihnen boten.

Der wachsenden Bedeutung Indiens für die westdeutsche Wirtschaft und Entwicklungshilfe zeigt Stefan Tetzlaff u. a. am Beispiel der Firma Krupp in

Rourkela sowie mit Blick auf die Deutsche Bank und ihr Vorstandsmitglied Hermann J. Abs, dem eine wichtige Vermittlerrolle zwischen staatlicher Entwicklungshilfe und privatwirtschaftlichen Interessen zufiel. Ein vergleichbares Wirtschaftspotential hatte die DDR in Indien dem westdeutschen Engagement nicht entgegenzusetzen. Anandita Bajpai zeigt dies mit Blick auf die kulturellen Beziehungen zwischen der DDR und Indien und der Bedeutung, die der Handelsvertretung der DDR in diesem Zusammenhang zukam.

Wenn der Begriff des Dekolonisierungsgewinners auf die Bundesrepublik mit Blick auf Indien zutrifft, so gilt das auch für den indonesischen Fall. Mark Jakob bestätigt in seinem Beitrag über die Bremer Tabakbörse die These des Dekolonisierungsgewinners Bundesrepublik mit Blick auf die Belastungen der niederländisch-indonesischen Beziehungen, die der ehemaligen Kolonialmacht eher zum Nachteil, der bundesdeutschen Wirtschaft aber zum Vorteil gereichten.

Das Beispiel China passt auf den ersten Blick nicht so recht zur Dekolonisierungsproblematik. Doch auch wenn China nie kolonisiert worden war, so litt es doch seit Mitte des 19. Jahrhunderts unter den „ungleichen Verträgen" der europäischen Kolonialmächte. Insofern ging es auch für die 1949 gegründete Volksrepublik China bei der Gestaltung ihrer außenpolitischen und außenwirtschaftlichen Beziehungen um die Frage eines Neuanfangs. Yi Guo betrachtet in einer langfristigen Perspektive die Beziehungen der Bundesrepublik Deutschland zur Volksrepublik China, wobei er sowohl interne als auch externe Einflüsse (USA, Sowjetunion) in Rechnung stellt. Fei Hé zeigt am Beispiel der Wirtschaftsbeziehungen beider Staaten, wie diese nach anfänglichen Problemen insbesondere auf Initiative des Ostausschusses der deutschen Wirtschaft an Bedeutung gewannen. Fast gegenläufig entwickelten sich die Wirtschaftsbeziehungen zwischen der DDR und der Volksrepublik China seit den 1950er Jahren, wie die Ausführungen von Xing Tong belegen. Nach optimistischem Beginn auf Basis der „Freundschaftsbeziehungen" beider Länder nahmen diese infolge des chinesisch-sowjetischen Zerwürfnisses, welches in den späten 1950er Jahren begann und zehn Jahre später mit den Kämpfen am Ussuri seinen Höhepunkt erreichte, eine deutlich negative Entwicklung.

Die hier vorgelegten Beiträge bilden nur einen kleinen Ausschnitt im Rahmen des umfangreichen Themenkomplexes zu Fragen der Außenpolitik und Außenwirtschaftsbeziehungen im Zeitalter von Dekolonisierung und Kaltem Krieg. Die entsprechende jüngere Forschung ist vor allem durch die außerdeutsche Geschichtsschreibung geprägt, wobei die amerikanische Forschung sowie die Forschungen in den ehemaligen Kolonialmächten wie Grossbritannien und Frankreich dominieren.[32] Wie die einführenden Bemerkungen zu diesem Band zeigen, gibt es seit einigen Jahren zahlreiche neuere Forschungen auf diesem Gebiet, die speziell auch Aspekte der deutschen Außenpolitik und Außenwirtschaftsbeziehungen in den Blick nehmen. Allerdings ist zu konstatieren, dass explizit wirtschafts- und unternehmenshistorische Untersuchungen nach wie vor ein Desiderat sind. Dies war der Anlass für ein gemeinsames, von der Fritz-Thyssen-Stiftung gefördertes Forschungsprojekt an den Universitäten in Bochum und Marburg zu den „Deutschen Wirtschaftsbeziehungen im Kalten Krieg", welches sich in zwei Teilprojekten den deutsch-türkischen wie auch den deutsch-chinesischen Wirtschaftsbeziehungen widmete. Die Fritz-Thyssen-Stiftung hat schließlich, neben dem Sonderforschungsbereich TRR 138 „Dynamiken der Sicherheit" und dem DAAD, die Tagung gefördert, aus der der vorliegende Sammelband hervorgegangen ist. Dafür bedanken wir uns herzlich. Der Band verknüpft politik- und wirtschaftshistorische Themen und versteht sich auch als Anregung, die im engeren Sinne wirtschafts- und unternehmenshistorische Forschung zur Dekolonisation und Entwicklungshilfe zukünftig stärker in den Blick zu nehmen. Bedanken möchten wir uns auch bei Cornelius Hansen und Philip Schulz für die redaktionelle Bearbeitung des Manuskripts sowie bei Fabian Gutsfeld für die Übersetzung des Beitrages von Anandita Bajpai.

---

32 S. dazu den Beitrag von *A. Eckert*, Spätkoloniale Herrschaft, Dekolonisation und internationale Ordnung, in: Archiv für Sozialgeschichte 48, 2008, S. 3–20; *S. Decker*, Dekolonisation der Wirtschaft? Wirtschaftsnationalismus in Afrika nach 1945, in: AfS 48, 2008, S. 461–480. Für die westdeutsche Geschichtsschreibung hervorzuheben ist die in den 1970er Jahren begründete Schriftenreihe „Beiträge zur Kolonial- und Überseegeschichte", hg. Von Rudolph von Albertini und Eberhard Schmitt. Zu den Anfängen der westdeutschen Dekolonisierungsforschung in den 1960er Jahren s. *Frey*, Die Bundesrepublik, S. 179 f.

Dieter Ziegler

Deutschland und der Weltmarkt

Einleitende Bemerkungen zur Struktur des deutschen Außenhandels im 20. Jahrhundert

Am Ende des 20. Jahrhunderts war die Volksrepublik China zu einem der bedeutendsten Handelspartner Deutschlands aufgestiegen, während die Volksrepublik bis in die achtziger Jahre hinein, ebenso wie zuvor das Kaiserreich und die Republik, eine zwar nicht gänzlich unbedeutende, aber gemessen an der Größe und Bevölkerungszahl des Landes letztlich doch marginale Rolle gespielt hatte. Umgekehrt war Russland am Beginn des 20. Jahrhunderts einer der bedeutendsten Handelspartner des Deutschen Reiches gewesen – eine Bedeutung, die durch den Ersten Weltkrieg verloren ging und die die Sowjetunion zu keinem Zeitpunkt ihrer Existenz wieder erreichte. Sieht man einmal von der Bedeutung der westlichen Nachbarstaaten ab, die während des gesamten 20. Jahrhunderts zur Spitzengruppe unter den deutschen Handelspartnern zählten, verschoben sich die Gewichte der einzelnen Weltregionen für den deutschen Außenhandel während des Jahrhunderts ständig. Ostasien, der Nahe Osten, Lateinamerika, Südosteuropa rückten zu bestimmten Zeiten in den Fokus des deutschen Außenhandels und nicht selten sank auch deren Bedeutung wieder ab. Für diese Entwicklung sind verschiedene Faktoren denkbar: die Transportkosten (unter Berücksichtigung des Wert-Gewichtsverhältnisses der wichtigsten Warengruppen), die Terms of Trade, die Nachfragestruktur des jeweiligen Importlandes und natürlich auch die politischen Beziehungen. Im Folgenden sollen eine Übersicht der großen Entwicklungslinien des deutschen Außenhandels, insbesondere von dessen regionaler Ausrichtung, und erste vorläufige Erklärungen für die Veränderungen der relativen Bedeutung bestimmter Staaten oder Weltregionen für den deutschen Außenhandel gegeben werden. Die Datengrundlage bilden dabei die Statistischen Jahrbücher des Deutschen Reiches bzw. der Bundesrepublik Deutschland.

Um die Mitte des 19. Jahrhunderts wies die deutsche Außenhandelsstruktur noch deutliche Anzeichen eines wirtschaftlich rückständigen Landes auf, mit einem hohen Anteil an Nahrungsmitteln in der Ausfuhrbilanz und einem hohen Anteil an Fertig- und Halbfertigwaren in der Einfuhrbilanz. Diese relative Rückständigkeit zeigte sich besonders deutlich in der Struktur des deutsch-britischen Handels. Die Briten importierten Getreide aus den östlichen Provinzen Preußens und exportierten Halbfertigwaren wie Baumwollgarn oder Roheisen sowie Fer-

https://doi.org/10.1515/9783110541120-002

tigwaren wie Eisenbahnschienen oder Textilien in die industriell aufstrebenden Regionen des Zollvereins wie die westlichen Provinzen Preußens oder Sachsen.[1]

Bis zum Beginn des 20. Jahrhundert hatte sich die Struktur des deutschen Außenhandels allerdings wesentlich verändert. Nahrungsmittel, insbesondere Getreide, wurden nun kaum noch ausgeführt, sondern in großen Mengen eingeführt. In der Importstatistik des Jahres 1905 schlugen die Nahrungs- und Genussmittel mit 32 Prozent zu Buche, in der Exportstatistik aber nur noch mit 11 Prozent. Dabei hatte das Deutsche Reich 1879 Schutzzölle auf Getreideimporte eingeführt, um die heimische Landwirtschaft zu schützen. Aber die Zölle hatten keine prohibitiven Wirkung, sondern in erster Linie die Funktion die Getreidepreise anzuheben, um den ostelbischen Großagrariern unter die Arme zu greifen und dem Reich zusätzliche Einnahmen zu verschaffen.[2] Denn die deutsche Landwirtschaft war zu diesem Zeitpunkt schon nicht mehr in der Lage die wachsende Bevölkerung zu ernähren.

In die entgegengesetzte Richtung hatte sich die Außenhandelsstruktur bei den Fertigwaren entwickelt. Bei den Importen kamen sie nur mehr auf 18 Prozent, bei den Exporten dagegen auf 63 Prozent. Die industriellen Rohstoffe spielten, wie bei einem Industrieland zu erwarten, sowohl bei den Importen als auch bei den Exporten eine große Rolle. Sie machten 1905 23 Prozent aller Exporte und 45 Prozent aller Importe aus. Der hohe Anteil der Importe von Rohstoffen für industrielle Zwecke und der hohe Anteil der Fertigwarenexporte belegen den mittlerweile erreichten hohen Entwicklungsstand der deutschen Industrie. Ein besonders markantes Beispiel stellt die Textilindustrie dar, die man bei den Exporterfolgen der deutschen Wirtschaft auf dem Weltmarkt eigentlich nicht an erster Stelle vermuten würde, die aber gleichwohl eine besondere Bedeutung für die Struktur des deutschen Außenhandels besaß. Denn Rohbaumwolle und Rohwolle stellten mit (wertmäßig) zusammen etwa 10 Prozent aller Importe nicht nur die neben Getreide (ebenfalls etwa 10 Prozent) wichtigste Importwarengruppe dar, sondern Woll- und Baumwollwaren, also die verarbeiteten überwiegend importierten Rohstoffe, waren die mit Abstand bedeutendsten Exportartikel. Woll- und Baumwollwaren machten 1905 rund 11 Prozent aller deutschen Exporte aus –

1 *R. H. Dumke*, Intra-German Trade in 1837 and Regional Economic Development, in: Vierteljahrsschrift für Sozial- und Wirtschaftsgeschichte 64, 1977, S. 468; ders., The Political Economy of German Economic Unification: Tariffs, Trade and Politics of the Zollverein Era, Ann Arbor 1983.

2 *F.-W. Henning*, Vom Agrarliberalismus zum Agrarprotektionismus, in: *H. Pohl* (Hg.), Die Auswirkungen von Zöllen und anderen Handelshemmnissen auf Wirtschaft und Gesellschaft, Stuttgart 1987, S. 257f.; *R. Aldenhoff-Hübinger*, Agrarpolitik und Protektionismus: Deutschland und Frankreich im Vergleich 1879–1914, Göttingern 2002, S. 117; *C. Torp*, Die Herausforderung der Globalisierung. Wirtschaft und Politik in Deutschland 1860–1914, Göttingen 2005, S. 192ff.

mit weitem Abstand vor den Eisenwaren, die auf etwa 6 Prozent kamen sowie Maschinen und Steinkohle/Koks mit jeweils etwa 5 Prozent.

Zu Beginn des 20. Jahrhunderts waren abgesehen von Großbritannien die direkten Nachbarstaaten Österreich-Ungarn, die Schweiz, Frankreich, Belgien und die Niederlande die wichtigsten deutschen Handelspartner. Auch den skandinavischen Staaten kam eine gewisse Bedeutung zu, die zusammengenommen bei der Ausfuhr immerhin den dritten Platz unter den europäischen Partnern und beim Import immerhin den fünften Platz unter den europäischen Handelspartnern belegten. Insgesamt gingen etwa 75 Prozent aller deutschen Exporte in das europäische Ausland und etwa 62 Prozent aller Importe kamen aus dem europäischen Ausland. Die Außenhandelsquote von 34 Prozent (s. Tab. 1) macht den Bedeutungszuwachs des Außenhandels für die wirtschaftliche Entwicklung mehr als deutlich. Denn in den 1870er Jahren hatte sie noch bei weniger als 25 Prozent gelegen.[3]

Während Großbritannien der wichtigste deutsche Absatzmarkt war, kam Russland die Führungsrolle unter den Herkunftsländern der deutschen Importe zu, dicht gefolgt von den USA (s. Tab. 1). In beiden Fällen erklärt sich der Spitzenplatz in erster Linie durch die Nahrungsmittel-, insbesondere durch die Getreideimporte aus diesen Ländern.[4] Im Falle der USA spielten auch die Rohbaumwollimporte – 30 Prozent aller US-Exporte nach Deutschland – und Rohkupfer – knapp 15 Prozent aller US-Exporte nach Deutschland – eine wichtige Rolle.

Als Absatzmärkte für deutsche Waren waren sowohl Russland als auch die USA allerdings weit weniger bedeutend für die deutsche Wirtschaft als die west- und mitteleuropäischen Nachbarn. Beide Länder hatten eine eigene Textilindustrie aufgebaut, die USA sogar eher als Deutschland und die Stadt Lodz in (russisch) Polen galt als „Manchester des Ostens". Außerdem hatten sich beide Länder recht erfolgreich bemüht, eine eigene Schwerindustrie aufzubauen, so dass der zu dieser Zeit noch laufende Ausbauprozess der transkontinentalen Eisenbahnnetze zunehmend durch im Inland produzierte Schienen, Lokomotiven etc. erfolgte.[5] Überhaupt wies das Deutsche Reich mit den wichtigen Nahrungs-

3 *C. Burhop*, Wirtschaftsgeschichte des Kaiserreichs 1871–1918, Göttingen 2011, S. 103.

4 Zur Genese des Weltgetreidemarkts und zu den wichtigsten Getreideproduzenten vgl. *S. C. Topik/A. Wells*, Warenketten in einer globalen Wirtschaft, in: *E. Rosenberg* (Hg.), Weltmärkte und Weltkriege 1870–1845. (Geschichte der Welt, Bd. 5) München 2012, S. 687 ff.

5 *S. Pollard*, Peaceful Conquest. The Industrialization of Europe 1790–1970, Oxford 1981, S. 238 ff. Zum Aufstieg der Stahlindustrie in den USA seit dem letzten Drittel des 19. Jahrhunderts vgl. *W. T. Hogan*, Economic History of the Iron and Steel Industry in the United States, Bd. 1, Lexington 1971; *T. Misa*, Nation of Steel, Baltimore 1995.

mittellieferanten das jeweils größte bilaterale Handelsbilanzdefizit auf. Das gilt etwa auch für Argentinien, das wegen seiner Exporte von Getreide und Wolle nach Deutschland im Jahr 1905 der wichtigste Handelspartner des Reiches außerhalb Europas und Nordamerikas war.

Tabelle 1: Die wichtigsten Handelspartner des Deutschen Reichs 1905

Exporte		**Importe**	
Land	%	Land	%
Großbritannien	18	Russland	15
Österreich-Ungarn	10	USA	14
USA	9	Großbritannien	11
Niederlande	8	Österreich-Ungarn	10
Schweiz	6	Frankreich	6
Russland	6	Argentinien	6
Belgien	5	Belgien	5
Frankreich	5	Brit. Indien	4
Dänemark	3	Niederlande	4
Schweden	2	Italien	3
Exportquote	15	Importquote	19

Ganz im Gegensatz zu den ursprünglichen Erwartungen der Reichsregierung spielten die deutschen Kolonien für den deutschen Außenhandel nur eine unbedeutende Rolle. Als Absatzmarkt erreichten die deutschen Kolonien in Afrika zusammengenommen gerade einmal die Bedeutung des britisch beherrschten Ägypten und sogar etwas weniger als Südafrika, den quantitativ wichtigsten deutschen Absatzmärkten in Afrika. Beim Import sah der Erfolg der deutschen Kolonialpolitik noch schlechter aus. Die hoch fliegenden Pläne, sich durch die Gründung deutscher Kolonien vom Baumwollimport aus den USA und dem britischen Empire, insbesondere von Indien und Ägypten, unabhängig zu machen, erwiesen sich sehr schnell als Illusion.[6] So war Ägypten zu Beginn des 20. Jahrhunderts dank seiner Baumwollfelder der wichtigste Handelspartner des Deut-

6 *F. Schinzinger*, Die Kolonien und das Deutsche Reich. Die wirtschaftliche Bedeutung der deutschen Besitzungen in Übersee, Wiesbaden 1984, S. 117 ff; *H. Gründer*, Geschichte der deutschen Kolonien, Paderborn ^{6}2012, S. 152.

schen Reichs in Afrika. Der Wert der deutschen Importe aus Ägypten erreichte 1905 etwa das Vierfache aller deutschen Importe aus den Kolonien Deutsch-Südwestafrika, Deutsch-Ostafrika, Togo und Kamerun zusammen. Ähnlich wie im Falle Argentinien war auch beim Handel mit Ägypten die bilaterale Handelsbilanz negativ.

Während die Versuche des Baumwollanbaus in den afrikanischen Kolonien direkt gescheitert waren, gelang es immerhin eine Plantagenwirtschaft für Palmöl, Kaffee und Kakao aufzubauen.[7] Aber selbst bei diesen Produkten konnte Britisch Westafrika als wichtigster Lieferant von Ölfrüchten und Kakao des Deutschen Reiches nicht abgelöst werden. Der Kaffeeimport spielte in der deutschen Importbilanz zwar eine recht bedeutende Rolle. Aber auch beim Kaffee besaßen die Plantagen in den deutschen Kolonien eine untergeordnete Bedeutung. Die wichtigsten Lieferanten für Kaffee kamen aus Lateinamerika mit Brasilien an der Spitze, gefolgt von Guatemala. Auch Niederländisch Indien (Indonesien) war ein wichtiger Kaffeelieferant. Keine Region aus Afrika spielte beim Kaffee für das Reich zu diesem Zeitpunkt eine nennenswerte Rolle.

China, Japan, Indien und auch das Osmanische Reich (ohne Ägypten) besaßen zu Beginn des 20. Jahrhunderts als Absatzmärkte nur eine marginale Bedeutung, insbesondere wenn man deren Größe berücksichtigt. Die Kaufkraft pro Kopf der Bevölkerung war in diesen Ländern einfach zu gering. Was in der Summe gültig war, konnte aber im Einzelfall anders aussehen. Für die wenigen zu dieser Zeit schon im globalen Maßstab exportierenden Unternehmen des Deutschen Reiches konnten auch diese Länder durchaus eine gewisse Bedeutung als Absatzgebiet besitzen. Das gilt beispielsweise für Fried. Krupp. Für dieses Unternehmen bildeten China und Japan die neben den USA, Australien und Argentinien wichtigsten überseeischen Absatzmärkte. Nach Ostasien wurde aber nicht die ganze Breite der Kruppschen Produktionspalette exportiert, sondern fast ausschließlich Rüstungsgüter.[8]

Bei der Importstruktur des deutschen Außenhandels war die Situation in Asien insofern eine andere, als (Britisch) Indien als Baumwolllieferant eine große Bedeutung für den deutschen Außenhandel besaß. Auch Niederländisch Indien, das heutige Indonesien, war ein wichtiger Lieferant von Tabak, Ölfrüchten und Kautschuk. China, Japan und das Osmanischen Reich spielten dagegen als Lieferanten von Nahrungsmitteln oder industriellen Rohstoffen im deutschen Außenhandel eine noch geringere Rolle denn als Absatzmärkte.

---

7 *Schinzinger*, Kolonien, S. 46 f.

8 *R. Stremmel*, Globalisierung im 19. und 20. Jahrhundert. Ausgewählte Daten zum Export der Firma Krupp, in: Essener Beiträge – Beiträge zur Geschichte von Stadt und Stift Essen 122, 2010, S. 108 f.

Zusammenfassend lässt sich somit für das späte Kaiserreich feststellen, dass die imperialistischen Ambitionen keinen Niederschlag in der Struktur des deutschen Außenhandels gefunden hatten. Die Kolonien in Afrika und im pazifischen Raum spielten weder als Absatzmärkte für deutsche Fertigwaren noch als Lieferanten von Nahrungsmitteln oder industriellen Rohstoffen irgendeine Rolle. Palmöl oder Kakao waren als Importwaren für die deutsche Volkswirtschaft quantitativ einfach zu unbedeutend, als dass sich der Aufbau entsprechender Plantagenwirtschaften in den Kolonien in der Außenhandelsstruktur des Reiches merklich ausgewirkt hätte. Ähnliches gilt auch für die deutschen Eisenbahnbauaktivitäten in den Kolonien, die für sich genommen zwar einen beachtlichen Umfang angenommen hatten, aber in Anbetracht der Exporterfolge der deutschen Wirtschaft quantitativ nicht ins Gewicht fielen. Auch ein „informal Empire" konnten die Deutschen nicht errichten. Die abgesehen von Nordamerika wichtigste Weltregion für den deutschen Außenhandel war Lateinamerika. Denn neben argentinischer Wolle und Getreide spielten Kupfer und Guano aus Chile sowie Kaffee und Kautschuk aus Brasilien eine wichtige Rolle für die Rohstoffversorgung der deutschen Industrie und Landwirtschaft. Argentinien und Chile gehörten aber vor dem Ersten Weltkrieg wirtschaftlich und politisch eindeutig zum britischen Einflussgebiet.

Nach dem Ersten Weltkrieg standen Rohwolle und Rohbaumwolle weiterhin an der Spitze aller Güter, die in das Reichsgebiet eingeführt wurden, dicht gefolgt von Getreide. Auch die Herkunftsländer dieser Warengruppen waren im Falle von Rohbaumwolle und Rohwolle weitgehend dieselben wie vor 1914. Baumwolle kam in erster Linie aus den USA und – allerdings mit einem erheblichen Abstand – aus Britisch Indien und die – allerdings weniger bedeutenden – Wollimporte stammten aus Australien, Argentinien und Südafrika. Etwas stärkere Veränderungen hatten sich als Folge des Krieges bei den Herkunftsländern des in das Reich eingeführten Getreides ergeben. Russland hatte seine Spitzenposition eingebüßt, die Ende der zwanziger Jahre von Argentinien und Kanada eingenommen wurde, gefolgt von den USA. Erst mit deutlichem Abstand auf die drei amerikanischen Lieferanten folgte die Sowjetunion, die allerdings auch eine der Kornkammern des alten Russland an den neu geschaffenen polnischen Staat verloren hatte. Obwohl das Deutsche Reich als Ergebnis der nach dem Krieg in Europa gezogenen neuen Grenzen keine gemeinsame Grenze mehr mit Russland bzw. der Sowjetunion, sondern stattdessen mit Polen besaß, war der Handel zwischen beiden Ländern im Vergleich zu den anderen Nachbarn des Reiches gering. Das polnische Getreide konnte deshalb den Rückgang der russischen Getreidelieferungen der Vorkriegszeit nicht kompensieren. Der Grund dürfte vermutlich der in den zwanziger Jahren von deutscher Seite wegen der Teilung Oberschlesiens heftig geführte Handelskrieg gegen Polen gewesen sein. Darauf deutet auch der deutsche Steinkohlenimport hin, der trotz der geographischen Nähe des ostoberschlesischen Reviers zum Reichsgebiet praktisch inexistent war.[9]

Unter den wichtigsten Einfuhrgütern waren in den zwanziger Jahren zwei Importwarengruppen zu finden, die vor dem Weltkrieg noch keine Spitzenposition innegehabt hatten. Durch den Verlust von Elsass-Lothringen hatte das Deutsche Reich seine wichtigsten Eisenerzvorkommen, die lothringische Minette, verloren, so dass Eisenerz nun in weit größerem Umfang als vor dem Krieg eingeführt werden musste.[10] Teils aus politischen Gründen, aber wohl in erster Linie weil die Minette kein sonderlich hochwertiges Erz darstellte, war Frankreich mit etwa 9 Prozent nur das drittwichtigste Herkunftsland für nach Deutschland eingeführtes Eisenerz. An der Spitze stand Schweden, das 1927 etwa 65 Prozent des importierten Eisenerzes lieferte, mit einigem Abstand gefolgt von Spanien. Die deutliche Steigerung des relativen Anteils schwedischer Exporte nach Deutschland im Vergleich zur Vorkriegszeit (s. Tab. 2) geht dabei allein auf das Konto der Eisenerzexporte, die wertmäßig mehr als die Hälfte aller schwedischen Exporte nach Deutschland ausmachten. Ein ganz anderer Grund war für den zweiten Aufsteiger unter den deutschen Importgütern der zwanziger Jahre verantwortlich. Der Erste Weltkrieg hatte auch in Europa für einen Motorisierungsschub gesorgt, so dass Mineralöl und Mineralölprodukte mit im Jahr 1927 knapp 2% aller deutschen Importe nun einen vorderen Platz unter den Importwarengruppen einnehmen konnten. Die Herkunftsländer waren die USA und mit einigem Abstand auch Venezuela. Rumänien und die Sowjetunion spielten für die deutsche Mineralöl- bzw. Kraftstoffversorgung mit zusammen deutlich unter 20 Prozent zu diesem Zeitpunkt nur eine untergeordnete Rolle.[11]

---

9 *P. Greiner*, Die Teilung Oberschlesiens nach 1922 und ihre wirtschaftlichen Folgen, in: *L. Budraß* u. a. (Hg.), Industrialisierung und Nationalisierung, Essen 2013, S. 184; *D. Ziegler*, Kriegswirtschaft, Kriegsfolgenbewältigung, Kriegsvorbereitung. Der deutsche Bergbau im dauernden Ausnahmezustand (1914–1945), in: ders. (Hg.), Geschichte des deutschen Bergbaus, Bd. 4, Münster 2013, S. 69 f.

10 *Ziegler*, Kriegswirtschaft, S. 78.

11 Zur Bedeutung Rumäniens für die deutsche Ölversorgung während und nach dem Ersten Weltkrieg vgl. *R. Karlsch/R. Stokes*, Faktor Öl. Die Mineralölwirtschaft in Deutschland 1859–1974, München 2003, S. 105 ff.; zur Bedeutung der Sowjetunion seit der Mitte der zwanziger Jahre vgl. *H. Mejcher*, Die Politik und das Öl im Nahen Osten, Bd. 2, Stuttgart 1990, S. 39 f.; *T. Kockel*, Deutsche Ölpolitik 1928–1938, Berlin 2005, S. 30 f.

Tabelle 2: Die wichtigsten Handelspartner des Deutschen Reichs 1927

Exporte		**Importe**	
Land	%	Land	%
Niederlande	12	USA	13
Großbritannien	11	Argentinien	6
USA	7	Großbritannien	6
Frankreich	5	Frankreich	5
Tschechoslowakei	5	Niederlande	5
Schweiz	5	Tschechoslowakei	4
Italien	4	Brit. Indien	3
Schweden	4	Italien	3
Dänemark	3	Sowjetunion	3
Österreich	3	Belgien	3
Exportquote	13	Importquote	19

Bei den wichtigsten Handelspartnern hatten sich nach dem Ersten Weltkrieg auch einige Verschiebungen ergeben. Dabei waren die europäischen Nachbarländer, Großbritannien und Skandinavien weiterhin die wichtigsten Absatzmärkte der deutschen Industrie. Gemessen an den politischen Verwerfungen des ersten Viertels des 20. Jahrhunderts zeugt die Liste der wichtigsten Exportmärkte von einer erstaunlichen Kontinuität. So verloren Russland als Kriegsgegner bzw. die Sowjetunion wegen ihrer Autarkiepolitik ihre ehemals große Bedeutung als Handelspartner und zwar sowohl als Lieferant für Nahrungsmittel und Rohstoffe als auch als Absatzmarkt für deutsche Industrieprodukte. Aber das war auch die einzige deutliche Verschiebung unter den wichtigsten Absatzmärkten. Das Habsburger Reich war nach dem Krieg zerfallen, aber die Nachfolgestaaten Tschechoslowakei und Österreich hatten ihre Bedeutung als Absatzmärkte für deutsche Exporte nicht eingebüßt. Etwas deutlichere Verschiebungen ergaben sich unter den Herkunftsländern der deutschen Importe. Hier hatten überseeische Lieferanten weiter an Boden gewonnen, so dass mit den USA und Argentinien zwei nichteuropäische Handelspartner an der Spitze standen und sich mit Britisch Indien ein weiterer überseeischer Lieferant von Lebensmitteln und Rohstoffen in der Gruppe der zehn wichtigsten Handelspartner halten konnte.

Das stärkere Auseinanderfallen von Liefer- und Absatzmärkten Ende der zwanziger Jahre im Vergleich mit dem späten Kaiserreich weist schon auf ein

Grundproblem des deutschen Außenhandels am Vorabend der Weltwirtschaftskrise hin. Während die bilaterale Handelsbilanz zwischen dem Reich und seinen Nachbarstaaten meist positiv war, wies die Handelsbilanz mit den Überseegebieten in allen bedeutenderen Fällen ein zum Teil sehr großes Defizit auf. In der Summe bedeutete das, dass das deutsche Handelsbilanzdefizit desto größer wurde, je bedeutender die überseeischen Gebiete für den deutschen Import geworden waren. Das Defizit im reinen Warenverkehr war im Jahr 1927 bei einer Warenausfuhr im Wert von insgesamt 10,8 Mrd. RM und einer Wareneinfuhr von 14,2 Mrd. RM 1927 zwar ungewöhnlich hoch, aber grundsätzlich importierte schon das Kaiserreich mehr als es exportierte, wobei allerdings die Leistungsbilanz ein etwas besseres Bild abgab als der reine Warenverkehr.[12]

Dank der Stabilisierung der Mark und der Wiederherstellung eines modifizierten Goldstandards als Weltwährungssystem war die Außenhandelsquote vor der Weltwirtschaftskrise wieder fast auf das Niveau der Vorkriegszeit gestiegen (Tab. 2). Es war das Ziel aller ehemaligen Kriegsgegner an die vermeintlich „goldenen Zeiten" vor 1914 wieder anzuschließen. Einer der Gründe für die niedrige Exportquote des Reiches dürfte die vor allem gegenüber den USA verlorene Konkurrenzfähigkeit der deutschen Industrie gewesen sein. Die fehlenden Exporterlöse verhinderten es, dass das Reich über die nötigen Devisen verfügte, um alle erwünschten Importe finanzieren zu können, zumal das Reich auch den Forderungen der Reparationsgläubiger nachkommen musste. Die Arbeitskosten in der deutschen Industrie lagen nach der Stabilisierung der Mark deutlich höher als im späten Kaiserreich und der Maschinenpark war nach Weltkrieg und Inflation in weiten Teilen veraltet und abgenutzt. Insofern war die Strategie der deutschen exportorientierten Unternehmen richtig, durch technische und organisatorische Rationalisierung den Abstand gegenüber den USA zu verkürzen, um mittelfristig die alte Weltmarktstellung zurückzugewinnen. Da der deutsche Kapitalmarkt aber die dafür notwendigen Mittel nicht bereitstellen konnte, führte diese Politik zu einer weiteren Auslandsverschuldung des Deutschen Reichs.[13]

Als in den USA die große Wirtschaftskrise ausbrach und sich Deutschland etwa zu derselben Zeit mit den ersten Wahlerfolgen der Nationalsozialisten wieder als politisch instabil erwies, floss ausländisches, insbesondere US-amerika-

---

12 Zu den Handelsbilanzdefiziten des späten Kaiserreichs und ihren Gründen vgl. *Torp*, Herausforderung, S. 77ff.; *Burhop*, Wirtschaftsgeschichte, S. 103f.; zur Situation in der Weimarer Republik vgl. *A. Ritschl*, Deutschlands Krise und Konjunktur 1924–1934, Berlin 2002, S. 107f. sowie Tab. B4 im Anhang; *C. Buchheim*, The ‚Crisis before the Crisis' – The Export Engine Out of Gear, in: *H. James* (Hg.), The Interwar Depression in an International Context, München 2002, S. 113ff.

13 *Ritschl*, Krise, Abb. 3.3, S. 111.

nisches Kapital seit 1930 aus Deutschland ab, so dass sich die Devisenbilanz der Reichsbank dramatisch verschlechterte.[14] Seit 1930 schrumpfte auch der deutsche Außenhandel, die Außenhandelsquote lag in Deutschland zu keiner Zeit so niedrig wie in den dreißiger Jahren. Sie sank von 23 Prozent 1931 kontinuierlich ab und erreichte 1936 mit 11 Prozent ihren absoluten Tiefpunkt. Da die Exportquote aber nicht so dramatisch schrumpfte wie die Importquote, konnte in den Jahren 1931 und 1932 immerhin ein Handelsbilanzüberschuss von knapp 4 Mio. RM erzielt werden. Das änderte aber nichts daran, dass ausländische Gläubiger weiter ihre Guthaben aus Deutschland abzogen.

In Deutschland verschärfte sich die Krise im Juli 1931, als das deutsche Bankensystem zusammenzubrechen drohte und der Reichsbank als „Lender of Last Resort" wegen ihrer mangelnden Devisenreserve die Hände gebunden waren.[15] Als dann auch noch im September 1931 das britische Pfund um gut 20 Prozent abgewertet wurde und Großbritannien seine fast einhundert Jahre währende Freihandelspolitik beendete, wurde die Konkurrenzfähigkeit deutscher Produkte im Ausland noch weiter geschwächt. Unter diesen Bedingungen gab es nur zwei Möglichkeiten der Krise zu begegnen: Entweder wurde die Reichsmark gegenüber den übrigen Goldstandardwährungen ebenfalls abgewertet oder der Außenhandel, insbesondere der Warenimport musste stärker gesteuert werden. Schon die letzten Weimarer Regierungen bereiteten den Weg für die zweite Alternative, indem im Juli 1931 die Devisenbewirtschaftung eingeführt wurde.[16] Durch eine gesteuerte Devisenzuteilung bestand nun die Möglichkeit Importe zu begrenzen bzw. nach ihrer volkswirtschaftlichen Bedeutung zu steuern. Eine Abwertung der Reichsmark wurde deswegen verworfen, weil dadurch die in der Regel in Dollar zurückzuzahlenden Auslandsschulden in ihrem Reichmarkwert wieder gestiegen wären. Als die USA im April 1933 dem britischen Beispiel folgten und ihre Währung ebenfalls drastisch abwerteten, ging die Reichsregierung anders als andere wichtige Handelspartner und Goldstandardländer wie Kanada und Argentinien diesen Schritt erneut nicht mit.[17]

---

14 *T. Balderston*, The Banks and the Gold Standard in the German Financial Crisis of 1931, in: Financial History Review 1, 1994, S. 43 ff; *T. Ferguson/P. Temin*, Made in Germany. The German Currency Crisis of July 1931 (Working Paper MIT Boston 2001).

15 *I. Schnabel*, The German Twin Crisis of 1931, in: Journal of Economic History 64, 2004, S. 822 ff.; *J. Bähr*, Die deutsche Bankenkrise 1931, in: ders./*B. Rudolph*, Finanzkrisen 1931–2008. München 2011, S. 69 ff.

16 *F. C. Child*, The Theory and Practice of Exchange Control in Germany. A study of monopolistic exploitation in international markets, Den Haag 1958, S. 15 ff; *W. A. Boelcke*, Deutschland als Welthandelsmacht 1930 – 1945, Stuttgart 1994, S. 20 f.

17 Zu den Folgen dieser Entscheidung für die Wettbewerbsfähigkeit deutscher Waren auf dem Weltmarkt vgl. *M Ebi*, Export um jeden Preis. Die deutsche Exportförderung von 1932–1938,

Zu diesem Zeitpunkt hatten bereits die Nationalsozialisten in Deutschland die Macht übernommen. Sie reagierten im Juni 1933 auf die Abwertungsspirale durch ein unilaterales Schuldenmoratorium. Um den Abfluss von Devisen zu begrenzen, durften die deutschen Schuldner ihre Zahlungen nur noch auf ein Reichsmarkkonto einzahlen. Ein Transfer an die ausländischen Gläubiger in Devisen war nicht mehr möglich.[18] Auch wenn dieser harte Kurs nicht gänzlich durchzuhalten gewesen war, weil das Reich ebenso dringend auf die Importe aus den USA und dem Empire angewiesen war wie auf die Exporte in die Hartwährungsländer Niederlande und Schweiz, so dass es vor einem offenen Handelskrieg mit seinen wichtigsten Handelspartnern zurückschreckte, markierte dies doch den Beginn einer handelspolitischen Umorientierung, an deren Ende eine deutliche Verschiebung der Handelsströme von und nach Deutschland stand.

Mit der konjunkturellen Erholung in Deutschland und wegen der einsetzenden Aufrüstung stiegen die Importe im Jahr 1936 langsam wieder an. Allerdings ließ sich der Export wegen der überbewerteten Reichsmark und des weltweit um sich greifenden Protektionismus nicht so schnell steigern, dass wegen der Devisenschwäche des Reiches alles hätte importiert werden können, was rüstungswirtschaftlich als notwendig erachtet wurde. Besonders deutlich waren die Exporte im Vergleich zur Vorkrisenzeit nach Frankreich, in die Schweiz und in die Niederlande zurückgegangen, die alle drei zu den bis dahin aufnahmefähigsten Absatzmärkten für deutsche Industriewaren gehört hatten und deren Währungen einstweilen noch zu den verbliebenen Hartwährungen auf dem Weltmarkt zählten. Die Devisenerlöse aus dem Handel mit diesen Ländern wurden dringend gebraucht, um die Importe aus Drittländern finanzieren zu können.

Um der Devisenkrise Herr zu werden, verkündete die Reichsregierung im Spätsommer 1934 den „Neuen Plan", der eine für Deutschland neuartige Lenkung des Außenhandels vorsah. Exporte wurden subventioniert, um die Überbewertung der Mark auf Drittmärkten auszugleichen und Importe sollten vor allem bei solchen Warengruppen gestattet bleiben, die entweder kriegswichtig waren oder Vorprodukte für deutsche Exportwaren darstellten. Die Importe anderer Warengruppen sollten deutlich zurückgeführt werden. Zu diesem Zweck hatte die Reichsregierung im März 1934 Überwachungsstellen eingerichtet, die die Rationierung von Importen sicherstellen sollten. Auf diese Weise wurden die Importe der quantitativ bis dahin wichtigsten Importwarengruppe, der textilen Rohstoffe Wolle und Baumwolle, drastisch reduziert.[19]

Stuttgart 2004, S. 68 ff., insbesondere Tab. 14, S. 69; *A. Tooze*, Ökonomie der Zerstörung. Die Geschichte der Wirtschaft im Nationalsozialismus, München 2007, S. 102.

18 *Tooze*, Ökonomie, S. 76.

19 *Ebi*, Export, S. 130.

Das blieb natürlich nicht ohne Rückwirkungen auf die Importländer, insbesondere auf den Handel mit den USA, die ihrerseits wegen der zeitweiligen Aussetzungen des Schuldendienstes den Deutschen ohnehin keinen Millimeter entgegenzukommen bereit gewesen waren. Bis 1936 hatten die USA ihre überragende Bedeutung als Nahrungsmittel- und Rohstofflieferant sowie als Absatzmarkt für deutsche Fertigwaren vollständig eingebüßt. Umgekehrt stieg nun Brasilien zum neuen Lieferanten von Rohbaumwolle für das Deutsche Reich auf. Während die Baumwollimporte aus den USA zwischen 1927 und 1937 um etwa 88 Prozent zurückgingen, stiegen die Baumwollimporte aus Brasilien in den dreißiger Jahren rasant an und erreichten bis 1937 fast das Niveau, auf das die US-amerikanischen Importe geschrumpft waren (s. Tab. 3). Für Brasilien hatte die verstärkte Anlehnung an das Deutsche Reich den großen Vorteil, dass das Land seinen Handlungsspielraum in der Handelspolitik gegenüber seinem übermächtigen Handelspartner, den USA, erheblich erweitern und ebenfalls ein Schuldenmoratorium erklären konnte.[20]

Tabelle 3: Herkunftsländer der deutschen Baumwollimporte

Land	1927	1937
USA	80	28
Ägypten	7	16
Britisch Indien	6	9
Peru	1	2
Brasilien	0	24
Gesamt (in Mio. t)	832	275

Diese regionale Umorientierung bei gleichzeitig sinkender Importquote war möglich geworden, weil das Dritte Reich in der Zwischenzeit den Handel mit den Ländern Südosteuropas und Lateinamerikas ausgebaut hatte: zunächst mit Ungarn und Jugoslawien und dann auch mit Bulgarien, Rumänien, Chile und Brasilien.[21] Die Grundlage für diese neuen Handelspartnerschaften bildeten bilaterale Kompensationsgeschäfte. Importe von Nahrungsmitteln und Rohstoffen nach Deutschland wurden nun nicht mehr vorrangig in Devisen bezahlt, sondern durch

20 *Tooze*, Ökonomie, S. 117.

21 Zur Aktivierung der Handelsbeziehungen mit Südosteuropa und Lateinamerika vgl. *Boelcke*, Deutschland, S. 40 ff. (Lateinamerika) und S. 48 ff. (Südosteuropa)

Zahlungen in Waren kompensiert.[22] Damit wurde zwar einerseits ein bilaterales Handelsbilanzdefizit ausgeschlossen, wie es zuvor mit vielen der wichtigsten Nahrungsmittel- und Rohstofflieferanten bestanden hatte, aber die Rohstoffimporte waren andererseits auch durch die Aufnahmefähigkeit der Märkte dieser Länder für Industriewaren begrenzt. Im Ergebnis war die Handelsbilanz in den Jahren 1934 bis 1937 deshalb auch fast ausgeglichen. Bei einem Importvolumen von durchschnittlich 4,7 Mrd. RM pro Jahr konnte ein Überschuss von 200 Mio. RM erzielt werden. Eine so ausgeglichene Bilanz über vier Jahre ist in der deutschen Wirtschaftsgeschichte des 20. Jahrhunderts einmalig.

Es ließen sich aber nicht bei allen Warengruppen die Importe so sehr drosseln wie bei den textilen Rohstoffen Wolle und Baumwolle. Mineralöl und Mineralölprodukte waren nicht nur für die Volkswirtschaft unverzichtbar geworden, sondern sie besaßen auch für die Aufrüstung eine kaum zu überschätzende Bedeutung. Im Jahr 1937 lagen die Mineralölimporte zwar immer noch unter dem Importvolumen von 1927, aber der Verbrauch lag bereits deutlich über dem Vorkrisenniveau. Denn die Reichsregierung hatte hier einen etwas anderen Weg eingeschlagen als bei den textilen Rohstoffen. Bereits im Dezember 1933 hatte das Reich durch eine Preis- und Abnahmegarantie den größten deutschen Chemiekonzern, die IG Farben, dazu veranlassen können, die Herstellung von synthetischen Treibstoffen auf Kohlebasis auszuweiten und dadurch die Importabhängigkeit bei Kraftstoffen zu senken.[23] Außerdem wurde die inländische Erdölförderung deutlich erhöht. Mit dem 1937 verkündeten Vierjahresplan sollte dieser Weg weiter beschritten und durch den staatlich geförderten Ausbau der synthetischen Treibstoffproduktion mittelfristig eine weitgehende Importunabhängigkeit erreicht werden.[24] Die Umsetzung dieses Programms benötigte allerdings Zeit und so bemühte sich das Dritte Reich auch bei den Erdölimporten, bei denen die USA vor der Weltwirtschaftskrise ebenfalls eine überragende Bedeutung besessen hatten, um Alternativen. Die nächstliegende Lösung war die Steigerung der rumänischen Erdöl- bzw. Kraftstoffimporte. Denn Rumänien war eines der Länder, die das Reich durch den „Neuen Plan" besonders eng an sich zu binden versuchte. Denn im Kriegsfall wäre es den wahrscheinlichen Kriegsgegnern kaum möglich gewesen, die Versorgung des Reiches aus Rumänien abzuschneiden, da das Öl über die Donau durch ein deutsch beherrschtes Südost- und

---

22 *Boelcke*, Deutschland, S. 44; *Ebi*, Export, S. 126

23 *P. Hayes*, Industry and Ideology. IG Farben in the Nazi Era, Cambridge 1987, S. 117 f,; *R. Stokes*, Von der I.G. Farben Industrie bis zur Neugründung der BASF (1925–1952), in: *W. Abelshauser* (Hg.), Die BASF, München 2002, S. 266; *J. Scherner*, Die Logik der Industriepolitik im Dritten Reich, Stuttgart 2008, S. 29.

24 *D. Petzina*, Autarkiepolitik im Dritten Reich, Stuttgart 1968, S. 98; *Kockel*, Ölpolitik, S. 102.

Mitteleuropa in das Reichsgebiet geliefert werden konnte. Deshalb war es auch nur folgerichtig, wenn im Falle Rumäniens nicht etwa Maschinen als Kompensationswaren, wie im Falle Brasiliens, geliefert wurden, sondern Waffen.[25] Wichtiger noch als Rumänien für den Erdölimport waren die Niederländischen Antilleninseln Curaçao und Aruba (s. Tab. 4). Dort wurden Ende der zwanziger Jahre Erdölvorkommen entdeckt und dann seit den dreißiger Jahren nicht nur ausgebeutet, sondern auch raffiniert. Diese Gelegenheit nutzte das Reich, um sich eine Alternative zu den britisch oder US-amerikanisch beherrschten Fördergebieten zu sichern. Allerdings konnte das karibische Öl von deutscher Seite nur als eine Zwischenlösung betrachtet worden sein. Denn im Kriegsfalle fiel diese Rohstoffquelle wegen der zu erwartenden britischen Seeblockade mit Sicherheit aus.

Tabelle 4: Herkunftsländer der deutschen Mineralölimporte

Land	1927	1937
USA	52	30
Venezuela	12	2
Sowjetunion	10	7
Rumänien	9	17
Niederländ. Antillen	0	23
Gesamt (in Mio. t)	246	230

Aufgrund der hier beschriebenen Umorientierung der deutschen Außenhandelspolitik hätte man eigentlich eine deutlichere Verschiebung unter den zehn wichtigsten deutschen Handelspartnern im Vergleich zu den zwanziger Jahren vermuten können, als es Tabelle 5 zeigt. Tatsächlich besaßen auch weiterhin die europäischen Nachbarstaaten die größte Bedeutung als Absatzmärkte für die deutschen Exporte. Allerdings verloren sie gegenüber neuen Handelspartnern an der europäischen Peripherie und in Übersee (außerhalb Nordamerikas) an Bedeutung. Gingen 1927 noch etwa 74 Prozent aller deutschen Exporte an europäische Länder, so waren es zehn Jahre später immer noch 69 Prozent. Darin sind auch die südosteuropäischen Handelspartner enthalten, die 1927 noch eine zu vernachlässigende Größe gewesen waren. Ungarn, Jugoslawien, Rumänien, Bulgarien und die Türkei nahmen in diesem Jahr zusammen gerade einmal 4,7 Pro-

25 *Kockel*, Ölpolitik, S. 178.

zent der deutschen Exporte auf. Die Kaufkraft dieser Staaten war zwar in den dreißiger Jahren noch zu gering, um die Nachbarstaaten des Reiches als wichtigste Absatzmärkte abzulösen, aber zusammengenommen erreichten die fünf Staaten 1937 immerhin einen Anteil von rund 11 Prozent. Der wichtigste unter den südosteuropäischen Handelspartnern war Rumänien wegen seiner Mais- und Kraftstoffexporte, gefolgt von Jugoslawien, Ungarn und der Türkei, alle als Folge ihres Bedeutungszuwachses als Rohstofflieferanten im Rahmen des „Neuen Plans“: Jugoslawien für Holz, Weizen, Mais und Bauxit, Ungarn für Bettfedern, Fleisch, Mais und Bauxit sowie die Türkei für Rohtabak, Weizen und Chromerz.

Wesentlich deutlicher als der Bedeutungsverlust der europäischen Nachbarstaaten fiel der Rückgang der Bedeutung Nordamerikas als Absatzmarkt für deutsche Waren aus. Während 1927 noch 7,5 Prozent aller deutschen Exporte nach Kanada und die USA geliefert wurden, waren es 1937 nur noch 4 Prozent. Dagegen erfuhr Lateinamerika einen Bedeutungszuwachs als Absatzmarkt. Lag der Anteil Lateinamerikas am deutschen Export 1927 bei 7 Prozent, so waren es zehn Jahre später knapp 9,5 Prozent. Während Argentinien schon länger ein wichtiger Handelspartner des Deutschen Reiches gewesen war, profitierte insbesondere Brasilien von der Politik des „Neuen Plans“. Wegen seiner Kaffee- und Baumwollexporte nach Deutschland war das Land bis 1937 in die Gruppe der wichtigsten Handelspartner Deutschlands aufgestiegen. Denn die Kompensationsgeschäfte sorgten dafür, dass sich Brasilien auch zu einem bedeutenden Absatzmarkt entwickelte und 1937 kaum weniger deutsche Waren importierte als die USA (s. Tab. 5).

Dank der großen Bedeutung der Stahlindustrie für die Aufrüstung des Dritten Reichs zählte Schweden 1937 nicht nur zu den wichtigsten Absatzmärkten für deutsche Waren, sondern stieg wegen seiner Eisenerzexporte auch zu einem der wichtigsten Lieferanten für die deutsche Wirtschaft überhaupt auf (s. Tab. 5). Eine bemerkenswerte Entwicklung nahm auch der deutsche Handel mit China. Gemeinsam mit dem 1932 als japanischer Satellitenstaat auf chinesischem Territorium gegründeten Mandschukuo war China der nach den USA und Brasilien drittwichtigste Absatzmarkt für deutsche Waren außerhalb Europas (2,7 Prozent), vor Argentinien (2,5 Prozent), Britisch Indien (2,5 Prozent), Mexiko (1,1 Prozent), Chile (1,0 Prozent) und Niederländisch Indien (1,0 Prozent), aber auch vor der Sowjetunion (2,0 Prozent).

Tabelle 5: Die wichtigsten Handelspartner des Deutschen Reichs 1937

Exporte		Importe	
Land	**%**	**Land**	**%**
Niederlande	8	Großbritannien	6
Großbritannien	8	Argentinien	5
Frankreich	7	USA	5
Italien	7	Schweden	4
Schweden	5	Italien	4
Belgien	4	Niederlande	4
Schweiz	4	Belgien	3
Dänemark	4	Brasilien	3
USA	3	Rumänien	3
Brasilien	3	Brit. Indien	3
Exportquote	6	Importquote	6

Nach den Verwerfungen des Zweiten Weltkrieges, während der Besetzung Deutschlands und der Aufteilung des Landes in vier Besatzungszonen war die deutsche Wirtschaft weitgehend vom Weltmarktgeschehen abgeschnitten. Die Besatzungsmächte hatten 1945 bestimmt, dass Importe nur für den Subsistenzbedarf zugelassen waren und die Exporte sollten einzig und allein der Finanzierung der Importe dienen und waren grundsätzlich in US-Dollar zu begleichen („Dollarklausel").[26] Da die europäischen Nachbarn kaum über US-Dollar verfügten, waren sie auch nicht in der Lage Waren aus der jeweils benachbarten Zone zu beziehen, so dass gewachsene und etablierte Austauschbeziehungen zwischen Nachbarregionen gekappt wurden. Trotz heftiger Kritik aus den Niederlanden und anderen Staaten wurde die Dollarklausel erst 1949 abgeschafft, als die neu gegründete Bundesrepublik flankierend mehrere Abkommen über einen liberalisierten Handels- und Zahlungsverkehr mit den Nachbarn Schweiz, Österreich, Niederlande und Belgien sowie mit den skandinavischen Staaten Dänemark, Schweden und Norwegen abschloss. Trotzdem kam der deutsche Außenhandel zunächst nur langsam wieder in Gang. Eingeführt wurden anfangs vor allem veredelte landwirtschaftliche Güter und Textilien, die zuvor wegen der Dollar-

26 *C. Buchheim*, Die Wiedereingliederung Westdeutschlands in die Weltwirtschaft 1945 – 1958, München 1990, S. 1.

klausel nicht hatten importiert werden können. Im Jahr 1950 erfolgte auch schon wieder ein Rückschlag, als aufgrund des Ausbruchs des Koreakriegs die Weltmarktpreise für Rohstoffe und Investitionsgüter so sehr anstiegen, dass die deutschen Devisenreserven schnell aufgebraucht waren. Der Krieg löste aber in den NATO-Staaten einen Rüstungsboom aus, wovon die Bundesrepublik dank ihrer unausgelasteten Kapazitäten in der Eisen- und Stahlindustrie besonders profitierte, so dass bereits 1951 wieder ein Handelsbilanzüberschuss erzielt werden konnte.[27]

Bis Mitte der fünfziger Jahre hatte sich die Außenhandelsstruktur der Bundesrepublik dann wieder den Verhältnissen der zwanziger Jahre angenähert. Auch die Außenhandelsquote lag wieder bei 29 Prozent (s. Tab. 6). Allerdings bildeten die wichtigsten Handelspartner nun abgesehen von den USA ausschließlich west- und südeuropäische Länder sowie Skandinavien. Im Unterschied zum späten Kaiserreich und zu den „goldenen" Jahren der Weimarer Republik war die Bundesrepublik 1955 noch nicht in ein funktionierendes Weltwährungssystem integriert, was den Handel mit überseeischen Märkten wesentlich erschwerte. Um wenigstens innerhalb (West-)Europas den Handels- und Zahlungsverkehr wieder in Gang zu bringen, hatten 14 europäische Länder Ende 1950 ein Abkommen über die Gründung einer Europäischen Zahlungsunion geschlossen. Den Kern dieses Abkommens bildete ein multilaterales Clearing in Verbindung mit einem Kreditmechanismus, um Zahlungen für Exporte zu ermöglichen, ohne auf die „Weltwährung", den US-Dollar, zurückgreifen zu müssen. Denn alle europäischen Staaten wiesen ein Leistungsbilanzdefizit mit den USA auf und verfügten deswegen über keine ausreichenden Dollarreserven, um Clearingspitzen ausgleichen zu können.[28] Damit war ein erster wichtiger Schritt zur Wiederherstellung der Multilateralisierung des Handels getan, die durch bilaterale Abkommen in den dreißiger Jahren ausgehöhlt worden war. Gemessen an den schwierigen Rahmenbedingungen der Wiederaufbaujahre in Europa funktionierte das System leidlich, so dass es nicht verwundern kann, dass unter den zehn wichtigsten Handelspartnern der Bundesrepublik neben den USA ausschließlich Mitglieder der Europäischen Zahlungsunion waren.

Die Gründung der Europäischen Zahlungsunion war von den USA nicht nur befürwortet, sondern auch mit 350 Mio. Dollar Marshallplanmittel gefördert worden. Das Interesse der USA an dem Zustandekommen war insofern groß, als das Land dringend auf Europa als Absatzmarkt für US-amerikanische Exporte

---

27 *W. Abelshauser*, Deutsche Wirtschaftsgeschichte seit 1945, München 2004, S. 225.

28 *H. Coing*, Europäische Zahlungsunion, in: *H.-J. Schlochauer*, Wörterbuch des Völkerrechts, Bd. 1, Berlin 1960, S. 484; *Buchheim*, Wiedereingliederung, S. 126 ff.

angewiesen war. Die Europäische Zahlungsunion und die über die *Organisation für europäische wirtschaftliche Zusammenarbeit* (OEEC) vermittelte Liberalisierung des Außenhandels der westeuropäischen Staaten wurden von den USA als ein wichtiges Element im Wiederaufbau Europas und damit zur Wiederherstellung eines aufnahmefähigen Absatzmarktes angesehen.[29]

Tabelle 6: Die wichtigsten Handelspartner der Bundesrepublik Deutschland 1955

Exporte		**Importe**	
Land	**%**	**Land**	**%**
Niederlande	9	USA	13
Schweden	7	Niederlande	7
Belgien	7	Frankreich	6
USA	6	Belgien	5
Schweiz	6	Schweden	5
Frankreich	6	Italien	4
Italien	6	Großbritannien	4
Österreich	5	Schweiz	4
Großbritannien	5	Dänemark	4
Dänemark	4	Österreich	3
Exportquote	15	Importquote	14

Im Falle Westdeutschlands ging diese Rechnung eindeutig auf. Denn im Jahr 1955 hatten die USA ihre alte Stellung als wichtigster Handelspartner Deutschlands wieder eingenommen (s. Tab. 6). Auch das Portfolio der wichtigsten US-amerikanischen Exportprodukte entsprach weitgehend der alten Struktur. Die quantitativ bedeutendsten Importwaren nach Deutschland aus den USA waren 1955 vor allem die traditionellen Exportprodukte Weizen, Ölfrüchte, Baumwolle, Kupfer, aber mittlerweile auch Steinkohle. Lediglich seine alte Bedeutung als Lieferant von Mineralöl hatten die USA nicht wieder eingenommen, obwohl die Ersatzstoffproduktion von den Alliierten nach dem Krieg verboten worden war.[30]

29 *C. Buchheim*, Die Bundesrepublik und die Überwindung der Dollarlücke, in: *L. Herbst* u.a. (Hg.), Vom Marshallplan zur EWG, München 1990, S. 85f.; *Abelshauser*, Wirtschaftsgeschichte, S. 222f.

30 *Karlsch/Stokes*, Faktor Öl, S. 248f. sowie S. 297.

Schon Mitte der fünfziger Jahre versorgte sich die Bundesrepublik in erster Linie mit Öl aus Saudi-Arabien, dem Irak und Kuwait. Die Bedeutung des Mineralölimports war zu diesem Zeitpunkt aber noch nicht so bedeutend, als dass die arabischen Staaten wegen ihrer Erdölexporte nach Deutschland in die Gruppe der wichtigsten Lieferländer hätten aufsteigen können.
Die westdeutsche Außenhandelsstruktur wurde aber nicht nur durch die beginnende Integration Westeuropas bestimmt, sondern auch durch den Kalten Krieg. Denn die Verlagerung des Außenhandels nach Südosteuropa im Rahmen des „Neuen Plans" wurde durch den „Eisernen Vorhang" wieder aufgehoben. Während die europäischen Staaten diesseits des „Eisernen Vorhangs" sowie Nordamerika zusammen Mitte der fünfziger Jahre etwa 61,5 Prozent aller Importe in die Bundesrepublik besorgten, entfielen auf alle osteuropäischen Staaten (ohne die DDR) einschließlich der Sowjetunion zusammen nur 7,5 Prozent. Als Absatzmarkt für westdeutsche Exporte besaß Osteuropa ein noch geringeres Gewicht. Während nur knapp 6 Prozent aller westdeutschen Exporte dorthin geliefert wurden, entfielen auf Westeuropa und Nordamerika etwa 68 Prozent der westdeutschen Exporte.

Der Handel mit der DDR wurde vom Statistischen Bundesamt nicht als „Außenhandel" betrachtet, sondern als „Interzonenhandel mit dem Währungsgebiet DM-Ost" geführt. Die Bezüge der Bundesrepublik in Höhe von etwa 520 Mio. DM im Jahr 1955 hätten bei etwa 2 Prozent der bundesdeutschen Importe gelegen, wenn die DDR als „Ausland" gerechnet worden wäre. Ähnlich hoch wäre der Anteil bei den Lieferungen (ca. 580 Mio. DM) ausgefallen. Damit wäre die DDR auch der bedeutendste osteuropäische Handelspartner gewesen, was insofern nicht verwunderlich ist, weil die DDR als „Interzonengebiet" zollpolitisch gegenüber den anderen Ländern des Ostblocks, die als „Ausland" galten, privilegiert war.[31] Andererseits war die DDR der nach der Tschechoslowakei unbedeutendste Handelspartner unter den direkten Nachbarn der Bundesrepublik. Abgesehen von der DDR waren die wichtigsten osteuropäischen Exportländer Jugoslawien, von wo in erster Linie Bauxit und Nichteisenmetalle geliefert wurden, gefolgt von der Sowjetunion, der Tschechoslowakei und Polen. Besonders dramatisch war der Rückgang des Außenhandelsvolumens mit Rumänien, das nur noch 0,2 Prozent der bundesdeutschen Importe lieferte (gegenüber etwa 3 Prozent im Jahr 1937 an das Deutsche Reich). Der mit Abstand wichtigste Ex-

---

31 Der Sonderstatus der DDR im Handel mit der Bundesrepublik und damit auch mit den Staaten der EWG war sogar in einem Zusatzprotokoll zu den Römischen Verträgen 1957 festgeschrieben worden. *A. Steiner*, Von Plan zu Plan. Eine Wirtschaftsgeschichte der DDR, München 2004, S. 183.

portmarkt in Osteuropa war Jugoslawien, das 0,9 Prozent aller westdeutschen Exporte aufnahm.

Der Grund für das geringe Handelsvolumen der Bundesrepublik mit den osteuropäischen Ländern war nicht nur eine Folge der Frontstellung im Kalten Krieg, sondern auch durch die besondere, dem Weltmarkt abgewandte Organisation des Außenhandels der Zentralverwaltungswirtschaften der osteuropäischen Staaten geschuldet. Sie war im Gegensatz zur in den fünfziger Jahren einsetzenden Liberalisierungs- und Multilateralisierungstendenz des „kapitalistischen" Weltmarktes durch ein staatliches Außenhandels- und Devisenmonopol sowie durch die Bilateralisierung der Handelsbeziehungen auch zwischen den Partnern des Rates für Gegenseitige Wirtschaftshilfe (RGW), dem 1949 als sozialistisches Pendant zur OEEC gegründeten wirtschaftlichen Zusammenschluss der Ostblockstaaten, geprägt. Exporte und Importe durften nur sog. Außenhandelsbetriebe tätigen, die sich dabei strikt nach dem von einer staatlichen Plankommission ausgearbeiteten Außenhandelsplan zu richten hatten. Daraus folgte fast zwangsläufig eine Präferenz für den Handel mit anderen Zentralverwaltungswirtschaften. Denn nur mit diesen konnten die zu tauschenden Gütermengen im Vorhinein verbindlich festgelegt werden. Das Ziel war es dabei, die Handels- und die Zahlungsbilanz auf bilateraler Basis möglichst ausgeglichen zu halten, da Ungleichgewichte nicht saldierbar waren. Trotz der Versuche des RGW eine gewisse Arbeitsteilung zwischen den einzelnen Staaten einzuführen, konnten und wollten die RGW-Staaten ihre Tendenz zur Autarkie nicht ablegen. Eingeführt wurde nur, wenn ein bestimmtes unverzichtbares Produkt nicht oder (noch) nicht in ausreichendem Umfang im Inland hergestellt werden konnte. Wachstumsimpulse konnten vom Außenhandel im Falle der DDR und im Gegensatz zur Bundesrepublik so natürlich nicht ausgehen.[32]

Als Absatzmärkte für deutsche Industriewaren waren die meisten Länder außerhalb Westeuropas von geringerer Bedeutung denn als Nahrungsmittel- und Rohstofflieferanten. Die wichtigsten außereuropäischen Handelspartner der Bundesrepublik waren in den fünfziger Jahren noch die alten Lieferländer Brasilien (Kaffee mit einem Anteil von über 50 Prozent aller brasilianischen Exporte nach Deutschland), Argentinien (Getreide mit einem Anteil von über 50 Prozent) und Australien (das fast ausschließlich Rohwolle lieferte). Allerdings war der westdeutsche Exporterfolg in Europa Mitte der fünfziger Jahre schon so groß, dass die Importüberschüsse mit den überseeischen Handelspartnern durch die hohen

32 *R. Ahrens*, Gegenseitige Wirtschaftshilfe? Die DDR im RGW – Strukturen und handelspolitische Strategien 1963–1976, Köln 2000, S. 335 f.; *Steiner*, Plan, S. 181; *C. Buchheim*, Die Achillesferse der DDR – der Außenhandel, in: *A. Steiner* (Hg.), Überholen ohne einzuholen. Die DDR-Wirtschaft als Fußnote der deutschen Geschichte?, Berlin 2006, S. 94 f.

Exportüberschüsse im Handel mit Westeuropa mehr als kompensiert werden konnten. Nachdem die Zahlungsbilanzkrise des Jahres 1950/51 überwunden war, erzielte die Bundesrepublik während des gesamten restlichen 20. Jahrhunderts zum Teil sehr hohe Exportüberschüsse. Im Jahr 1955 standen Importen aus Europa in Höhe von 8,7 Mrd. DM Exporterlöse von 12,4 Mrd. DM gegenüber. Damit ließ sich das Handelsbilanzdefizit im Handel mit den amerikanischen Staaten (400 Mio. DM), den Staaten bzw. den europäischen Kolonien in Afrika (400 Mio. DM), den Staaten Asiens (300 Mio. DM) sowie Australien und Neuseeland (200 Mio. DM) mehr als ausgleichen.

Die zeitgenössischen Wirtschaftspolitiker hielten die starke Verengung des deutschen Außenhandels auf Westeuropa für eine Folge der Sonderbedingungen der Europäischen Zahlungsunion. Da mittelfristig erwartet wurde, dass die europäischen Staaten die volle Konvertibilität ihrer Währungen wiederherstellen würden und damit der in Bretton Woods modifizierte Goldstandard als Weltwährungssystem etabliert werden würde, ging man auch davon aus, dass sich der Handel mit außerhalb von Europa und Nordamerika gelegenen Handelspartnern in derselben Weise entwickeln würde wie zu Beginn des Jahrhunderts. Namentlich Bundeswirtschaftsminister Ludwig Erhard konstatierte in seinem 1953 erschienenen Buch „Deutschlands Rückkehr zum Weltmarkt" eine „rückläufige Bedeutung Europas im Welthandel" und folgerte daraus, dass die deutsche Wirtschaft „auf den dynamischen Überseemärkten" mehr „Initiative entfalten" müsse.[33] Damit waren vor allem Lateinamerika und in zweiter Linie der Mittlere Osten gemeint, die sich, wie Erhard meinte, „mit Deutschland kulturell und auch politisch meist verbunden fühlten".[34]

Tatsächlich konnte der Handel zwischen der Bundesrepublik und Lateinamerika in den sechziger Jahren deutlich gesteigert werden, nachdem Ende 1958 die uneingeschränkte Inländer- und Ausländer-Konvertibilität der DM und damit die generelle Freizügigkeit im grenzüberschreitenden Kapitalverkehr eingeführt worden war. Die Importe aus Lateinamerika stiegen von etwa 3 Mrd. DM 1955 auf etwa 5 Mrd. 1969 und die Exporte von 2,3 Mrd. auf 5,6 Mrd. Dennoch sank der relative Anteil Lateinamerikas am deutschen Außenhandel weiter ab, von 12 Prozent auf gut 5 Prozent beim Import und von 9 Prozent auf weniger als 5 Prozent beim Export. Während Brasilien seine Spitzenposition unter den lateinamerikanischen Handelspartnern mit einem Anteil von 1,1 Prozent an den bundesdeutschen Importen (1969) behaupten konnte, fiel Argentinien als der ehemalige Champion im deutsch-lateinamerikanischen Handel weiter zurück. Die

---

33 *L. Erhard*, Deutschlands Rückkehr zum Weltmarkt, Düsseldorf 1953, S. 22f.
34 *Erhard*, Rückkehr, S. 154.

argentinischen Exportgüter Getreide und Wolle hatten ihre ehemals große Bedeutung in der deutschen Importbilanz seit der Jahrhundertmitte eingebüßt und entsprechend fiel auch Argentinien hinter andere Länder zurück, die Energieträger oder industrielle Rohstoffe für Wachstumsindustrien anzubieten hatten; und die Textilindustrie als Abnehmer für argentinische Wolle geriet in Deutschland während der sechziger Jahre in eine schwere Existenzkrise. Wachstumspotenziale für den Außenhandel gingen von ihr nicht aus.

Der treibende Motor für das rasante deutsche Außenhandelswachstum war der innereuropäische Handel, insbesondere der Handel der sechs Mitglieder der 1957 gegründeten Europäischen Wirtschaftsgemeinschaft (EWG). Die EWG war wesentlich für das enorme Wachstum des deutschen Außenhandels seit den späten fünfziger Jahren verantwortlich. So kamen im Jahr 1969 auf jeden Bundesbürger statistisch 1.610 DM Importe und 1.866 DM Exporte. Mitte der fünfziger Jahre hatten die Vergleichswerte noch bei 476 DM (Importe) und 500 DM (Exporte) gelegen. Selbst unter Berücksichtigung der Geldentwertung von in dieser Zeit etwa 2 Prozent pro Jahr war ein solches Wachstum des Außenhandels innerhalb von nur gut zehn Jahren bis dahin einzigartig in der deutschen Wirtschaftsgeschichte. Entsprechend war auch die Außenhandelsquote weiter angewachsen (Tab. 7).

Im Jahr 1969 gingen 40 Prozent aller bundesdeutschen Ausfuhren an die fünf anderen EWG-Staaten Frankreich, Italien, Belgien, Luxemburg und die Niederlande und sogar 43 Prozent aller Importe wurden von dort eingeführt. Diese fünf Länder hatten zwar auch schon vor der Gründung der EWG einen großen Anteil am deutschen Außenhandel, aber dieser lag 1955 mit 23 Prozent beim Import und 28 Prozent beim Export noch deutlich niedriger. Die Steigerung war zu einem Großteil auf Kosten der Anteile der beiden Amerikas erfolgt. Der Rückgang der relativen Bedeutung Lateinamerikas von 12 Prozent (Importe) bzw. 9 Prozent (Exporte) im Jahr 1955 auf jeweils etwa 5 Prozent im Jahr 1969 wurde bereits erwähnt. Im Falle Nordamerikas war die Bilanz zweigeteilt. Während die Importe aus den USA und Kanada von 15 Prozent auf 11,5 Prozent zurückgingen, stieg die Bedeutung Nordamerikas als Absatzmarkt, indem der Exportanteil von 7 Prozent (1955) auf 12 Prozent (1969) zulegte. Das bedeutet, dass sich das seit Jahrhundertbeginn bestehende Defizit im Handel mit den USA in dieser Zeit in einen Überschuss verwandelte. Daran sollte sich bis zum Ende des 20. Jahrhundert auch nichts Grundlegendes mehr ändern.

Einen bemerkenswerten Bedeutungszuwachs erfuhr auch der Nahe Osten und zwar ausschließlich wegen der Ölexporte der Region. Mineralöl und Kraftstoffe stellten 1969 die mit Abstand bedeutendste Importwarengruppe der Bundesrepublik dar, weit vor den ehemals bedeutendsten Importgütern wie Getreide, Wolle und Baumwolle sowie Eisenerz. Nachdem innerhalb der EWG alle Zölle auf

Fertigprodukte gefallen waren, importierte die Bundesrepublik auch wieder verstärkt Maschinen und andere Industriewaren. Der intraindustrielle Austausch ist seitdem charakteristisch für den Handel der Bundesrepublik mit seinen industrialisierten Nachbarn, was auch den anhaltend hohen Anteil dieser Länder an den deutschen Exporten und Importen im letzten Drittel des 20. Jahrhunderts erklärt. Ein sichtbarer Ausdruck dieser der Liberalisierung des Waren- und Kapitalverkehrs geschuldeten neuen Außenhandelsstruktur war die Tatsache, dass auf den Straßen in Deutschland seit den sechziger Jahren Autos aus zunächst Frankreich und Italien, später auch aus Schweden, Japan und Südkorea fuhren. Umgekehrt fuhren auf den Straßen der anderen EWG-Staaten, aber auch in Großbritannien und den USA deutsche Autos. So stellten Kraftfahrzeuge im Jahr 1969 mit einem Importwert von 4,2 Mrd. DM eine der größten Industriewarengruppe dar, während gleichzeitig Kraftfahrzeuge im Wert von 16,8 Mrd. DM exportiert wurden. Das entsprach zu dieser Zeit knapp 15 Prozent aller deutschen Exporte.

Der Handel mit den Staatshandelsländern Osteuropas war auch in den sechziger Jahren trotz der sich andeutenden Entspannung zwischen den beiden Blöcken weiterhin recht bescheiden. Bereits im Jahr 1955 hatte die Bundesrepublik diplomatische Beziehungen zur Sowjetunion aufgenommen und der mit hochrangigen Unternehmern der Zeit besetzte Ostausschuss der deutschen Wirtschaft bemühte sich intensiv um eine Verbesserung der Wirtschaftsbeziehungen zu den Mitgliedsstaaten des RGW.[35] Der Sowjetunion kam aber lange Zeit eine Sonderstellung unter den osteuropäischen Staaten zu. Denn die Hallstein-Doktrin der bundesdeutschen Außenpolitik, nach der es die Bundesrepublik als einen „unfreundlichen Akt“ erachtete, wenn dritte Staaten die DDR völkerrechtlich anerkannten und in der Folge diplomatischen Beziehungen mit ihr aufnahmen, sowie im Falle Polens und der Tschechoslowakei auch die deutsche Weigerung, die gemeinsamen Grenzen anzuerkennen, verhinderten lange Zeit eine Normalisierung der politischen Beziehungen zu den Ostblockstaaten. Im Falle Jugoslawiens wurden 1957 sogar als Folge der völkerrechtlichen Anerkennung der DDR als zweiter deutscher Staat durch Jugoslawien die bestehenden diplomatischen Beziehungen von bundesdeutscher Seite abgebrochen und erst 1968 wieder

---

35 *R. Neebe*, Optionen westdeutscher Außenwirtschaftspolitik 1949–1952, in: *L. Herbst* (Hg.), Vom Marshallplan zur EWG: Die Eingliederung der Bundesrepublik Deutschland in die westliche Welt, München 1991, S. 191; *K.-H. Schlarp*, Zwischen Konfrontation und Kooperation: die Anfangsjahre der deutsch-sowjetischen Wirtschaftsbeziehungen in der Ära Adenauer, Münster 2000, S. 87 f.; *K. Rudolph*, Wirtschaftsdiplomatie im Kalten Krieg: die Ostpolitik der westdeutschen Großindustrie 1945–1991, Frankfurt 2004, S. 35 ff.

aufgenommen.[36] Ende der sechziger Jahre hatte sich Jugoslawien allerdings bereits deutlich von der Sowjetunion als Hegemonialmacht distanziert. Auch mit Rumänien wurden bereits Ende der sechziger Jahre wieder diplomatische Beziehungen aufgenommen. Ungarn, Polen, Bulgarien und die Tschechoslowakei folgten dagegen erst im Zuge der Entspannungspolitik zu Beginn der siebziger Jahre. Zu dieser Zeit nahm die Bundesrepublik auch wieder diplomatische Beziehungen mit der Volksrepublik China auf.

Im Jahr 1969 wirkte sich die vorsichtige politische Annäherung zwischen den Blöcken des Kalten Krieges beim Handel noch nicht spürbar aus. Die Währungen der Länder des RGW waren nicht konvertibel, so dass sich dort ein gespaltenes Preissystem herausbildete. Im Binnenhandel waren die Preise dekretiert, im Außenhandel orientierten sich die Preise dagegen an den Weltmarktpreisen, auch wenn sich deren Schwankungen wegen der zentralen Planung erst mit einer gewissen Zeitverzögerung im Handel der RGW-Staaten untereinander bemerkbar machten. Dabei unterschieden die Staaten des Ostblocks zwischen „weichen“ Gütern, die nur innerhalb des RGW gehandelt wurden, weil sie auf dem Weltmarkt nicht konkurrenzfähig waren, und „harten“ Gütern, deren Export westliche Devisen erbringen konnten, die wiederum zum Import von Nahrungs- und Genussmitteln wie Kaffee, industriellen Rohstoffen oder auch Industriegütern aus dem „nichtsozialistischen Ausland“ eingesetzt werden konnten. Da die Ostblockstaaten jedoch nur über eine begrenzte und tendenziell abnehmende Palette solcher „harten“ Güter verfügten, finanzierten sie seit den siebziger Jahren ihre Importe, indem sie sich gegenüber dem Westen verschuldeten. Die Idee dabei war, mehr westliche Investitionsgüter zu importieren, um mittelfristig mehr auf dem Weltmarkt konkurrenzfähige Güter anbieten zu können und so die Schulden wieder zurückzuführen.[37] Das erklärt die vorsichtige Belebung des Ost-West-Handels in den siebziger Jahren, auch wenn diese gesteuerte Ausweitung des Handels mit der Wachstumsdynamik des weltweiten Güteraustauschs nicht mithalten konnte.

Ende der sechziger Jahre hatten die sieben osteuropäischen Staatshandelsländer (ohne DDR, aber mit Jugoslawien) mit einem Anteil von zusammen 4,5 Prozent der bundesdeutschen Importe und 5,7 Prozent der bundesdeutschen Exporte noch weiter an Boden verloren. Mitte der siebziger Jahre war der Anteil der sieben Staaten an den bundesdeutschen Exporten dann auf 4 Prozent abge-

---

36 *H. Sundhausen*, Jugoslawisch-deutsche Beziehungen zwischen Normalisierung, Bruch und erneuter Normalisierung, in: *O. Haberl* (Hg.), Unfertige Nachbarschaften. Die Staaten Osteuropas und die Bundesrepublik, Essen 1989, S. 141; *W. Gray*, Germany's Cold War. The Global Campaign to Isolate East Germany 1949–1969, Chapel Hill 2003, S. 77.
37 *Ahrens*, Wirtschaftshilfe?, S. 267; *Steiner*, Plan, S. 181.

sunken, der Anteil am bundesdeutschen Export aber auf 7 Prozent gestiegen. Unter den wichtigsten Lieferländern des Ostblocks stand Ende der sechziger Jahre die Sowjetunion an der Spitze, obwohl der Einstieg der Sowjetunion in den Kreis der wichtigsten Energielieferanten erst in den siebziger Jahren erfolgen sollte. Der erste Vertrag über ein Erdgas-Röhrengeschäft mit der Sowjetunion wurde im Februar 1970 abgeschlossen und die erste Erdgaslieferung erreichte Bayern Ende 1973 durch eine Pipeline über die Tschechoslowakei. Ein früherer Versuch, Röhren aus der Bundesrepublik in Kompensation für Energielieferungen zu beziehen, war 1962 noch an einem von der Nato verhängten Embargo gescheitert.[38] An zweiter Stelle unter den osteuropäischen Staatshandelsländern stand Jugoslawien, das aber den wichtigsten Absatzmarkt für deutsche Waren unter den Ländern Osteuropas darstellte. Die anderen Länder folgten erst mit zum Teil deutlichen Abständen. Unter Berücksichtigung des Handels mit der DDR hätte die Reihenfolge allerdings anders ausgesehen. Der Wert der Lieferungen aus der DDR lag auch 1969 knapp vor der Sowjetunion, als Absatzmarkt stand die DDR mit einem Anteil von 2,2 Prozent aller bundesdeutscher Exporte sogar deutlich an der Spitze. Überraschend hoch war zu dieser Zeit übrigens der Export in die Volksrepublik China, obwohl sich das Land Ende der sechziger Jahre noch in einer schweren innenpolitischen Krise befand, die es deutschen Unternehmen nicht gerade erleichterte Waren dorthin auszuführen. Mit 0,6 Prozent der deutschen Exporte lag das ostasiatische Land etwa auf demselben Niveau wie Polen.

Während sich die Volksrepublik China aber nach wie vor auf keinen Fall gegenüber dem westlichen Ausland (einschließlich Japans) verschulden wollte, fällt das bis Mitte der siebziger Jahre enorm angewachsene Handelsbilanzdefizit aller europäischen Staatshandelsländer mit der Bundesrepublik ins Auge. Besonders hoch lag das Defizit Jugoslawiens, das Waren im Wert von 1,6 Mrd. DM in die Bundesrepublik ausführte, aber Waren im Wert von 4,5 Mrd. DM von dort bezog. Bei der Zahlungsbilanz fiel dieses hohe Defizit wegen der D-Mark-Überweisungen jugoslawischer „Gastarbeiter" in die Heimat zwar nicht ganz so stark aus, aber hier deutete sich bereits ein Problem an, das den Ost-West-Handel auch noch in den achtziger Jahren bestimmen sollte. Obwohl sich die Lücke in den folgenden Jahren wieder etwas schloss, gelang es den Ländern des RGW bis zum Zusammenbruch des Ostblocks nicht mehr, die Bilanz auszugleichen oder gar in einen Überschuss zu verwandeln, um dadurch die aufgelaufene (West-)Verschuldung reduzieren zu können.

---

38 *M. Pohl*, Geschäft und Politik. Deutsch-russisch/sowjetische Wirtschaftsbeziehungen 1850–1988, Mainz 1988, S. 149; *Rudolph*, Wirtschaftsdiplomatie, S. 155 ff.

Tabelle 7: Die wichtigsten Handelspartner der Bundesrepublik Deutschland 1969

Exporte		**Importe**	
Land	**%**	**Land**	**%**
Frankreich	13	Frankreich	13
Niederlande	10	Niederlande	13
USA	9	USA	11
Italien	8	Italien	10
Belgien	7	Belgien	8
Schweiz	6	Großbritannien	4
Österreich	4	Schweiz	3
Großbritannien	4	Schweden	3
Schweden	4	Libyen	3
Dänemark	3	Österreich	2
Exportquote	19	Importquote	16

Die Erfahrungen der deutschen Außenwirtschaftspolitik aus den früheren Jahrzehnten hatten gezeigt, dass die bilaterale Handelsbilanz mit Rohstofflieferländern fast immer negativ war. So verhielt es sich auch mit den meisten Ölförderstaaten im Nahen Osten. Lediglich im Falle des Iran mit seinem westlich geprägten Industrialisierungsprogramm konnte ein bilateraler Handelsüberschuss erzielt werden. Der Iran stellte sogar Ende der sechziger Jahre den nach Japan zweitwichtigsten Absatzmarkt für deutsche Waren in Asien dar. Der für die Bundesrepublik zu dieser Zeit wichtigste Öl exportierende Staat war allerdings Libyen,[39] das es sogar als erstes und im 20. Jahrhundert wohl auch als einziges afrikanisches Land unter die zehn wichtigsten Handelspartner (West-)Deutschlands schaffte (Tab. 7). Die bilaterale Handelsbilanz mit Libyen war allerdings extrem unausgeglichen. Den Importen, überwiegend Ölimporten, in Höhe von 2,55 Mrd. DM standen 1969 nur Exporte in Höhe von nicht einmal 240 Mio. DM gegenüber. Ähnlich, wenn auch nicht ganz so extrem fiel die bilaterale Handelsbilanz der Bundesrepublik mit dem zweitwichtigsten Ölexporteur im Nahen Osten, mit Saudi-Arabien, aus. Während die Bundesrepublik aus Saudi-Arabien Waren, also überwiegend Erdöl, im Wert von knapp 800 Mio. DM einführte, ex-

39 *Stokes/Karlsch*, Faktor Öl, S. 344; *R. Stokes*, Der Siegeszug von Erdöl und Erdgas im 20. Jahrhundert, in: *D. Ziegler* (Hg.), Geschichte des deutschen Bergbaus, Bd. 4, Münster 2013, S. 533.

portierte sie Waren im Wert von knapp 270 Mio. DM. Damit war Saudi-Arabien beim deutschen Import allerdings auch der nach Japan zweitwichtigste Handelspartner in Asien.

Es gab nicht viele Länder, die Ende der sechziger Jahre im Handel mit der Bundesrepublik einen Exportüberschuss erzielten. Eines davon war ein zweiter Aufsteiger im Welthandel der sechziger Jahre. Auch aus Japan importierte die Bundesrepublik mehr als sie exportierte. Das Importvolumen erreichte 1969 immerhin einen Wert von 1,6 Mrd. DM und damit fast das Niveau im Handel mit den wichtigeren nicht der EWG angehörenden Staaten Europas. Im Gegensatz zu allen anderen Staaten außerhalb Europas, die zu einem früheren Zeitpunkt einmal eine bedeutende Stellung als Handelspartner erreicht hatten, exportierte Japan allerdings kaum Rohstoffe oder Nahrungsmittel nach Deutschland, sondern in erster Linie Industriewaren, anfangs vor allem Textilien, später dann höherwertige Industriegüter wie Fahrzeuge, Maschinen sowie elektronische und optische Erzeugnisse.[40] Japan nutzte also die Liberalisierung des Welthandels,[41] ohne allerdings seine Märkte in der gleichen Weise zu öffnen und so lag der Wert der deutschen Exporte nach Japan im Jahr 1969 mit 1,5 Mrd. DM etwas niedriger als der Wert der aus Japan importierten Waren, was in einem deutlichen Gegensatz zu den Überschüssen stand, die die Bundesrepublik mit fast allen anderen hoch industrialisierten Ländern erzielte.

Die Erfahrungen mit Handelspartnern außerhalb Europas und Nordamerikas, die bis dahin in keinem Fall als Konkurrenten auf dem Weltmarkt für Industriewaren hatten auftreten können, mag auch erklären, weshalb die deutsche Industrie die Herausforderung durch die japanische Konkurrenz lange Zeit unterschätzte. Die Automobilindustrie konnte in den siebziger Jahren gerade noch rechtzeitig reagieren, als Japan zu einer führenden Exportnation auf dem Weltmarkt für Kraftfahrzeuge aufstieg. Aber dieser Aufstieg erfolgte überwiegend auf Kosten anderer Konkurrenten, nicht zuletzt der US-amerikanischen Automobilindustrie. Weniger erfolgreich war die deutsche Kameraindustrie, die in den siebziger Jahren nicht nur ihre führende Stellung auf dem Weltmarkt einbüßte, sondern durch die japanische Konkurrenz sogar auf dem europäischen Markt verdrängt wurde.[42] In den achtziger Jahren sollte auch die Unterhaltungselektronikindustrie dieses Schicksal teilen.

---

40 *V. Hentschel*, Wirtschaftsgeschichte des modernen Japan, Bd. 2: Japans Weg zur wirtschaftlichen Weltmacht (1930–1983), Stuttgart 1986, S. 124

41 *Hentschel*, Wirtschaftsgeschichte, S. 131; *Y. Kosai*, The Postwar Japanese Economy, 1945–1973, in: *K. Yamamura* (Hg.), The Economic Emergence of Modern Japan, Cambridge 1997, S. 187f.; *D. Flath*, The Japanese Economy, Oxford 2000, S. 162f..

42 Glatte Fehlplanung, DER SPIEGEL Heft 36/1971, S. 70.

Tabelle 8: Die wichtigsten Handelspartner der Bundesrepublik Deutschland 1988

Exporte		**Importe**	
Land	**%**	**Land**	**%**
Frankreich	13	Frankreich	12
Großbritannien	9	Niederlande	10
Italien	9	Italien	10
Niederlande	9	Großbritannien	7
USA	8	USA	7
Belgien	7	Belgien	6
Schweiz	6	Japan	6
Österreich	5	Schweiz	5
Spanien	3	Österreich	4
Schweden	3	Schweden	3
Exportquote	27	Importquote	21

Das waren aber Ausnahmen. Auch in den siebziger und achtziger Jahren setzte sich der Erfolg deutscher Waren auf den Weltmärkten weiter fort, so dass der Wachstumstrend im Außenhandel der Bundesrepublik weiter anhielt. Die Außenhandelsquote lag im Jahr 1988 bei 48 Prozent, nachdem sie 1977 bei 46 Prozent und 1969 bei 35 Prozent gelegen hatte. Wie Tabelle 8 zeigt, waren die wichtigsten Handelspartner der Bundesrepublik weiterhin die Mitgliedsstaaten der mittlerweile zur Europäischen Gemeinschaft (EG) erweiterten EWG. Insbesondere der Beitritt Großbritannien im Jahr 1973 zeigte Wirkung. Denn die Briten konnten fast ihre alte führende Stellung für den deutschen Außenhandel aus dem frühen 20. Jahrhundert wiedergewinnen. Daneben konnte auch Spanien, das 1986 der EG beigetreten war, zur Spitzengruppe der deutschen Handelspartner aufschließen. Das enorme Defizit Spaniens im Handel mit der Bundesrepublik – spanischen Warenimporten in Höhe von 17,3 Mrd. DM standen Warenexporte nach Deutschland in Höhe von nur 8,8 Mrd. DM gegenüber – konnte in der Leistungsbilanz dadurch teilweise ausgeglichen werden, dass sich Spanien zum nach Österreich und Italien beliebtesten Urlaubsland für deutsche Touristen entwickelte, als der in den sechziger Jahren einsetzende Massentourismus in den siebziger Jahren auch den Flugtourismus, häufig in Verbindung mit Pauschalreisen, erfasste.[43]

43 *H. Spode*, Der Aufstieg des Massentourismus im 20. Jahrhundert, in: *H.-G. Haupt/C. Torp* (Hg.),

Alle EG-Mitgliedsstaaten zusammen besaßen mittlerweile einen Anteil an den Importen in die Bundesrepublik von 51 Prozent und bei den Ausfuhren der Bundesrepublik sogar von 54 Prozent. Dieser europäische Bedeutungszuwachs ging einher mit Bedeutungsverlusten aller anderen Erdteile, wobei besonders Lateinamerika betroffen war. Der Anteil der lateinamerikanischen Staaten an den deutschen Importen lag nur noch bei weniger als 2,25 Prozent und als Exportmarkt hatte Lateinamerika seine Bedeutung völlig eingebüßt. Mit 9 Mrd. DM gingen nur noch etwas über 1,5 Prozent aller bundesdeutschen Exporte in diese ehemals bedeutendste Exportregion außerhalb Europas und Nordamerikas. Damit lag die Bedeutung Lateinamerikas als Handelspartner sogar noch hinter der Bedeutung der afrikanischen Staaten. Ein wesentlicher Grund für diese Entwicklung dürfte die Schuldenkrise gewesen sein, die den Kontinent seit 1982 erschütterte, und in deren Folge in allen lateinamerikanischen Staaten eine galoppierende Inflation einsetzte, so dass es für deren Handelspartner ein gesteigertes Risiko bedeutete Waren dorthin zu exportieren.[44]

Die deutsche Ostpolitik der frühen siebziger Jahre hatte auf den Handel mit den osteuropäischen Staatshandelsländern zwar insofern eine positive Wirkung, als die Sowjetunion als Handelspartner nicht noch weiter an Bedeutung verlor, obwohl der Einmarsch sowjetischer Truppen in Afghanistan Ende des Jahres 1979 noch einmal für eine „Eiszeit“ in den Ost-West-Beziehungen sorgte, die auch die Wirtschaftsbeziehungen, wenn auch nicht nachhaltig, tangierte.[45] Die grundsätzlich positive Tendenz im deutsch-sowjetischen Handel der siebziger und achtziger Jahre zeigte sich im Handel mit den übrigen Staaten des Ostblocks allerdings nicht. Die sieben Staaten (ohne DDR) erreichten 1988 nur noch einen Anteil von zusammen 4,5 Prozent bei den bundesdeutschen Einfuhren und von 4,7 Prozent bei den bundesdeutschen Ausfuhren, davon entfielen allein auf die Sowjetunion 1,6 Prozent bei den Importen und 1,7 Prozent bei den Exporten. Die positive Tendenz im Handel mit der Sowjetunion war vor allem eine Folge der Abwendung der bundesdeutschen Energiepolitik von der als zu groß empfundenen Abhängigkeit vom Öl. Die Mineralölimporte machten deshalb 1988 nur

---

Die Konsumgesellschaft in Deutschland. Frankfurt/Main 2009, S. 127; ders., „Let us Fly Where the Sun Is“. Air Travel and Tourism in Historical Perspective, in: *J. Eisenbrand/A. v. Fegesack* (Hg.), Airworld, Weil 2004, S. 28 f.

44 *H. Pietschmann*, Entstehung und innere Auswirkungen der lateinamerikanischen Schuldenkrise, in: Jahrbuch für Geschichte Lateinamerikas 29, 1992, S. 421 ff.; *H. Sangmeister*, Verschuldung und soziale Schuld, in: *D. Junker* u. a. (Hg.), Lateinamerika am Ende des 20. Jahrhunderts, München 1994, S. 105 ff.

45 Insbesondere US-Firmen stoppten als Reaktion auf den Einmarsch in Afghanistan bereits eingeleitete Geschäfte mit der Sowjetunion. Vgl. dazu im Einzelnen *Pohl*, Geschäft, S. 164.

noch 6 Prozent aller Einfuhren aus, während das Erdgas immerhin einen Anteil von 1,3 Prozent erreichte. Zu diesem Zeitpunkt hatte das Erdöl mit einem Anteil von etwa 33 Prozent aller Primärenergieträger am Energieverbrauch der Bundesrepublik einen vorläufigen Tiefpunkt erreicht.[46] Mit dem Aufstieg des Erdgases im bundesdeutschen Energiemix war unmittelbar der Aufstieg der Sowjetunion zum wichtigsten deutschen Handelspartner jenseits des „Eisernen Vorhangs" verbunden. Die Besetzung Afghanistans hatte die Bundesregierung Anfang der achtziger Jahre nicht davon abgehalten, gegen den Widerstand der USA[47] eine Vereinbarung über das bis dahin größte Erdgas-Röhrengeschäft mit der Sowjetunion zu treffen, durch das der Anteil der Sowjetunion an der bundesdeutschen Erdgasversorgung auf etwa 30 Prozent ansteigen sollte.[48]

Ein vergleichbar attraktives Exportgut hatten die anderen Staaten Osteuropas nicht zu bieten. Entsprechend gingen auch die Importanteile aus diesen Ländern zurück. Da einige von ihnen in ähnlicher Weise gegenüber „dem Westen" verschuldet waren wie die lateinamerikanischen Staaten, verfügten sie auch nicht über die notwendigen Devisen, um mehr westliche und damit auch Waren aus Deutschland zu importieren. Entsprechend sank ähnlich wie im Falle Lateinamerikas auch die Bedeutung Osteuropas als Absatzmarkt für bundesdeutsche Waren. Das gilt tendenziell auch für den Handel mit der DDR, die in der bundesdeutschen Außenhandelsstatistik bis zu ihrem Ende nicht als „Ausland" geführt wurde. Die DDR war ebenfalls hoch verschuldet und konnte auch kaum noch Exportgüter anbieten, die unter Weltmarktbedingungen konkurrenzfähig waren. Im Ergebnis erreichten die Importe aus der DDR 1988 nicht mehr ganz das Niveau der bundesdeutschen Importe aus der Sowjetunion und auch dieses Niveau war für die DDR nur durch eine massive Subventionierung ihrer Exporte überhaupt erreichbar gewesen. Aus der DDR wurden zu dieser Zeit vor allem Mineralölerzeugnisse und Grundstoffe für die chemische Industrie sowie Textilien und Bekleidung importiert; und selbst als Absatzmarkt für bundesdeutsche Waren hatte die Sowjetunion die DDR überholt.

Eine ebenfalls günstige Entwicklung nahm auch der Handel mit der Volksrepublik China. Die chinesische, 1978 begonnene Reform- und Öffnungspolitik erlaubte es in den achtziger Jahren den Handel mit der Bundesrepublik spürbar zu beleben. Die Volksrepublik China erreichte bei Importen und Exporten einen

---

46 *Stokes*, Siegeszug, Schaubild 5, S. 537.

47 *M. Naumann*, Gute Miene zum bösen Gas, in: DIE ZEIT v. 20.11.1981, Nr. 48/1981; *P. Högselius*, Red Gas. Russia and the Origins of European Energy Dependence, New York 2013, S. 190 ff.

48 Später wäre besser, in: DER SPIEGEL v. 23.3.1981, Nr. 13/1981; *Pohl*, Geschäft, S. 170; *D. Bleidick*, Vom Kokereigasvertrieb zum europäischen Erdgasverbund. Ruhrgas 1926–2013, Habilschrift Bochum 2016, S. 481 ff.

Anteil von jeweils etwa 1 Prozent des deutschen Außenhandels. Gemessen an den osteuropäischen Staatshandelsländern war das ein hoher Wert, aber gemessen an der Größe des Landes und im Vergleich mit Japan war der deutsch-chinesische Handel immer noch recht bescheiden. Selbst das deutlich kleinere Taiwan exportierte mehr Waren nach Deutschland als die Volksrepublik. Dennoch deutete sich hier schon das Potenzial an, das im deutsch-chinesischen Handel steckte.

Auch der Nahe Osten konnte seine in den sechziger Jahren gewachsene und in den siebziger Jahren noch ausgebaute Bedeutung für den deutschen Außenhandel in den achtziger Jahren nicht ganz behaupten. Während die drei für die Bundesrepublik wichtigsten Erdöl exportierenden Staaten, Libyen, Saudi-Arabien und Iran, 1969 zusammen einen Anteil von gut 3,6 Prozent an der deutschen Importbilanz besaßen und diesen nach dem ersten „Ölpreisschock" sogar auf über 7 Prozent (1974) steigern konnten, war der Wert bis 1988 auf 1,15 Prozent gesunken. Die Gründe für diesen Bedeutungsverlust sind vielfältig. Zum einen hatte die Bundesrepublik ihre Abhängigkeit von den Ölimporten durch eine Diversifizierung ihres Energiemix reduziert, so dass die Rohölimporte nach dem zweiten Ölpreisschock (bis zur Wiedervereinigung) deutlich reduziert werden konnten.[49] Außerdem verfiel der Erdölpreis nach dem zweiten Ölpreisschock und erreichte bis zum Ende des 20. Jahrhundert das Ende der siebziger Jahre erreichte Preisniveau nicht mehr. Zum anderen traten seit dem Ende der siebziger Jahre neue Erdöl exportierende Staaten auf, die ihren Anteil an der bundesdeutschen Ölversorgung seitdem kontinuierlich steigern konnten. Bereits zu Beginn der achtziger Jahre machte das Nordseeöl, in erster Linie aus Großbritannien und Norwegen, etwa ein Viertel aller bundesdeutschen Rohölimporte aus. Mitte der achtziger Jahre war Großbritannien dann zum mit Abstand bedeutendsten Rohöllieferanten der Bundesrepublik aufgestiegen.[50] Insbesondere im Falle Norwegens erklären die Ölimporte die steigende Bedeutung des Landes als Handelspartner. 1985 erreichte Norwegen mit 2,7 Prozent seinen höchsten Anteil an allen bundesdeutschen Importen, nachdem der Anteil 1973, vor dem Beginn der Ölförderung vor der norwegischen Küste, noch bei 1,1 Prozent gelegen hatte.

---

49 Im Jahr 1970 hatte die Bundesrepublik knapp 100 Mio. Tonnen Rohöl eingeführt. Bis 1985 war der Rohölimport dann auf 64 Mio. Tonnen zurückgegangen, um danach wegen des Rohölpreisverfalls bis zur Wiedervereinigung wieder auf 72 Mio. Tonnen anzuwachsen, wobei der Kraftstoffverbrauch in der Zwischenzeit zwar weiter angestiegen, der Heizölverbrauch aber sehr deutlich zurückgegangen war. *Statistisches Bundesamt* (Hg.), Datenreport 1991/92, Bonn 1992, Tab. 18.6, S. 399.

50 *Statistisches Bundesamt* (Hg.), Datenreport 1985, Bonn 1986, Tab. 18.6, S. 332; *L. Zündorf*, Das Weltsystem des Erdöls, Wiesbaden 2008, S. 217.

Einen Sonderfall stellt der Iran dar, der 1976 sogar Saudi-Arabien als zweitwichtigsten Erdöllieferanten der Bundesrepublik ablösen konnte und nur noch knapp hinter Libyen platziert war. In diesem Jahr lag der Anteil des Iran an allen bundesdeutschen Importen bei 2,2 Prozent. Nach der islamischen Revolution im Jahr 1979 brach der iranische Erdölexport nach Deutschland dann aber regelrecht ein. 1981 exportierte das Land nur noch Waren im Wert von 1,5 Mrd. DM nach Deutschland, nachdem es 1976 noch Waren im Wert von 5,0 Mrd. DM gewesen waren. Der Anteil des Iran an den bundesdeutschen Importen fiel 1980 zunächst auf 1 Prozent und im Folgejahr sogar auf nur noch 0,4 Prozent. Auf diesem Niveau stabilisierte sich der iranische Export zunächst, sank dann aber bis 1988 auf 0,2 Prozent ab.

In Anbetracht der welthistorischen Umwälzungen der Jahre 1989 bis 1991 sollte eigentlich erwartet werden, dass sich die geographische Ausrichtung des deutschen Außenhandels am Ende des 20. Jahrhunderts gegenüber den Jahren des Kalten Krieges deutlich hätte verändern müssen. Tatsächlich hatten die europäischen Partnerländer bei einer etwas niedrigeren Außenhandelsquote relativ an Bedeutung verloren, obwohl der mittlerweile zur Europäischen Union (EU) erweiterten Europäischen Gemeinschaft in der Zwischenzeit, nach Beendigung des Kalten Krieges, die ehemals neutralen Staaten Schweden, Finnland und Österreich beigetreten waren, wobei Österreich und Schweden zuvor zu den wichtigsten Handelspartnern der Bundesrepublik außerhalb der EWG/EG gehört hatten. 1997 exportierte die Bundesrepublik 55 Prozent ihrer Waren in die Länder der EU, nachdem der Anteil der EG-Länder (plus Schweden, Österreich und Finnland) 1988 noch bei 64 Prozent gelegen hatte. Auch der Anteil Deutschlands am Welthandel sank in den neunziger Jahren auf unter 10 Prozent ab, nachdem er Ende der achtziger Jahre bei etwa 12 Prozent gelegen hatte.[51] Der Grund war unter anderem das rasante Wachstum des Außenhandels der ehemaligen Ostblockstaaten sowie vor allem Ostasiens.

Die Zusammenstellung der wichtigsten Handelspartner des wiedervereinigten Deutschland zeigt am Ende des Jahrhunderts trotz des leichten Bedeutungsverlustes Westeuropas eine fast identische Struktur wie im letzten Jahr der alten Bundesrepublik (1988). Die westlichen Nachbarstaaten standen auch 1997 mit den USA und Japan an der Spitze der (gesamt-)deutschen Handelspartner, während die wichtigsten Handelspartner der DDR, die Staaten des RGW, mit Ausnahme Polens nicht in die Spitzengruppe der Handelspartner hatten aufsteigen können. Das hatte mehrere Gründe. Erstens war die wirtschaftliche Verflechtung unter den RGW-Staaten bei weitem nicht so weit vorangetrieben worden wie in-

51 *M. Kutschker/S. Schmidt*, Internationales Management, München [7]2011, S. 66.

nerhalb der EWG/EG. Der Außenhandel der DDR mit den westlichen Industrieländern lag 1988 sowohl bei den Importen als auch bei den Exporten höher als der Außenhandel mit den RGW-Staaten (s. Tab. 9). Zweitens wäre auch die Tschechoslowakei in die Spitzengruppe aufgerückt, wenn sich das Land nicht 1993 in einen tschechischen und einen slowakischen Staat gespalten hätte, die jeweils zu klein waren, um in die Spitzengruppe zu gelangen. Beide Staaten zusammen lagen sowohl bei den Importen als auch bei den Exporten mit einem Anteil von jeweils etwa 2 Prozent knapp vor Polen. Trotzdem war das Handelsvolumen mit Polen und der (ehemaligen) Tschechoslowakei im Vergleich zu den anderen kleineren deutschen Nachbarstaaten wie Belgien und den Niederlanden, aber auch Österreich und der weiterhin nicht zur EU gehörenden Schweiz recht bescheiden. Denn drittens begannen sich die Bande der DDR-Wirtschaft mit den mittel- und osteuropäischen Staatshandelsländern bereits vor der Wiedervereinigung aufzulösen.

Tabelle 9: Anteile der Regionen am Außenhandel der DDR (in Prozent)[52]

Jahr	RGW-Länder		Entwicklungsländer		Westliche Industrieländer	
	Export	Import	Export	Import	Export	Import
1950	68,2	75,9	0,7	0,1	31,1	24,0
1960	68,7	66,5	4,2	4,4	20,2	22,0
1970	68,6	66,1	4,2	3,9	21,9	26,7
1980	65,4	60,2	7,2	6,2	24,1	30,4
1988	43,1	46,2	5,5	4,0	46,2	50,8

Eine Anpassung der DDR-Außenhandelsstatistik an die Standards der Statistiken, die diesem Aufsatz zugrunde liegen, ist zwar nur bedingt möglich. Aber die groben Linien der regionalen Struktur des DDR-Außenhandels lassen sich für den Zweck dieser einleitenden Betrachtungen schon zuverlässig nachzeichnen. Danach hatte sich der Handel mit den RGW-Partnern relativ zum Handel mit den Staaten des „kapitalistischen Auslands" in den siebziger und besonders in den achtziger Jahren deutlich rückläufig entwickelt (Tab. 9). Mit der Einführung der Deutschen Mark (West) in der DDR im Sommer 1989 musste sich die DDR-Wirtschaft nicht nur plötzlich auf dem Weltmarkt behaupten, sondern verlor auch den in gewisser Weise geschützten osteuropäischen Markt, weil die Länder Ost- und

52 *Ahrens*, Wirtschaftshilfe, Tab. II.3, S. 62.

Mitteleuropas ihre DDR-Importe nun mit westlichen Devisen bezahlen mussten. Ganz abgesehen davon, dass diese Länder während ihres Transformationsprozesses nicht über nennenswerte Devisenreserven verfügten, war es für sie auch deutlich weniger attraktiv geworden, Waren aus dem Gebiet der ehemaligen DDR zu beziehen. Ihre knappen Devisen setzten sie nun auch bei „weichen Waren" lieber für den Erwerb „westlicher" Produkte ein.

Tabelle 10: Die wichtigsten Handelspartner der Bundesrepublik Deutschland 1997

Exporte		**Importe**	
Land	**%**	**Land**	**%**
Frankreich	11	Frankreich	11
USA	9	Niederlande	9
Großbritannien	9	Italien	8
Italien	7	USA	8
Niederlande	7	Großbritannien	7
Belgien	5	Belgien	6
Österreich	5	Japan	5
Schweiz	5	Schweiz	4
Spanien	4	Österreich	3
Polen	2	Spanien	2
Exportquote	24	Importquote	21

Während die unmittelbaren deutschen Nachbarstaaten des ehemaligen Ostblocks trotz dieser Schwierigkeiten durch die Öffnung des Eisernen Vorhangs wenigstens eine gewisse Belebung des Handels mit dem Währungsraum der D-Mark erfuhren, schwächte sich der Effekt mit zunehmender Entfernung immer weiter ab. Eine leichte Steigerung des Handels mit dem Währungsraum der D-Mark konnte auch Ungarn verzeichnen, das 1997 einen Anteil von jeweils etwa 1 Prozent an den deutschen Importen und Exporten erreicht hatte – nach jeweils etwa 0,5 Prozent im Jahr 1988. Ähnliches gilt für die ehemalige Sowjetunion. Deren Nachfolgestaaten hätten in der Rangliste der wichtigsten Handelspartner Deutschlands zusammen sogar nach Spanien den elften (Einfuhr) bzw. zehnten Platz (Ausfuhr) belegt. Gemessen an der Größe Russlands und der Bedeutung, die die Sowjetunion für die DDR in der Zeit des Kalten Krieges sowie Russland zu Beginn des 20. Jahrhunderts für das Deutsche Reich innegehabt hatten, war ein

Anteil am deutschen Außenhandel von 2 Prozent bis 3 Prozent immer noch gering. Aber auch hier deutet sich, ähnlich wie zehn Jahre zuvor im Falle Chinas, das große Potenzial an, das im deutsch-russischen Handel steckte. Ganz anders war die Entwicklung bei Rumänien und Bulgarien. Beide Länder spielten weiterhin mit einem Anteil von jeweils zwischen 0,12 Prozent (Bulgarien) und 0,35 Prozent (Rumänien) am deutschen Export eine marginale Rolle für den deutschen Außenhandel. Auch das ehemalige Jugoslawien fiel deutlich gegenüber Polen, der (ehemaligen) Tschechoslowakei und sogar gegenüber Ungarn zurück, was aber vor allem eine Folge des Zerfalls des jugoslawischen Staates und der Balkankriege der neunziger Jahre war.

Den spektakulärsten Aufstieg als Handelspartner des wiedervereinigten Deutschlands erfuhr in den neunziger Jahren die Volksrepublik China, die 1997 Waren im Wert von 21,4 Mrd. DM (gegenüber 4,5 Mrd. DM 1988) ausführte. Nachdem sich aufgrund der Ende der siebziger Jahre eingeleiteten Öffnungspolitik schon in den achtziger Jahren ein, allerdings zunächst noch geringfügiger, Bedeutungszuwachs beobachten ließ, stieg die Volksrepublik in den neunziger Jahren zum nach Japan und vor Südkorea zweitwichtigsten asiatischen Handelspartner Deutschlands auf und wurde außerhalb Asiens und Europas nur noch von den USA übertroffen. Zusammen mit Japan und Südkorea erreichten die Wachstumsökonomien Ostasiens damit einen Anteil von 9 Prozent an den deutschen Importen und 5 Prozent an den deutschen Exporten, wobei Japan aufgrund seiner schweren Wirtschaftskrise zu Beginn der neunziger Jahre[53] relativ etwas abfiel. Südkorea wies von den drei ostasiatischen Handelspartnern die größte Kontinuität im Handel mit der Bundesrepublik bzw. dem wiedervereinigten Deutschland im letzten Viertel des 20. Jahrhunderts auf. Auffällig ist allerdings, dass sich der südkoreanische Handelsüberschuss in den neunziger Jahren in ein Defizit verwandelte. Das Land wies damit den umgekehrten Trend auf wie Japan, das sein Handelsbilanzdefizit mit der Bundesrepublik aus den fünfziger Jahren seit den sechziger Jahren in einen zum Teil erheblichen Überschuss verwandelte. Als Absatzmarkt rangierte Südkorea 1997 sogar nur ganz knapp hinter der Volksrepublik China. Denn ähnlich wie im Falle Japans wies die bilaterale Handelsbilanz der Bundesrepublik mit der Volksrepublik China ein erhebliches Defizit auf, was auf nach wie vor bestehende Hemmnisse für den chinesischen Import deutscher Waren hindeutet. Auch wenn die Volksrepublik China bis gegen Ende des 20. Jahrhunderts als Handelspartner Deutschlands noch nicht zu den

53 Einen neueren Überblick der Probleme der japanischen Wirtschaft der neunziger Jahre bietet der Sammelband *K. Hamada* u. a. (Hg.), Japan's Bubble, Deflation, and Long-term Stagnation, Cambridge/Mass. 2011.

westeuropäischen Staaten, Japan und den USA hatte aufschließen können, lag das Wachstum des Handelsvolumens deutlich über dem Durchschnitt. Während der Wert der chinesischen Exporte in die Bundesrepublik 1977 noch bei 666 Mio. DM gelegen hatte, war er bis 1997 auf 21,4 Mrd. DM gestiegen. Das entsprach einem Wachstum um den Faktor 32, während der Wert aller Importe der Bundesrepublik im gleichen Zeitraum nur um etwas mehr als den Faktor fünf gewachsen war.

Mit Blick auf das gesamt 20. Jahrhundert lässt sich sicherlich konstatieren, dass Deutschland eine sehr erfolgreiche Handelsnation gewesen ist. Wichtige Ausnahmen sind allerdings die Zeit der Weltkriege und der unmittelbaren Nachkriegszeit. Die Zwischenkriegszeit von 1924 bis 1938 ist ebenfalls etwas differenzierter zu betrachten, denn obwohl die Reintegration in den Weltmarkt nach der Stabilisierung der Mark durchaus gelungen war, gelang es nicht die Handelsbilanzüberschüsse zu erwirtschaften, die notwendig gewesen wären, um die Reparationslasten aus eigener Kraft schultern zu können. Die dreißiger Jahre waren dann von einer Abkopplung der deutschen Wirtschaft vom Weltmarkt gekennzeichnet. Das war allerdings kein spezifisch deutsches Phänomen, sondern ein weltweiter Trend, der allerdings im nationalsozialistischen Deutschland besonders radikal verfolgt wurde.

Auch die Außenhandelsstruktur entsprach den Erwartungen, die man an ein hoch industrialisiertes Land im 20. Jahrhundert stellen kann. Während der ersten zwei Drittel des Jahrhunderts importierten das Deutsche Reich bzw. die Bundesrepublik Deutschland überwiegend Nahrungsmittel und Rohstoffe, während es vornehmlich Industriewaren, darunter zu allen Zeiten auch aktuelle Hightechprodukte, exportierte. Im letzten Jahrhundertdrittel nahm dann die Bedeutung der Nahrungsmittel- und Rohstoffimporte zugunsten von Industriewaren ab und die Außenhandelsbilanz wurde stärker durch einen intraindustriellen Austausch geprägt. Das blieb natürlich nicht ohne Auswirkungen auf die regionale Strukturierung des deutschen Außenhandels. Während außereuropäische Länder bis in die zweite Jahrhunderthälfte hinein ein wichtige Rolle als Rohstoff- und Nahrungsmittellieferanten besaßen und häufig einen hohen bilateralen Handelsbilanzüberschuss gegenüber Deutschland erzielen konnten, sank deren Bedeutung mit der Umorientierung der Handelsstruktur auf den intraindustriellen Austausch deutlich ab. Besonders dramatisch war die Situation im Handel mit Argentinien, das zeitweise zu den wichtigsten Handelspartnern Deutschlands überhaupt gehört hatte und das dann aber wegen des Bedeutungsverlustes seiner Exportgüter Getreide und Wolle rasant an Bedeutung als Handelspartner verlor. Ähnlich erging es den USA, die während der ersten Jahrhunderthälfte keineswegs in erster Linie Industriegüter nach Deutschland exportierten, sondern Nahrungsmittel, Rohstoffe und Halbfertigprodukte und in dieser Zeit ebenfalls hohe bilaterale Handelsbilanzüberschüsse erzielten. Seit der Mitte der fünfziger Jahre und dem

Bedeutungsverlust der textilen Rohstoffe für die deutsche Importbilanz, verlor Deutschland aber an Bedeutung als Absatzmarkt für die USA, die allerdings weiterhin in hohem Maße Industriewaren aus Deutschland importierten und deshalb seit dieser Zeit ein bilaterales Handelsbilanzdefizit mit der Bundesrepublik und später auch mit dem wiedervereinigten Deutschland aufwiesen.

Unter den Rohstoffe liefernden Nationen besaßen in den siebziger Jahren nur noch die Öl exportierenden Staaten in Afrika und dem Nahen Osten eine große Bedeutung als Handelspartner. Aber seit dem Bedeutungsverlust des Erdöls auf dem Weltenergiemarkt, dem Ölpreisverfall seit den achtziger Jahren und dem Aufstieg europäischer Erdölförderländer ging auch die Bedeutung Libyens, Saudi-Arabiens und des Iran zurück. Der Iran ist allerdings auch ein Beispiel für politische Verwerfungen und deren Auswirkungen auf den bilateralen Handel. Denn es war vor allem die Islamische Revolution, die den fast völligen Zusammenbruch des Handels der Bundesrepublik mit dem zeitweise zweitwichtigsten Absatzmarkt für deutsche Güter in Asien erklärt. Eine ähnliche Wirkung dürfte auch der Oktoberrevolution von 1917 und der Gründung der Sowjetunion zugeschrieben werden, obwohl hier eher binnenwirtschaftliche Probleme der ehemaligen Getreideexportnation als Folge der Kollektivierung der Landwirtschaft ausschlaggebend für den Bedeutungsverlust Russlands als Handelspartner gewesen sein dürften. Der Kalte Krieg und die Hallstein-Doktrin behinderten nach der Teilung Europas sicherlich auch den Handel der Bundesrepublik mit Ost- und Mitteleuropa sowie mit der VR China. Aber auch ohne „Eisernen Vorhang" hätte die Sowjetunion die alte Bedeutung Russlands und Südosteuropa auch nicht die alte Bedeutung der dreißiger Jahre wiedergewonnen. Denn der wichtigste Faktor für die regionale Ausrichtung des deutschen Außenhandels war seit den sechziger Jahren die wirtschaftliche (und politische) Integration Westeuropas. Der Pull-Effekt der EWG überwog ganz sicher den Push-Effekt des Kalten Krieges.

MENA Region

Fatma Uzun

Die deutsch-türkischen Wirtschaftsbeziehungen nach dem Zweiten Weltkrieg

Unter besonderer Berücksichtigung der Siemens AG

1 Einleitung

Im Mai 2013 nahm die Siemens AG an einer Ausschreibung der Türkischen Staatsbahn teil und erhielt den Auftrag für die Lieferung von sieben Hochgeschwindigkeitszügen im Wert von 285 Millionen Euro. Der erste Zug des Typs Velaro konnte bereits nach 180 Tagen ausgeliefert werden. Der an die Türkische Staatsbahn gelieferte Zug war allerdings ursprünglich für die Deutsche Bahn gedacht. Dies war die Folge einer Panne bei Siemens, die mit der Lieferung einer Bestellung von Zügen für die Deutsche Bahn in Verzug geraten war und stattdessen der Deutschen Bahn einen anderen als den bestellen Zug anbieten wollte. Die Deutsche Bahn wiederum wollte sich darauf nicht einlassen und drängte auf eine finanzielle Entschädigung, weswegen Siemens den Zug stattdessen an die Türkische Staatsbahn liefern konnte. Im Februar 2015 folgte für Siemens ein Anschlussauftrag im Wert von 400 Millionen Euro für die Lieferung weiterer Züge.[1]

Das Beispiel steht für die engen und guten Beziehungen deutscher Unternehmen in die Türkei, die eine lange Tradition hatten. Ein Blick in die Geschichte der Siemens AG in der Türkei zeigt, dass Siemens bereits seit über einem Jahrhundert in der Türkei tätig ist und neben anderen deutschen Unternehmen wie Krupp und später Daimler-Benz schon in einem sehr frühen Stadium die Entwicklung des Verkehrswesens in der Türkei mitgeprägt hat. Eines der älteren Zeugnisse für die Geschäftsbeziehungen der Siemens AG mit der Türkei ist der Export einer Schuckert-Bahn, die um die Jahrhundertwende zunächst in München fuhr und Anfang des 20. Jahrhunderts auf der asiatischen Seite von Istanbul als

1 RP Online 18.02.2015 11:38 Uhr, www.rp-online.de/nrw/staedte/krefeld/neuer-grossauftrag-siemens-soll-fuer-tuerkische-staatsbahn-80-wagen-bauen-aid-1.4884313. Siehe auch: finanzen.at 20.10.2015 14:51 Uhr www.finanzen.at/nachrichten/aktien/Siemens-baut-Strassenbahnwerk-Wien-bleibt-Kompetenzzentrum-1000867302 sowie Der Tagesspiegel, 20.10.2015 11:57 Uhr www.tagesspiegel.de/wirtschaft/siemens-siemens-plant-strassenbahnfertigung-in-der-tuerkei/12473386.html.

https://doi.org/10.1515/9783110541120-003

Linie 12 weiter betrieben wurde. Nach 61 Jahren Betrieb wurde die Straßenbahn 1967 durch beweglichere Oberleitungs-Omnibusse ersetzt.[2] Andererseits gab es auch immer wieder Probleme in den wirtschaftlichen Beziehungen beider Staaten, die einerseits durch die politischen Rahmenbedingungen, andererseits, aus der Perspektive westdeutscher Unternehmen, durch das hohe Maß an wirtschaftspolitischer Regulierung in der Türkei, restriktive staatliche Auflagen, eingeschränkte Handlungsspielräume von Unternehmen sowie häufig schwierige Kooperation vor Ort in der Türkei geprägt war. Nachfolgend soll der Frage nachgegangen werden, warum westdeutsche Unternehmen trotzdem über einen so langen Zeitraum intensive wirtschaftliche Beziehungen zur Türkei pflegten. Dabei geht es um die Wiederaufnahme der deutsch-türkischen Wirtschaftsbeziehungen nach 1945, die politischen und wirtschaftlichen Rahmenbedingungen im Zeitalter des Kalten Krieges sowie unternehmerische Strategien des Markteintritts sowie der Marktbearbeitung, wobei hier vor allem auf das Fallbeispiel der Siemens AG eingegangen wird.

Obwohl, wie das Beispiel Siemens zeigt, die deutsch-türkischen Wirtschafts- und Unternehmensbeziehungen eine lange Tradition haben, spielten diese in der Wirtschaftsgeschichtsschreibung bislang nur eine marginale Rolle. Einen Überblick über die Geschichte der deutsch-türkischen Wirtschaftsbeziehungen nach 1945 findet sich bei Christian Kleinschmidt im Jahrbuch für Wirtschaftsgeschichte.[3] Den Fokus auf einzelne Unternehmen legen neben Patrick Kleedehn, Elfriede Grunow Osswald und Linda von Delhaes-Guenther im Rahmen breiter angelegter Studien zur Internationalisierung westdeutscher Großunternehmen, während Can Özren und Gülüzar Gürbey sich vornehmlich mit den politischen Beziehungen zwischen der Bundesrepublik und der Türkei auseinandersetzen.[4]

---

2 Siemens Archiv 68/ Li. 211 Artikel Strom- bis in Ostanatoliens Dörfer in Siemens-Mitteilungen, H. 2, Februar 1967.

3 *C. Kleinschmidt*, Strategische Außenwirtschaftsbeziehungen. Die Bundesrepublik, die Türkei und der Kalte Krieg 1945 – 1970, in: Jahrbuch für Wirtschaftsgeschichte 53/1, 2012, S. 43 – 66. Siehe ebenfalls ders./*I. Atilgan* (Hg.), Deutsch-türkische Wirtschaftsbeziehungen. Eine Bestandsaufnahme, Klagenfurt 2013 (zugleich in türkischer Sprache: Türkiye Almanya Ekonomik Iliskilerine Toplu Bakis, Balgat-Ankara 2013).

4 *C. Özrem*, Die Beziehungen der beiden deutschen Staaten zur Türkei (1945/49 – 1963). Politische und ökonomische Interessen im Zeichen der deutschen Teilung, Münster 1999; *G. Gürbey*, Die Türkei-Politik der Bundesrepublik Deutschland unter Konrad Adenauer (1949 – 1963), Pfaffenweiler 1990; *P. Kleedehn*, Die Rückkehr auf den Weltmarkt. Die Internationalisierung der Bayer AG Leverkusen nach dem Zweiten Weltkrieg bis zum Jahre 1961, Stuttgart 2007; *E. Grunow-Osswald*, Die Internationalisierung eines Konzerns. Daimler-Benz 1890 – 1997, Stuttgart 2006; *L. v. Delhaes-Guenther*, Erfolgsfaktoren des westdeutschen Exports in den 1950er und 1960er Jahren, Dortmund 2003.

Bislang gibt es jedoch keine quellenbasierte wirtschaftshistorische Monographie der deutsch-türkischen Wirtschaftsbeziehungen nach 1945 aus der Unternehmensperspektive. Der vorliegende Beitrag[5] basiert zu einem Großteil auf Recherchen in verschiedenen Unternehmens- sowie in staatlichen Archiven mit dem Ziel, die Wiederaufnahme und die Entwicklung der wirtschaftlichen Beziehungen mit der Türkei nach 1945 am Beispiel der Siemens AG zu analysieren.

2 Die Wiederaufnahme der Wirtschaftsbeziehungen nach dem Zweiten Weltkrieg

Die Aktivitäten des Unternehmens Siemens in der Türkei reichen zurück bis in die Mitte des 19. Jahrhunderts und dauern bis heute an. Sie beginnen 1856 mit der Lieferung eines Telegraphengeräts von Siemens & Halske an das Osmanische Reich. Sie setzen sich fort in der 1923 ausgerufenen Türkischen Republik, wo 1926 die Türk Siemens Elektrik gegründet wurde[6], die bis 1944 die elektrische Ausrüstung verschiedener Fabriken und Industrien durchführte so. zum Beispiel in Fabriken zur Herstellung von Kammgarn, Papier, Zellstoff, Chlor, Ätznatron, Koalin sowie in der Zuckerindustrie.[7]

Nach dem Zweiten Weltkrieg existierte bis 1948 kein geregelter Handelsverkehr zwischen Westdeutschland und der Türkei. Die ersten Handelsvertragsverhandlungen zwischen der Türkei und der Bizone fanden im März/April 1948 statt. Das erste Handelsabkommen zwischen der Türkei und den Westzonen wurde im Dezember 1949 in Kraft gesetzt. Einige Zeit später, im Februar 1952, wurde ein Handels- und Zahlungsabkommen zwischen der Bundesrepublik und der Türkei abgeschlossen. Darüber hinaus wurden mit Wirkung vom 1. März 1952 u.a folgende Vorkriegsverträge wieder in Kraft gesetzt: a) Das Niederlassungsabkommen vom 12. Januar 1927, b) das Abkommen über den Rechtsverkehr in Zivil- und Handelssachen vom 28. Mai 1929 die Artikel 6, 8, 9 außer Absatz b 10, 13, 14, 15, 16, 17, 19 und c) Absatz 20 des Handels- und Schifffahrtsvertrages vom 27 Mai 1930.

5 Der Text entstand im Rahmen eines von der Fritz Thyssen Stiftung geförderten Projektes über die deutschen Wirtschaftsbeziehungen in Kalten Krieg. Neben dem Teilprojekt der Autorin über die deutsch-türkischen Wirtschaftsbeziehungen beschäftigte sich ein zweites Teilprojekt mit den deutsch-chinesischen Wirtschaftsbeziehungen. Sie dazu den Text von Fei Hé in diesem Band.

6 Siemens Archiv. 68.Li 211 Siemens-Mitteilungen, H.2, Februar 1967 Strom bis in Ostanantoliens Dörfer.

7 Siemens Archiv 8109 Industriegründungen der Türkei bis 1944 (nicht datiert).

Erste geschäftliche Kontakte zwischen Siemens und einigen ehemaligen Vertretern wurden nach Beendigung des Zweiten Weltkrieges im Mai 1947 in Heidenheim im Hotel zum Goldenen Ochsen wieder aufgenommen.[8] 1949 reisten zwei Mitarbeiter des Unternehmens Siemens in die Türkei, um die Lage vor Ort auszukundschaften. Auf ihrem Programm stand zum einen der Besuch bei verschiedenen Behörden, ehemaligen Kunden und potentiellen Auftraggebern und zum anderen Gespräche mit ehemaligen und künftigen Vertretern. In dem im Anschluss an die Reise erstellten Reisebericht notieren die Verfasser, dass Siemens in der Türkei nach wie vor einen „guten Ruf" genieße. Sie stellten ebenfalls fest, dass die wirtschaftliche Ausrichtung der Türkei sich vermehrt an der USA orientiere und der deutsche Einfluss schwinde. Dies zeige sich etwa auf sprachlicher Ebene. Englisch statt Französisch sei allenthalben die dominierende Sprache und die junge Generation sei bestrebt, vornehmlich die englische Sprache zu erlernen, etwa durch Auslandsaufenthalte in England oder Amerika oder den Besuch von internationalen Schulen in Istanbul. Damit einhergehend drohe auch der türkische Ingenieurnachwuchs, der noch in der Vorkriegszeit stark in Richtung Deutschland orientiert war, ebenfalls zunehmend in die USA abzuwandern. „Es ist festzustellen", so Siemens Beobachter, „dass die Kenntnis der deutschen Sprache gerade für Ingenieure sich mehr auf die ältere und alte Generation beschränkt."[9] Zudem gebe es ein umfangreiches Warenangebot amerikanischer und englischer Herkunft. „Das Straßenbild in den Städten Istanbuls und Ankaras ist geradezu beherrscht von Reklameschildern amerikanischer Firmen, besonders General Electric."[10]Aus dieser Perspektive betrachtet waren die Geschäftsaussichten für Siemens nicht besonders vielversprechend. Der Abschluss eines Deutsch-Türkisches Handelsabkommens ermöglichte es jedoch, Importe aus Deutschland mit Exporten aus der Türkei zu verrechnen. Lieferungen aus den USA waren an den Dollar gebunden und die USA zeigte wenig Interesse am Import türkischer Waren. Zudem hätten die Türken schlechte Erfahrungen mit amerikanischen Lieferfirmen beim Bau industrieller Anlagen gemacht und seien daher offen für Geschäfte mit westdeutschen Unternehmen. Der Gesamtwert der von den Siemens-Mitarbeitern Herlt und Wegener[11] geschätzten Geschäftsaussichten betrug 10.447.000 US-Dollar und umfasste Projekte wie etwa eine elektrische Ausrüstung im Auftrag der Sümerbank (Turbi-

8 Siemens Archiv 8124.1 Türkei Die Entwicklung der Vertretung des Hauses nach dem Kriege.
9 Siemens Archiv 8124.1 Zusammenfassender Bericht über die Reise nach der Türkei vom 13.10.-26.10.1949 vom 31.10.1949 (Dr. Herlt und Wegener).
10 Siemens Archiv 8124.1 Zusammenfassender Bericht über die Reise nach der Türkei vom 13.10.-26.10.1949 vom 31.10.1949 (Dr. Herlt und Wegener).
11 Siemens Archiv 8124.1 Zusammenfassender Bericht über die Reise nach der Türkei vom 13.10.-26.10.1949 vom 31.10.1949.

nen, Maschinen, Motoren, Beleuchtung, Sekundäranlagen) sowie Anlagen für verschiedene Fabriken (Kammgarn- und Baumwollspinnereien, Zement-, Papier- und Zuckerfabriken), im Auftrag der Etibank die Ausrüstung der Wasserkraftanlage Sariyar und den Bau einer 300 km Freileitung von Catalgazi in Istanbul. Hinzu kamen im Auftrag der Illerbank die Ausrüstung von Wasserkraftanlagen für verschiedene türkische Städte, die elektrische Ausrüstung des Opernhauses und Trolleybusse für Istanbul sowie die Elektrifizierung der Vorortbahn in Istanbul.[12] Damit war Siemens nach 1945 wieder stark im Türkeigeschäft engagiert.

3 Gesetzliche Bestimmungen und politische Rahmenbedingungen für Direktinvestitionen deutscher Unternehmen in der Türkei

Nach dem Zweiten Weltkrieg und im Übergang zum Kalten Krieg erfolgte eine Neuausrichtung der internationalen Wirtschaftsbeziehungen unter der Führung der Vereinigten Staaten. Diese Neuausrichtung betraf u. a. die Staaten Mittel- und Osteuropas sowie die Sowjetunion und China. Demgegenüber erweiterten sich die bilateralen wirtschaftlichen und politischen Verbindungen und Kontakte zwischen der Bundesrepublik und der Türkei im Rahmen der neu gegründeten internationalen und innereuropäischen Organisationen wie dem GATT (heute WTO), dem Internationalen Währungsfond (IWF), der Weltbank, der Europäischen Zahlungsunion und der Organisation für wirtschaftliche Zusammenarbeit und Entwicklung. (OEEC, heute OECD). Beide Länder wurden ebenfalls Teil des westlichen militärischen Bündnissystems und traten nacheinander der Nato bei. Der Beitritt zur Nato war nicht nur aus sicherheits- und verteidigungspolitischen Erwägungen heraus relevant, sondern auch in wirtschaftlicher Hinsicht, da durch den Beitritt Westdeutschlands zur Nato formale Hindernisse bei der Teilnahme an Nato-Aufträgen in der Türkei beseitigt wurden.

Damit ausländische Unternehmen in der Türkei investieren konnten, mussten sie bestimmten gesetzlichen Auflagen folgen. Maßgebend für ausländische Beteiligungen war das am 1. August 1951 in Kraft getretene Gesetz Nr. 5821 zur Förderung ausländischer Kapitalinvestitionen in der Türkei.[13] Der Rücktransfer von Gewinnen bzw. Kapital war im Rahmen dieses Gesetzes nur sehr eingeschränkt

---

12 Siemens Archiv 8124.1 Zusammenfassender Bericht über die Reise nach der Türkei vom 13.10.-26.10.1949 vom 31.10.1949.

13 BAK B62/316 28.11.1963 Botschaftsbericht von Botschaft Ankara an AA.

möglich, was wiederum Kapitalinvestitionen von geringem Umfang zur Folge hatte. Dies änderte sich 1954 mit der Verabschiedung eines neuen Gesetzes zur Förderung der Investierung ausländischen Kapitals. Das alte Gesetz Nr. 5821 wurde durch das neue Gesetz Nr. 6244 ersetzt.[14] Am 18. Januar 1954 trat das neue Gesetz Nr. 6224 in Kraft.[15] Die Förderung von Direktinvestitionen in der Türkei wurde durch den Regierungs- und Politikwechsel in der Türkei Anfang der 50er Jahre begünstigt. Die im Mai 1950 gewählte neue Regierung unter Adnan Menderes als Ministerpräsidenten und Celal Bayar als Staatspräsidenten vertrat eine liberale Wirtschaftspolitik und stand für einen Kurswechsel, zu dem auch die Förderung ausländischer Direktinvestitionen gehörte. Vor dieser Wahl, die das Ende des Einparteiensystems und den Übergang zum Mehrparteiensystem symbolisierte, prägte vor allem eine Partei die Geschicke der 1923 gegründeten Türkischen Republik: die Republikanische Volkspartei (CHP). Bis zur Gründung der Demokratischen Partei war sie die einzige politische Partei. Sie wurde 1923 von Mustafa Kemal Atatürk, dem ersten türkischen Präsidenten gegründet und vertrat eine Wirtschaftspolitik, die stark von etatistischen Grundsätzen geprägt war.[16]

Die Erweiterung der Wirtschaftsbeziehungen zwischen Westdeutschland und der Türkei ab Mitte der 1950er Jahre eröffnete für die westdeutschen Unternehmen neue Chancen, ihre Wettbewerbsfähigkeit in der Türkei zu stärken. So verlagerte etwa der Pharmakonzern Bayer 1955 die Endfertigung für die Produktion von Aspirin in die Türkei, um die dortigen Einfuhrrestriktionen zu umgehen.[17] Die hierfür in der Türkei gegründete Vereinigte deutsche Arzneimittel Fabriken GmbH war eine Beteiligungsgesellschaft verschiedener pharmazeutischen Unternehmen in Westdeutschland mit türkischer Beteiligung. Die beteiligten westdeutschen Firmen waren neben dem Unternehmen Bayer, die Unternehmen E. Merck, Knoll, und Schering. Eine Beteiligungsgesellschaft dieser Art war zu dieser Zeit einmalig in der Pharmaorganisation weltweit.[18] Später kam die Bayer Tarim Ilaclari Sanayi, eine Fabrik zur Herstellung von Pflanzenschutzmitteln, hinzu. Das Unternehmen Siemens gründete, wie noch zu zeigen ist, 1963 die Kabelfabrik Türk Siemens

14 AA B62/316 22.01.1960 Rundbrief der Bundesstelle für Außenhandelsinformation, Abt. Marktinformation).

15 AA B62/316 28.11.1963 Botschaftsbericht von Botschaft Ankara an AA.

16 Zur Geschichte der türkischen Wirtschaft: *Y. S. Tezel*, Cumhuriyet Döneminin İktisadi Tarihi 1923–1950, 2015 İş Bankası Kültür Yayınları; *K. Boratav*, Die türkische Wirtschaft im 20. Jahrhundert (1908 – 1980), Frankfurt a. M. 1987; *W. Hale:* The Political and Economic Development of Turkey, London 1981.

17 Bayer 405–6 LZ 11.05.1954 Auszug aus der Niederschrift über die Vorstandssitzung der FFB am 11.05.1954.

18 H.A. Baum, Ländergeschichte der Pharma nach dem Zweiten Weltkrieg (1945–1986) Teil III Übersee. Bayer AG Leverkusen 1991, S. 260.

Kablo ve Elektrik Sanayi für die Fertigung von Starkstromkabeln.[19] Daimler Benz wiederum eröffnete 1967 die Mercedes Benz Türk A.S. bzw. Otomarsan (Otobüs ve Moturlu Araclar Şirketi) in Istanbul. Ein Jahr später begann die Produktion von Bussen des Typs O 302.[20] Wirtschaftsgeographisch betrachtet entwickelte sich eine Konzentration von Industrieunternehmen im Großraum Istanbul. Eine spätere Gründung als auch eine Gründung außerhalb Istanbuls vollzog die Robert Bosch GmbH. Sie gründete 1970 die Robert Bosch Türk A.Ş. zur Fertigung von Dieseleinspritzausrüstungen. Als Standort für die Fabrik entschied man sich für ein 1961 von der türkischen Regierung geschaffenes Gewerbegebiet in Bursa. Das Unternehmen Friedrich Krupp hielt mehrere Beteiligungen an Unternehmen außerhalb von Istanbul, u.a an vier Zementwerken in Trakya, Elazığ-Altınova, Gaziantep und Niğde[21] sowie ein Eisen- und Stahl herstellendes Unternehmen (Maden Drama ve Etüde ltd. Şti.) in Ankara. 1973 bereitete sich Krupp darauf vor, die Anteile von der Uhde GmbH an der Tüstas Sinai Tesisleri A.S, einer „vorgeschobenen Studiengesellschaft“[22] im bergbautechnik-metallurgischen Sektor zu übernehmen, zog ihr Beteiligungsangebot dann aber wieder zurück und stieg aus den Verhandlungen aus.[23]

4 Probleme bei Direktinvestitionen in der Türkei

Bis Anfang der sechziger Jahre verteilten sich die ausländischen Direktinvestitionen in der Türkei auf zwanzig verschiedene Wirtschaftsbranchen. Die umfangreichsten ausländischen Direktinvestitionen erfolgten in den Bereichen Chemie, Elektromechanik, Lebensmittel, Maschinen und Metallwaren, die vor allem aus den Niederlanden, der USA, Frankreich und der Bundesrepublik kamen.[24] Die Direktinvestitionen aus der Bundesrepublik stammten von 19 Firmen, für die in der Türkei Investitionen in Höhe von 47,7 Mio. TL genehmigt wurden. Insgesamt wurden in der Zeit bis zum 30. Juni 1963 Investitionen in Höhe von 22,6 Mio. TL getätigt. Die 19 deutschen Firmen investierten vor allem in der metall-

---

19 Siemens 68.Li 211 Nov/Dez. 1963 Monatsbericht der Zentralverwaltung Ausland.

20 DB Pressemitteilung Mercedes-Benz Türk A.Ş..

21 FK WA42/1063 28.01.1970 Aktenvermerk. Gez. Lümmen.

22 FK WA42/1027 05.04.1973 Aktenvermerk über die Besprechung bei Dr. Mommsen über die Bearbeitung des türkischen Marktes. Gez. Heinrich.

23 FK WA42/1027 27.07.1974 Die FK Geschäftsleitung an den Vorstand der Fried. Krupp Betreff: Beteiligung an der Tüstas, Türkei, Zurückziehung unseres Beitrittsersuchens an Tüstas.

24 AA B62/316 28.11.1963 Botschaftsbericht von Botschaft Ankara an AA. Siehe auch: AA B62/316 22.01.1960 Rundbrief der Bundesstelle für Außenhandelsinformation, Abt. Marktinformation.

verarbeitenden Industrie (fünf Unternehmen) und in der chemischen Industrie (drei Unternehmen), gefolgt von der Textilindustrie (drei Unternehmen). Der deutsche Anteil an den Gesamtinvestitionen betrug im Juni 1963 10,7 Prozent. Damit war die Bundesrepublik der fünftgrößte Investor in der Türkei. Die deutschen Unternehmen beschäftigen gemeinsam 2959 Personen aus dem In-und Ausland.[25] In der Zeit von 1951 bis Mai 1962 wurden insgesamt 240 Investitionsanträge mit einem Investitionsvorhaben in Höhe von 669.822.316 TL genehmigt und 214 Anträge abgelehnt. Bis Mitte des Jahres 1963 stieg die Zahl der Investitionsgenehmigungen auf 256 Firmen an. Von den 256 Firmen, die eine Investitionsgenehmigung erhalten hatten, machten nur weniger als die Hälfte (103 Firmen) Gebrauch. Dies hatte zur Folge, dass von dem genehmigten Gesamtbetrag in Höhe von 907,2 Mio. TL nur 210,5 Mio. TL investiert wurden.[26] Ein Großteil der genehmigten, aber nicht in Anspruch genommen Investitionsgenehmigungen entfiel auf Unternehmen, die nicht aus Westdeutschland kamen. Der Anteil der genehmigten und in Anspruch genommen Investitionsgenehmigungen war bei westdeutschen Unternehmen am höchsten. Wie die verbleibende Differenz im Einzelfall zu erklären ist, war anhand der eingesehenen Akten nicht genau ermittelbar. Es kann aber davon ausgegangen werden, dass aufgrund der wirtschaftlich und politisch turbulenten Entwicklungen und deren Begleiterscheinungen in der Türkei ab Mitte der fünfziger Jahre die Investitionsabsichten deutscher Unternehmen rückläufig waren.

Das zeigt etwa der Fall einer geplanten, aber nicht durchgeführten Kapitalinvestition der Firma Krupp. Dabei ging es um eine Beteiligung an der Tüstas, einer 1970 gegründeten türkischen Engineering Gesellschaft unter Beteiligung u. a. der Friedrich Uhde GmbH. Nachdem Uhde beschloss, aus der Gesellschaft auszusteigen, bot sie der Firma Krupp die Übernahme ihrer Anteile an.[27] Nach anfänglicher Bereitschaft zur Übernahme[28] zog die Firma Krupp bereits ein Jahr später ihre Beteiligung wieder zurück zog und stieg aus den Verhandlungen aus. Die Gründe für den Ausstieg waren vielfältiger Natur. Neben den wirtschaftlichen Verhältnisse bei der Tüstas betraf dies vor allem die mangelnde Entscheidungsbefugnis der Tüstas im Hinblick auf Vertragsänderungen, die nicht vorhanden Möglichkeit für deutsche Gesellschafter, ihre Meinung durchzusetzen, fehlende Möglichkeiten zur Einflussnahme auf das Management, die Bestellung von Führungskräften und die Erstellung des Budgets, Mängel in akquisitorischer Hinsicht

25 AA B62/316 28.11.1963 Botschaftsbericht von Botschaft Ankara an AA.
26 AA B62/316 28.11.1963 Botschaftsbericht von Botschaft Ankara an AA.
27 FK WA 42/1027 09.04.1973 Aktenvermerk über die Besprechung zur Bearbeitung des türkischen Marktes.
28 FK WA 42/1027 Auszug aus der Niederschrift über die 21. Vorstandssitzung am 04.06.1973.

im Hinblick auf das Zusammenwirken von Management und Gesellschaftern, fehlende Sicherheit bezüglich der Ertragslage sowie schließlich die unbefriedigende Kooperation und Zusammenarbeit zwischen den Gesellschaftern.[29]Abgesehen davon war nach Auffassung der Firma Krupp der Hauptgrund für die rückläufigen ausländischen Investitionen das Wechselkursrisiko für ausländische Kapitalinvestitionen. Die Firma Krupp stehe, wie andere Firmen auch, vor dem Problem, dass durch die mangelnde Währungsstabilität, die von den ausländischen Firmen eingebrachten Werte wie etwa das Anlagevermögen, angesichts der schlechten Entwicklung der türkischen Wirtschaft an Wert verlören. Was wiederum dazu führe, dass die „Investitionsfreudigkeit" ausländischer Firmen in der Türkei nicht nur nachließe, sondern überhaupt nicht mehr in der Türkei investiert werde. Um an dieser Situation etwas zu ändern, müsse die türkische Regierung zu Gunsten der ausländischen Investoren tätig werden.[30] Dabei gelte es, für potentielle Investoren das Investitionsklima in der Türkei zu verbessern und dringend benötigte Devisen ins Land zu holen. Tatsächlich wurde das Gesetz Nr. 6224 Anfang Januar 1977 durch den Erlass einer Durchführungsverordnung vom türkischen Handelsministerium dahingehend angepasst, dass zukünftige Auslandsinvestitionen gegen das Wechselkursrisiko abgesichert wurden. Dadurch wurde im Rahmen des Investitionsförderungsgesetz Nr. 6224 importiertes Auslandskapital inklusive Know-How, Patenten, Anlagekapital usw. zu dem Wechselkurs bewertet, der am Tage der Veröffentlichung eines Ministerrat-Dekrets, der für jede Auslandsinvestition benötigt wurde, gültig war.[31] „Kritische Stimmen werten die Kursgarantie-Verordnung als eine Konzession insbesondere an deutsche und japanische Wirtschaftskreise nach den Delegationsbesuchen gegen Ende des vorigen Jahres und sagen erheblichen Schaden für die heimische Wirtschaft voraus.", so ein Bericht der deutschen Botschaft in Ankara.[32] Der Druck ausländischer Investoren hatte schließlich zu einer Verbesserung der Investitionsbedingungen in der Türkei geführt.

---

29 FK WA 42/1027 27.06.1974 Krupp Industries und Stahlbau Rheinhausen an den Vorstand der Fried. Krupp GmbH. Anlage: Entwurf eines Schreibens an Tüstas.

30 AA B62/316 24.01.1963 Deutscher Industrie- und Handelstag an BWM.

31 BAK B124.271 26.01.1977 Botschaftsbericht Botschaft Ankara an AA.

32 AA B124.271 26.01.1977 Botschaftsbericht Botschaft Ankara an AA.

5 Markteintritt und Marktbearbeitung: Das Beispiel Siemens

5.1 Der Aufbau einer neuer Vertriebsorganisation

Für die Wahrnehmung der Geschäftsinteressen und den Ausbau der Geschäftsaktivitäten von Siemens in der Türkei war der Wieder- bzw. Neuaufbau einer Vertriebsorganisation von großer Bedeutung. Wie gezeigt wurde, hatten erste Gespräche mit Behörden und ehemaligen Kunden in der Türkei ergeben, dass die geschäftlichen Aussichten für Siemens in der Türkei positiv waren. Bis Ende September 1949 waren bei Siemens Bestellungen im Wert von 1.750.000 DM eingegangen. Nach Auswertung der geführten Besprechungen mit verschiedenen Kunden in der Türkei im Oktober 1949 standen darüber hinaus Beteiligungen an Projekten im Wert von 10.447.000 US Dollar in Aussicht. „Voraussetzung hierfür ist allerdings, dass für die Bearbeitung eine Form, die den Einsatz unseren technischen und geschäftlichen Leistungsfähigkeit in vollem Umfang ermöglicht. Hierzu gehört in erster Linie eine örtliche Vertretung mit ausreichender technischer und finanzieller Qualifikation."[33] Wie sich diese entwickelt hat, soll im Folgenden gezeigt werden.

5.2 Von der Türk Radyo ve Elektrik Şirketi zur Gründung der Simko

Bis zur Gründung der Simko war die Vertriebsorganisation der Firma Siemens durch verschiedene Vertreter organisiert, die jeweils in einem bestimmten Arbeitsgebiet tätig waren. An der Gründung einer Vertriebsorganisation waren zum Teil Personen beteiligt, die bereits vor dem Zweiten Weltkrieg in einer Vertriebsorganisation tätig gewesen waren. In der Vorkriegszeit erfolgte die Wahrnehmung der Geschäftsinteressen der Siemens-Schuckertwerke (SSW) zum einen durch die Firma Elektro Radyo Türk Anonim Şirketi und zum anderen durch die Firma Sanayi ve Ziraat Makinalari T.A.S. (Sazmas). Die am 03. Februar 1927 gegründete Gesellschaft Elektro Radyo Türk Anonim Şirketi wurde am 23. November 1930 liquidiert. Der Präsident der Gesellschaft war Mahmut Celal, der als Celal Bayar bekannt in den fünfziger Jahren Staatspräsident der Türkei war. Nach dem Mili-

---

33 Siemens Archiv 8124.1 Zusammenfassender Bericht über die Reise nach der Türkei vom 13.10.-26.10.1949 vom 31.10.1949 (Dr. Herlt und Wegener).

tärputsch 1960 wurde Celal Bayar zum Tode verurteilt und anschließend begnadigt. Ein Mitglied des fünfköpfigen Verwaltungsrates der Sazmas war Hamit Turali, der auch nach dem Krieg für Siemens tätig war und in einem Schreiben „als eine der Säulen des Siemens Geschäftes in der Türkei“[34] bezeichnet wird. 1941 übernahm die Sazmas die Generalvertretung des Unternehmens Siemens in der Türkei. Mit dem Abbruch der Beziehungen am 01. August 1944 gingen die Verbindungen zunächst verloren. Nach der Beendigung des Zweiten Weltkrieges wurden erste geschäftliche Kontakte zwischen Siemens und den vormaligen Vertretern im Mai 1947 in Heidenheim wieder aufgenommen.[35]Die örtliche Vertretung für die Erzeugnisse von Siemens & Halske (S&H) wurde 1949 zwei Firmen mit voneinander abgegrenzten Arbeitsgebieten übertragen.

Die Vertretung übernahmen die Firmen Türk Radyo ve Elektrik Şirketi und Abdurrahman Ağaoğlu. An der Türk Radyo ve Elektrik Şirketi waren neben Vehbi Koç, sein Schwager Emin Aktar und der türkische Unternehmer Murat Yaraşir beteiligt. Vehbi Koç war ein türkischer Unternehmer. Er galt bereits Ende der vierziger Jahre als einer der reichsten Türken. Er war Hauptinhaber einer großen Anzahl bedeutender Handelsgesellschaften und vertrat prominente elektrotechnische amerikanische und englischer Firmen, darunter General Electric. Koç war mit 15 Prozent an der im Aufbau befindlichen Glühlampenfabrik der General Electric beteiligt.[36] Darüber hinaus war er eine treibende Kraft in der weiteren Entwicklung der Vertriebsorganisation von Siemens in der Türkei. 1950 wurde die Firma Türk Radyo ve Elektrik Şirketi in Türkeli Limited Şirketi umbenannt und Abdurrahman Agaoglu gründete gemeinsam mit weiteren Teilhabern die Umelek Elektronik Işleri T.A.S. Aburrahman Ağaoğlu war Elektroingenieur und sprach perfekt französisch sowie etwas deutsch und englisch. Er besaß eine kleine Firma mit vier Mitarbeitern, die in der Nachkriegszeit Einzelgeschäfte mit den westlichen Besatzungszonen in Deutschland tätigte und auch für den Verkauf von Elektromotoren englischer Herkunft zuständig war.[37] Er war u.a. Hauptaktionär der Firma Umelek. Nach seinem Tod beschlossen die anderen Teilhaber der Umelek die Gesellschaft aufzulösen.[38] Im selben Jahr wurde die Vertretung für die Erzeugnisse der SSW an die Firma Tamis übergeben.

---

34 Siemens Archiv 8142. Dokument Türkei.

35 Siemens Archiv 8142. Dokument Türkei.

36 Siemens Archiv 8124.1 Zusammenfassender Bericht über die Reise nach der Türkei vom 13.10.-26.10.1949 vom 31.10.1949 (Dr. Herlt und Wegener).

37 Siemens Archiv 8124.1 Zusammenfassender Bericht über die Reise nach der Türkei vom 13.10.-26.10.1949 vom 31.10.1949 (Dr. Herlt und Wegener).

38 Siemens Archiv 8124.1 ZA-Rundschreiben Nr. 27. vom 28.5.1953.

Nachfolgend kam es dann zu einer Bündelung der Siemens-Vertretungen in der Türkei. Am 20. April 1953 wurden die Vertretungen für die Erzeugnisse der S&H und der SSW in einer Alleinvertretung zusammengefasst, die unter dem Namen Türkeli Ticaret Anonym Şirketi mit Sitz in Istanbul-Galata firmierte. 1958 wurde die Türkische Vertretung wiederum in eine neue Gesellschaft namens Simko Ticaret ve Sanayi A.S. überführt. Die Simko erhielt in der Folge die Gesamtvertretung aller Vertriebsbereiche für Siemens in der Türkei (S&H, SSW und SE).[39] 1967 übernahm die Siemens AG schließlich die Kapitalmehrheit an der Simko, womit aus der vormaligen Türkischen Vertretung eine Siemens Auslandsgesellschaft wurde.

5.3 Die Gründung der SIMKO 1958 – Eine neue Phase in der Vertriebsorganisation

Die Simko erhielt mit dem Dekret 4/10242 vom 24. April 1958 eine Investitionsgenehmigung zur Gründung unter dem Gesetz 6224. Die Genehmigung wurde ursprünglich auf die Firma Türkeli ausgestellt und später auf die Simko übertragen. Im selben Jahr wurde die Simko als Aktiengesellschaft mit einem Kapital von 1 Million Türkischen Pfund gegründet.[40] Mit dem Übergang des Vertretungsverhältnisses von der Türkeli zur Simko begann für Siemens eine neue Phase in ihrem Türkei-Geschäft.[41] Die Beteiligungsstruktur der Simko setzte sich aus zwei Anteilseignern zusammen. Die Koç-Gruppe hielt 80 Prozent des Kapitals und die beiden Siemens Stammfirmen S&H und SSW waren zu gleichen Teilen mit zusammen 20 Prozent beteiligt.[42] 1967 übernahm die Siemens AG die Kapitalmehrheit der Simko.[43] Der fünfköpfige Verwaltungsrat der Simko bestand aus dem Vorsitzenden Vehbi Koç, Adnan Berkay, Hamid Turali, Nusret Turali und Dr. Gert Tacke von Siemens. Die Geschäftsleitung bestand aus dem Generaldirektor und kaufmännischen Direktor Adnan Berkay und dem kaufmännischen Direktor C. Dürkopp. Emin Aktar und Murat Yaraşir, die zuvor gemeinsam mit Vehbi Koç bei der Türkeli waren, schieden aus und gehörten der neuen Vertretung nicht mehr an.[44] Außer dem Hauptbüro der Simko in Istanbul unterhielt die Simko auch ein

39 Siemens Archiv 68:Li 211 ZA Monatsbericht Oktober 1958.

40 Siehe auch Siemens Archiv 68 Li.211 ZA Monatsbericht Mai 1959.

41 Siemens Archiv 8124.1 ZA-Rundschreiben Nr. 27. vom 02.04.1959.

42 Siemens Archiv ZA-Rundschreiben Nr. 260 vom 16.04.1959.

43 Siemens Archiv Siemens in der Türkei.

44 Siemens Archiv ZA-Rundschreiben Nr..260 vom 16.04.1959. Türkei Neuregelung der Vertretung.

Technisches Büro in Ankara. Mit der Leitung des technischen Büros wurde der 1929 in der Türkei geborene Dipl. Ing. Arnold Hornfeld beauftragt.[45] 1968 wurde ein weiteres Unterbüro in Adana, im Südosten der Türkei eröffnet.[46]

Die Fertigung der Simko war in drei Bereiche aufgeteilt: erstens in genehmigte und tatsächlich gefertigt Produkte wie Schalter für Elektromotoren, Hauptschalttafeln, Telefonanlagen, Sicherungen, Schalteinrichtungen, Installationsmaterial und Ersatzteile, Verkehrssignale, Zubehörmaterial für Hochspannungskabel, zweitens in genehmigte aber nicht gefertigte Produkte wie Zähler, Transformatoren, Aufzüge für industrielle Zwecke, Wasserzähler, Lautsprecher, Signalgeräte für Eisenbahnwesen, Ersatzteile für Radiogeräte, und drittens in nicht ausdrücklich genehmigte Aktivitäten. Dazu gehörten die Montage, die Reparatur, die Wartung, die Projektierung und der Vertrieb. Vertrieben wurde wiederum Siemens eigenes Material wie Kondensatoren und Fernschreiber, von der TSK gefertigte Starkstromkabel und fremdes Importmaterial. Weitere nicht ausdrücklich genehmigte Aktivitäten waren Provisionsgeschäfte und Beteiligungen an der Türk Siemens Kablo (TSK) und an der Hatas.[47] Ende der sechziger und Anfang der siebziger Jahre drohte der Simko der Entzug der Genehmigung unter Gesetz 6224 und im Extremfall die Liquidierung der Gesellschaft. Der Hintergrund war, dass die Simko bestimmte Auflagen, die mit der Genehmigung unter Gesetz 6224 einhergingen, gar nicht oder nur teilweise erfüllte oder Tätigkeiten nachging, die überhaupt nicht genehmigt waren.[48] Die Geschäftspraxis der Simko stütze sich auf ein 1964 von dem Rechtsberater Dr. Karamete erstelltes Rechtsgutachten. Erste Zweifel an dem bis dato gültigen Rechtsgutachten kamen auf, als sich 1968 bei der Untersuchung der türkischen Tochter des Unternehmens Philips herausstellte, dass sie trotz genehmigter Kapitalerhöhung unter Gesetz 6224 das mit der Genehmigung festgelegte Fertigungsprogramm nicht vollumfänglich durchführte, woraufhin das türkische Planungsamt ermächtigt wurde, den Unternehmen im Falle der Nichterfüllung, der im Firmendekret definierten Auflagen, die Genehmigung zu entziehen. Durch diesen Vorfall rückten auch die anderen Unternehmen mit ausländischer Beteiligung ins Visier der Behörden und mussten mit verstärkten Kontrollen rechnen. Nach einer zunächst schriftlichen Auskunftsforderung über die Aktivitäten der Simko erstatteten Beamte des Handelsministeriums der Simko einen unangemeldeten Besuch und stellten Fragen über die Tätigkeiten

45 Siemens Archiv 8124.1 Niederschrift Nr. 6 über die Reise (Knopp, Wegner, Heyer) nach der Türkei vom 11.-19.9.1959 vom 8.10.1959

46 Siemens Archiv Auszug aus ZA-Monatsbericht November 1968.

47 Siemens Archiv 21509.1 Beteiligungskonzept Türkei 12.12.1974. Überarbeitet im April 1975.

48 Siemens Archiv 21509.1 Beteiligungskonzept Türkei 12.12.1974. Überarbeitet im April 1975.

der Simko.[49] Um die drohende Gefahr abzuwenden, wurde die Simko schließlich restrukturiert.

5.4 Die Gründung der Türk Siemens Kablo in Mudanya (1963)

Die Türk Siemens Kablo (TSK) in Mudanya war die erste Siemens eigene Fabrik in der Türkei. Das Gründungsprotokoll für die Errichtung einer Kabelfabrik zur Herstellung von Starkstromkabeln in Mudanya wurde 1963 unterzeichnet. Die Lieferung von Starkstromkabeln konnte zwei Jahre später 1965 aufgenommen werden. 1971 wurde die Produktion der Türk Siemens Kablo erweitert und die Herstellung von Nachrichtenkabeln in die Produktion aufgenommen. Mit 51 Prozent der gesamten Anteile war Siemens der Hauptaktionär der Kabelfabrik TSK. Außer der Firma Siemens war auch die Simko mit einem Prozent an der TSK beteiligt. Die Firma Simko befand sich wiederum seit 1967 hauptsächlich im Besitz von Siemens. Weitere Beteiligte waren Vehbi Koç, der mit drei Prozent als Privatperson und die gleichnamige Koç-Holding mit 12 Prozent beteiligt war. Jeweils zehn Prozent der Anteile hielten die Industrial Development Bank (IDB) und das finnische Unternehmen OY Nokia AB. Die restlichen 13 Prozent der Anteile befanden sich im Streubesitz von türkischen Aktionären.[50] Das Beteiligungskonzept bestand neben der finanziellen Beteiligung der Siemens AG darin, dass die TSK mit der Siemens AG Nachbau- und Lizenzverträge unterhielt. Damit wurde die TSK von der Siemens AG vertraglich ermächtigt, das Know-How für die Produktion der Starkstromkabel zu nutzen. Der Vertrieb der Kabel wurde über die Simko abgewickelt.

Mitte der sichziger Jahre war Siemens in 30 Ländern mit über 60 Produktionsstätten vertreten. 1967 betrug der Anteil der Auslandsfertigungen am Gesamtumsatz fast 40 Prozent und der Anteil der Landesfabriken an der gesamten Fertigungsleistung im Ausland 93 Prozent.[51] Die Gründung einer eigenen Siemens Kabelfabrik in der Türkei bot im Februar 1967 den Anlaß für ein Interview in den „Siemens-Mitteilungen" mit dem Simko-Verwaltungsrat Dr. Tacke und Siemens AG Vorstandsmitglied Dr. Wilhelms. Der Artikel trug die Überschrift „Schneiden wir uns mit unseren Auslandsfertigungen ins eigene Fleisch?" und stellte die Frage, ob es richtig sei, verstärkt eigene Fabriken im Ausland zu gründen. Als allgemeine Gründe für die Auslandsfertigung wurden die Arbeitsmarktlage in

49 Siemens Archiv 21509.1 Beteiligungskonzept Türkei 12.12.1974. Überarbeitet im April 1975.
50 Siemens Archiv 8124.1 Siemens in der Türkei Außenorganisation Stand 1.9.1971.
51 Siemens Archiv 60 Lh 303 Siemens Mitteilungen. H. 2, Februar 1967 Artikel: Schneiden wir uns mit unseren Auslandsfertigungen ins eigene Fleisch?

Deutschland angeführt sowie die Tatsache,[52] dass langfristig der Export nur zu steigern sei, wenn die Abnehmerländer wie Entwicklungsländer sich industrialisieren.[53] Als spezielle Gründe für die Auslandsfertigung in der Türkei wurde auf eine bewährte Vertriebsorganisation und eine gute Rohstoffversorgung verwiesen. Zudem sei die Industrialisierung der Türkei wichtig für den Export deutscher Waren,[54] wovon Siemens insgesamt profitierte. Insofern überwogen die Vorteile der wirtschaftlichen Beziehungen zur Türkei die Nachteile sowie immer wiederkeherende Probleme, denen jedoch langfristig ein stetig anwachsendes und intensiviertes Engagement nicht im Wege stand.

6 Schlussbemerkung

Die Grundlagen für das Siemens-Engagement in der Türkei wurden bereits in der Mitte des 19. Jahrhundert gelegt. Darauf konnten die Beziehungen nach 1945 aufbauen. Entscheidend für den Erfolg von Siemens waren dann zunächst die Gründung einer eigenen Vertriebsgesellschaft sowie die anschließenden Direktinvestitionen auf dem Gebiet der Starkstromkabelherstellung. Dies war mit erheblichen Problemen in Form von Auflagen, Kontrollen und staatlichen Regulierungen seitens der Türkei verbunden, die nicht zuletzt durch ein beharrliches Engagement und permanente Verhandlungen mit staatlichen Stellen zum Erfolg führten, so dass Siemens heute im Bereich der Elektrotechnik zu den führenden Anbietern in der Türkei gehört.

---

52 Oder wie heute es heißt: „Ein florierender Handel mit dem Ausland bringt Wohlstand im Inland“. Zitat aus dem Dossier für Handelspolitik des BMWI. Nachzulesen unter: http://www.bmwi.de/Redaktion/DE/Dossier/handelspolitik.html, 11.03.2017.

53 Siemens Archiv 60 Lh 303 Siemens Mitteilungen. H. 2, Februar 1967 Artikel: Schneiden wir uns mit unseren Auslandsfertigungen ins eigene Fleisch?

54 Siemens Archiv 60 Lh 303 Siemens Mitteilungen. H. 2, Februar 1967 Artikel: Schneiden wir uns mit unseren Auslandsfertigungen ins eigene Fleisch?

Theresa Lennert

Vom „Jahrhundertwerk“ zum „Politikum“

Machtpolitik in der westdeutschen Entwicklungspolitik mit Ägypten in den 1970er Jahren am Beispiel des „Kattara-Projektes“

1 Einleitung

„[Ä]gyptische Ingenieure [wollen] – mit deutscher Hilfe – ein Jahrhundertwerk errichten, das Pyramiden und Assuan-Damm in den Schatten stellt: die Flutung der Kattara-Senke.“[1] Mit diesen Worten charakterisierte der Spiegel 1976 die Dimensionen des sogenannten Kattara-Projektes. Bei diesem Projekt handelte es sich um ein Vorhaben mitten in der Libyschen Wüste, durch das Abzweigen von Mittelmeerwasser einen See entstehen zu lassen, dessen Gesamtfläche derjenigen Schleswig-Holsteins entsprechen würde.[2] Durch die Wasserverdampfung in der Wüste sollte über eine 67 bis 93 Kilometer lange „Trasse“ kontinuierlich Mittelmeerwasser nachströmen und ein hydro-solares Depressions-Kraftwerk antreiben.[3] Das Kattara-Kraftwerk könnte letztendlich mit 5000 MW die zweifache Strommenge des Assuan-Komplexes liefern, so der Spiegel.[4]

Mit 11,3 Mio. DM hatte die Bundesregierung 1974 den größten Anteil der Durchführbarkeitsstudie im Rahmen eines Projektes der Technischen Hilfe (TH) finanziert.[5] Dieses „TH-Abkommen Kattara-Projekt“ zählte sogar zu den Ergebnissen der konstituierenden Sitzung der deutsch-ägyptischen Kommission für

1 O. A., Hölle löschen. Ägypter und Westdeutsche wollen Mittelmeerwasser in die Wüste leiten, in: Der Spiegel 50, 1976, http://magazin.spiegel.de/EpubDelivery/spiegel/pdf/41119587, 16.3.15, S. 166–168, hier S. 166.

2 *F. Bassler*, Technische Hilfe für die Arabische Republik Ägypten. Projekt-Studie Kattara. Zusammenfassung, Darmstadt 1973, S. 1, 9. Zur Gesamtfläche siehe zusätzlich: Der Spiegel, Hölle löschen, S. 166.

3 *Bassler*, Kattara Projekt-Studie, S. 1, 4, 8, Zitat S. 1.

4 Der Spiegel, Hölle löschen, S. 166.

5 Bericht vom Referat 111 (BMZ vermutl.), betr. „Die entwicklungspolitischen Beziehungen zur Arabischen Republik Ägypten“, Bonn 27.2.1975, PA AA, B 36–310 (ZA), Bd. 104.690.

https://doi.org/10.1515/9783110541120-004

Entwicklung und Wiederaufbau.[6] Das Vorhaben „Kattara-Senke“, und in diesem Kontext auch die deutsch-ägyptische Kommission für Entwicklung und Wiederaufbau, bilden wesentliche Untersuchungsschwerpunkte dieses Aufsatzes zum übergeordneten Thema „deutsch-ägyptische Entwicklungspolitik in den 1970er Jahren“.[7] Sowohl das Kattara-Projekt als auch die Kommission waren ein wesentlicher Teil der Institutionalisierungsphase, in der sich die bilaterale Entwicklungspolitik zwischen der Bundesrepublik Deutschland und Ägypten zu dieser Zeit befand.[8] Denn die deutsch-ägyptischen Beziehungen waren zwischen 1965 und 1972 unterbrochen und die Hallsteindoktrin sollte auch in der Entwicklungspolitik Anwendung finden, beispielsweise durch den Entzug von Wirtschaftshilfen.[9] Die entwicklungspolitischen Kontakte zu Ägypten wurden deshalb auf die Umsetzung bereits initiierter Projekte eingeschränkt, aber es wurden keine neuen angestoßen.[10] Dies ist auch im Zusammenhang mit der Befürchtung des BMZ zu sehen, dass auf der politischen Ebene beispielsweise der zweite deutsche Staat, die DDR, Projekte übernehmen und mit wenig Aufwand das Prestige ernten könnte.[11]

6 Schreiben von Weiss (Arbeitsstab 32) an D 4, betr. „2. Sitzung der deutsch-ägyptischen Regierungskommission für Entwicklung und Wiederaufbau“, Bonn 27.3.1975, PA AA, B 36 – 310 (ZA), Bd. 104.690.

7 Bei dem vorliegenden Aufsatz handelt es sich um erste vorläufige Forschungsergebnisse, die im Rahmen des noch laufenden Dissertationsprojektes mit dem Arbeitstitel „Die westdeutsche Entwicklungspolitik mit Ägypten“ erarbeitet wurden.

8 Zur Kattara-Senke siehe: Aufzeichnung über die Ressortbesprechung am 7. Mai 1974 im Auswärtigen Amt, betr. „Deutsch-ägyptische Kommission“, hier als Anlage zum gleichnamigen Schreiben, vom Auswärtige Amt an Bernauer (BMZ), Bonn 8.5.1974, BArch, B 213/20708. Zur deutsch-ägyptischen Kommission siehe: Stichworte für Pressehintergrundgespräche vermutl. von Dr. Redies (Ref. 310), betr. „Deutsch-ägyptische Regierungskommission für Entwicklung und Wiederaufbau“, Bonn 1.7.74, PA AA, B 36 – 310 (ZA), Bd. 104.673, hier ist die Rede von einem „Koordinierungsorgan“ und dem Ziel der „längerfristig geplante[n] Entwicklungshilfe mit Schwerpunktbildung auf bestimmten Sektoren.“ Das Schreiben von Weiss (Arbeitsstab 32) an D 4, betr. „2. Sitzung der deutsch-ägyptischen Regierungskommission für Entwicklung und Wiederaufbau“, Bonn 27.3.1975, PA AA, B 36 – 310 (ZA), Bd. 104.690 charakterisiert die Kommission als „[...] institutionalisierten Rahmen für verschiedene Aktivitäten im bilateralen Verhältnis [...]“.

9 Zu den unterbrochenen Beziehungen siehe *M. A. Weingardt*, Deutsche Israel und Nahostpolitik. Die Geschichte einer Gratwanderung seit 1949, Frankfurt a.M. 2002, S. 220; zur Hallsteindoktrin *C. Jetzlsperger*, Die Emanzipation der Entwicklungspolitik von der Hallstein-Doktrin. Die Krise der deutschen Nahostpolitik von 1965, die Entwicklungspolitik und der Ost-West-Konflikt, in: Historisches Jahrbuch 121, 2001, Digi-Zeitschriften, http://www.digizeitschriften.de/dms/resolveppn/?PPN=PPN385984421_0121 15.6.2014, S. 320 – 366, hier S. 329.

10 Bericht vom Referat 111, BMZ vermutl., betr. „Die entwicklungspolitischen Beziehungen zur Arabischen Republik Ägypten“, Bonn 27.2.1975, PA AA, B 36 – 310 (ZA), Bd. 104.690.

11 *Jetzlsperger*, Hallstein-Doktrin, S. 347 – 348.

Die deutsch-ägyptische Entwicklungspolitik soll ausgehend von der nun Anfang der 1970er Jahre beginnenden Institutionalisierungsphase bis Ende der 1970er Jahre am Beispiel des Kattara-Projektes und mit besonderem Fokus auf der deutsch-ägyptischen Kommission für Entwicklung und Wiederaufbau untersucht werden. Im Zentrum steht die Fragestellung: Wie ging die Bundesregierung vor dem Hintergrund des Kalten Krieges mit Chancen und Risiken bei der *„Aushandlung von Machtbereichen"*[12] um?

Ein zentraler Faktor bei der Untersuchung der Neudefinition der diplomatischen Beziehungen im Bereich der Entwicklungspolitik zwischen der Bundesrepublik und Ägypten ist nämlich Macht, wenn diese definiert wird als: „[...] ein relationales, dynamisches Verhältnis mehrerer Akteure [..], das sich innerhalb eines – auch materiellen – Rahmens und unter Rückgriff auf spezifische Ressourcen entwickelt."[13] Um den gesamten Institutionalisierungsprozess der entwicklungspolitischen Beziehungen zwischen der Bundesrepublik und Ägypten zu gestalten, wurde 1974 eigens die Kommission für Entwicklung und Wiederaufbau ins Leben gerufen.[14] Neben dem vorrangigen Kattara-Projekt gab es Mitte der 1970er Jahre weitere essenzielle Vorhaben der bundesdeutsch-ägyptischen Entwicklungspolitik, wie die angedachte Mitwirkung am Wiederaufbau der Suez-Kanalzone und auf dem Sinai, das Projekt El-Nahda zur Neulandgewinnung und das Bilharziose-Projekt.[15] Unter diesen wichtigen Vorhaben gab es bereits 1974 positive Resultate, wie beim letztgenannten Bilharziose-Projekt, dem das BMZ eine „über Ägypten hinausreichende Sonderstellung" zuschrieb, da es gelungen war, die Erkrankungsquote an Bilharziose erfolgreich von 45 auf unter neun Prozent zu reduzieren und das nach dem Abschluss ein Weltbank-Projekt werden

---

12 *J. I. Engels/G. J. Schenk*, Infrastrukturen der Macht – Macht der Infrastrukturen. Überlegungen zu einem Forschungsfeld, in: *B. Förster/M. Bauch* (Hg.), Wasserinfrastrukturen und Macht von der Antike bis zur Gegenwart, HZ Beiheft 63, 2015, S. 22–58, hier: S. 24 betonen: „Infrastrukturen *zwingen zur Aushandlung von Machtverhältnissen*, etwa im Zusammenspiel von Planungsbehörden, Versorgungsunternehmen und Politik. [Hervorhebung im Original; Verf.]" und: „Infrastrukturen *verleihen Macht* [Hervorhebung im Original; Verf.]". Sie können Aktionsräume zugänglich machen. Ebda., S. 25 und sind „(Re-)Produktionsfaktoren von Machtverhältnissen" (Ebda., S. 51.) Zu „Gelegenheiten zur Machtausübung" beim „Infrastrukturbau", siehe: teils aufbauend auf dem „Koevolutionsbegriff" von Eric van der Vleuten: Ebda., S. 47. Wasserinfrastrukturen sind Werkzeuge der Macht, dazu: *B. Förster/M. Bauch*, Einführung: Wasserinfrastrukturen und Macht. Politisch-soziale Dimensionen technischer Systeme, in: Dies. (Hg.), Wasserinfrastrukturen und Macht von der Antike bis zur Gegenwart, HZ, Beiheft 63, 2015, S. 9–21, hier: S. 9–10.

13 *Engels/Schenk*, Infrastrukturen, S. 43.

14 Wie Anmerkung 8 zur deutsch-ägyptischen Kommission.

15 Bericht vom Referat 111, BMZ vermutl., betr. „Die entwicklungspolitischen Beziehungen zur Arabischen Republik Ägypten", Bonn 18.3.1974, PA AA, B 36–310 (ZA), Bd. 104.663.

sollte.[16] Das „Kattara-Projekt" aber galt 1974 als „das einzige spektakuläre TH-Projekt [...], das sich zu einer Diskussion in der Kommission eignet."[17]

Es existierte offenkundig auf bundesdeutscher Seite der Anspruch, die entwicklungspolitischen Beziehungen in angemessenem Rahmen und mit einem Prestigeprojekt – als gebührendes Zeichen – offiziell wieder aufzunehmen. Durch die Wiederaufnahme der diplomatischen Beziehungen fand schließlich ein Wandel in den politischen Machtverhältnissen statt, der diese „symbolisch-rituelle" Festigung jener Machtverhältnisse erforderlich machte.[18] Inwiefern tragen Entwicklungsprojekte zur Bewahrung dieser einmal definierten Machtkonstellationen bei?[19] Entwicklungspolitik und insbesondere „Infrastrukturen *speichern Macht.*"[20], denn alle Beteiligten mussten gewiss davon ausgehen, dass der nun auszuhandelnde Status Quo längerfristig als Orientierungsgrundlage für kommende Entwicklungszuwendungen herhalten würde. Folglich bestand wohl die Motivation, nicht zu zurückhaltend bei der Durchsetzung eigener Interessen zu sein. Und das nicht ohne Grund, denn Ägyptens Vormachtstellung unter den arabischen Staaten wurde vom Auswärtigen Amt Mitte der 1970er Jahre als ein unumstößliches Faktum angesehen.[21] So war das Land nach zeitgenössischer Einschätzung auch eines der entwicklungspolitisch bedeutendsten Länder im arabischen Raum.[22] Ägypten erhielt schließlich nach der Gesamtstatistik 1979

---

16 Ebda.

17 Aufzeichnung über die Ressortbesprechung am 7. Mai 1974 im Auswärtigen Amt, betr. „Deutsch-ägyptische Kommission", hier als Anlage zum gleichnamigen Schreiben, vom Auswärtigen Amt an Bernauer (BMZ), Bonn 8.5.1974, BArch, B 213/20708.

18 Siehe allgemein dazu: *B. Stollberg-Rilinger*, Was heißt Kulturgeschichte des Politischen? Einleitung, in: Dies. (Hg.), Was heißt Kulturgeschichte des Politischen, in: Zeitschrift für Historische Forschung. Vierteljahresschrift zur Erforschung des Spätmittelalters und der frühen Neuzeit Beiheft 35, 2005, S. 9–24, hier: S. 21.

19 Im Bezug auf (Wasser)Infrastrukturen: *Förster/Bauch*, Wasserinfrastrukturen, S. 12.

20 *Engels/Schenk*, Infrastrukturen, S. 24 [Hervorhebung im Original]: hier ist u. a. relevant, dass: „Infrastrukturen [..] Schnittstellen zwischen [...] Materie und kognitiven Prozessen, Ressourcen und (Re-)Produktion, Gegenwart und Zukunft [bilden]." Siehe auch ebda., S. 48–49, wo zudem die „materialisierte Machtausübung" (S. 48) erläutert wird.

21 Schreiben von Dr. Jesser (Abt. 3) an Herrn Minister, Bonn 19.12.1974, PA AA, B 36–310 (ZA), Bd. 104.673.

22 Der Vermerk (vermutl. vom Auswärtigen Amt Ref. 400), betr. „KH-Rahmenplanung 1974", Bonn 2.4.1974, PA AA, B 58–400 (ZA), Bd. 118.686 hat den Hinweis, „dass Ägypten auch schon früher Schwerpunktland deutscher Entwicklungshilfe gewesen sei und seit der Wiederaufnahme der politischen Beziehungen die Zusammenarbeit kontinuierlich erweitert werden konnte."

nach Indien den größten Anteil der Entwicklungshilfezuwendungen der Bundesrepublik.[23]

2 Die deutsch-ägyptische Entwicklungspolitik unter den Rahmenbedingungen des Kalten Krieges

Welchen Einflüssen war diese bilaterale westdeutsche Entwicklungspolitik mit Ägypten während des Kalten Krieges durch die internationale Politik ausgesetzt? Als Voraussetzung für Handlungsspielraum in verschiedenen Machtbereichen war hier vor allem von Belang, dass sich wesentliche, durch den Kalten Krieg bedingte, Blockaden lösten: Auf der deutschland-politischen Ebene ging mit Willy Brandts „Wandel durch Annäherung" auch für die Entwicklungspolitik offiziell eine Ära zu Ende, da auch sie lange Zeit durch die Hallsteindoktrin dominiert worden war.[24] Christian Jetzlsperger resümiert, dass nach der Nahost-Krise rund um den Abbruch der deutsch-ägyptischen Beziehungen „[...] die Entwicklungshilfe von einem Instrument im deutsch-deutschen Sonderkonflikt zu einem Mittel im größeren Ost-West-Konflikt [wurde]."[25]

Vor diesem Hintergrund stellt sich die Frage, ob die Sowjetunion eine akute entwicklungspolitische Konkurrenz war? „Um die EH des Ostens ist es in letzter Zeit still geworden", so dass das Auswärtige Amt 1977, welches feststellte, dass die Sowjetunion sich seit 1971 zu keinen wesentlichen entwicklungspolitischen Mitteln für Ägypten bereiterklärt hatte.[26] Die ägyptisch-sowjetischen Wirtschaftskontakte hingegen sollten trotz der Annullierung des Freundschaftsvertrages

23 Schreiben von Lautenschläger an D 3, betr. „Verstärkte wirtschaftliche Zusammenarbeit mit den Ländern des Nahen Ostens zur Unterstützung einer Friedensregelung" Bonn 12.2.1979, PA AA, B 58–400 (ZA), Bd. 118.449.

24 *Jetzlsperger*, Hallstein-Doktrin, S. 366 und *M. Lohmann*, Von der Entwicklungspolitik zur Armenhilfe: die Entwicklungspolitik der Bundesrepublik Deutschland 1961–1989 auf dem Weg in die Wirkungslosigkeit?, Berlin 2010 (= Perspektivenwechsel interkulturell 4), S. 111 und *W. Gieler*, Die Entwicklungspolitik der Bundesrepublik Deutschland: die Bedeutung der 25 Thesen von Gymnich für den Wandel in der deutschen Entwicklungspolitik, Bonn 2010 (= Studien zur Entwicklungspolitik Bd. 1), S. 14–15.

25 *Jetzlsperger*, Hallstein-Doktrin, S. 356–357.

26 Bericht von Referat 400, betr. „Entwicklungshilfe anderer Geber an Ägypten", Anlage zum Schreiben von Kampmann (Referat 400) an Referat 310, Bonn 1.2.1977, PA AA, B 58–400 (ZA), Bd. 118.449 [Unterstreichung im Original].

zwischen beiden Ländern weiter Bestand haben.[27] Dahinter vermutete die westdeutsche Botschaft in Kairo die weitsichtige Taktik, Ägypten wirtschaftspolitisch nicht preis zu geben: Die Sowjetunion spekuliere scheinbar, dass sie einspringen könnte, sobald die Unterstützung der OPEC-Staaten und „des Westens" nachließen und die Probleme in Ägypten überhand nehmen.[28] Die bundesdeutschen Entwicklungszuwendungen für Ägypten hatten im Bezug auf eine Konkurrenzgefahr durch die Sowjetunion folglich einen Präventivcharakter. Existenziell ist hier sicherlich die Legitimation für die entwicklungspolitische Kooperation und Aufwendung von finanziellen Mitteln zu berücksichtigen, die sich in die vorherrschende Situation des Kalten Krieges einpassen und mit ihr konform sein musste. Hier waren besonders Sadats signalisierte Friedensbereitschaft und die ägyptische Hinwendung zu den westlichen Staaten relevant.[29]

Eine Funktion von Europas Entwicklungspolitik im Nahen Osten war, einen Beitrag zu den Friedensbemühungen der USA zu leisten, was auch der eigenen Sicherheitspolitik dienen sollte.[30] Die westlichen Staaten hätten Ägypten 1975 „zum Schwerpunkt [ihrer] Entwicklungshilfe gemacht"[31], was auch Westdeutschland forderte: Im September 1976 erhielt unter anderem die Bundesrepublik von US-Außenminister Kissinger ein Ersuchen um einen 100 Mio. Dollar Kredit und Nahrungsmittelhilfe.[32] Eines von Kissingers Hauptargumenten für die

---

27 Schreiben von der Botschaft der Bundesrepublik Deutschland an das Auswärtige Amt (Referat 310), betr. „Ägyptisch-sowjetische Wirtschaftsbeziehungen nach Abbruch des Freundschaftsvertrages", Kairo 21.4.1976, PA AA, B 36–310 (ZA), Bd. 108.719.

28 Ebda..

29 Siehe beispielsweise Schreiben von Botschaft der Bundesrepublik Deutschland an das Auswärtige Amt (Ref. 310), betr. „Deutsch-ägyptische Kommission für Entwicklung und Wiederaufbau", Kairo 30.9.1974, PA AA, B 36–310 (ZA), Bd. 104.673. Rede des Herrn Bundesministers [Genscher] anlässlich des für Außenminister Fahmi gegebenen Abendessens, 7.1974, PA AA, B 36–310 (ZA), Bd. 104.673, s. allgemein zur Friedenspolitik auch: Schreiben von Lautenschläger an D 3, betr. „Verstärkte wirtschaftliche Zusammenarbeit mit den Ländern des Nahen Ostens zur Unterstützung einer Friedensregelung" Bonn 12.2.1979, PA AA, B 58–400 (ZA), Bd. 118.449 und „Sprechzettel zum Besuch BM Dr. Warnke in Ägypten", Anlage zum Schreiben, von Ref. 310 an D3, betr. „Sitzung des Auswärtigen Ausschusses am 04.04.1984", Bonn 3.4.1984, PA AA, B 36–310 (ZA), Bd. 135.737.

30 Stichworte für Pressehintergrundgespräche vermutl. von Dr. Redies (Ref. 310), betr. „Deutsch-ägyptische Regierungskommission für Entwicklung und Wiederaufbau", vermutl. Bonn 1.7.74, PA AA, B 36–310 (ZA), Bd. 104.673.

31 Bericht von Referat 400, betr. „Entwicklungshilfe anderer Geber an Ägypten", Anlage zum Schreiben von Kampmann (Ref. 400) an Ref. 310, Bonn 1.2.1977, PA AA, B 58–400 (ZA), Bd. 118.449.

32 Brief Kissingers an Genscher, o. O. 1.9.1976, als Anlage zum Schreiben vermutl. Lahn (Abt. 3) an den Bundesminister, betr. „Wirtschaftshilfe an Ägypten", Bonn 17.9.1976, PA AA, B 36–310

drängende Notwendigkeit war die stützende Funktion Ägyptens für den gesamten Nahen Osten und er betonte den Zusammenhang von Friedensbemühungen und wirtschaftlichem Wohlergehen.[33]

Entscheidend war die durch die Bundesrepublik akzeptierte Rolle der USA als Führungsmacht auf dem Gebiet von Frieden und Entwicklung, auf die beispielsweise die Pressemitteilung des Auswärtigen Amtes von 1974 verweist: „Herbeiführung einer Friedensregelung muß gewiß in erster Linie bei den Großmächten und hier besonders bei den USA liegen. Europäische Regierungen sollten jedoch im Rahmen des Möglichen unterstützend eingreifen. Eine wichtige Möglichkeit [ist], bei Wiederaufbau in den hauptbeteiligten Ländern sowie bei Umstellung auf eine nicht mehr auf Krieg sondern auf [..] Entwicklung ausgerichtete Wirtschaft zu helfen."[34] Hier klingt an, dass eine an die Linie der USA angepasste und untergeordnete Gestaltungsmacht durch die Entwicklungspolitik für möglich gehalten und als positiv beurteilt wurde.

Die hier einerseits deutlich werdende übergeordnete Abhängigkeit Europas von den USA offenbart zugleich ein Spannungsverhältnis zu der andererseits bestehenden konkreten Chance auf Emanzipation Europas und der Bundesrepublik durch die Realisierung von entwicklungspolitischen Infrastrukturvorhaben, wie dies von Sven Berggötz im Bezug auf das Assuan-Projekt erwähnt wird[35] und die auch auf das Kattara-Vorhaben übertragbar ist.

Die Infrastrukturgeschichte bietet diesbezüglich Ansatzpunkte, die dank ihrer engen Verwandtschaft auch für die Entwicklungspolitik Gültigkeit haben: Allgemein wurde die Implementierung von Infrastrukturen genutzt, um in der Beziehung zu anderen Ländern Einflussbereiche auszuweiten und Abhängigkeitsver-

---

(ZA), Bd. 108.719. Die Bundesrepublik hatte zuvor bereits mit 130 Mio DM die US-amerikanische „Stützungsaktion" mitfinanziert siehe dazu: Sachstand von Referat 310, betr. „Deutsche Wirtschaftshilfe an Ägypten", Bonn 24.9.1976, PA AA, B 36 – 310 (ZA), Bd. 108.719. Nixon und Kissinger hatten der ägyptischen Regierung nahegelegt mit der Bundesrepublik zu kooperieren: Vermerk von Referat 310, betr. „Gespräch des Herrn Ministers mit Herrn Minister Fahmy am 3. Juli 1974", Bonn 8.7.74, PA AA, B 36 – 310 (ZA), 104.673.

33 Brief Kissingers an Genscher, 1.9.1976, als Anlage zum Schreiben, vermutl. Lahn (Abt. 3) an den Bundesminister, betr. „Wirtschaftshilfe an Ägypten", Bonn 17.9.1976, PA AA, B 36 – 310 (ZA), Bd. 108.719. Er betont: „Clearly, President Sadat's capacity to maintain support for a policy of peaceful settlement with Israel will be enhanced to the extent that his ledership is seen to improve the economic condition of the Egyptian people."

34 Stichworte für Pressehintergrundgespräche vermutl. von Dr. Redies (Ref. 310), betr. „Deutsch-ägyptische Regierungskommission für Entwicklung und Wiederaufbau", vermutl. Bonn 1.7.74, PA AA, B 36 – 310 (ZA), Bd. 104.673.

35 Siehe im Bezug auf das Assuan-Projekt *S. O. Berggötz*, Nahostpolitik in der Ära Adenauer. Möglichkeiten und Grenzen 1949 – 1963, Düsseldorf 1998 (=Forschungen und Quellen zur Zeitgeschichte Bd. 33), S. 360.

hältnisse zu schaffen, was vornehmlich aus wirtschaftlichen Beweggründen der Vorteilsnahme geschah.[36] „Infrastrukturen *verleihen Macht*“[37] und können Aktionsräume zugänglich machen, denn: „Technische Infrastrukturen sind Voraussetzungen, Ergebnisse, Instrumente und Quellen von Macht – all dies häufig zur gleichen Zeit.“[38]

In diesem Zusammenhang ist die folgende, bei den bundesdeutschen Akteuren während der Wiederaufnahme der bilateralen entwicklungspolitischen Beziehungen zu Ägypten sicher noch präsente, negative Erfahrung relevant: Die Realisierung des Assuan-Damms, des „bedeutendste[n] Großvorhaben[s] des Nahen Ostens jener Zeit“, war trotz achtjähriger bundesdeutscher Bestrebungen und hartnäckigem Einsatz letzten Endes an die Sowjetunion gegangen.[39] Dennoch kommt Sven Berggötz in seiner Studie über die „Nahostpolitik in der Ära Adenauer“ zu dem Schluss, dass die Bundesrepbulik in der Angelegenheit „Assuan“ aufgrund zunehmender wirtschaftlicher Leistungskraft mehr und mehr zum international „eigenständigen Akteur“ wurde: „Dabei verraten sowohl die immer stärker werdende Berücksichtigung politischer Motive wie auch das ständig wachsende Selbstvertrauen viel über die Entwicklung der westdeutschen Nahostpolitik jener Jahre.“[40] So gesehen erhielt die Bundesrepublik Anfang der 1970er Jahre eine zweite Chance, sich vor dem Hintergrund des Kalten Krieges als „global player“ zu profilieren. Denn die ägyptische Seite verdeutlichte 1980 die dem Kattara-Projekt zugeschriebene Relevanz, indem sie es mit dem Assuan-Hochdamm auf eine Stufe stellte.[41] Dass die USA aus dem Assuan-Projekt ausgestiegen waren, bewertete die westdeutsche Botschaft in Ägypten 1975 aus der Retrospektive als „[...] die entscheidende Fehlkalkulation Washingtons im N[ahen] O[sten] [...]“, das Einspringen der UdSSR habe im Gegenzug „[...] eine dominierende Stellung des Ostblocks in Ägypten ein[geleitet].“[42] Das Kattara-Staudamm-Projekt sollte möglicherweise die in das Assuan-Projekt vergeblich aufgewendeten Ressourcen materieller wie auch immateri-

36 *D. van Laak*, Infra-Strukturgeschichte, in: GG 27, 2001, Digi-Zeitschriften, http://www.digizeitschriften.de/download/PPN483856525_0027/log31.pdf 26.2.15, S. 367–393, hier S. 374.
37 *Engels/Schenk*, Infrastrukturen, S. 24. [Hervorhebung im Original]
38 Ebda, S. 25. Siehe auch *Förster/Bauch*, Wasserinfrastrukturen, S. 13.
39 *Berggötz*, Nahostpolitik Ära Adenauer, S. 335–336 und 359–360, Zitat S. 360.
40 Ebda, S. 360.
41 Fernschreiben von Botschafter Hille an das Auswärtige Amt, betr. „Rede Sadats vor der Volksversammlung und dem neuen Shura-Rat“, Kairo 3.11.1980, PA AA, B 36–310 (ZA), Bd. 124.999.
42 Aufzeichnung über die „Ägyptisch-amerikanischen Beziehungen“ von Botschafter Steltzer, Kairo 29.10.1975, Anlage zum gleichnamigen Schreiben von Botschafter Steltzer an das Auswärtige Amt, Kairo 29.10.1975, PA AA, B 36–310 (ZA), Bd. 104.687.

eller Art[43] indirekt für die Bundesrepublik nachträglich noch rentabel machen. Abgesehen davon war von deutscher Seite auch in das Kattara-Projekt bereits investiert worden.

3 Das „Jahrhundertwerk“[44] Kattara-Projekt

Das Kattara-Projekt war eine Vision des Berliner Professors Penck aus dem Jahr 1916 und bekam zudem früh einen internationalen Charakter, da es vor allem nach 1945 von britischen, ägyptischen, schweizerischen, schwedischen und deutschen Fachleuten aufgegriffen und weiter erforscht wurde.[45] Die Anfänge der deutsch-ägyptischen Zusammenarbeit beim Projekt „Kattara-Senke“ reichen bis 1960 zurück, als auf ägyptisches Betreiben hin Untersuchungen angestoßen worden waren.[46] Diese wurden ab 1964 vom bundesdeutschen Experten Professor Friedrich Bassler von der TU Darmstadt geleitet und schließlich neun Jahre später, im Februar 1973, mit zwischenzeitlich fehlenden diplomatischen Beziehungen, durch die „Projektstudie Kattara“ abgeschlossen.[47] Basslers Analyseergebnisse und Einschätzungen bildeten somit die Ausgangbasis für die Chancen und Risiken des Projektes.

Die Wüste bot aus Basslers Sicht ideale Standortbedingungen für Umwelteingriffe jenseits des menschlichen Lebensraumes.[48] Das Gebiet erschien Bassler besonders geeignet, um durch das wegen der Verdampfung in der Wüste kontinuierlich nachlaufende Mittelmeerwasser das hydro-solare Depressions-Kraftwerk anzutreiben.[49] Überdies bestand die Option einer späteren Ergänzung um ein Pumpspeicher-Kraftwerk,[50] da für diese Art der Stromgewinnung ein Gefälle von der sechsfachen Fallhöhe der Niagara-Fälle vorhanden war.[51] Zusätzlich zum

---

43 Zu vergeblich eingesetzten Finanzressourcen in Bezug auf Assuan: Der Spiegel, Hölle löschen, S. 166–168. Allgemein zum ereignisgeschichtlichen Hergang im Bezug auf westdeutsche wirtschaftliche und politische Offerten bzgl. des Assuan-Damms s. *Berggötz*, Nahostpolitik Adenauer, S. 335–360, insbesondere S. 348.

44 Der Spiegel, Hölle löschen, S. 166.

45 *Bassler*, Projekt-Studie Kattara, S. 1.

46 Vermerk von Meitzner betr. „Technische Hilfe für Ägypten“, Bonn 6.3.1973, Anlage zum gleichnamigen Schreiben von Bockmeyer (BMWI) an das Auswärtige Amt, Bonn 7.3.1973, PA AA, B 36–310 (ZA), Bd. 104.694.

47 Ebda.

48 *Bassler*, Projekt-Studie Kattara, S. 16.

49 Ebda., S. 1, 4, 8, Zitat S. 1.

50 Ebda., S. 10.

51 Der Spiegel, Hölle löschen, S. 166.

Argument einer sauberen Energiegewinnung versuchte Bassler Überzeugungsarbeit für das Kattara-Projekt zu leisten, indem er die damit verbundenen übergreifenden (entwicklungs-)politischen Vorteile für Ägypten herausstellte: Die durch Verdunstung extrahierte Ressource Salz ermögliche die Etablierung eines neuen chemischen Industriezweigs, dessen Erzeugnisse über den dann ohnehin vorhandenen Verbindungskanal zum Mittelmeer verschifft werden könnten.[52] Durch Pionierarbeit das größte bis dato existierende Wasserkraftwerk zu errichten, das überdies noch nach der nie zuvor angewandten hydrosolaren Verfahrensweise arbeite, erfülle, so Bassler, ein weiteres „[n]ationale[s] Interesse[]“ Ägyptens: Es würde den Fokus der internationalen Aufmerksamkeit auf Ägypten lenken[53] und Ägyptens Chance war auch die Chance der Bundesrepublik, denn als logische Konsequenz würde die internationale Aufmerksamkeit auch ihr, als dem eigentlichen Urheber, zuteil werden.

Da „technische Infrastrukturen sowohl im Kapitalismus als auch im Sowjetstaat zentrale Deutungsmuster für Entwicklung, Fortschritt und Gesellschaftsumformung wurden“[54], versprach die Federführung in diesem Prestige-Projekt „Kattara“ den deutschen Akteuren auch mehr Ansehen in der Machtkonstellation des Kalten Krieges. Die Bundesregierung konnte darüber hinaus durch die Stärkung der deutsch-ägyptischen Beziehungen profitieren, da sie Ägypten schließlich bei der Erfüllung dieser nationalen Interessen behilflich war.

Die von Professor Bassler favorisierte Umsetzungsmethode[55] war allerdings alles andere als unproblematisch. So war beispielsweise Libyens Regierung 1977 von möglichen Szenarien alarmiert, die Kanalaushebung könnte mit „wasserstoffbombenartige[n] Mittel[n]“ erfolgen.[56] Sie beanspruchte ein Vetorecht in Sachen Atomsprengungen für das Kattara-Vorhaben.[57] Welche Berechtigung hatte der libysche Vorstoß? Tatsächlich war Friedrich Basslers Studie bereits 1973 zu dem Ergebnis gekommen, dass sich das Kattara-Vorhaben nur rechnen würde, wenn durch atomare Sprengungen in Form von „peaceful nuclear explosions“ (pne) ein offener Kanal freigelegt würde.[58] Die Atomsprengungen wurden von

---

52 *Bassler*, Projekt-Studie Kattara, S. 16–17.

53 Ebda., S. 17.

54 *Engels/Schenk*, Infrastrukturen, S. 55.

55 siehe dazu: *Bassler*, Projekt-Studie Kattara, S. 14.

56 Fernschreiben an das Auswärtige Amt, betr. „Deutsch-lybische Beziehungen“, Tripolis 16.4.1977, PA AA, B 36–310 (ZA), Bd. 124.999. [Zitat im Original in Großbuchstaben]

57 Fernschreiben an das Auswärtige Amt, betr. „Deutsch-libysche Beziehungen“, Tripolis 19.4.1977, PA AA, B 36–310 (ZA), Bd. 124.999.

58 Vermerk von Meitzner betr. „Technische Hilfe für Ägypten“, Bonn 6.3.1973, Anlage zum gleichnamigen Schreiben von Bockmeyer (BMWI) an das Auswärtige Amt, Bonn 7.3.1973, PA AA, B 36–310 (ZA), Bd. 104.694.

Bassler auch nicht als Gefahrenpotential sondern in erster Linie als Chance dargestellt, um daraus für das Projekt zu profitieren und wegweisende technische Pionierarbeit zu leisten.[59]

Brisant sind die Hintergründe für Basslers Untersuchung in Richtung einer atomaren Umsetzung: Die USA hatten Bassler die notwendigen Hintergrundinformationen zukommen lassen und beim Wirtschaftsministerium den Eindruck erweckt: „Es scheint, dass die Amerikaner sich für diese erste friedliche Nutzung atomarer Sprengkörper aus verschiedenen Gründen sehr interessieren werden.“[60] Die nuklearen Explosionen hätten schon aus „technischen Gründen“ nur die Sowjetunion oder die USA realisieren können, weshalb das BMZ 1973 die Hauptverantwortung für die Projektumsetzung eher nicht bei der Bundesrepublik, sondern bei der Weltbank verortete.[61] Das BMZ benannte darüber hinaus deutlich als mögliche Gefahren, die trotz Basslers Ergebnissen noch ausgeräumt werden müssten, die unbekannten Folgen der Atomsprengungen, eine eventuelle Versalzung von Süßwasserquellen, unkalkulierbare Folgen für die „vermutlich labile Tektonik dieses Gebiets“ und die ungewissen klimatischen Veränderungen.[62]

4 Die Institutionalisierungsphase in der deutsch-ägyptischen Entwicklungspolitik nach Wiederaufnahme der diplomatischen Beziehungen

4.1 Die konstituierende Sitzung der deutsch-ägyptischen Kommission für Entwicklung und Wiederaufbau und die Kattara-Durchführbarkeitsstudie 1974

Vor diesem im Bezug auf Chancen und Risiken ambivalenten Hintergrund fiel die bundesdeutsche Entscheidung über einen Beitrag zum Kattara-Projekt während

59 *Bassler*, Projekt-Studie Kattara, S. 7–8, 17.

60 Vermerk von Meitzner betr. „Technische Hilfe für Ägypten“, Bonn 6.3.1973, Anlage zum gleichnamigen Schreiben von Bockmeyer (BMWI) an das Auswärtige Amt, Bonn 7.3.1973, PA AA, B 36–310 (ZA), Bd. 104.694.

61 Schreiben von Herzog (BMZ) an das Auswärtige Amt, betr. „Technische Hilfe für Ägypten“ Bonn 2.5.1973, PA AA, B 36–310 (ZA), Bd. 104.694.

62 Schreiben von Lenzen (BMZ) an das Auswärtige Amt, betr. „Technische Hilfe für Ägypten“, Bonn 27.8.1973, PA AA, B 36–310 (ZA), Bd. 104.694.

der entwicklungspolitischen Neugestaltungsphase. Bereits im Kontext der Vorbereitungen des Bundeskanzlerbesuchs in Ägypten Ende April 1974 galt eine Durchführbarkeitsstudie für das Kattara-Projekt als vorrangig in der bundesrepublikanischen Technischen Hilfe.[63] Das „TH-Abkommen Kattara-Projekt" zählte dann zu den Ergebnissen der ersten Sitzung der deutsch-ägyptischen Kommission für Entwicklung und Wiederaufbau.[64] Von bundesdeutscher Seite waren unter anderem die Firma Lahmeyer International GmbH, die Salzgitter Consult GmbH und die Bundesanstalt für Geowissenschaften und Rohstoffe beteiligt.[65]

Welche Rolle spielte das Kattara-Projekt in diesem Institutionalisierungsprozess der westdeutsch-ägyptischen Entwicklungspolitik Anfang der 1970er Jahre? Das Interesse der ägyptische Regierung am Kattara-Projekt war 1973 derart groß, dass es in den Mittelpunkt des neuen Zehnjahresplans gestellt werden sollte, falls es durchführbar wäre.[66] Da zwischen dem Bundeskanzlerbesuch und der ersten Kommissionssitzung im Jahr 1974 lediglich drei Monate lagen,[67] dürfte für die bundesdeutschen Akteure Zeitdruck ein wesentlicher Faktor gewesen sein, der eine Alternativsuche erschwerte. Ein Hauptargument des Auswärtigen Amtes für das Infrastrukturprojekt war neben dem Mangel an Alternativen dessen einzigartiger Prestigecharakter.[68] Hier zeigt sich, wie das Kattara-Projekt im Sinne der eigenen Interessen genutzt werden konnte. „Da [Infrastrukturen] meistens zugleich bewirken, was sie darstellen, sind sie nicht nur Anzeichen, sondern auch gewollt oder ungewollt (Re-)Produktionsfaktoren von Machtverhältnissen [...]" und diese „Indikatorfunktion" konnte von den bundesdeutschen Akteuren sogar schon im Planungsstadium des Projektes auch als „sichtbare[s] Symbol[] von

---

63 Bericht vom BMZ „Die entwicklungspolitischen Beziehungen zur Arabischen Republik Ägypten", Bonn 18.3.1974, Anlage zum Schreiben vom Bundesminister für wirtschaftliche Zusammenarbeit an das Auswärtige Amt, betr. „Entwicklungshilfe für Ägypten" Bonn 22.3.1974, PA AA, B 36–310 (ZA), Bd. 104.663.

64 Schreiben von Weiss (Arbeitsstab 32) an D4, betr. „2. Sitzung der deutsch-ägyptischen Regierungskommission für Entwicklung und Wiederaufbau", Bonn 27.3.1975, PA AA, B 36–310 (ZA), Bd. 104.690.

65 „Development of the Quattara Project" von der Quattara Project Authory, Ministry of Electric Power and Energy, Anlage zum Schreiben von der Ständigen Vertretung der Bundesrepublik Deutschland bei den Internationalen Organisationen Wien an das Auswärtige Amt (Ref. 310), betr. „IAEO; Friedliche Kernsprengungen", Wien 1.2.1977, PA AA, B 36–310 (ZA), Bd. 124.999.

66 *Bassler*, Projekt-Studie Kattara, S. 2.

67 Stichworte für Pressehintergrundgespräche vermutl. von Dr. Redies (Ref. 310), betr. „Deutsch-ägyptische Regierungskommission für Entwicklung und Wiederaufbau", vermutl. Bonn 1.7.74, PA AA, B 36–310 (ZA), Bd. 104.673.

68 Aufzeichnung, betr. „Deutsch-ägyptische Kommission", Anlage zum gleichnamigen Schreiben vom Auswärtigen Amt an Bernauer (BMZ), Bonn 8.5.1974, BArch, B 213/20708. Siehe zur Theorie hierzu *van Laak*, Infra-Strukturgeschichte, S. 385.

Macht" genutzt werden.[69] Vor der ersten Kommissionssitzung 1974 wurde nämlich „aus politischen Gründen" die Notwendigkeit handfester entwicklungspolitischer Resultate herausgestellt, die wegen der Außenwirkung gebündelt präsentiert werden sollten.[70] Allgemein soll „Sichtbarkeit" in Kombination mit der Erlangung von „Deutungsmacht" bewirken, dass andere von der Existenz der eigenen Macht Kenntnis erlangen und sie als solche akzeptieren.[71]

Die Bedeutung dieser Projektauswahl muss folglich auch im übergeordneten Zusammenhang des Stellenwertes der deutsch-ägyptischen Kommission und ihrer Vorgeschichte verstanden werden. Eine öffentlich-repräsentative Demonstration der diplomatischen Beziehungen wurde von ägyptischer Seite im zweiten Jahr nach deren Wiederaufnahme vehement verlangt: Ägyptens Außenminister Fahmi forderte im Februar 1974 energisch und verärgert eine rasche Staatsvisite des Bundeskanzlers in Ägypten, denn schließlich habe Ägypten die Bundesrepublik vor gravierenden Auswirkungen des Oktoberkrieges 1973 bewahrt: „Fahmy unterstrich dabei mit besonderer Betonung, welche Muehe es Aegypten gekostet hatte, die ägyptischen Bruderstaaten von unfreundlichen Massnahmen gegen die Bundesrepublik Deutschland abzuhalten. Jetzt muesse Aegypten auch eine Reaktion aus Bonn erwarten, die seine intensiven Bemuehungen um bessere Beziehungen zu uns rechtfertige."[72]

Zudem spekulierte Sadat, aufgrund des ägyptischen Vorhabens die Abhängigkeitsverhältnisse zur UdSSR zu lösen, auf eine sehr spezielle und exklusive Expertise von Bundeskanzler Brandt, was der stellvertretende Geheimdienstchef Rifaat unter der Prämisse der Geheimhaltung erläuterte: „Sadat möchte [...] Beziehungen anstreben, wie sie die Bundesrepublik Deutschland mit der Sowjetunion und den sozialistischen Staaten erreichen konnte."[73]

Vordringlich sei das Anliegen, durch die bundesrepublikanischen Kontakte zu den USA und zu Israel, die ägyptische Friedenspolitik zu fundieren – schließlich könnte auch Kissinger nicht ohne Verbündete agieren – eher nachrangig zu dieser Angelegenheit aber gewiss nicht unbedeutend wäre für Ägypten

---

69 *Engels/Schenk*, Infrastrukturen, S. 51.

70 Aufzeichnung, betr. „Deutsch-ägyptische Kommission", Bonn 8.5.1974, Anlage zum gleichnamigen Schreiben vom Auswärtigen Amt an Bernauer (BMZ), Bonn 8.5.1974, BArch, B 213/20708.

71 *Engels/Schenk*, Infrastrukturen, S. 55, siehe auch S. 50 – 51 und zur „Sichtbarkeit" *van Laak*, Infra-Strukturgeschichte, S. 385.

72 Fernschreiben von Botschafter Steltzer an das Auswärtige Amt, betr. „Besuch Bundeskanzler Brandt", Kairo 4.2.1974, PA AA, B 36 – 310 (ZA), Bd. 104.663. [Im Original in Kleinbuchstaben und Teile handschriftlich markiert]

73 Ebda.

die „materielle Hilfe“ der Bundesrepublik.[74] Diese beiden für Ägypten wichtigen Aspekte konzentrieren sich in der Geburtsstunde der deutsch-ägyptischen Kommission für Entwicklung und Wiederaufbau. Das Gremium wurde zwar auf Anregung von Bundeskanzler Willy Brandt bei seiner Staatsvisite in Ägypten ins Leben gerufen, aber das BMZ machte wenige Tage vor der Gründungssitzung der Kommission in Bonn das interne Eingeständnis: „Sie [die Kommission] war praktisch eine Verlegenheitslösung, weil vor der Reise zwischen den Ressorts keine Einigung über die Frage einer Wiederaufbauhilfe erzielt werden konnte. Auf diese Art wurde trotz des brennenden ägyptischen Interesses die Erörterung der Entwicklungspolitik bis jetzt aufgeschoben.“[75] Diese Hinhaltetaktik verdeutlicht, dass in der sensiblen Phase der entwicklungspolitischen Beziehungswiederaufnahme überstürzte Fehlentscheidungen eigentlich auf jeden Fall vermieden werden sollten.

Das Auswärtige Amt schrieb der deutsch-ägyptischen Kommission nämlich über die Entwicklungspolitik hinaus Relevanz zu: „Ihr Ziel ist, den Beziehungen beider Länder ‚eine neue Qualität zu geben'“[76]. Der Beziehungsbruch sollte so offenkundig möglichst rasch überdeckt werden. In diesem Sinne charakterisierte Außenminister Genscher während der entwicklungspolitischen Institutionalisierungsphase die Jahre ohne diplomatische Beziehungen demonstrativ als „eine Periode der Missverständnisse“, welche nicht stark genug gewesen wären, um die „traditionell freundschaftliche[n] Beziehungen“ zu Ägypten zu zerstören.[77] Folglich wurde auch bei der Investition in die Zukunft dieser deutsch-ägyptischen Freundschaft keineswegs gespart. Die Kommission sollte wenigstens im Jahresturnus entweder in der Bundesrepublik oder Ägypten stattfinden.[78] Zu den Ergebnissen der ersten Kommissionssitzung zählten neben einem Investitionsförderungs- und –schutzvertrag auch spektakuläre Zusicherungen, wie eine

---

74 Ebda.

75 „Aufzeichnung für den entwicklungspolitischen Teil der Besprechungen im Rahmen der deutsch-ägyptischen Kommission für Entwicklung und Wiederaufbau vom 3. bis 6. Juli 1974“ vom BMZ, Bonn 27.6.1974, BArch, B 213 / 20708.

76 Schreiben von Weiss (Arbeitsstab 32) an D4, betr. „2. Sitzung der Deutsch-Ägyptischen Regierungskommission für Entwicklung und Wiederaufbau“, Bonn 27.3.1975, PA AA, B 36 – 310 (ZA), Bd. 104.690.

77 Schreiben von der BPA, betr. „Deutsch-ägyptische Regierungskommission. Besuch des ägyptischen Außenministers Fahmi in Bonn, 3.–6. Juli 74. Pressekonferenz“, Bonn 5.7.1974, PA AA, B 36 – 310 (ZA), Bd. 104.673.

78 O. A., Die deutsch-ägyptischen Gespräche haben begonnen, in: FAZ, 3.7.[74], in: PA AA, B 36 – 310 (ZA), Bd. 104.673.

dreijährige Kapitalhilfe über 500 Mio. DM.[79] Auch die Abordnungen beider Länder waren bemerkenswert: Die Federführung der ersten Sitzung lag trotz des Namenszusatzes des Gremiums „[...] für Entwicklung und Wiederaufbau" bei den Außenministern und allein von ägyptischer Seite waren fünf Minister mitgereist.[80]

Die westdeutsche Botschaft in Kairo leitete aus dem Mandat „als Planungs- und Koordinationsgremium für alle Aspekte der ins Auge gefassten umfassenden Zusammenarbeit", dem breiten inhaltlichen Spektrum und der Leitung durch das Auswärtige Amt ab, diesem außenpolitischen Charakter der Kommission durch „eine neutralere Bezeichnung (‚Deutsch-ägyptische Regierungskommission')" Rechnung zu tragen: „Dadurch wäre gewährleistet, dass neben Fragen der Entwicklung und des Wiederaufbaus, die vorzugsweise ägyptisches Interesse beanspruchen, auch andere Themen eingebracht werden können, an denen in erster Linie die deutsche Seite interessiert ist." [81] Das Auswärtige Amt befürwortete ein breites Inhaltsspektrum unter dem Vorbehalt, dass Ägypten erwartungsgemäß einen entwicklungspolitischen Schwerpunkt bevorzugen werde.[82]

4.2 Die deutsch-ägyptische Kommission für Entwicklung und Wiederaufbau – mehr als bilaterale Entwicklungspolitik

Insgesamt wird deutlich, dass das Gremium für das Auswärtige Amt als eine Projektionsfläche für über die Entwicklungspolitik hinausreichende außenpolitische Belange diente. Die Überschneidungsbereiche von Entwicklungs- und Außenpolitik bei der deutsch-ägyptischen Kommission für Entwicklung und Wiederaufbau spielten dabei eine große Rolle. Ähnlich wie Wasserinfrastrukturen kann auch die Entwicklungspolitik allgemein als „Querschnittsaufgabe" theoretisch alle Sphären von Politik umfassen und beispielsweise auch „Wirtschafts-

79 Schreiben von Weiss (Arbeitsstab 32) an D4, betr. „2. Sitzung der Deutsch-Ägyptischen Regierungskommission für Entwicklung und Wiederaufbau", Bonn 27.3.1975, PA AA, B 36 – 310 (ZA), Bd. 104.690.

80 Stichworte für Pressehintergrundgespräche vermutl. von Dr. Redies (Ref. 310), betr. „Deutsch-ägyptische Regierungskommission für Entwicklung und Wiederaufbau", vermutl. Bonn 1.7.74, PA AA, B 36 – 310 (ZA), Bd. 104.673.

81 Schreiben von Botschaft der Bundesrepublik Deutschland an das Auswärtige Amt, betr. „Deutsch-ägyptische Kommission für Entwicklung und Wiederaufbau", Kairo 30.9.1974, PA AA, B 36 – 310 (ZA), Bd. 104.673.

82 Schreiben von Redies an die Botschaft der Bundesrepublik in Kairo, betr. „Deutsch-ägyptische Kommission für Entwicklung und Wiederaufbau", Bonn 21.10.74, PA AA, B 36 – 310 (ZA), Bd. 104.673.

politik, Sozialpolitik Außenpolitik, Sicherheitspolitik, Bildungspolitik, Umweltpolitik etc." sein.[83]

Hinzu kommt, dass Großprojekte wie das Kattara-Projekt beispielsweise auf der staatlichen Ebene durch vielerlei Arten von Macht erzeugt werden, sie aber parallel oder zeitversetzt zugleich auch selbst Macht erzeugen und so „Gelegenheiten zur Machtausübung" bieten.[84] Wegen der Eigenschaft der Entwicklungspolitik als „Querschnittsaufgabe", durch den „Netzcharakter[]" von Infrastrukturen und deren konkreten Gegenständlichkeit kann so – auch beim Entwicklungsprojekt Kattara-Senke – neben der Bewahrung von Macht zugleich auch ein Umlauf von Macht stattfinden.[85]

Offenbar sollte durch diese Eigenschaften von Entwicklungspolitik und Infrastrukturprojekten der Machtzugang, der sich durch die Wiederaufnahme der diplomatischen Beziehungen zu Ägypten eröffnete, noch zusätzlich ausgeweitet und potenziert werden und auf andere Bereiche überspringen. Die Entwicklungspolitik versprach westdeutschen Akteuren hier erhebliches Potential. Für die bundesdeutsche Außenpolitik erlangte die Entwicklungspolitik mit Ägypten eine über die bilaterale deutsch-ägyptische Ebene hinausgehende Relevanz: Ihr eröffnete sich ein erweiterter Zugang zum gesamten arabischen Raum sowie die Gelegenheit, die eigene Funktion in Europa zu stärken.[86]

Einer dieser Bereiche war nämlich die Europapolitik. Als ein Kern der europäisch-arabischen Beziehungen betonte Genscher die Funktion der deutsch-ägyptischen Kommission für Entwicklung und Wiederaufbau.[87] Sie sollte allge-

83 Zu Entwicklungspolitik siehe: *H. Ihne/J. Wilhelm*, Grundlagen der Entwicklungspolitik, in: *H. Ihne/J. Wilhelm* (Hg.), Einführung in die Entwicklungspolitik, Bonn 2013, S. 5–40, hier S. 5. Speziell zur Entwicklungs- und Außenpolitik allgemein *A. Fonari*, Politische Konditionalität im Rahmen der deutschen Entwicklungszusammenarbeit als Instrumentarium deutscher Außen- und Außenwirtschaftspolitik?, Diss. Münster 1999, S. 14. Zu Wasserinfrastrukturen siehe *Engels/Schenk*, Infrastrukturen, S. 41 und zu Infrastrukturen allgemein: *van Laak*, Infra-Strukturgeschichte, S. 388.

84 Aufbauend auf dem „Koevolutionsbegriff" von Eric van der Vleuten: *Engels/Schenk*, Infrastrukturen, S. 47.

85 *Förster/Bauch*, Wasserinfrastrukturen, S. 16. Siehe auch: *Engels/Schenk*, Infrastrukturen, S. 49. Zur Entwicklungspolitik als „Querschnittsaufgabe" siehe im Allgemeinen: *Ihne/Wilhelm*, Grundlagen, S. 5.

86 „Rede des Herrn Bundesministers anläßlich des für Außenminister Fahmi gegebenen Abendessens", o. O. 5.7.[74], PA AA, B 36–310 (ZA), Bd. 104.673. Zum Zugang zum arabischen Raum siehe auch: *H. Kepper*, Für Bonn ist Ägypten ein Schlüsselland, in: Fr. R., 2.7.[74], in: PA AA, B 36–310 (ZA), Bd. 104.673.

87 „Rede des Herrn Bundesministers anläßlich des für Außenminister Fahmi gegebenen Abendessens", o. O. 5.7.[74], PA AA, B 36–310 (ZA), Bd. 104.673.

mein zu einem „Modellfall“ werden und im Idealfall für weitere EG-Staaten als ein Prototyp für die entwicklungspolitische Interaktion dienen.[88]

Des Weiteren wurde während der bilateralen Institutionalisierungsphase der Bereich Wirtschaftspolitik mit der Entwicklungspolitik verknüpft. „Ägypten ist Schwerpunkt der deutschen Entwicklungshilfe; diese hat für die Wirtschaftsbeziehungen zwischen beiden Ländern zentrale Bedeutung.“[89] Trotzdem sei die Unterstützung der Privatwirtschaft unabdingbar für die Erschließung von Rohstoffquellen u. a. bei arabischen Staaten, so die Bundesregierung 1974, die ihre eigene Funktion darin sah, „[...] durch deutliches Engagement – wie dies bei Ägypten durch Bildung der Regierungskommission Ausdruck findet – in den uns wichtigen Ländern unserer Industrie Anstoß geben, in die genannte Richtung zu gehen. [...]“[90] Interessant ist, wie die Bundesregierung hier die eigene Rolle als Impulsgeber und Wegbereiter definierte und zugleich einen Teil der Verantwortung abgeben beziehungsweise privatisieren wollte.

Außen- und wirtschaftspolitische Aspekte waren in der westdeutschen Entwicklungspolitik nach der Ölpreiskrise 1973 deutlicher in den Vordergrund getreten als zuvor.[91] Es gab diesbezüglich weitere eigene Interessen. So thematisierte Bundeskanzler Helmut Schmidt im persönlichen Gespräch mit dem ägyptischen Außenminister Fahmi Mitte 1974 vor allem Details zur Regelung der Ölpreiskrise und betonte in diesem Zusammenhang: „Er hoffe, dass Ägypten seinen maßgebenden Einfluss auf die beteiligten arabischen Staaten noch verstärken werde. [...]“[92]. Dass eine Gegenleistung in dieser Beziehung hilfreich sein könnte, hatte Außenminister Fahmi während des Treffens mit seinem Amtskollegen Genscher im Blick, als er darauf hinwies, dass „[t]echnisches know how“ der europäischen Staaten Schlüsselqualitäten haben könnte, um den Ölpreiskonflikt beizulegen.[93]

---

88 D. von König, Neues Fundament für Kooperation, in: K. St. A., 3.7.[74], in: PA AA, B 36–310 (ZA), Bd. 104.673. Speziell zum „Modellfall siehe: Vermerk, betr. „Sitzung der deutsch-ägyptischen Regierungskommission am 4. Juli 1974“, Bonn 8.7.1974, PA AA, B 36–310 (ZA), Bd. 104.673.

89 Länderaufzeichnung Arabische Republik Ägypten, 1.3.1976, PA AA, B 36–310 (ZA), Bd. 108.714.

90 Stichworte für Presse-Hintergrundgespräche vermutl. von Dr. Redies, betr. „Deutsch-ägyptische Regierungskommission für Entwicklung und Wiederaufbau“, vermutl. Bonn 1.7.74, PA AA, B 36–310 (ZA), Bd. 104.673.

91 *Gieler*, Gymnich, S. 27–28.

92 „Vermerk über ein Gespräch des Bundeskanzlers mit dem ägyptischen Außenminister Fahmi am 6. Juli 1974 im Bundeskanzleramt“, Anlage zum gleichnamigen Schreiben vom Bundeskanzleramt an Peter Schönfeld Leiter des Büros Staatssekretäre, Bonn 11.7.1974, PA AA, B 36–310 (ZA), Bd. 104.673.

93 Vermerk vom Referat 310 (Dr. Redies), betr. „Gespräch des Herrn Ministers mit Herrn Minister Fahmy am 3. Juli 1974“, Bonn 8.7.74, PA AA, B 36–310 (ZA), Bd. 104.673.

Von deutschen entwicklungspolitischen Vertretern waren schon länger unter anderem „Durchführbarkeitsstudien" im Rahmen der Technischen Hilfe als ein Mittel präsentiert worden, um Ölstaaten Anreize vorzulegen und speziell Industrialisierungsprojekte anzufertigen.[94] Solche Kooperationsformen wurden nicht allein im Bezug auf die Entwicklungszusammenarbeit, sondern auch unter dem Gewinnaspekt beleuchtet.[95] Allgemein wurden derartige Dreieckskooperationen, besonders die „trilaterale Kooperation" zwischen bundesrepublikanischer Privatwirtschaft, weiteren ägyptischen Akteuren und dem sogenannten „Ölgeld" näher in Betracht gezogen.[96] So rechnete das BMZ damit, dass beim erwarteten Baubeginn des Kattara-Projektes 1979 ausreichend „Ölmilliarden" vorhanden seien, die dann bereitwillig investiert würden.[97]

5 Das „Politikum"[98] Kattara-Projekt

5.1 Das Kattara-Projekt im Spannungsfeld des Kalten Krieges

Diese bei der deutsch-ägyptischen Kommission für Entwicklung und Wiederaufbau eröffneten Politikbereiche waren zugleich auch mit dem dort initiierten Prestige-Entwicklungsprojekt Kattara verbunden.[99] Folglich konnten sich die durch den „Netzcharakter[]" von Infrastrukturen möglichen Machtverschiebungen[100] potentiell nun auch auf diese Bereiche auswirken, und beim Kattara-Pro-

94 „Bericht über den entwicklungspolitischen Teil der Tagung der deutsch-ägyptischen Kommission für Entwicklung und Wiederaufbau vom 12.-16.4.1975 in Kairo" von Bernauer, Bonn 29.4. 1975, Anlage zum gleichnamigen Schreiben vom BMZ (Bernauer) an das Auswärtige Amt, Bonn 20.5.1975, PA AA, B 36 – 310 (ZA), Bd. 104.690, S. 7.

95 Ebda. S. 12.

96 Schreiben von Hermes an den Minister, betr. „Deutsch-ägyptische Regierungskommission", vermutl. Bonn 13.4.1975, PA AA, B 36 – 310 (ZA), Bd. 104.690.

97 Bericht über „Die entwicklungspolitischen Beziehungen zur Arabischen Republik Ägypten" vom BMZ, Bonn 18.3.1974, Anlage zum Schreiben vom Bundesminister für wirtschaftliche Zusammenarbeit (Herzog) an das Auswärtige Amt, Bonn 22.3.1974, PA AA, B 36 – 310 (ZA), Bd. 104.663.

98 Fernschreiben von Botschafter Hille an das Auswärtige Amt, betr. „Ägyptisches Kattara-Projekt", Kairo 26.11.1980, PA AA, B 36 – 310 (ZA), Bd. 124.999.

99 Zur dortigen Initiierung: Schreiben, von Weiss (Arbeitsstab 32) an Dg. 4, betr.: „2. Sitzung der Deutsch-Ägyptischen Regierungskommission für Entwicklung und Wiederaufbau", Bonn 27.3. 1975, PA AA, B 36 – 310 (ZA), Bd. 104.690 und zum Prestige: Aufzeichnung, betr. „Deutsch-ägyptische Kommission", Anlage zum gleichnamigen Schreiben vom Auswärtigen Amt an BMZ, Bonn 8.5.1974, BArch, B 213/20708.

100 *Förster/Bauch*, Wasserinfrastrukturen, S. 16.

jekt drohten gravierende Machtverschiebungen. Kostenfrage und Atomsprengungen entwickelten sich schließlich zu entscheidenden Risikofaktoren. 1976 kam aus wirtschaftlichen Gründen immer noch allein die atomare Umsetzungsvariante in Betracht, wodurch das Auswärtige Amt Anlass zur Sorge hatte: Mit der Realisierung der Atomexplosionen durch die USA war nicht mehr zu rechnen, was die Amerikaner wohl auch gegenüber der ägyptischen Führung zum Ausdruck gebracht hatten.[101]

Die USA zogen sich damit nicht nur aus dem Kattara-Projekt, sondern auch aus einem Machtbereich des Kalten Krieges zurück. Und tatsächlich erhielt das Auswärtige Amt über die Firma Lahmeyer im Dezember 1976 die Information, dass sowjetische Akteure im Zuge der Präsentation des Kattara-Projektes vor der Internationalen Atomenergie-Organisation (IAEO) in Wien angeblich durch Ägypten angesprochen worden waren und in den weiteren Projektverlauf der Durchführbarkeitsstudie einbezogen werden sollten.[102] Die Befürchtung war nun, dass die ägyptische Seite eine sowjetische Ersatzfunktion für die USA auskundschaftete, was für durchaus realistisch gehalten wurde, da die ägyptischen Stellen über die US-amerikanische Zurückhaltung im Bezug auf die Atomsprengungen für Kattara Kenntnis hatten.[103] Die Ständige Vertretung der Bundesrepublik Deutschland bei den Internationalen Organisationen in Wien konnte das Gerücht nicht endgültig zerstreuen, da sowjetisch-ägyptische Geheimverhandlungen durchaus für möglich gehalten wurden.[104] Nachfragen bei involvierten deutschen, amerikanischen und Kontaktstellen der IAEO lieferten zwar keine Hinweise auf offizieller Ebene, aber die Sowjetunion sei im Bezug auf das Kattara-Vorhaben auf dem Laufenden und befürworte es, so die westdeutsche Einschätzung aus Wien.[105] Das Ernstnehmen dieses Gerüchtes deutet darauf hin, dass in diesem Fall eine latente Konkurrenzgefahr durch die Sowjetunion im bundesdeutschen Bewusstsein verankert war.

Darüber hinaus geriet die bundesdeutsche Seite durch den Rückzieher der USA in das Dilemma, möglicherweise die für die Vorstudie zusätzlich benötigten

101 Schreiben von Ref. 310 an D3, betr. „Gespräch mit UStS Atherton“, Bonn 24.9.1976, PA AA, B 36 – 310 (ZA), Bd. 108.719.

102 Schreiben von Böker (Ref. 310) an die Ständige Vertretung bei den Internationalen Organisationen Wien, betr. „TH-Studie Kattara-Senke (Ägypten)“, Bonn 4.1.1977, PA AA, B 36 – 310 (ZA), Bd. 124.999.

103 Ebda.

104 Schreiben von der Ständigen Vertretung der Bundesrepublik Deutschland bei den internationalen Organisationen Wien an das Auswärtige Amt, betr. „IAEO; Friedliche Kernsprengungen“, Wien 1.2.1977, PA AA, B 36 – 310 (ZA), Bd. 124.999.

105 Ebda.

20 Mio. DM verweigern zu wollen, obwohl Bundesentwicklungsminister Bahr pauschal eingewilligt hatte, derartige Ausgaben zu tragen, sodass das Auswärtige Amt darauf drängte: Es „[...] müsste hier eine eindeutige Aussage der Amerikaner herbeigeführt werden, die die Bundesrepublik nicht mit der Verantwortung für eine eventuelle Einstellung der Studie belastet."[106] Hier offenbart sich die Abhängigkeit von den USA, durch die im Ernstfall für die Bundesregierung alle an den Erfolg der Entwicklungspolitik geknüpften Politikbereiche aufs Spiel gesetzt werden.

5.2 Bilaterales Krisenmanagement

Um vor dem Hintergrund der veränderten Sachlage die Sinnhaftigkeit einer möglichen Fortsetzung der Lahmeyer-Studie zu prüfen, fertigte die Kreditanstalt für Wiederaufbau (KfW) Anfang 1977 einen Fortschrittskontrollbericht an.[107] Dieser kam zu dem Schluss, dass allein für die vor Baubeginn noch notwendigen, über die Studie hinausgehenden, Analysen schätzungsweise weitere 100 Mio. DM investiert werden müssten.[108]

Die Atomsprengungen, die von der Lahmeyer-Studie als „beherrschbar" eingestuft wurden, bewertete die KfW hinsichtlich der Folgen aus entstehenden Beben und bezüglich des radioaktiven Fallouts kritischer.[109] Überdies bestand für die KfW bezüglich der Atomsprengungen eine entscheidende und unüberwindbare Hürde für das Projekt in deren völkerrechtlichen Durchsetzbarkeit, was weniger die IAEO, als vornehmlich die US-amerikanische Regierung als Argument anführte.[110]

Es gäbe aber ohnehin geeignetere Varianten zur Befriedigung des ägyptischen Strombedarfs, so die KfW, und nannte als die bessere Alternative beispielsweise eine Investition in den Assuan-Komplex.[111] Das Konzept für die sogenannte

---

106 Schreiben von Ref. 310 an D3, betr. „Gespräch mit UStS Atherton", Bonn 24.9.1976, PA AA, B 36–310 (ZA), Bd. 108.719.

107 Fortschrittskontrollbericht der KfW über die Kattara-Studie an BMZ und Auswärtiges Amt, Frankfurt 2.2.1977, PA AA, B 36–310 (ZA), Bd. 124.999, S. 1.

108 Ebda., S. 5.

109 Ebda., S. 16–17.

110 Ebda., S. 17.

111 Fortschrittskontrollbericht der KfW über die Kattara-Studie an BMZ und Auswärtiges Amt, Frankfurt 2.2.1977, PA AA, B 36–310 (ZA), Bd. 124.999, S. 12., siehe speziell zum Assuan-Komplex: Ebda. S. 21. Um die notwendige Ausweitung der Investitionskosten ökonomisch auszugleichen, hatte die Arbeitsgemeinschaft um die Lahmeyer GmbH die Projektplanung im Vergleich zu Prof.

„Mehrzwecknutzung" zusätzlich zur reinen Stromgewinnung „in den Bereichen Landwirtschaft, Industrie und Infrastruktur", das ein niederländisches Ingenieurbüro für das Projekt erstellen sollte, war bis 1976 weder begonnen worden, noch erkannte die KfW hierin einen Mehrwert.[112]

In den Ausführungen der KfW zeigt sich, dass Infrastrukturvorhaben, da sie an greifbaren Objekten festgemacht werden und aufgrund der „repräsentative[n] Inanspruchnahme [...] als sichtbare Symbole von Macht"[113], auch allgemein eine mess- und vergleichbare Substanz haben. Auf dieser Basis war das Entwicklungsprojekt „Kattara" über kurz oder lang der Entscheidung darüber ausgesetzt, ob bzw. wie es konkretisiert wird. Denn als „(Re-)Produktionsfaktoren von Machtverhältnissen [...]" geben sie der damit verbundenen Macht eine Gegenständlichkeit sowie eine konkret greifbare Gegenwärtigkeit und haben so diesbezüglich eine „Indikatorfunktion".[114] Damit einher geht auch, dass „Infrastrukturen *[..] zur Aushandlung von Machtverhältnissen [zwingen]*, etwa im Zusammenspiel von Planungsbehörden, Versorgungsunternehmen und Politik."[115] Dieser Zwang drückte sich beispielsweise bereits in der gesehenen Notwendigkeit eines KfW-Fortschrittskontrollberichts aus und er wurde noch dadurch potenziert, dass die politischen Akteure wohl kaum umhin kamen, ihre Entscheidungen in irgendeine Beziehung zu den Einschätzungen der KfW zu setzen. Dies steht im Bezug zu der von Engels und Schenk beschriebenen „Deutungsmacht", die sowohl „materiell" als auch in „Diskursen" öffentlich gezeigt beziehungsweise manifestiert werden kann.[116] Also muss immer ein Mindestmaß an Positionierung preisgegeben werden.

Die KfW gab für das Kattara-Vorhaben schliesslich eine vernichtende Empfehlung: „Das Projekt nach der neuen Konzeption sollte [...] aus wirtschaftlicher Sicht allenfalls im nächsten Jahrhundert realisiert werden."[117] Folglich entbehrte auch die Fortsetzung der Durchführbarkeitsstudie aus Sicht der KfW jeder Berechtigung, zumal sie „zwar gegebenenfalls die Argumente gegen das Projekt untermauern [...] jedoch die Durchführbarkeit des Vorhabens nicht mit Sicherheit

---

Basslers Studie so angepasst, dass das Kraftwerk mit 5.300 MW die 4,5-fache Housernte liefern würde, siehe dazu ebda. , S. 7–8, 17.

112 Ebda., S. 3, 8, zum Mehrwert siehe ebda. S. 18.

113 *Engels/Schenk*, Infrastrukturen, S. 24, Zitat S. 51.

114 Ebda., S. 26, 50–51, Zitate S. 51.

115 Ebda., S. 24 [Hervorhebung im Original]

116 Ebda., S. 55.

117 Fortschrittskontrollbericht der KfW über die Kattara-Studie an BMZ und Auswärtiges Amt, Frankfurt 2.2.1977, PA AA, B 36–310 (ZA), Bd. 124.999, S. 12.

nachweisen könnte."[118] Wie sollten die bundesdeutschen Regierungsvertreter mit einer solchen Expertise umgehen? Rechneten sie mit der Einsichtigkeit der ägyptischen Seite und wagten einen Projektstopp?

Der Einschätzung der KfW schloss sich unter anderem das BMZ an.[119] Als politische Entscheidungsträger versuchten die Verantwortlichen jedoch von folgendem Effekt zu profitieren: Trotz des durch Infrastrukturen provozierten Drucks notwendigerweise einen Status Quo auszumachen und des entstehenden Offenbarungszwangs, gibt es dennoch auf dem politischen Feld der Entwicklungspolitik hinter dieser Sichtbarkeit auch Möglichkeiten, „*Machtansprüche* [*zu kaschieren*], wenn mit ihnen begründete – tatsächliche oder vermeintliche – ‚Sachzwänge' an die Stelle politischer Kontroversen treten."[120]

Der Lösungsvorschlag beziehungsweise der Ausweg für das Kattara-Vorhaben sah in dieser Hinsicht wie folgt aus: Winfried Böll vom BMZ bot aufgrund „des hohe[n] politischen Stellenwert[s]", die dem Kattara-Großvorhaben durch Regierungsmitglieder des Partnerlandes zugeschrieben wurde, den folgenden Kompromiss an: Die Studie sollte für ein Jahrzehnt ruhen, um darüber anschließend anhand der Kriterien „Energienachfrage in Ägypten", „Erdölpreisentwicklung" und dem „inzwischen eingetretenen Technologiestand[]" neu zu entscheiden.[121] Das Auswärtige Amt wollte gegenüber der ägyptischen Führungsspitze auf dieser Linie argumentieren, denn: „Die Aussetzung – statt eines völligen Abbruchs – sollte es ermöglichen, eine politische Verstimmung zu vermeiden."[122]

Diese scheinbar erfolgversprechende Strategie, zunächst einmal Zeit zu gewinnen, wurde jedoch von ägyptischer Seite offensichtlich rasch unterlaufen und schließlich zunichte gemacht. Hintergrund war die „aeusserst verstimmt[e]" ägyptische Reaktion im Bezug auf den KfW-Bericht: „Vizepremier [...] Sultan betonte, das Projekt sie [sic!] sowohl fuer Aegypten als auch fuer bilaterale Beziehungen zu uns von grosser politischer Bedeutung." [123] Sultan versuchte hier, die Umsetzung des entwicklungspolitischen Projektes als ein Gradmesser für die bilateralen Beziehungen zum eigenen Vorteil auszunutzen. Das ägyptische „Board

---

118 Ebda., S. 20.

119 Schreiben von Winfried Böll (BMZ) an das Auswärtige Amt (Lahn), betr. „Kattara-Studie Ägypten", Bonn 28.3.1977, PA AA, B 36–310 (ZA), Bd. 124.999.

120 *Engels/Schenk*, Infrastrukturen, S. 24, 52, Zitat S. 24.

121 Schreiben von Winfried Böll (BMZ) an Lahn (AA), betr. „Kattara-Studie Ägypten", Bonn 28.3.1977, PA AA, B 36–310 (ZA), Bd. 124.999.

122 Schreiben von Jesser (AA) an Böll (BMZ), betr. „Kattara-Studie Ägypten", Bonn, 30.3.1977, PA AA, B 36–310 (ZA), Bd. 124.999.

123 Fernschreiben von Botschafter Steltzer an das Auswärtige Amt, betr. „Kattara-Projekt", Kairo 13.4.1977, PA AA, B 36–310 (ZA), Bd. 124.999. [Unterstreichung im Original handschriftlich und alles in Großbuchstaben]

of Advisers (BOA)“ beanstandete den „KfW-Zwischenbericht“ schließlich auf inhaltlicher Ebene, die „KfW habe vielfach unsichere Annahmen zugrunde gelegt und ueber Feasibility des Projekts voreilige Schluesse gezogen.“[124]

Die bundesdeutschen Akteure gerieten damit unter Zugzwang. Bundeskanzler Schmidt übermittelte dem ägyptischen Premier Mahmud Salem im März 1978 nach der Interpretation von bundesdeutschen Stellen schließlich in einem Brief die Absage einer bundesdeutschen Mitwirkung am Kattara-Projekt.[125] Allerdings wird dessen Inhalt mit kritischem Unterton auch als „verklausuliert“ bezeichnet.[126] Tatsächlich enthält der Brief dem Wortlaut nach keineswegs eine Absage, sondern konträr zu dieser Linie wurden sogar zusätzliche 7 Mio. DM Kapitalhilfe für den Abschluss der Studie bestätigt.[127] Entscheidend für das weitere Konfliktmanagement waren letztendlich die inhaltliche Interpretation und die Reaktion der ägyptischen Seite. Schließlich unterliegt die Implementierung von Infrastrukturvorhaben der „Deutungsmacht“ der Akteure, die Machtverschiebungen ermöglicht, etwa „durch das Beschwören einer Bedürfnisstruktur“ beziehungsweise wenn über deren entwicklungspolitische Unverzichtbarkeit gestritten wird.[128] Obwohl die Verfügungsgewalt über das know how den deutschen Akteuren einen Machtvorteil bieten konnte,[129] durfte die Einflussmacht des Nehmerlandes Ägyptens folglich nicht unterschätzt werden.

124 Fernschreiben von Botschafter Steltzer an das Auswärtige Amt, betr. „Feasibility Studie Kattara“, Kairo 17.3.1977, PA AA, B 36–310 (ZA), Bd. 124.999. [Unterstreichung im Original handschriftlich und alles in Großbuchstaben]

125 Schreiben von Abt. 3 an Staatssekretär, betr. „Kattara-Projekt, Ägypten“, Bonn 11.12.1980, PA AA, B 36–310 (ZA), Bd. 124.999.

126 Ergänzende Bemerkung zum Fernschreiben von Botschafter Hille an das Auswärtige Amt, betr.: „Rede Sadats vor Volksversammlung und neuem Shura-Rat“, Kairo 3.11.1980, PA AA, B 36–310 (ZA), Bd. 124.999.

127 Schreiben des Bundeskanzlers an Ministerpräsident Salem, Bonn 3.1978, hier als Anlage zum Schreiben von der Abt. 3 an den Staatssekretär, betr. „Kattara-Projekt, Ägypten“, Bonn 11.12. 1980, PA AA, B 36–310 (ZA), Bd. 124.999. Der Brief enthält nur die Anregung an die ägyptische Seite, das Kattara-Vorhaben nochmals auf die Probe zu stellen, die womöglich zuungunsten des Projektes ausfallen würde.

128 *Engels/Schenk*, Infrastrukturen, S. 55. Siehe ähnlich *van Laak*, Infra-Strukturgeschichte, S. 386–387.

129 im Bezug auf „Experten“: *Förster/Bauch*, Wasserinfrastrukturen, S. 12.

5.3 Die ägyptische „Kampagne“[130] für das Kattara-Projekt

„Die aegyptische Regierung betreibt systematisch eine Kampagne zur Vorbereitung der Oeffentlichkeit auf den Baubeginn für das Kattara-Kraftwerkprojekt.“[131], berichtete die deutsche Botschaft Kairo Anfang 1980. Diese „systematische Propaganda“ gipfelte schließlich Endes des Jahres in einer als „historisch“ stilisierten Ansprache Sadats, in der dieser behauptete, der Projektstart des mit der Relevanz von Assuan vergleichbaren Kattara-Projektes stehe kurz bevor und andeutete, dieses werde in Kooperation mit der Bundesrepublik verwirklicht.[132] Über die reine Kraftwerksleistung hinaus benannte die ägyptische Seite zusätzlich zu Basslers ergänzenden Entwicklungen aus dem Kattara-Projekt eine aus dem Salzsee entstehende Fischereiindustrie und eine mögliche Entdeckung von Öl.[133] Nach ägyptischen Vorstellungen sollten darüber hinaus die Wüste durch Bewässerung, vorrangig im „Neuen Tal“, bewohnbar gemacht und sogar ganze Stadtneugründungen ermöglicht werden.[134] Aus diesen ägyptischen Entwürfen schloss Botschafter Hille: „Diese phantastischen Darstellungen unterstreichen, dass zur Zeit ein sachbezogenes Gespräch ueber das Projekt kaum moeglich sein wird“ und er verwies auf folgende Gesamtzusammenhänge: „Die [..] wachgerufenen Hoffnungen auf neues Industrie- und Siedlungsland verknuepfen sich mit der Kenntnis um die deutsche Kattara-Studie zu der mitschwingenden Erwartung auf deutsche Beteiligung. Der Praesident hat dies offen ausgesprochen. Damit besteht die Gefahr, dass dieses neue Mammutprojek, groesser als der Assuan-Staudamm, mit dem Prestige des Staatspräsidenten verbunden wird und sich in unseren Beziehungen zu einem Politikum entwickeln koennte.“[135]

Die deutschen Akteure wurden weiter in die Enge getrieben, als Sadat vor dem ägyptischen Kabinett seine Einwilligung zum „Startschuss“ des „Nationale[n] Projekt[es]“ Kattara gab, was für ihn explizit beinhaltete, als nächstes mit deutschen Stellen auf Fühlungnahme zwecks Umsetzung und Kapitalakquise zu

---

130 Fernschreiben vermutl. von der Botschaft an das Auswärtige Amt, betr. „Kattara-Projekt“, Kairo 11.2.1980, PA AA, B 36–310 (ZA), Bd. 124.999. [Im Original Zitat in Großbuchstaben]

131 Ebda.

132 Fernschreiben Botschafter Hille an das Auswärtige Amt, betr. „Rede Sadats vor Volksversammlung und neuem Shura-Rat“, Kairo 3.11.1980, PA AA, B 36–310 (ZA), Bd. 124.999. [Im Original alles in Großbuchstaben]

133 Fernschreiben von Botschafter Hille an das Auswärtige Amt, betr. „Ägyptisches Kattara-Projekt“, Kairo 26.11.1980, PA AA, B 36–310 (ZA), Bd. 124.999.

134 Ebda.

135 Fernschreiben von Botschafter Hille an das Auswärtige Amt, betr. „Ägyptisches Kattara-Projekt“, Kairo 26.11.1980, PA AA, B 36–310 (ZA), Bd. 124.999. [Zitate im Original in Großbuchstaben.]

gehen.[136] In der Tat drängte die ägyptische Seite auf eine schnelle Rückmeldung der Bundesregierung hinsichtlich ihrer Mitwirkung an der Projektumsetzung, um anschließend weitere Partner einzubeziehen.[137] Mittlerweile befürchtete das Auswärtige Amt sogar, dass es Präsident Sadats Intention war, „sich mit dem Kattara-Projekt ein Denkmal setzten zu können“, weshalb bei einer Absage gravierende politische Auswirkungen erwartet wurden.[138] Dieser durch Ägypten provozierte Entscheidungszwang regte die bundesdeutsche Seite noch vor der endgültigen Entscheidungsfindung zur Ursachenforschung an. Das Auswärtige Amt räumte ein, dass die ägyptischen „Fehldeutungen“ wohl auch dadurch einen Nährboden erhalten hätten, dass parallel zu der bundesdeutschen Positionierung gegen das Projekt eine Freisetzung von weiteren 7 Mio. DM Kapital–hilfe für die Beendigung der Studie erfolgt waren.[139] Aber dieses Vorgehen konnte nicht revidiert werden und die Bundesregierung war nun endgültig genötigt, sich auf eine klare Linie festzulegen und Position zu beziehen. Der bundesdeutsche Botschafter Hille erteilte somit Ende 1980 der deutschen Weiterführung der Vorstudie eine Absage mit der Begründung, dass keine Anhaltspunkte vorlägen, die neue Erkenntnisse liefern könnten und weitete die deutsche Zurückweisung sogar unmissverständlich mit Rückendeckung Außenminister Genschers noch auf die gesamte Projektdurchführung aus.[140]

Wie war die Resonanz der ägyptischen Seite, für die das Kattara-Projekt in den Worten des Energieministers Abaza „eine Frage von Leben und Tod“ sei? Seiner Auskunft nach existierte bereits folgender „Plan B“: Die bisherigen Untersuchungen sollte eine schwedische Studie vollenden, um das Projekt anschließend durch noch zu entdeckendes Öl selbst zu realisieren.[141] Über Vorhaltungen an die bundesdeutschen Regierungsstellen berichtete der Botschafter im Bezug auf sein Gespräch mit Minister Abaza nicht, stattdessen hatte allein die

---

136 Fernschreiben Richter an das Auswärtige Amt, betr. „Ägyptisches Kattara-Projekt“, Kairo 1.12.1980“, PA AA, B 36 – 310 (ZA), Bd. 124.999. [Zitat im Original in Großbuchstaben.]

137 Fernschreiben von Richter an das Auswärtige Amt, betr. „Ägyptisches Quattara-Projekt“, Kairo 9.12.1980, PA AA, B 36 – 310 (ZA), Bd. 124.999.

138 Schreiben von Abt. 3 an Staatssekretär, betr. „Kattara-Projekt, Ägypten“, Bonn 11.12.1980, PA AA, B 36 – 310 (ZA), Bd. 124.999.

139 Ebda.

140 Brief von Botschafter Hille an Abaza (Minister of Power and Energy in Egypt), Kairo 27.12. 1980, Anlage zur Büronotiz der Botschaft der Bundesrepublik, betr. „Kattara-Studie und Projekt“, Kairo 6.1.1981, PA AA, B 36 – 310 (ZA), Bd. 135.674.

141 Fernschreiben von Botschafter Hille an das Auswärtige Amt, betr. „Quattara-Studie und Projekt“, Kairo 6.1.1981, PA AA, B 36 – 310 (ZA), Bd. 135.674.

KfW den Zorn des ägyptischen Partners auf sich gezogen, denn, „sie habe die Bundesregierung schlecht und unfair beraten.“[142]

6 Fazit und Ausblick

Bei der „*Aushandlung von Machtbereichen*“[143] zwischen ägyptischer und bundesdeutscher Seite wurden Machtfragen aufgeworfen, weil die Durchführung der bundesdeutschen Planungen zum Kattara-Projekt an entscheidenden Stellen von anderen Akteuren abhängig war. Die Abhängigkeit von den USA war auch durch den Kalten Krieg bedingt, da sie neben der multilateralen Kostenverteilung vornehmlich die Atomsprengungen betraf, die allein mithilfe der Großmächte hätten realisiert werden können.[144] Einerseits war darin ein Risikofaktor angelegt, dass die bundesdeutschen Planungen zum Kattara-Vorhaben im Bezug auf die Umsetzung nicht in der eigenen Macht standen.

Andererseits bestand hierdurch ursprünglich auch die Chance, Verantwortung für eben diese Risikofaktoren zusammen mit der Umsetzung abzugeben oder wenigstens zu teilen.[145] Deshalb existierte durch die Art des Engagements einer reinen Planungstätigkeit zunächst für die Bundesregierung scheinbar vorrangig die Möglichkeit, nur von den „Gelegenheiten zur Machtausübung“[146] profitieren zu können. Diese wurden, wie oben dargelegt, durch die Eigenschaft der Entwicklungspolitik, „Querschnittsaufgabe“[147] zu sein, konkret durch das breite Inhaltsspektrum der bundesdeutsch-ägyptischen Kommission, auf andere, über die Entwicklungspolitik hinausreichende Gebiete der Wirtschafts- und Rohstoffpoli-

---

142 Fernschreiben von Botschafter Hille an das Auswärtige Amt, betr. „Quattara-Studie und Projekt“, Kairo 6.1.1981, PA AA, B 36 – 310 (ZA), Bd. 135.674. [Zitat im Original in Großbuchstaben]
143 *Engels/Schenk*, Infrastrukturen, S. 24.
144 Siehe hier beispielsweise zu „technischen Gründen“ bezüglich der Atomsprengungen: Schreiben von Herzog (BMZ) an das Auswärtige Amt, betr. „Technische Hilfe für Ägypten“, Bonn 2.5.1973, PA AA, B 36 – 310 (ZA), Bd. 104.694 und zu „Völkerrechtsproblemen“: Fortschrittskontrollbericht der KfW an BMZ und Auswärtiges Amt, Frankfurt 2.2.1977, PA AA, B 36 – 310 (ZA), Bd. 124.999, S 17. Zum Rückzug der USA: Schreiben von 310 an D3, betr. „Gespräch mit UStS Atherton“ Bonn 24.9.1976, PA AA, B 36 – 310 (ZA), Bd. 108.719. Die „Ölmilliarden“ werden erwähnt im Bericht über die „entwicklungspolitischen Beziehungen zur Arabischen Republik Ägypten“, Bonn 18.3.1974, Anlage zum Schreiben von Herzog (BMZ) an das Auswärtige Amt, betr. „Entwicklungshilfe für Ägypten“ Bonn, 22.3.1974, PA AA, B 36 – 310 (ZA), Bd. 104.663.
145 Siehe hierfür zum Beispiel Anmerkungen 61 und 106.
146 Aufbauend auf dem „Koevolutionsbegriff“ von Eric van der Vleuten: *Engels/Schenk*, Infrastrukturen, S. 47.
147 *Ihne/Wilhelm*, Grundlagen, S. 5.

tik sowie der Europa- und Nahostpolitik, erweitert. Der deutsch-ägyptischen Kommission wurde für die gesamten deutsch-ägyptischen Beziehungen ein hoher Stellenwert zugeschrieben.[148] Dies sprang bei der konstituierenden Sitzung auf das Prestige-Projekt Kattara über und dessen Gelingen wurde auch hierdurch in gewisser Hinsicht früh mit den Beziehungen vernetzt.

Aus der Retrospektive erwies sich dieses vielfältige Gewinnpotential des Kattara-Projektes und in dem Zusammenhang auch der deutsch-ägyptischen Kommission, zugleich auch als ein riskanter und hoher Einsatz. Von dem Phänomen, dass Infrastrukturvorhaben unter anderem aufgrund ihres physischen Anteils Pfadabhängigkeiten erzeugen und dadurch Akteure in die Enge getrieben werden können,[149] waren auch die bundesdeutschen Akteure beim Kattara-Projekt auf eine spezielle Art und Weise, nämlich durch die ägyptische Interpretation, betroffen. Denn in dem Moment, in dem die ägyptische Seite die Planungstätigkeit zum Anlass nahm, nun die bundesdeutsche Seite indirekt auch für die Realisierung in die Pflicht zu nehmen,[150] waren die politischen Beziehungen[151] und damit die an die Entwicklungspolitik geknüpften Interessengebiete der BRD bedroht. Die Bundesregierung war deshalb der „Deutungsmacht“[152] der ägyptischen Regierung weitestgehend (freiwillig) unterworfen. Die ägyptische Seite nutzte schließlich die Anschuldigung, die KfW habe „die Bundesregierung schlecht und unfair beraten“[153], um den Machtpoker für die Regierungen gesichtswahrend zu entschärfen. Die KfW musste als Sündenbock herhalten, da die ägyptischen Akteure wohl auch kein Interesse an einer ernsthaften Belastung der bilateralen Beziehungen hatten.

148 Siehe z. B.: Schreiben von Weiss an D4, betr. „2. Sitzung der deutsch-ägyptischen Regierungskommission für Entwicklung und Wiederaufbau“, Bonn 27.3.1975, PA AA, B 36 – 310 (ZA), Bd. 104.690 und „Stichworte für Presse-Hintergrundgespräche“ von Dr. Redies (Abt. 310), betr. „Deutsch-ägyptische Regierungskommission für Entwicklung und Wiederaufbau“, Bonn 1.7.1974, PA AA, B 36 – 310 (ZA), Bd. 104.673.

149 *Engels/Schenk*, Infrastrukturen, S. 48, siehe auch S. 24.

150 Z. B. Fernschreiben von Botschafter Hille an das Auswärtige Amt, betr. „Rede Sadats vor Volksversammlung und neuem Shura-Rat“, Kairo 3.11.1980, PA AA, B 36 – 310 (ZA), Bd. 124.999 und Fernschreiben von Richter an das Auswärtige Amt, betr. „Ägyptisches Kattara-Projekt“, Kairo 1.12.1980, PA AA, B 36 – 310 (ZA), Bd. 124.999.

151 Schreiben von Jesser (AA) an Böll (BMZ), betr. „Kattara-Studie Ägypten“, Bonn 30.3.1977, PA AA, B 36 – 310 (ZA), Bd. 124.999 und Fernschreiben von Botschafter Hille an das Auswärtige Amt, betr. „Ägyptisches Kattara-Projekt“, Kairo 26.11.1980, PA AA, B 36 – 310 (ZA), Bd. 124.999.

152 *Engels/Schenk*, Infrastrukturen, S. 55.

153 Fernschreiben von Botschafter Hille an das Auswärtige Amt, betr. „FZ Ägypten“, Kairo 6.1.1981, PA AA, B 36 – 310 (ZA), Bd. 135.674. [Im Original in Großbuchstaben]

Der Rückzug der USA war sicherlich die entscheidende Orientierungshilfe für die Bundesregierung, um bei der Projektfortführung die Notbremse zu ziehen, da im Falle eines späten Scheiterns letztendlich auch das internationale Renommee gelitten hätte.

Im Bezug auf das internationale Renommee konnte das Auswärtige Amt hinsichtlich der deutsch-ägyptischen Kommission folgende Bilanz ziehen: Bereits 1975 hatten als Folge der deutsch-ägyptischen Initiative unter anderem Frankreich, England und sogar die USA ebenfalls derartige Gremien ins Leben gerufen.[154] Das westdeutsche Urteil über die eigene „deutsch-ägyptische Kommission" fiel dennoch vernichtend aus, da „[o]hne den Erfolgsdruck" die Kapitalhilfe wohl kaum derart üppig ausgefallen wäre und diese Maßstäbe wiederum einen „Erfolgszwang" für zukünftige Sitzungen erzeugten.[155]

Ende der 1970er Jahre, nach Ägyptens Ausscheiden aus der Arabischen Liga als Folge des ägyptisch-israelischen Friedensvertrages,[156] verkleinerte sich in logischer Konsequenz Ägyptens politischer Einflussradius auch zu Ungunsten der Bundesrepublik und die Frage ist, ob Ägypten dadurch für die Bundesregierung entwicklungspolitisch weniger attraktiv wurde. Die bundesrepublikanischen Akteure hielten jedoch unvermindert an Entwicklungszuwendungen für Ägypten als „Eckpfeiler nahöstlicher Friedenspolitik" fest, auch weil sie in der Zukunft erwarteten, für die deutsch-ägyptischen Beziehungen unter anderem dadurch zu profitieren, dass „Ägypten seine natürliche Führungsrolle in der arabischen Welt wieder ausüben kann."[157]

---

154 Schreiben von Lahn (Abt. 3) an Bundesminister Genscher, betr. „Israelischer Vorschlag einer gemischten Regierungskommission", Bonn 22.10.1975, PA AA, B 36–310 (ZA), Bd. 104.790.

155 Ebda.

156 *Weingardt*, Deutsche Israel- und Nahostpolitik, S. 256.

157 Sprechzettel zum Besuch BM Dr. Warnke in Ägypten (21.-26.3.1984), Anlage zum Schreiben von Unleserlich an D3, betr. „Sitzung des Auswärtigen Ausschusses am 4.4.1984", Bonn 3.4.1984, PA AA, B 36–310 (ZA), Bd. 135.737.

Stefanie van de Kerkhof

Rüstungsexporte in Spannungsgebiete

Die Außenwirtschaftsbeziehungen westdeutscher Waffenhersteller zum Nahen Osten

Im Jahre 1975 erschütterte die erste Affäre um die Lieferung von Schützenpanzern des Typs „Marder" nach Saudi-Arabien die Bundesrepublik Deutschland (BRD).[1] Als eine der absoluten Monarchien des Nahen Ostens lag das Land eindeutig in einem so genannten „Spannungsgebiet", einer Region mit erhöhter Intensität an gewaltsamen Konflikten oder Kriegen. Nachdem der Waffenexport v. a. wegen gesetzlicher Barrieren und Bedenken für die Sicherheit Israels gescheitert war, wurde nur sechs Jahre später diskutiert, hochmodern ausgerüstete Kampfpanzer des Typs „Leopard II" an Saudi-Arabien zu liefern. Dies führte nach dem Politikwissenschaftler Hartwig Hummel sogar zu Modifikationen der gesetzlichen Rüstungsexportgrundsätze. Nach mehrfachen Bundestagsdebatten über eine verstärkte Rüstungszusammenarbeit mit dem Golfstaat wurde schließlich nach der christlichen-liberalen „Wende" 1983 ein Kommuniqué über verstärkte Rüstungszusammenarbeit verabschiedet.[2] Doch konkrete Projekte, die schon zuvor geplant waren, verzögerten sich letztlich immer weiter.[3] Doch wie kam es dazu? Welche gesetzlichen Restriktionen boten eine Grundlage für diese Problematik? Und welche Entwicklungen nahmen einzelne Exportprojekte? Welche Rolle spielten die Interessen der beteiligten Unternehmen und wie versuchten sie, ihren Absatz bei problematischen Außenwirtschaftsbeziehungen zu Ländern wie Saudi-Arabien zu gestalten? Welche Strategien verfolgten sie dabei? Diesen Fragen nach einem Sonderfall der bundesdeutschen Außenwirtschaftsbeziehungen im Kalten Krieg soll im Folgenden in drei Teilen nachgegangen werden. Zunächst werden die problematischen Absatzbedingungen in Staaten, die als „Spannungsgebiete" bezeichnet wurden, in ihrer politischen, handels- und völkerrechtlichen Dimen-

---

1 *H. Hummel*, Rüstungsexportbeschränkungen in Japan und der Bundesrepublik Deutschland, Hamburg/Münster 1991, S. 270.

2 Ebda. Vgl. *K. Becker*, Leo II an die erste Ölmacht? Zur Vorgeschichte einer umstrittenen Frage, in: Die Zeit 41, 1983 (7.10.1983); *H. Pfeiffer*, Rüstungsdeal mit Saudi-Arabien. Kritik an Panzer-Export. Die Opposition fordert, den Verkauf von Kampfpanzern an Saudi-Arabien zu stoppen. Die Regierung schweigt und verweist auf die Geheimhaltungsregel, in: Die taz vom 4.7.2011. Zur „Wende": *A. Wirsching*, Die mediale „Konstruktion" der Politik und die „Wende" von 1982/83, in: Historisch-Politische Mitteilungen 9, 2002, S. 127–140.

3 Wofür möglicherweise auch die israelische Politik maßgeblich war. Siehe Ebda und Hummel, Rüstungsexportbeschränkungen, S. 271.

https://doi.org/10.1515/9783110541120-005

sion kurz dargelegt. In einem nächsten Schritt soll ein konkretes Rüstungsprojekt dargestellt werden und die Problematik der Außenwirtschaftsbeziehungen detaillierter auf unternehmenshistorischer Ebene fokussiert werden. Schließlich werden die Ergebnisse dieser beiden Analyseschritte in einem dritten Teil zusammengeführt und in den Kontext des Kalten Krieges und der Außenwirtschaftsbeziehungen eingeordnet.[4] Dabei wird deutlich, dass Außenwirtschaftsbeziehungen nicht nur historischem Wandel unterliegen, sondern auch einzelne Güter hinsichtlich ihrer Relevanz und Spezifik besondere Merkmale ausprägen.

1 Absatzbedingungen von Waffen in „Spannungsgebiete"

Rüstungsgüter sind sehr spezifische Investitionsgüter, die sich noch weiter untergliedern lassen in Waffen und Munition, Ersatzteile und Zubehör, generelle Lieferungen an das Militär z. B. Kraftfahrzeuge und LKW, aber auch Großwaffensysteme wie Bomber, Panzer und Kriegsschiffe. Dass die BRD bis in die Gegenwart zum drittgrößten Waffenexporteur der Welt aufsteigen konnte, ist nicht selbstverständlich.[5] Denn nach dem Ende des Zweiten Weltkriegs verhängten die alliierten Siegermächte in allen Zonen harte Verbote der Rüstungsproduktion und -verbreitung, die nach der Gründung der BRD erst langsam bis in die 1980er Jahre gelockert und der souveränen Entscheidung der Regierung bzw. des Parlaments überlassen wurden. Seit dem Kriegsende 1945 galt ein striktes Ausfuhrverbot von Kriegswaffen, das später auf bestimmte Waffengattungen beschränkt wurde.[6] Zwar konnten leichte Waffen und Munition erst in den frühen 1960er Jahren auf gesetzlicher Grundlage exportiert werden, zuvor gestatteten Amerikaner und Briten jedoch die Ausfuhr aus der BRD im Zuge internationaler Militärhilfe-Projekte v. a. in Entwicklungsländer. Dabei stand der Aufbau loyaler politischer und militärischer Beziehungen im Vordergrund, die in der sich entwickelnden Sys-

---

4 Diese Studie beruht auf den Forschungen zu meiner Habilitationsschrift *S. van de Kerkhof*, Waffen und Sicherheit im Kalten Krieg. Das Marketing der westdeutschen Rüstungsindustrie, 1949 – 1990 (Beihefte Jahrbuch für Wirtschaftsgeschichte 20), Berlin 2018 (in Vorbereitung).

5 Vgl. Rüstungsexportbericht 2009, 2010; Rheinische Post vom 7. 12. 2011, „Deutschland exportiert deutlich mehr Waffen"; *H.-J. Leersch*, Deutsche Waffen für Nahost, in: Das Parlament, Nr. 13/14, 28. 3. 2011, S. 4.

6 *Herbert Wulf*, Waffenexport aus Deutschland. Geschäfte mit dem fernen Tod, Reinbek 1989, S. 80 und *U. Jäger/W. Schwegler-Rohmeis/W. Berger*, Rüstung ohne Grenzen? Die bundesdeutsche Rüstungsexportpolitik und die Militarisierung der Welt. Ein Hand- und Materialienbuch, Tübingen 1989, S. 25 ff.

temkonkurrenz zwischen USA und UdSSR bzw. NATO- und Warschauer Pakt-Staaten von entscheidender Bedeutung waren.[7]

Mit der Gründung der BRD und der weitgehenden Wiedererlangung völkerrechtlicher Souveränität wurden die geltenden Außenwirtschaftsbeziehungen in Bezug auf den Handel mit Waffen durch verschiedene gesetzliche und politische Grundlagen weiter verregelt. Neben das Grundgesetz traten noch das Kriegswaffenkontrollgesetz (KWGK) und das Außenwirtschaftsgesetz (AWG), die im Frühjahr 1961 als weitere Einschränkungen des Rüstungsexports beschlossen wurden.[8] Zuvor bestimmte der Grundgesetzartikel 26 „Verbot der Vorbereitung eines Angriffskrieges" genauer, dass „zur Kriegführung bestimmte Waffen ... nur mit Genehmigung der Bundesregierung hergestellt, befördert und in Verkehr gebracht werden" durften.[9]

Nach der Einführung des KWKG konnten Regierung, Ministerien und Behörden, die Produktion und den Handel mit Waffen und Munition kontrollieren und gemäß politischer, militärischer oder wirtschaftlicher Interessen regulieren. Waffenhersteller mussten demgemäß den Verkauf von „Kriegswaffen" sowohl innerhalb als auch außerhalb des Bundesgebietes genehmigen lassen.[10] Unternehmen konnten sich dabei an einer Kriegswaffenliste orientieren, die ständig aktualisiert alle „Gegenstände, Stoffe und Organismen" aufführte, die unter das Gesetz fielen.[11] Es bestanden aber einige Ausnahmen in der Anlage des KWKG, die etwa für die Bundeswehr, das Beschaffungsamt des Bundesministeriums des Innern, die Zollverwaltung oder Polizeibehörden galten, um ihnen den Verkehr und die Weitergabe von Waffen zu erleichtern bzw. zu ermöglichen.[12]

---

7 Vgl. *F. Schumacher*, Kalter Krieg und Propaganda. Die USA, der Kampf um die Weltmeinung und die ideelle Westbindung der Bundesrepublik Deutschland, 1945–1955, Trier 2000, zugl. Diss. Köln 1997. Zeitgenössisch: *H. Haftendorn*, Militärhilfe und Rüstungsexporte der BRD, Düsseldorf 1971 und *U. Albrecht/B. Sommer*, Deutsche Waffen für die dritte Welt. Militärhilfe und Entwicklungspolitik, Reinbek 1972. Vgl. *P. Karmann*, Militärhilfe der Bundesrepublik Deutschland in Afrika, München 1988.

8 Das KWGK wurde am 20. April 1961 verabschiedet und trat am 1. Juni 1961 in Kraft, siehe BGBl, I, S. 444. Das AWG wurde am 28. April 1961 verabschiedet und trat am 1. September 1961 in Kraft, siehe BGBl, I, S. 481, 495. Ausführlich Jäger u. a., Rüstung ohne Grenzen?, S. 35–43.

9 Hummel, Rüstungsexportbeschränkungen, S. 312 ff.

10 KWKG, § 2 Herstellung und Inverkehrbringen und § 4a Auslandsgeschäfte. § 6 Versagung der Genehmigung.

11 Hummel, Rüstungsexportbeschränkungen, S. 315. Vgl. *M. Brzoska*, Rüstungsexportpolitik. Lenkung, Kontrolle und Einschränkung bundesdeutscher Rüstungsexporte in die Dritte Welt, Frankfurt a.M. 1986, S. 112.

12 KWKG, § 5 Befreiungen. Vgl. auch § 15 Bundeswehr und andere Organe.

Weniger restriktive gesetzliche Barrieren galten auch für einzelne Waffengattungen und -typen wie Maschinengewehre (MG) mit Wasserkühlung, Vorkriegsmodelle von Maschinenpistolen (MP), Jagd- und Sportgewehre, die von der Genehmigungspflicht nach dem KWKG ausgenommen waren und dem AWG unterlagen. Dies zeigt auch die schwierige Abgrenzung der Ressortzuständigkeit beim Rüstungsexport. Die Genehmigungen nach KWKG wurden vom Bundesministerium für Wirtschaft (BMWi) überwacht, während für die Einfuhr, Ausfuhr und Durchfuhr das Bundesministerium der Finanzen und die von ihm bestimmten Zolldienststellen verantwortlich waren. Zudem musste die Ein- und Ausfuhr der Großwaffen noch dem Bundesamt für Wirtschaft und Ausfuhrkontrolle (BAFA) gemeldet werden, das wiederum dem BMWi unterstand.[13]

Schwierig gestaltete sich in Einzelfällen auch die Abgrenzung zum AWG, das weitere Regelungen für die internationalen Absatzmärkte der Rüstungsunternehmen traf. Zwar sollte es die Grundlagen legen für einen „freien Waren-, Dienstleistungs-, Kapital-, Zahlungs- und sonstige[n] Wirtschaftsverkehr mit fremden Wirtschaftsgebieten" (§ 1 AWG). Beschränkungen galten aber, wenn „die wesentlichen Sicherheitsinteressen" oder die „auswärtigen Beziehungen" der Bundesrepublik Deutschland" betroffen waren oder um „eine Störung des friedlichen Zusammenlebens der Völker zu verhüten" (§ 7). Festgelegt wurde auch durch eine wie beim KWKG jährlich aktualisierte Anlagenliste, welche Güter reguliert wurden, um den „Schutz der Sicherheit und der auswärtigen Interessen" zu gewährleisten. Durch die Aktualisierungen der Ein- und Ausfuhrliste in der Anlage, war eine Adaption der aufgelisteten Güter an den technischen Fortschritt möglich.[14]

Insgesamt waren diese Bestimmungen aber nicht geeignet, ein striktes Verbot von Rüstungsgütern außerhalb des Geltungsbereiches des KWKG durchzusetzen und den Unternehmen feste Handelsbarrieren zu setzen. Im Gegenteil, sie eröffneten Politik, Bürokratie und Wirtschaft durchaus große Spielräume. Dies galt auch für eine Erweiterung des KWKG, die das AWG im Bereich militärtechnologischen Know-hows vorsah. Es limitierte nämlich den Export von Konstruktionszeichnungen und Fertigungsunterlagen für Waffen und Kriegsgerät, „gewerbliche Schutzrechte, Erfindungen, Herstellungsverfahren und Erfahrungen" in der Produktion von Waffen. Im Bereich der Lizenzen für die Herstellung von Kriegswaffen, Teilen oder Munition waren im KWKG weder Barrieren noch Prü-

13 KWKG, Anlage Kriegswaffenliste.

14 Siehe AWG, Gesetzestext auch auf den Webseiten des Bundesministeriums der Justiz.

fungen vorgesehen worden, was Rüstungs-Kritiker als wenig restriktive Praxis ansahen.[15]

Neben diesen drei gesetzlichen Einschränkungen im Waffenhandel, die durch ihre Anlagen durchaus aktuellen Entwicklungen angepasst werden konnten, sah die Bundesregierung unter Kanzler Helmut Schmidt die Notwendigkeit, weitere Normen unterhalb der Gesetzesebene einzuführen. Um „Lieferungen in Spannungsgebiete" während der zweiten Hochphase des Kalten Krieges zu vermeiden, wurden 1971 die „Politischen Grundsätze der Bundesregierung für den Export von Kriegswaffen und sonstigen Rüstungsgütern", verabschiedet, die durch den Bundessicherheitsrat 1982 aktualisiert und weiter modifiziert wurden. Zudem schaffte dieses Gremium durch Grundsatzentscheidungen eine gewisse Normierung der Handelsregeln unterhalb gesetzlicher Festlegungen. Kritiker vermissten aber insbesondere eine Regelung, die den internationalen Waffenhandel über die NATO-Länder stärker begrenzte. Denn bei „der Ausfuhr von Kriegswaffen in Nato-Staaten oder ihnen gleichgestellte Länder wird deren Endverbleib beim Empfänger vorausgesetzt bzw. die politische Verantwortung an den Empfänger übertragen." Die Bundesregierung behalte sich nur vor, „darauf ‚hinzuwirken', dass bei Re-Exporten aus diesen Staaten das schriftliche Einverständnis der Bundesrepublik Teil der Ausfuhrvereinbarung sein kann, ein Einspruchsrecht gegen entsprechende Handlungen des Empfängers impliziert dies jedoch nicht. Lieferungen z. B. eines Lizenznehmers in Spannungsgebiete sind letztlich nicht zu verhindern." Eine indirekte Lieferung deutscher Waffen in Spannungsgebiete wurde dadurch möglich. Deutsche Rüstungsproduzenten konnten beispielsweise Waffen in die Niederlande und von dort aus weiter in den Nahen Osten exportieren bzw. exportieren lassen, ohne dass der Bundessicherheitsrat befasst worden wäre. Dies sorgt bis in die Gegenwart für anhaltende Diskussionen.[16]

Studien der Friedens- und Konfliktforschung kritisierten seit den 1980er Jahren daneben auch die Rolle der Bundesregierung bei der Finanzierung von Rüstungsexporten. Sie konnten finanziert durch Kredite und Bürgschaften des Bundes (v.a. über die Hermes-Bürgschaften) öffentlich nahezu unbemerkt vorgenommen werden. Seltener wurde dieses Mittel zur Regulierung der Exporte genutzt, da sich insbesondere das BMWi als Förderer der Exportwirtschaft verstanden habe. Großunternehmen wurden eher als Fördersubjekte gesehen denn

15 Anlage KWKG Kriegswaffenliste. Vgl. *B. Moltmann*, Rechtliche Normen für den deutschen Rüstungsexport: Stand – Antinomien – Optionen, in: A. Jenichen u.a. (Hg.), Rüstungstransfers und Menschenrechte. Geschäfte mit dem Tod, Münster 2002, S. 19–36.

16 Zum Beispiel der Hamburger Friedensforscher *H. J. Gießmann*, Die Regierung muss belegen, warum ein Waffenexport gewollt ist, in: Frankfurter Rundschau vom 1.12.1999.

als restriktiv zu behandelnde internationale Waffenhändler.[17] Ähnlich ist auch die Praxis der bundesdeutschen Militärhilfeprogramme zu sehen, die teils in Kooperation mit, teils aber auch in Konkurrenz zur Ausrüstungshilfe der USA und Großbritanniens erfolgte.[18] Diese Zusammenhänge zwischen politischen und wirtschaftlichen Interessen und damit die generelle Problematik der Außenwirtschaftsbeziehungen im Bereich des Waffenhandels lassen sich an einem konkreten Fallbeispiel genauer nachvollziehen.

2 Rüstungsprojekte im Nahen Osten aus unternehmenshistorischer Perspektive

Die Wurzeln politischer, wirtschaftlicher und militärischer Kooperation Deutschlands mit Akteuren im Nahen und Mittleren Osten liegen in den 1920er und 1930er Jahren begründet.[19] Die jüngste Studie des amerikanischen Historikers William Glenn Gray zum bundesdeutschen Waffenexport geht zwar davon aus, dass erst in den 1960er Jahren Waffen „in bescheidenem Maßstab" exportiert worden seien, und es später für „viele Journalisten und Parlamentarier ... ein Schock [gewesen sei], als sie feststellen mussten, dass sich Westdeutschland mit Waffenhandel befasste".[20] Im Gegensatz dazu lässt sich aber bereits seit Beginn der 1950er Jahre eine eigene Rüstungsproduktion und Waffenexport nachweisen, die sich auch in einer breiten kritischen Presseberichterstattung und Protesten der Bevölkerung niederschlugen.[21] Schon in den 1960er Jahren wurden erste Vorwürfe

---

17 Hummel, Rüstungsexportbeschränkungen, S. 316 f. Vgl. dazu auch insbesondere folgende Bestände des Auswärtigen Amts: B 14, B 23 und B 43.

18 *E. Conteh-Morgan*, Die US-Entwicklungshilfe während des Kalten Krieges, in: Greiner u. a. (Hg.), Ökonomie im Kalten Krieg, S. 63–81; *Q. Slobodian*, Foreign Front: Third World Politics in Sixties West Germany, Durham 2012; *H. Zimmermann*, Money and Security: Troops, Monetary Policy, and West Germany's Relations with the United States and Britain, 1950–1971, Cambridge 2002.

19 *S. Berggötz*, Nahostpolitik in der Ära Adenauer. Möglichkeiten und Grenzen 1949–1963 (Forschungen und Quellen zur Zeitgeschichte 33), Düsseldorf 1998, S. 35 ff.

20 *W. Gray*, Waffen aus Deutschland? Bundestag, Rüstungshilfe und Waffenexport 1961 bis 1975, in: VfZ 2, 2016, S. 327–364, hier 328.

21 Siehe etwa *o.V.*, Artikel „Rüstungsvorbereitung. Heißes Eisen", in: Der SPIEGEL 31/1950, S. 19–21; *o.V.*, „Couverture", in: Der SPIEGEL 3/1952, S. 3; *o.V.*, Wehrhoheit. Veröffentlicht wird nichts, in: Der SPIEGEL 37/1952, S. 5; *o.V.*, NATO-Waffenproduktion. Die Ruhr muß ran, in: Der SPIEGEL 5/1952, S. 16 f.; *o.V.*, Rüstung. Die Sparbüchse verstopft, in: Der SPIEGEL 43/1954, S. 8–13 und *o.V.*, Waffenproduktion. Die neuen Hoflieferanten, in: Der SPIEGEL 45/1956, S. 19–23. Zur Rüstungskritik der Bevölkerung: *D. Bald/W. Wette (Hg.)*, Alternativen zur Wiederbewaffnung,

unlauterer Rüstungsgeschäfte öffentlich, die in einem Untersuchungsausschuss des Bundestages mündeten.[22] Affären bis zur Mitte der 1970er Jahre drehten sich v.a. um die Ausweitung der Militärhilfe in Afrika z.B. an Nigeria bzw. Biafra und im Nahen Osten (z.B. an Algerien, Ägypten und Israel), die militärisch-nukleare Zusammenarbeit mit Südafrika und die Eindämmung privaten Handels mit Altwaffen aus dem Vietnamkrieg.[23] Saudi-Arabien hatte sogar schon 1955 eine eigene Fallschirmspringertruppe unter Mithilfe des bundesdeutschen Ex-Majors Gerhard Mertin aufgebaut. Dieser gründete 1963 die Merex AG, die seit den 1970er Jahren öffentlich mehrfach wegen illegaler Waffenexporte in Erscheinung trat. Das Unternehmen scheint in den Jahren 1965 bis 1967 auch mehrfach an Rüstungslieferungen aus Beständen der Bundeswehr und des Bundesnachrichtendienstes (BND) in den Wüstenstaat beteiligt gewesen zu sein.[24]

Schon am Ende der 1940er Jahre waren die diplomatischen Beziehungen zwischen der Bundesrepublik und Saudi-Arabien wieder aufgenommen worden.[25] Die Kooperation ging in den 1950er Jahren bereits so weit, dass kurz nach der offiziellen Gründung der Bundeswehr im Dezember 1956 „saudischen Bitten um die Entsendung deutscher Fachkräfte für eine einfache Munitionsfabrik", allerdings „nur nach vorherigen Konsultationen mit zuständigen Stellen der Regie-

Essen 2008 und *K. Lipp/R. Lütgemeier-Davin/H. Nehring, Frieden und Friedensbewegungen in Deutschland, 1892–1992*, Essen 2010.

22 Siehe *C. Landfried*, Parteienfinanzen und politische Macht. Eine vergleichende Studie zur Bundesrepublik Deutschland, zu Italien und den USA, Baden-Baden 2. Aufl. 1994 und *D. Kollmer*, Rüstungsgüterbeschaffung in der Aufbauphase der Bundeswehr. Der Schützenpanzer HS 30 als Fallbeispiel (1953–1961) (Beiträge zur Wirtschafts- und Sozialgeschichte 93), Stuttgart 2002.

23 Politisches Archiv des Auswärtigen Amtes (PA AA) Bestand B 57 Nr. 761–764. Vgl. Hummel, Rüstungsexportbeschränkungen, S. 270; *J. Roth*, Die illegalen deutschen Waffengeschäfte und ihre internationalen Verflechtungen. Hundert Jahre Kriegskartell, Frankfurt a.M. 1988, S. 30ff.

24 Eine Dokumentation von Pax Christi und Versöhnungsbund aus dem Jahr 1989 listet die indirekte Lieferung von 12 Mio. Schuß Infanteriemunition im Wert von 2,24 Mio. DM über England und die Panzerabwehrwaffe Cobra der Bundeswehr, Artilleriegeschütze und Handgranaten von Diehl auf. Siehe *R. Mierzwa*, Bundesdeutsche Rüstungsexporte in die Dritte Welt, Redaktion: M. Herndlhofer, Hg. Pax Christi/ Versöhnungsbund, Frankfurt a.M./Uetersen 1989, S. 133f. Vgl. Heinz Vielain, Waffenschmuggel im Staatsauftrag, Herford 1986, S. 21–23 und 66 sowie *A. Sampson*, The Arms Bazaar in the Nineties: From Krupp to Saddam, London 1991, S. 209.

25 *H. Mejcher*, Die Wiederaufnahme der diplomatischen Beziehungen zwischen Deutschland und Saudi-Arabien nach dem Zweiten Weltkrieg, in: Ders., Zeithorizonte im Nahen Osten. Studien und Miszellen zur Geschichte im 20. Jahrhundert, hg.v. S. Mejcher-Atassi/M. Schmidt-Dumont, Münster 2012, S. 236–254, v.a. S. 245ff.; *P. Hünseler*, Die außenpolitischen Beziehungen der Bundesrepublik Deutschland zu den arabischen Staaten von 1949–1980, Frankfurt a.M. 1990, S. 142ff.

rung in Washington entsprochen" wurde.[26] Schwieriger als der Austausch von Technikern und Facharbeitern gestalteten sich die Rüstungsexporte aus der BRD in den Nahen Osten, wie aus unternehmenshistorischer Perspektive deutlich wird.

Denn Saudi-Arabien zeigte wie das Nachbarland Kuwait im Jahre 1962 größeres Interesse an Exporten des deutschen Standard-Gewehrs G 3, worüber beispielsweise der Archivar des großen bundesdeutschen Rüstungsherstellers Rheinmetall, Dr. Christian Leitzbach, in der Unternehmenschronik berichtet. Letztlich konnten aber zu diesem frühen Zeitpunkt nach der Gründung der Bundeswehr konkrete Aufträge aufgrund fehlender Genehmigungen nicht angenommen werden.[27] Kurze Zeit später interessierte sich der Wüstenstaat wohl für Maschinengewehre des Typs MG 1 A3, für das Rheinmetall ein Angebot im Umfang von 500 Stück ausfertigte, aber keine Exportgenehmigung erhielt.[28] Dies galt auch für die Beteiligung Rheinmetalls an den skandalumwitterten Panzerlieferungen des Leopard 2 nach Saudi-Arabien, die Bundeskanzler Schmidt laut Leitzbach zunächst befördern wollte, dann aber wie die ihm folgende Regierung Kohl nicht genehmigte.[29] Ähnlich problematisch gestaltete sich in den 1970er und 1980er Jahren ein Rüstungsgeschäft Rheinmetalls im Gewehrbereich, bei dem die problematischen Außenwirtschaftsbeziehungen im Rüstungsbereich genauer nachvollzogen werden können.

Das Königreich beabsichtigte nämlich in den 1970er Jahren, schon bestehende Fertigungsanlagen für Sturmgewehre in Al Kharj, südlich von Riyadh, umfassend auszubauen und eine zusätzliche Fabrikation für Maschinengewehre zu errichten.[30] Seit 1975 wurde mit Rheinmetall über die Möglichkeiten verhan-

---

26 Vgl. Mejcher, Die Wiederaufnahme der diplomatischen Beziehungen, S. 254, beruhend auf PA des AA Abt. IV, Aufzeichnung vom 1.12.1956, in: PA Saudi-Arabien 1952–1958, Az. 708.81 + 82.92.36 und Biographie *W. von Hentig*, Mein Leben – eine Dienstreise, Göttingen 1963, S. 420 ff.
27 *C. Leitzbach*, Rheinmetall. Vom Reiz, im Rheinland ein großes Werk zu errichten, 2 Bde., Köln 2014, hier: Bd. 2, S. 618 f. Ohne nähere Quellenbelege. Zum Kleinwaffenhandel vgl. auch *D. Schmidt*, Denn sie wissen, was sie tun. Das Geschäft mit Kleinwaffen, in: Prokla 143, 2006, S. 185–202. Zur Unternehmensgeschichte neben Leitzbach auch *S. van de Kerkhof*, Auf dem Weg vom Konzern zum Netzwerk? Organisationsstruktur der Rheinmetall Berlin AG im Kalten Krieg, 1956–1989, in: M. Reitmayer/R. Rosenberger (Hg.), Unternehmen am Ende des ‚goldenen Zeitalters'. Die 1970er Jahre als Gegenstand der Unternehmens- und Wirtschaftsgeschichte, Essen 2008, S. 67–89.
28 Siehe van de Kerkhof, Waffen und Sicherheit, nach: Rheinmetall-Archiv Bestand B 520 Nr. 83.
29 Leitzbach, Rheinmetall. Vom Reiz, Bd. 2, S. 626, ebenfalls ohne Quellenbelege. Vgl. auch Frankfurter Rundschau, dpa, 15.7.83 „Gutes Waffengeschäft erwartet. Rüstungskonzern Rheinmetall drängt die Bundesregierung", in: Zweite Medienauswertung zur Bilanzpressekonferenz am 14. 7.1983 vom 22. 7.1983.
30 Siehe van de Kerkhof, Waffen und Sicherheit, beruhend auf: Rheinmetall-Archiv Bestand A 23 Nr. 39. Die schon bestehende Sturmgewehrfabrikation war möglicherweise durch die bundeseigene Fritz Werner GmbH errichtet worden, die im Zeitraum von 1973 bis 1977 eine Waffenfabrik in

delt, wie ein solches Projekt zu realisieren sei. Ergebnis dieser Verhandlungen war, „daß zunächst ein Auftrag über den zu deckenden Grundbedarf an Geräten (Liefergeschäft) und im Anschluß daran ein Auftrag über die Errichtung der Fabrikationsanlage (Anlagengeschäft) erteilt werden sollte".[31]

Insgesamt handelte es sich für die frühen 1970er Jahre um ein umfangreiches Geschäft, denn allein die Lieferung der Geräte umfasste einen Auftragswert von 45 Millionen DM. Nachdem auch die Grundlagen für die Lieferung der Produktionsanlage geklärt waren, wurden im Frühjahr 1976 die Verträge für die Gerätelieferung unterzeichnet. Allerdings wurde über die Dimensionen noch weiter verhandelt, denn erst „nach Einleitung und Abschluß des Genehmigungsverfahrens in der Bundesrepublik" sollten die Verträge für den zweiten Teil des Projektes endgültig beraten und unterzeichnet werden.[32]

Doch hier begannen nun die Probleme für Rheinmetall, die sich aus den Barrieren für den Rüstungsexport ergaben. Denn obwohl das Unternehmen eine zügige Bearbeitung der Genehmigungen durch das BAW erwartet hatte, musste das Antragsverfahren den oben dargestellten umständlichen Lauf durch die Referate des BMWi und des Auswärtigen Amtes nehmen. Allein diese Prozedur dauerte ungefähr ein Jahr. Erst im Januar 1977 entschied die letzte Instanz, der Bundessicherheitsrat, über die Ausfuhr für beide Projekte und genehmigte sie schließlich nach den weniger restriktiven Bestimmungen des AWG. Die Exportfreigabe galt allerdings nur für das AWG, denn „eine Genehmigung nach dem Kriegswaffenkontrollgesetz (KWKG) ist nicht erteilt worden."[33]

Die fehlende Genehmigung nach dem KWKG bedeutete für das Unternehmen, dass weitere Umwegs-Konstruktionen geschaffen werden mussten, um umstrittene Teile, wie z. B. Munition zur Erprobung der MGs, nach Saudi-Arabien liefern zu können. Hier halfen die Handlungsspielräume des AWG, die Beschränkungen des KWKG zu umgehen und Teile in NATO-Länder zu exportieren oder ausländische Lizenznehmer einzuschalten. Die letztere Konstruktion wurde auch „zur Abwicklung des Liefergeschäfts" vorgesehen, denn es sollten „unter Zulieferung von Teilen aus der Bundesrepublik Geräte durch ausländische Lizenznehmer geliefert" werden. Dies galt außerdem für die notwendige Munition, die „ebenfalls

---

Saudi-Arabien gebaut hatte. Vgl. Hummel: Rüstungsexportbeschränkungen, S. 204 und Leitzbach: Rheinmetall. Vom Reiz, S. 628 und 631–633.

31 Ebda.

32 Ebda.

33 Hier wäre noch genauer zu klären, ob Rheinmetall nicht als Konkurrenz zur Fritz Werner GmbH gesehen wurde, die zuvor möglicherweise die Sturmgewehrfabrik aufgebaut hatte. Ein Aktenbestand zur bundeseigenen Fritz Werner GmbH ist allerdings im Bundesarchiv nicht vorhanden.

von ausländischen Herstellern bezogen werden" musste. Jedoch sah das Unternehmen diese Praxis letztlich als heikel an, denn die ausländische Munition musste überprüft werden, um „eine Beeinträchtigung der Funktion der Geräte" auszuschließen. Insgesamt war vorgesehen, den ersten Teil des Projekts, das Liefergeschäft, bis Anfang 1979 durchzuführen, zumindest wenn das Akkreditiv zur Sicherung der Zahlungen eingegangen wäre.[34]

Allerdings war der zweite Teil des Projekts, die Lieferung der kompletten Produktionsanlage, das deutlich umfangreichere und lukrativere Geschäft. Vorgesehen war der Bau „von zwei Fabrikhallen für eine Maschinengewehr- und Gurtgliederfabrik nebst Schießkanal und für eine Patronenkastenfabrik sowie 30 Wohneinheiten". Die Kapazität der Fabrikationshalle war auf „5.000 Stück MG pro Jahr ausgelegt und mit etwa 600 Maschinen mit zugehörigen Betriebsmitteln ausgestattet".[35] Der Düsseldorfer Rüstungskonzern sollte dabei nicht nur den Auftrag zum Bau der Fabrik und zur Lieferung, Aufstellung und Inbetriebnahme der Maschinen erhalten. Vielmehr sollte Rheinmetall das saudische Personal trainieren, was lukrative langfristige Service-Verträge nach sich ziehen konnte. Zunächst sollten „etwa 130 Saudi Araber jeweils innerhalb eines halben Jahres in Deutschland" in der Produktion von MGs ausgebildet werden, um später eine Gesamtbelegschaft von 800 Mitarbeitenden anleiten zu können.[36]

Es wird deutlich, dass die Außenwirtschaftsbeziehungen im Bereich des Rüstungsexports durchaus nicht auf die Lieferungen von Waffen, Munition und Ersatzteilen oder Zubehör beschränkt waren. Vielmehr konnten auch langfristige Kundenbeziehungen geknüpft werden, die Schulungen von Fachkräften oder Serviceverträge einschlossen. Daraus konnten sich allerdings auch neue Schwierigkeiten ergeben, die allerdings von Seiten der Düsseldorfer Wehrtechniker von vornherein in die Projektierung mit einbezogen wurden. Beispielsweise wurde bezüglich der Gewinnung saudischer Fachkräfte für die Gewehrproduktion prognostiziert, „[...] daß die fachlichen und sprachlichen Vorkenntnisse der Kandidaten nur sehr gering sein werden." Diese hierarchische Sicht auf die Ar-

34 Siehe van de Kerkhof, Waffen und Sicherheit, nach: Rheinmetall-Archiv Bestand A 23 Nr. 39 und B 5130 Nr. 20.

35 Ebda. Es wurde davon ausgegangen, dass „die Abwicklung des Projekts ... die Steuerpflicht für Rheinmetall in Saudi Arabien aus[löst]. Möglicherweise werden auch Sub-Unternehmen in Saudi-Arabien selbst steuerpflichtig. Nach den bisherigen Ermittlungen werden voraussichtlich DM 50 – 60 Millionen an Körperschaftssteuer anfallen." Dies bedeutet, dass der Bau der Anlagen mit kalkulierten 550 Mio. DM ein ungleich größeres Geschäft für den Konzern bedeutete als das Liefergeschäft, das gerade einmal einen Gesamtumfang von 45 Mio. DM hatte. Die Steuern sollten übrigens vom Vertragspartner, also Saudi-Arabien selbst, übernommen werden.

36 Ebda.

beitskräfte in Saudi-Arabien führte in der Folge zu der Notwendigkeit, „für die Zeit der Inbetriebnahme der Maschinen und Anlagen... etwa 80 deutsche Fachkräfte für einen Zeitraum von etwa zwei Jahren nach Saudi Arabien zu entsenden". Ein weiteres Problem war, dass es zwar um ein „schlüsselfertiges Projekt" ging, aber die Abnahme jeweils nach bestimmten Arbeitsgängen vorgenommen werden sollte. Hierbei wurde befürchtet, dass dies „voraussichtlich von beiden Vertragspartnern nicht zu schaffen sein" würde.[37]

Insgesamt war nach Vertragsabschluss und Eröffnung des Akkreditivs eine Dauer von dreieinhalb Jahren bis zur ersten Abnahme vorgesehen, die Endabnahme sollte nach Auslaufen der Gewährleistungsfristen 15 Monate später erfolgen. Beide Teile des Projekts sollten dann im Sommer 1982 erfolgreich durchgeführt sein. Weitere Verzögerungen und Probleme wurden v. a. auf der saudischen Seite gesehen, denn die Geschäftsleitung von Rheinmetall war der Meinung, „das Verhalten des Vertragspartners bei den bisherigen Verhandlungen ist stark von der Tatsache geprägt, daß ihm eine zuverlässige fachliche Beurteilung des Vertragsgegenstands nicht möglich ist. [...] Kompromisslösungen in Zweifelsfragen sind daher so gut wie ausgeschlossen. Ferner wird ständig darauf hingewiesen, daß die Vereinbarung von Pflichten des Auftraggebers schon deshalb überflüssig sei, da die Vertragstreue des Königreichs Saudi Arabien über jeden Zweifel erhaben ist. Auch die Rechtsordnung dieses Staates würde in einem ernsthaften Streitfall nur schwerlich zu einer Lösung führen."[38] Dies bedeutete für das Düsseldorfer Unternehmen nach eigenem Bekunden insofern ein Risiko, als „nicht absehbar ist, auf welche Weise die Fabrik nach Fertigstellung auch unter Einsatz des in Deutschland angelernten Personals auf die vorgesehene Leistung oder Teile davon gebracht werden kann; die Inbetriebnahme nicht nur aus Gründen, die der Vertragspartner zu vertreten hat, sondern offenkundig aus Zeitgründen nicht planmäßig erfolgen kann; und schließlich eine fertigungstechnische Diskrepanz bis zur Aufnahme der Fertigung nicht beseitigt ist, die sich daraus ergibt, daß das herzustellende MG 3 mit Polygon-Rohr nur mit zugehöriger (deutscher) Munition absolut funktionstüchtig ist."[39]

Die dargestellten Überlegungen und darauf folgende Diskussionen im Aufsichtsrat rührten v. a. aus der unvermeidlichen Konstruktionsschwäche des Projekts her, ausländische Lizenznehmer einbeziehen zu müssen, deren Zuverlässigkeit und Professionalität nicht genau einzuschätzen war. Neben den generellen

---

37 Ebda.

38 Siehe van de Kerkhof, Waffen und Sicherheit, beruhend auf: Rheinmetall-Archiv Bestand A 23 Nr. 39.

39 Ebda.

normativen Hürden des Rüstungsexports war hier also auch Vertrauen in Fertigkeiten und Kenntnisse der Vertragspartner und Arbeitskräfte im Exportland vonnöten, die nur sehr schwer kalkulierbar waren. Es wurde daher im Aufsichtsrat des Konzerns eine genauere Risikoabschätzung vorgenommen, um zu klären, ob „eine Unterzeichnung des Vertrags erfolgt, obwohl dieser unter ungünstigen Umständen ganz oder teilweise nicht erfüllt werden kann".[40] Die Zahlungsbedingungen wurden in die Betrachtung ebenfalls mit einbezogen, denn Saudi-Arabien sollte 20 % Anzahlung sofort leisten und 80 % des Vertrages bei Lieferung oder Leistung jeweils aus jährlich neu zu eröffnenden Akkreditiven zahlen. Rheinmetall musste dagegen nur 5 % des Auftragswerts als Erfüllungsgarantie für die gesamte Vertragsdauer sicherstellen, 20 % als Anzahlungsgarantie bis zur jeweiligen Lieferung garantieren und 10 % als Bürgschaft für die jeweils 80 %ige Restzahlung bis zur Abnahme des Liefer- und Leistungsgegenstands gewährleisten. Dies bedeutete, dass sich „bei vorsichtig geschätzten Aufwendungen/ Ausgaben [...] bei Beendigung des Vertrags ein maximal möglicher Unterschied zu den vertragsgemäßen Erlösen von DM 110 Millionen" ergeben konnte. Falls das Projekt nach der Inbetriebnahme nicht weiterliefe und Saudi-Arabien die Zahlungen zurückhielte, wurde ein „maximales Verlustrisiko von DM 50 Millionen" prognostiziert. Da zu diesem Zeitpunkt nur relativ niedrige Auslagen in Höhe von 1,0 Mio. DM pro Monat entstanden waren und die laufenden Arbeiten nur ca. 250.000 DM pro Monat erforderten, „befürwortet[e] die Geschäftsführung der Rheinmetall GmbH übereinstimmend die Durchführung dieses Projekts". Argumentiert wurde dabei auch mit den langfristigen Chancen auf dem saudi-arabischen Markt und dem „absehbaren Auslauf von Großprojekten" auf dem Inlandsmarkt, die für stärkere Exporte sprachen. Auch der Aufsichtsrat wurde eingeschaltet, um das heikle Projekt zu genehmigen.[41] Nachdem das Akkreditiv eingetroffen war, sollte zunächst mit den Arbeiten für das Liefergeschäft begonnen werden, wie aus weiteren Berichten deutlich wird.[42]

Insgesamt zeigt das Projekt die Strukturen bundesdeutscher Rüstungsexporte in Entwicklungsländer und Gebiete mit Konfliktherden, die sog. „Spannungsgebiete", in den 1970er und 1980er Jahren. Zwar wurden normative Beschränkungen des KWKG zur Ausfuhr von Kriegswaffen nicht beständig durchbrochen, aber die durchaus schwächer formulierten Barrieren des AWG halfen, Rüstungsprojekte in Konfliktländern zu realisieren. Mit Lizenzen und Teillieferungen konnten auch Projekte in Spannungsgebieten geplant werden, wenn auch mit größerem Auf-

40 Ebda.

41 Ebda.

42 Van de Kerkhof, Waffen und Sicherheit, nach: Rheinmetall-Archiv Bestand A 23 Nr. 38.

wand und bisweilen auch im Konflikt zur Gesetzesgrundlage oder zu den Handelsregeln der „Politischen Grundsätze" des Bundessicherheitsrats. Dafür war die Markt- und Absatzsituation der Rüstungsunternehmen im Wesentlichen verantwortlich: Insbesondere durch die Struktur der Großwaffenaufträge mit maßgeschneiderter Fertigung, immensen Produktionskapazitäten und beschränkter Laufzeit suchten die Unternehmen nach Auslaufen eines Großprojekts nach Möglichkeiten, die bestehenden militärischen Produktionskapazitäten weiterhin auslasten zu können. Hier war gezieltes Marketing erforderlich, um neue Distributionskanäle erschließen und auch mit schwierigen Vertragspartnern – wie dem saudischen Königshaus – umgehen und handeln zu können.[43]

Insgesamt kamen verschiedene Möglichkeiten zur Umgehung der strengen Normen bzw. der strengen Auslegung des KWKG und des AWG in Betracht: nicht nur der direkte Export von Produkten, der Anlagenbau im Ausland oder der Betrieb von Werken in Drittländern einschließlich Lizenzverfahren, sondern auch indirektere Wege wie Vertreter oder Vertretungsunternehmen sowie die Einschaltung bundeseigener Unternehmen wie des Anlagenbauers Fritz Werner GmbH.[44]

Die Rheinmetall Wehrtechnik richtete sich gemäß des Gesamttrends am Ende der 1970er Jahre bewusst immer stärker auf den Export von Waffen und Knowhow aus.[45] Das Unternehmen setzte in den 1970ern mit Bedacht auf indirekten Absatz im Rahmen von Lizenzproduktion in ausländischen Betrieben oder auf Exporte über das niederländische Tochterunternehmen NWM de Kruithoorn, auch in Nicht-NATO-Länder.[46] Falls solche einfachen Lizenzen für politisch heiklere Exporte z. B. nach Nigeria nicht ausreichten, wurden die bundeseigene Fritz Werner Anlagenbau GmbH in Geisenheim oder die Manufacture de Machines du Haut-Rhin aus Frankreich in Verhandlungen einbezogen.[47] Laut Rheinmetall-Archivar Leitzbach war „die zu 90 Prozent im Bundesbesitz befindliche Fritz Werner AG in Geisenheim, die bei diversen Exportgeschäften mitunter als Partner mitunter als Konkurrent zu Rheinmetall auftrat und im Zusammenhang mit dem geplatzten Nigeria-Auftrag sogar beide Rollen übernommen hatte, ... direkt daran

43 Ausführlich dazu: van de Kerkhof, Waffen und Sicherheit und dies, Die westdeutsche Rüstungsindustrie zwischen Wiederaufbau, Boom und Krise – Das Fallbeispiel Rheinmetall in vergleichender Betrachtung, in: J. Czierpka/T. Meyer (Hg.), Der Steinkohlenbergbau in Boom und Krise nach 1945. Das Ruhrgebiet als Vergleichsfolie für Transformationsprozesse in der Schwerindustrie, Bochum 2018 (im Erscheinen).

44 Ebda.

45 Ebda.

46 Siehe van de Kerkhof, Waffen und Sicherheit.

47 Ebda.

beteiligt."[48] Die Fritz Werner GmbH kommt ebenso wie Heckler&Koch (HEKO) als Konkurrent für Rheinmetall auf dem saudi-arabischen Markt in Frage, denn verschiedene Quellen berichteten in den 1970er und 1980er Jahren über die Produktion des Gewehrs G3, MP und Pistolen durch HEKO in Saudi-Arabien, wo der Waffenhersteller auch eine Vertretung besaß, sowie über die Errichtung einer Waffenfabrik in Saudi-Arabien durch die staatliche Fritz Werner GmbH zwischen 1973 und 1977.[49] Auch andere halbstaatliche Organisationen wie die Kreditanstalt für Wiederaufbau (KfW) waren in die Rüstungsexporte involviert.[50]

Das Herrscherhaus in Saudi-Arabien versuchte bis in die nahe Gegenwart, weitere Kampfpanzer, v.a. verschiedene Leopard-Modelle in Deutschland anzukaufen. Der Politologe Guido Steinberg berichtet in einer aktuellen Analyse 2014: „Die saudi-arabische Führung hatte bereits Anfang der 1980er Jahre einen Anlauf gemacht, das Vorläufermodell [des Leopard 2 A7+] zu erwerben, doch verweigerte die Bundesregierung auf Druck Israels lange die Genehmigung."[51] Unproblematisch war und blieb die ungesicherte Exportlage für die Rüstungsunternehmen also keineswegs, wie auch die anhaltende Pressearbeit gegen das KWKG eindrucksvoll demonstriert.[52] Denn Rüstungslobbyisten sahen sich durch die Neufassung des § 4 bzw. 4a des KWKG z. B. im Jahre 1978 – ausgelöst durch verschiedene Terroranschläge 1977 – dazu veranlasst, intensive Pressearbeit gegen die restriktivere Neufassung zu betreiben, nach der auch für Geschäfte in Dritt-

48 Leitzbach, Rheinmetall. Vom Reiz, Bd. 2, S. 618. Unklar ist noch, ob hier tatsächlich die Fritz Werner AG oder die Fritz Werner GmbH eingeschaltet war. Vgl. *o. V.*, Waffenhandel. Nichts gewußt. Staatsanwälte und Fahnder des Bundeskriminalamtes wurden fündig: Waffen des Rheinmetall-Konzerns gelangten illegal ins Ausland, in: Der SPIEGEL 33, 1980 vom 11. 8. 1980, S. 28 f.

49 Vgl. Becker, Leo II an die erste Ölmacht? und Plenarprotokoll des Bundestages vom 17. 10. 1985, Nr. 10/165, S. 12335 f.; Mierzwa, Bundesdeutsche Rüstungsexporte, S. 134–137.

50 Siehe van de Kerkhof, Waffen und Sicherheit.

51 *G. Steinberg*, Saudi-Arabien als Partner deutscher Politik, in: APuZ 46, 2014, S. 48–53, hier S. 52. Bis im Jahr 2011 konnte Saudi-Arabien insgesamt 700 Kampfpanzer erwerben, war aber bis 2014 interessiert an weiteren Leopard-Panzern, deren Genehmigung umstritten ist. Siehe Ebda. Zu Israel auch: *M. Kaim*, Israels Sicherheit als deutsche Staatsräson, in: APuZ 6, 2015, S. 8–13.

52 Beispielsweise prominent in der Zeitschrift Wehrtechnik: *o. V.*, Kriegswaffenkontrollgesetz – Abseitsfalle des Rechts?, in: Wehrtechnik 9, 1983, S. 17–20. Vgl. auch Interview des Vorstandsvorsitzenden der Rheinmetall Berlin AG gegenüber der ZEIT, Dr. Hans-Ludwig Hockel, teilweise abgedruckt in: Leitzbach, Rheinmetall. Vom Reiz, Bd. 2, S. 630. Ausführlicher auch *S. van de Kerkhof*, „It's good to have a reliable navy!" – Zur Rolle von Vertrauen und Sicherheit im Marketing deutscher Rüstungsunternehmen, in: C. Hillen (Hg.), „Mit Gott". Zum Verhältnis von Vertrauen und Wirtschaftsgeschichte, Köln 2007, S. 107–124.

ländern Genehmigungen eingeholt werden sollten.[53] Bis in die Gegenwart sind AWG und KWKG in der Diskussion.

3 Dekolonisation, Entwicklung, Ölboom und Kalter Krieg – Zu den Ursachen der problematischen Außenwirtschaftsbeziehungen im Nahen Osten

Das Zeitalter des Kalten Krieges prägte in verschiedener Hinsicht die globalen Außenwirtschaftsbeziehungen. Der Systemkonflikt war verflochten mit zeitgleich ablaufenden Prozessen wie etwa die Dekolonisation und Konflikte nach der Gründung des Staates Israel 1948.[54] Saudi-Arabien war schon zu Beginn des Kalten Krieges ein souveräner Akteur und intervenierte seit dem ersten arabisch-israelischen Krieg 1948/49 teils offen, teils im Hintergrund agierend gegen diese Staatsgründung, etwa im Sechstagekrieg 1967, beim ägyptisch-israelischen Friedensvertrag und der Islamischen Revolution im Iran 1979.[55] Das Land unterstützte auch die Unabhängigkeitsbestrebungen Ägyptens, obgleich es im Dekolonisationsprozess keine sozialistische Politik verfolgte und der US-Politik nahestand. Insgesamt existierten in der Region divergierende Konzepte des „Arabischen Sozialismus", den Saudi-Arabien aber ablehnte.[56] Thomas Scheben sieht in seinem neueren Überblick über den Nahen Osten im Kalten Krieg die Betonung kommunistischer Insurgenten allerdings auch als geschickt eingesetzten Popanz,

---

53 *D. Falcke*, Zum berühmt-berüchtigten § 4a des Kriegswaffenkontrollgesetzes, in: Wehrtechnik 12, 1978, S. 43 und *o.V.*, „Deutsche Wehrindustrie zwischen den Backen eines ökonomisch wirksamen Schraubstockes", in: Wehrtechnik 12, 1978, S. 40 – 42. Siehe ausführlich van de Kerkhof, Waffen und Sicherheit.

54 Vgl. etwa *C. Kleinschmidt*, Strategische Außenwirtschaftsbeziehungen. Die Bundesrepublik, die Türkei und der Kalte Krieg 1945 – 1980, in: JWG 2, 2012, S. 43 – 67; Kaim, Israels Sicherheit; Steinberg, Saudi-Arabien; *H. Mejcher*, Sinai, 5. Juni 1967. Krisenherd Naher und Mittlerer Osten, München 1998.

55 *T. Scheben*, Wachstumsstrategien im Nahen Osten während des Kalten Krieges, in: B. Greiner/C. Müller/C. Weber (Hg.), Ökonomie im Kalten Krieg (Studien zum Kalten Krieg 4), Hamburg 2010, S. 124 – 162, hier 124 und zur arabischen Hilfe v. a. S. 160. Vgl. *W. Lesch*, 1979. The Year that shaped the Middle East, Boulder 2001.

56 Scheben, Wachstumsstrategien, S. 125. Vgl. J. Reissner, Saudi-Arabien, in: D. Nohlen/F. Nuscheler, Handbuch der Dritten Welt, Bd. 6: Nordafrika und Naher Osten, Bonn 1993, S. S. 470 – 488 und ders., Die innerislamische Diskussion zur modernen Wirtschafts- und Sozialordnung, in: W. Ende/U. Steinbach (Hg.), Der Islam in der Gegenwart, München 1996, S. 151 – 163.

um eine Drohkulisse für bi- und multilaterale Geber aufzubauen, etwa um Entwicklungs-, Militär- oder Ausbildungshilfe zu erhalten.

Im Unterschied zu anderen Staaten des Nahen und Mittleren Ostens stand die UdSSR den Ölmonarchien der Region auch ökonomisch fern, war sie doch der weltweit zweitgrößte Öl-Exporteur nach Saudi-Arabien und damit Konkurrent auf dem Weltmarkt.[57] Wirtschaftspolitisch setzt Scheben den Beginn des regionalen „Arabischen Kalten Krieges" in den frühen 1950er Jahren unmittelbar nach der ägyptischen Revolution an, denn danach sei die Region durch eine Vielzahl von Kriegen und gewaltsamen Konflikten geprägt gewesen. Ursächlich sieht er die Ölvorräte und die geostrategische Lage auf Hauptverkehrswegen und am Scharnier dreier Kontinente.[58]

In dieser konfliktreichen Gemengelage nahm die Bundesrepublik im Jahre 1954 offizielle diplomatische Beziehungen zu Saudi-Arabien auf. Denn wie die anderen westlichen Industriestaaten war sie stark abhängig vom Erdöl, durch das Wachstum von Energieversorgung mit Heizöl und Petrochemie sogar in zunehmendem Maße. Der Großteil des westdeutschen Erdöls (ca. 82% im Jahr 1958) wurde aus dem Nahen Osten bezogen, v. a. aus Saudi-Arabien.[59] Der Deutsche Industrie- und Handelstag und der Bundesverband der Deutschen Industrie forderten vor diesem Hintergrund schon in den frühen 1950er Jahren, dass Exporte in die Region vice versa ausgeweitet werden sollten.[60] Die Bundesregierung legte daher in den 1950ern ein verstärktes Augenmerk auf das konservative und im Vergleich zu den Nachbarländern stabile Saudi-Arabien, das gemeinsame Interessen aufwies. Insbesondere überzeugte die Abneigung gegen die „aus saudischer Perspektive gottlosen Ostblockstaaten". Nach der Suez-Krise kehrte sich Saudi-Arabien von Großbritannien und Frankreich ab, deren Marktanteile die BRD übernahm. Dadurch wurde Westdeutschland zum zweitstärksten Exportpartner und zur wichtigen Alternative gegenüber der „wirtschaftlichen Dominanz der Amerikaner" für die nahöstliche Monarchie.[61]

Trotz bedeutender Geschäftsbeziehungen zu den USA blieb die Ölmonarchie im Gegensatz zur BRD einer Westbindung oder Amerikanisierung gegenüber skeptisch, während sich die Regierung Adenauer mit der Aufnahme von diplomatischen Beziehungen weltweit einen Zugewinn an internationalem Renommee

57 Scheben, Wachstumsstrategien, S. 127–129. Vgl. Conteh-Morgan, Die US-Entwicklungshilfe.
58 Scheben, Wachstumsstrategien, S. 126 f.
59 So etwa Berggötz, Nahostpolitik, S. 136 ff.
60 Ebda., S. 140 ff.
61 Berggötz, Nahostpolitik, S. 305–309.

und staatlicher Souveränität verschaffte.[62] Dies galt vor allem für deutsch-saudische Industrie- und Entwicklungsprojekte, die die Außenwirtschaftsbeziehungen Westdeutschlands mit dem Nahen Osten in den 1950er Jahren belebten. Das große westdeutsche Interesse am Absatz in dieser Region erklärt sich auch durch den Wegfall der Absatzmärkte in Ost- und Mitteleuropa.[63] Allerdings ließen sich die Hilfsprojekte in Infrastruktur, Militär- und Rüstungsausbau freilich nicht einfach in politischen oder militärischen Einfluß ummünzen, wie Scheben betont.[64] Zwar konnten hier durchaus „Einflusskanäle in die Entscheidungszentren der Region" eröffnet werden, doch die Grundsatzentscheidungen in Wirtschafts- und Militärpolitik der regionalen Eliten blieben weitgehend autonom, auch wenn „die Supermächte bereit waren, jede Möglichkeit zur Ausweitung der eigenen Einflußsphäre zu nutzen."[65] Ein Beleg dafür ist, dass alle Seiten beliefert wurden, so unterstützten die USA und die BRD auch Israel in Entwicklungs- und Militärhilfeprojekten.[66]

Die Qualität der Beziehungen zu Saudi-Arabien lässt sich gut an den Projekten des Bauunternehmens Philipp Holzmann & Co. demonstrieren. War es schon im 19. und frühen 20. Jahrhundert am Bau der Bagdadbahn und ihrer Bahnhöfe beteiligt gewesen, so engagierte sich das Unternehmen nach 1945 v. a. im Irak und in Saudi-Arabien.[67] In der Ölmonarchie gelang 1966 und 1968 der Einstieg mit ersten kleineren Projekten, bevor die Holzmann AG ab 1973 zum größten ausländischen Bauunternehmen Saudi-Arabiens aufstieg. Ein erstes Großprojekt war 1970 ein technisches Ausbildungszentrum mit sämtlichen Infrastrukturanschlüssen in Tabuk im Umfang von ca. 60 Mio. Dollar. Die überzeugende Anlage ermöglichte es dem Baukonzern danach, eine Hafenanlage, über 1.800 Wohnungen im Volumen von 2,3 Mrd. DM, Krankenhäuser sowie Infrastruktur für die Flughäfen zu errichten. Allerdings erlahmten die Aufträge mit

---

62 *H. Bude/B. Greiner (Hg.),* Westbindungen. Amerika in der Bundesrepublik, Hamburg 1999; *A. Doering-Manteuffel,* Wie westlich sind die Deutschen? Amerikanisierung und Westernisierung im 20. Jahrhundert, Göttingen 1999; *K. Jarausch/H. Siegrist (Hg.),* Amerikanisierung und Sowjetisierung in Deutschland 1945–1970, Frankfurt a.M./New York 1997.

63 Ausführlich zur Politik der Regierung, von Verbänden und Unternehmen: Berggötz, Nahostpolitik, S. 130 ff.

64 Ebda., S. 157 f.

65 Scheben, Wachstumsstrategien, S. 155.

66 Vgl. *D. Rodman,* Army Transfers to Israel – The Strategic Logic Behind American Military Assistance, Eastbourne 2007; *C. Kleinschmidt,* Von der „Shilumim" zur Entwicklungshilfe. Deutsch-israelische Wirtschaftskontakte 1950–1966, in: Vierteljahrschrift für Sozial- und Wirtschaftsgeschichte 2, 2010, S. 176–192.

67 *M. Pohl,* Philipp Holzmann. Geschichte eines Bauunternehmens 1849–1999, München 1999, S. 96–114.

dem Ende des Hochölpreises in den 1980er Jahren und dem Aufstieg saudischer sowie osteuropäischer Konkurrenz.[68]

Schon zuvor war es zum Ende eines anderen großen Bauprojektes gekommen, das auf die eigenständige Politik der Akteure im Nahen Osten und die Problematik des stark abweichenden Staats- und Rechtssystems verweist. In der Affäre Govenco wurden 140 Angestellte der deutschen Ingenieurfirma Govenco, die Bauvorhaben von Hansa-Stahl und Berger-Tiefbau vorbereiten sollte, sieben Wochen lang festgenommen, verhört und Geschäftsakten wegen des Verdachts der Korruption durchsucht. Nach Intervention des amerikanischen Botschafters und der Freilassung endete damit der Versuch, durch deutsche Fachkräfte ein anspruchsvolles Bauvorhaben realisieren zu lassen in einem international beachteten Skandal.[69] Die Affäre machte somit für die Akteure auf beiden Seiten auch die Interessenlage und Differenzen im Rechtsverständnis deutlich. Sie bietet somit neben einem hierarchischen Blick auf die Region eine plausible Erklärung für die sehr vorsichtige und abwägende Vorgehensweise von Rheinmetall im dargestellten Fallbeispiel. Erst nach Vorliegen verschiedener sichernder Verträge beschloss man hier, weiter mit den Planungen fortzuschreiten, was man durchaus als Lernen der Organisation bezeichnen kann.

Gleichwohl blieb die Region Naher und Mittlerer Osten stark abhängig vom Außenhandel. Bei vielen arabischen Volkswirtschaften lag der Anteil in den 1970er Jahren sogar bei durchschnittlich über 80 Prozent.[70] Saudi-Arabien war zwar ausschließlich fixiert auf die Förderung von Erdöl, hatte aber aufgrund der enormen Rohstofflager, etwa 25 % der Welterdölreserven und 4 % der Weltgasreserven, eine Sonderstellung.[71] Zwischen 1973 und 1976 stiegen die staatlichen Erdöleinnahmen Saudi-Arabiens von 4,3 Mrd. auf 33,5 Mrd. Dollar fast explosionsartig an. Erst nach der zweiten Ölkrise sanken sie von 116 Mrd. 1979 langsam ab, zeitweise auf 17 Mrd. Dollar jährlich. Demgegenüber blieben andere Industriezweige massiv zurück und entwickelten sich wenig. Ende der 1960er Jahre nahm die Industrie nur etwa 2 Prozent des BIPs ein. Erst in den 1970ern und 1980ern wurden ölgetriebene Investitionen in die Industrie, z. B. im Bereich der Petrochemie, vorgenommen, wodurch sich der industrielle Anteil am BIP ver-

68 Ebda., S. 359 – 363.

69 Berggötz, Nahostpolitik, S. 308, zeitgenössisch auch *o. V.*, ARABIEN-EXPORT. Opfer der Palast-Intrige, in: Der SPIEGEL 41/1954 vom 06.10.1954.

70 Scheben, Wachstumsstrategien, S. 130; *A. Alkazaz*, Außenwirtschaftsbeziehungen, in: U. Steinbach/R. Robert (Hg.), Der Nahe und Mittlere Osten, Bd. 1: Grundlagen, Strukturen und Problemfelder, Opladen 1988, S. 433 – 465, hier S. 434.

71 Scheben, Wachstumsstrategien, S. 132 f., vgl. *A. Richards/J. Waterbury*, A Political Economy of the Middle East, Boulder 1998, S. 23.

doppelte. Auf die mäßigende Preispolitik von Saudi-Arabien innerhalb der OPEC reagierten die Bundesregierungen unter Schmidt und Kohl seit 1976 mit verstärkter wirtschaftlicher Kooperation, etwa mit Finanztransaktionen oder der Gründung der Saudi-German Economic Investment Company 1982.[72]

Insgesamt aber blieb die Wirtschaft bis in die nähere Zeitgeschichte vergleichsweise rückständig und technologisch abhängig vom Know-how- und Personal-Transfer. Während Fachkräfte aus dem Westen kamen, wurden sonstige Arbeitskräfte überwiegend aus den umliegenden ärmeren Ländern rekrutiert. Die einheimische Elite, oft aus einflussreichen Clans stammend, setzte eher auf ehrenhafte Positionen mit „Status, Respekt und Autorität". Scheben und Beck bezeichnen die saudische Ökonomie daher treffend als „Rentierstaat". Der Staat sichere dabei nicht nur die Verteilung der „Renten", sondern fange auch innere und äußere Bedrohungen politisch und militärisch ab.[73] Daraus folgt, dass „ein Gutteil der Erdölpolitik [...] somit auch immer unter dem Aspekt der Machtsicherung zu verstehen" ist, was eine gute Erklärung für Aufrüstungsbemühungen der saudischen Regierung bietet.[74]

Waren in den 1950er und 60er Jahren Waffen, Subventionen, Geschenke, günstige Kredite u. ä. des westlichen und östlichen Blocks gegen militärische und politische Unterstützung in die späteren Ölländer geflossen, so änderte sich dieses System ab den 1970er Jahren fundamental. Eine wichtige Rolle für die Entwicklung des internationalen Waffenhandels spielte in den 1970er Jahren die konjunkturelle Lage, die v. a. durch die Ölkrise des Westens bzw. den Ölboom des Nahen und Mittleren Ostens gekennzeichnet war. Seit den frühen 1970er Jahren erfolgten teils sprunghafte Erhöhungen der Ölpreise, die weltwirtschaftliche Krisen auslösten. Zudem liefen für die Rüstungshersteller große Serienprojekte wie die Erstausstattung der Bundeswehr, das Tornado-Kampfflugzeug, Fregatten, die Leopard-Panzer mit der Ablieferung aus. Die Begrenzungen des nationalen Rüstungsmarktes versuchte die Rüstungsindustrie neben Diversifikation, Ratio-

72 Becker, Leo II. Siehe auch die Internetseite: www.sageco.com.sa (2016).

73 Scheben, Wachstumsstrategien, S. 133 ff.; *M. Beck*, Die Erdöl-Rentier-Staaten des Nahen und Mittleren Ostens: Interessen, erdölpolitische Kooperation und Entwicklungstendenzen, Münster 1993. Ausführliche zeitgenössische Darstellung in: Bericht über die Reise der 1. Deutschen Wirtschaftsdelegation nach Kuwait, und Saudi-Arabien 8. – 20. November 1968, Hrsg. vom Nah- und Mittelost-Verein, Masch., Hamburg 1969, S. 31 ff.

74 Scheben, Wachstumsstrategien, S. 138 und 140.

nalisierung, internationale Kooperation und Verstärkung der zivilen Bereiche daher mit einer Ausweitung des Exportes zu begegnen. [75]

Waffen wurden laut Herbert Wulf daneben zu einem wichtigen Instrument, um die im Ölboom ausgegebenen Petrodollars wieder in die Banken der Industrieländer zurückzuspülen. Dies zeigt ein geradezu sprunghafter Anstieg der weltweiten Rüstungsexporte: „Zweistellige jährliche Zuwachsraten – selbst bei Abzug der Inflationsrate – waren die Regel.“[76] Während im Jahr 1971 noch Rüstungslieferungen im Wert von 4,7 Mrd. US-Dollar an die Entwicklungsländer gegangen waren, so erreichten die Exporte Anfang der 1980er Jahre mit fast 40 Mrd. einen absoluten Spitzenwert. Dabei stieg der Anteil der OPEC-Länder von 10 % auf ungefähr 30 %.[77] Dies ergab zugleich eine enorme Höhe und Konzentration von Waffen auf engstem Raum. Wulf meinte dazu: „Die militärischen Konflikte im Nahen und Mittleren Osten und die Verfügbarkeit harter Devisen aus dem Ölgeschäft eröffneten für viele Lieferfirmen und -länder zuvor nicht gekannte Exportmöglichkeiten. Nicht nur in den USA unter Nixon, sondern ebenfalls unter der sozialistischen Regierung in Frankreich, der konservativen Regierung in Großbritannien und der sozial-liberalen Regierung in der Bundesrepublik Deutschland wurden die Waffenexporte gefördert bzw. die Kontrollen gelockert.“[78] Nach dem Regierungswechsel 1982 stieg die BRD hinter USA, UdSSR, Frankreich und Großbritannien zum fünftgrößten Waffenexporteur der Welt auf und lag damit noch vor China, der CSSR, Italien, der Schweiz und Schweden. Der größte Anteil der westdeutschen Waffenexporte ging in den 1980er Jahren in Entwicklungs- und Schwellenländer – allen voran Argentinien, dem die Türkei, Kolumbien und der Irak mit umfassenden Waffenlieferungen folgten.[79] Bei der durch das Verteidigungsministerium und das Bundesministerium des Innern finanzierten Aus-

---

75 Hummel, Rüstungsexportbeschränkungen, S. 223 f.; *M. Brzoska*, Military Trade, Aid and Developing Country Debt, in: Arbeitspapier Nr. 48 des Instituts für Politische Wissenschaft der Universität Hamburg, Forschungsstelle Kriege, Rüstung und Entwicklung, Hamburg 1990, S. 12.

76 Wulf, Waffenexport, S. 29 f. Vgl. sehr differenziert Scheben, Wachstumsstrategien und *R. Graf*, Making Use of the „Oil Weapon“. Western Industrial Countries and Arab Petropolitics in 1973/74, in: Diplomatic History 1, 2012, 185 – 208; Ders., Gefährdungen der Energiesicherheit und die Angst vor der Angst. Westliche Industrieländer und das arabische Ölembargo 1973/74, in: P. Bormann u. a. (Hg.), Angst in den internationalen Beziehungen, Göttingen/Bonn 2010, S. 73 – 92; Ders., Between National and Human Security: Energy Security in the United States and Western Europe in the 1970s, in: Historical Social Research 4, 2010, S. 329 – 348.

77 Jäger u. a., Rüstung ohne Grenzen?; Wulf, Waffenexport, S. 29.

78 Wulf, Waffenexport, S. 29 f. und van de Kerkhof, Waffen und Sicherheit.

79 Wulf, Waffenexport, S. 85 und US-ACDA, Washington, 1988.

rüstungshilfe flossen Gelder z. B. nach Algerien, Benin, Jemen oder Zaire.[80] Insgesamt wurden Gelder und Waffen in eine erstaunliche Vielzahl von Empfängerländern transferiert. Schwerpunkte der militärischen und polizeilichen Unterstützung lagen in Afrika, im Nahen Osten und Südamerika. Dies belegt auch indirekt, dass viele Unternehmen in der BRD ähnlich wie in anderen NATO-Mitgliedsländern bei Rüstungsexporten auf teils offene, teils versteckte Rückendeckung ihrer Regierungen hoffen konnten, die die Ausrüstungshilfe mit Waffen und anderem Material finanzierten. Dafür sprach auch, dass das einträgliche Auslandsgeschäft mit den Waffen „in der weltwirtschaftlichen Krisensituation mit negativen Wachstumsraten Arbeitsplätze sichern und die Zahlungsbilanz verbessern" konnte.[81] Diese Praxis, durch Waffenexporte von Privatunternehmen das nationale Wirtschaftswachstum zu stabilisieren oder zu verbessern, hatte sich nicht nur in den Ländern des Westens, sondern in den frühen 1970er Jahren auch in der UdSSR durchgesetzt. Herbert Wulf belegt dies mit der sofortigen Zahlungsaufforderung an Ägypten während und unmittelbar nach dem Yom-Kippur-Krieg 1973. Die CIA schätzte die Waffenexporte auf insgesamt etwa 10 % der gesamten sowjetischen Exporte[82], was auf eine hohe volkswirtschaftliche Bedeutung hinweist.

Eine nächste Phase der Exportpraxis folgte mit der Amtszeit von Ronald Reagan und den Auswirkungen der *Reagonomics* auf die Rüstungsproduktion.[83] Nun wurden Rüstungsexporte als legitimes Mittel der außenpolitischen, militärischen und wirtschaftspolitischen Ziele angesehen und aufgeschobene Rüstungsexporte wie z. B. die Lieferung von AWACS-Flugzeugen nach Saudi-Arabien genehmigt. Die Rüstungsexporte an Entwicklungsländer insgesamt beliefen sich in den 1980er Jahren auf 36 Milliarden US-Dollar pro Jahr, mit leicht fallender Tendenz am Ende des Kalten Krieges. Eine gewichtige Rolle spielten in diesen Marktverschiebungen auch neue Akteure wie Brasilien und Israel, die durch den Boom der 1970er Jahre in das Geschäft mit konventionellen Waffen und Großwaffensystemen eingetreten waren. Durch die Diversifikation der Anbieter verschob sich die Struktur des weltweiten Waffenmarktes grundlegend. Herbert Wulf sprach in diesem Zusammenhang von einer Art „Rüstungsbasar", „auf dem jeder

---

80 Ausführlicher dazu: van de Kerkhof, Waffen und Sicherheit, vgl. Rheinmetall-Archiv Bestand B 51 Nr. 13.

81 Wulf, Waffenexport, S. 29 f.

82 Ebda, S. 31.

83 Vgl. *S. van de Kerkhof*, Der „Military-Industrial Complex" in den USA, in: JWG 1999/1, S. 103–134; *J. Smithin*, Macroeconomics after Thatcher and Reagan. The Conservative Policy Revolution in Retrospect, Aldershot 1990.

zahlungskräftige Kunde praktisch sämtliches konventionelles Gerät erhalten kann."[84]

Die Exportgeschäfte wurden in der deutschen Öffentlichkeit in einer regelrechten Welle von Rüstungsskandalen ab den 1980er Jahren intensiv diskutiert und Gegenstand von Prozessen. Im Zentrum der Kritik standen dabei vor allem ausufernder Lobbyismus, Bestechung von Politikern und/oder Parteien sowie sinnlose, verschwenderische oder illegale Rüstungsgeschäfte, die gegen die Exportverbote von AWG und KWKG verstießen oder diese mit Hilfe von Lizenzvereinbarungen zu umgehen suchten.[85]

Wirtschaftshistorisch gesehen manifestiert sich hier insgesamt der Übergang von Verkäufer- zu Käufermärkten im Rüstungsgeschäft, ein Wandel, der sich auch in der Wahl der Marketinginstrumente zeigte. Für den Konsum im Allgemeinen wurde in den 1950er/1960er Jahren ein Übergang von Verkäufer- zu Käufermärkten beobachtet.[86] Deutlich wurde nun, dass dieser Übergang für die Rüstungsindustrie auf die 1970er und 1980er Jahre zu datieren ist. Während die Waffenexporte bis zum Vietnamkrieg stagnierten, folgte ab den späten 1970er Jahren ein signifikanter Anstieg der Rüstungsausfuhr. Ein aussagekräftiges Beispiel für diese Rüstungsexpansion der 1970er und 1980er Jahre sind die bundesdeutschen Waffenexporte nach Saudi-Arabien, das durch bilaterale Militärabkommen 1975 zum engeren Verbündeten der USA wurde.[87] Für die BRD bedeutete dies ebenfalls eine Intensivierung des nicht unproblematischen Handels mit Saudi-Arabien.[88] Martin Grüner, Staatssekretär im Wirtschaftsministerium, verteidigte die liberale Ausfuhrpraxis Mitte der 1980er Jahre wie folgt: „So hat z. B. die damalige Bundesregierung 1977 der Ausfuhr einer Fertigungsanlage für Maschinengewehre und einer Sprengstofffabrik nach Saudi-Arabien zugestimmt. Beide Projekte sind in der Folgezeit nicht verwirklicht worden, weil die deutschen Unternehmen nicht zum Zuge gekommen sind. Weitere positive Entscheidungen der früheren Bundesregierung betrafen die Lieferung eines Minenräumsystems im November 1978 und die Lieferung von 72 Feldhaubitzen, Kaliber 155 mm, aus britischer Endfer-

84 Wulf, Waffenexport, S. 34–36, Zitat S. 35.

85 Brzoska, Rüstungsexportpolitik, S. 184; Hummel, Rüstungsexportbeschränkungen, S. 224–230 und 269–272; Jäger u. a., Rüstung ohne Grenzen?, S. 73–80; Leitzbach, Rheinmetall. Vom Reiz, Bd. 2, S. 628–634.

86 Vgl. *C. Kleinschmidt/F. Triebel (Hg.)*, Marketing. Historische Aspekte der Wettbewerbs- und Absatzpolitik (Bochumer Schriften zur Unternehmens- und Industriegeschichte 13), Bochum 2004.

87 *H. Fürtig*, Das Haus Saud und die Wahhabiyya, in: APuZ 46, 2014, S. 3–11, v. a. S. 9.

88 Zum Beispiel in Bezug auf die seit der Regierung Adenauer gemachten Sicherheitsgarantien für Israel. Vgl. Kaim, Israels Sicherheit; *G. Steinberg*, Saudi-Arabien. Politik – Geschichte – Religion, München 2004.

tigung im Oktober 1981. Außerdem wurden seit 1978 über mehrere Jahre fortlaufend Lieferungen von Komponenten für die Herstellung von Handfeuerwaffenmunition genehmigt."[89] Neben diesem Quellenbeleg zeigt allein der Umfang der Rüstungsexporte nach Saudi-Arabien, dass insbesondere seit dem Ende der 1970er Jahre die Ausfuhren massiv erweitert wurden. Besonders während der zweiten Ölkrise und der folgenden Rezession stiegen sie deutlich an, hielten sich aber auch im Zeitraum von 1982 bis 1986 auf hohem Niveau.

Tab. Rüstungsexporte aus der BRD nach Saudi-Arabien, 1964–86

	Mio. US-Dollar
1964–1973	16
1974–1978	20
1978–1982	550
1982–1986	90

Quelle: Wulf, Waffenexport, S. 98, US-ACDA, versch. Jahre.

Der im Jahr 1985 in der Frankfurter Rundschau veröffentlichten Einschätzung: „Die ‚Wende' gab der Rüstungsindustrie starken Auftrieb", kann daher im Fall von Saudi-Arabien nicht zugestimmt werden, denn wie gezeigt gab es auch in den 1970er und frühen 1980er Jahren schon Steigerungen der Ausfuhr, die auch auf die Projekte von HEKO, Fritz Werner, Rheinmetall und anderen zurückzuführen sind.[90]

4 Schlussbetrachtung

Insgesamt gab es schon in der Mitte der 1970er Jahre Bestrebungen, die Rüstungsbemühungen des im Ölboom enorm reich gewordenen Saudi-Arabiens zu unterstützen und damit die zuvor recht einseitigen Außenwirtschaftsbeziehungen in Bezug auf den Export zu stärken. Als Beispiel für diese Art der Kooperation konnte der Bau einer Maschinengewehrfabrik in Saudi-Arabien selbst detaillierter betrachtet werden. Das Land lag in einem Spannungsgebiet und war daher nach KWKG und den „Politischen Grundsätzen" von Waffenlieferungen ausgeschlos-

89 Deutscher Bundestag, 10. Wahlperiode, 165. Sitzung, 17.10.1986, S. 12335f., zit. nach: Wulf, Waffenexport, S. 79.

90 Frankfurter Rundschau vom 18. Februar 1985.

sen. Daher wurden schon früh Wege gesucht, die Barrieren für einen Absatz größerer Mengen Rüstungsgüter nach Saudi-Arabien zu umgehen. Eine Möglichkeit war dabei, keine direkten Waffenlieferungen zu leisten, sondern nur Teile, Lizenzen oder Fertigungsanlagen nach dem AWG zu exportieren. Ein solches Projekt wurde von Rheinmetall präferiert, das nach den krisenhaften Entwicklungen in den 1970er Jahren seine Absatzmärkte und Distributionskanäle zu erweitern suchte. Diese Fallstudie zeigt somit auch, wie neue Nachfrager auch in vermeintlichen Spannungsgebieten strategisch aufgebaut oder zumindest bedient werden konnten. Es scheint auch, dass das Unternehmen bei diesem Projekt der 1970er Jahre aus gescheiterten früheren Genehmigungsverfahren oder schwierigen Geschäftsbeziehungen in der Region lernte. Eingebunden war die Unternehmenspolitik dabei in generelle bundesdeutsche Strategien der Außenwirtschaftsbeziehungen zu Saudi-Arabien, die auch Elemente der Entwicklungspolitik und des Know-how-Transfers in sich tragen. Wie gezeigt werden konnte, unterlag die Unternehmenspolitik aber auch den Einflüssen des Kalten Krieges, wobei die Rüstungsanstrengungen sich insgesamt in die Entwicklungsländer verlagerten und dort zu einer Art „Waffenbasar“ führten. Unternehmen wie Rheinmetall wurden zudem selbst zu Akteuren auf der Bühne des Systemkonflikts, wobei auch der langfristiger angelegte Dekolonisationsprozess und die arabisch-israelischen Konflikte in der Region nicht unerheblich waren. Damit spielten in den Außenwirtschaftsbeziehungen im Kalten Krieg durchaus politische, diplomatische, kulturelle und militärische Interessen eine bedeutende Rolle.

Julius Dihstelhoff, Rachid Ouaissa

Handlungsstrategien deutscher Außenpolitik im Kontext des *Arabischen Frühlings*

1 Einleitung

Die Auswirkungen der historisch überraschenden systemischen Umbrüche im Kontext des sogenannten *Arabischen Frühlings* aus den Jahren 2010/2011 haben nicht nur ein großes Potential innerstaatliche Strukturen zu verändern, sondern auch außenpolitische Handlungsstrategien staatlicher Akteure des internationalen Umfelds von Staaten zu re-dynamisieren. Folglich erfuhr mit dem *Arabischen Frühling* die deutsche Außenpolitik gegenüber den Ländern der Region des Nahen und Mittleren Ostens, kurz MENA-Region, einen spürbaren Wandel. Verglichen mit der außenpolitischen Präsenz Deutschlands in der Region vor dem *Arabischen Frühling* wurden im Kontext der Ereignisse von 2010/2011 die Konturen einer eigenständigen außenpolitischen Strategie Deutschlands so erkennbar wie nie zuvor. So zeigen sich Prioritätsverschiebungen, die sich vor allem in Bezug auf Ägypten, Libyen und Tunesien deutlich wurden und sich in neuen Instrumenten und einer neuen Schwerpunktsetzung der deutschen Außenpolitik ausdrückten. Vor diesem Hintergrund kann argumentiert werden, dass der *Arabische Frühling* eine Art Befreiungsschlag für die deutsche Außenpolitik darstellt, da sie im Verlauf ihrer historischen Ausrichtung gegenüber der MENA-Region, wie im Folgenden noch zu zeigen sein wird, durch verschiedene interne und externe Faktoren eingeschränkt wurde, bzw. durch diese sich selbst beschränkte.

In der analytischen Auseinandersetzung mit der Thematik sollen in diesem Beitrag, (1), wesentliche Meilensteine im Verlauf der deutschen außenpolitischen Entwicklungsgeschichte seit dem Zweiten Weltkrieg während und nach dem Kalten Krieg gegenüber der MENA-Region kursorisch analysiert werden. Dabei wird insbesondere auf die (Dis-)kontinuitäten der deutschen Außenpolitik hinsichtlich ihrer Instrumente, Interessen und Strategien eingegangen. (2) Das Hauptaugenmerk der Analyse liegt auf der Betrachtung des außenpolitischen Verhaltens Deutschlands zu Beginn der Umbruchprozesse seit Ende 2010/ Anfang 2011, welches durch ausgewählte Instrumente skizziert werden soll. So wird neben den verschiedenen bilateralen Initiativen, die als unmittelbare Reaktion auf den *Arabischen Frühling* von deutscher Seite aufgelegt wurden, auch die wirtschaftliche Kooperation sowie die deutsche EU-Politik gegenüber den Staaten der

https://doi.org/10.1515/9783110541120-006

MENA-Region seit 2011 zusammengefasst und die inhaltlichen Schwerpunktsetzungen hierbei erläutert.

2 Deutsche Außenpolitik(en) gegenüber der MENA-Region vor dem *Arabischen Frühling* – Historische Meilensteine seit dem 2. Weltkrieg

Nach Ansicht von Joe Joffe standen die deutschen auswärtigen MENA-Außenpolitiken nach dem 2. Weltkrieg unter dem Einfluss von drei Faktoren, die er durch folgende Schlagworte vereinfacht benennt: (1) Kalter Krieg, (2) Sonderbeziehung mit Israel und (3) Öl.[1] Ausgehend hiervon ist auch die ost- und westdeutsche MENA-Politik nach dem 2. Weltkrieg als ein Produkt aus den genannten Faktoren zu verstehen. „*Preoccupation with economic growth, political integration into the West and the „German problem“ did not leave much room for a clearly formulated and actively followed policy in areas outside the bipolar world of the big blocs, particularly if Germany was confronted – as it was in the Middle east – with a regional conflict that would not fit nealty into Cold War politics.*„[2] So betont Friedemann Büttner in diesem Zusammenhang, dass in der deutschen auswärtigen MENA-Politik sowohl politische als auch ökonomische Dimensionen eng miteinander verwoben und daher nicht voneinander zu trennen waren.[3] Vielmehr markierten sie ein Spannungsfeld zwischen widersprüchlichen Interessen und konkurrierenden Anforderungen im ost- und westdeutschen Engagement gegenüber der MENA-Region: (1) in der Rücksichtnahme auf die Interessen der europäischen Partner und der USA in der Region; (2) in der Diversifizierung der Beziehungen zu arabischen Staaten aufgrund ökonomischer Interessen als Hauptöllieferanten und wichtigen Exportmärkten; (3) in der durch die Nazi-Zeit begründeten historischen Sonderbeziehung zu Israel ab den 1960er Jahren. In Ergänzung dazu war für Ernst-Otto Czempiel die westdeutsche Außenpolitik nach dem 2. Weltkrieg maßgeblich von der Zustimmung seiner Alliierten abhängig: „*The Implantation of Germany's foreign politicy depends to a large extent on the consent of ist allies, pre-*

1 Vgl. *J. Joffe*, Reflections on Germany in the Middle East, in: *S. Chubin* (Hg.), Germany and the Middle East: Patterns and Prospects, London 1992, S. 195f..

2 Vgl. *F. Büttner*, Germany's Middle East Policy: the Dilemma of a „Policy of Even-Handedness“ (Politik der Ausgewogenheit), in: *H. Goren*, Germany and the Middle East – Past, Present Future, Jerusalem 2003, S. 128.

3 Vgl. Ebda., S. 115–161.

dominantly the United States.“[4] Generalisierend kann festgehalten werden, dass es, (1), nur begrenzte Forschung zur deutschen Außenpolitik in der MENA-Region seit dem 2. Weltkrieg gibt und (2), das Kernthema der Forschung die uneindeutige Ausrichtung der deutschen auswärtigen MENA-Politik aufgrund ihres Anspruchs nach Ausgewogenheit und Zurückhaltung, auszumachen ist.[5]

2.1 Kursorische Meilensteine während des Kalten Krieges

Die ost- und westdeutschen MENA-Politiken nach 1945 waren integraler Bestandteil der deutschen Entwicklungspolitik bzw. Beziehungen zu den Ländern der sogenannten *Dritten Welt*, die wiederum von der damaligen Architektur des Internationalen System stark beeinflusst waren. Ab Ende der 1940er Jahren intensivierte sich der Ost-West-Konflikt: mit der Truman-Doktrin begann der Wettbewerb um die Blockzuordnung der frisch dekolonisierten Staaten des Südens. Sowohl aus Moskau als auch aus Washington wurde der Erwartungsdruck gegenüber Ost- und Westdeutschland größer, sich im ideologischen Wettkampf um die Länder der Dritten Welt zu positionieren. So drängten die USA Westdeutschland dazu, sich in der zweiten Hälfte der 1950er Jahre an den Kosten ihrer Globalpolitik zu beteiligen. Dabei rechtfertigten die USA dies mit dem Profit der Bundesrepublik durch den Marshallplan. So entstand die Grundhaltung der USA, dass Deutschland aufgrund seiner nicht-kolonialen Vergangenheit eine Mittlerrolle zwischen den ehemaligen Kolonien und den westlichen Staaten übernehmen könnte. Vor diesem Hintergrund institutionalisierte sich aus den Aktivitäten Westdeutschlands mit den ehemaligen Ländern der Dritten Welt das Ministerium für Entwicklung und Zusammenarbeit im Jahr 1961.[6] Des Weiteren trug die Teilung Deutschlands zu einem politischen und wirtschaftlichen Wettbewerb zwischen Ost- und Westdeutschland um die MENA-Region bei. In den 1950er und 1960er Jahren versuchten beide Länder,

4 *E.-O. Czempiel*, Foreign Policy Strategy of the Federal Republic of Germany and the Relevance of Central and Central Eastern Europe and the Southern Mediterranean to it, in: *H. Elsenhans* (Hg.), A Balanced European Architecture. Enlargement Of The European Union To Central Europe And The Mediterranean, Leipzig 1999, S. 22.

5 Vgl. z. B.: *G. Schwanitz* (Hg.), Deutschland und der Mittlere Osten im Kalten Krieg, Leipzig 2006; *G. Schwanitz* (Hg.), Deutschland und der Mittlere Osten, Leipzig 2004; *H. Goren* (Hg.), Germany and the Middle East – Past, Present Future, Jerusalem 2003; *S. Chubin* (Hg.), Germany and the Middle East: Patterns and Prospects, London 1992.

6 Vgl. *H.-J. Spanger*/*L. Brock* (Hg.), Die beiden Deutschen Staaten in der Dritten Welt. Die Entwicklungspolitik der DDR. Eine Herausforderung für die Bundesrepublik Deutschland?, Opladen 1997, S. 279 ff.

über Handelsbeziehungen und Entwicklungszusammenarbeit mit Ländern der MENA-Region die Debatte über die politische Legitimität Ostdeutschlands zu ihren Gunsten zu lenken. Der Versuch, die Interessen der Blockzugehörigkeit und der eigenen außenpolitischen und wirtschaftlichen Interessen im innerdeutschen Konkurrenzverhältnis zu bedienen, mündete in zwei Doktrinen, die die Beziehungen der beiden deutschen Staaten mit den Staaten des Südens bis in die 1970er Jahre prägen sollten: die Hallstein Doktrin und die Ulbricht-Doktrin. So wurden zum Beispiel in der Bundesrepublik im Jahr 1965 Sondermittel in Höhe von knapp einer Milliarde DM für Indonesien, Ghana und die arabischen Staaten bereitgestellt. Ihr Ziel sollte es sein, diese *befreundeten Staaten* in ihrer positiven Haltung gegenüber der Bundesrepublik zu bestärken und sie gleichzeitig vor einer *Infizierung mit der ägyptischen Krankheit*[7] in Gestalt einer Annäherung an die DDR zu bewahren. Generell wurde das Konkurrenzverhältnis zwischen Ost-und Westdeutschland durch die individuelle Haltung gegenüber Israel angeheizt. Einer partnerschaftlichen Kooperation mit Israel, welche sich auf ein historisches Verantwortungsbewusstsein stützt, wurde vor allem seitens Westdeutschlands angestrebt. Ostdeutschland hingegen setzte auf Palästina und versuchte Bündnisstrukturen über anti-israelische Ressentiments unter weiteren arabischen Staaten zu kreieren. „Das politische Kalkül, die Hallstein-Doktrin mit Hilfe arabischer Staaten zu durchbrechen, ging mit einseitiger Parteinahme im Nahostkonflikt und mit betonter antiisraelischer Polemik einher.“[8] In den späten 1960er Jahren begannen, mit der Öffnung Westdeutschlands hin zum Osten und der wechselseitigen Anerkennung, erste Versuche einer Formalisierung der politischen Beziehungen Westdeutschlands zur MENA-Region.[9] Diese gingen maßgeblich auf Entscheidungen der sozial-liberalen Koalitionsregierung von Brandt und Scheel im Kontext des Sechstage-Krieges von 1967 zurück.[10] Inhaltlich wurde hier ein außenpolitisches Konzept der *Ausgewogenheit*[11] hinsichtlich des Kooperationsverhältnisses mit Israel und den meisten arabischen Staaten verabschiedet, welches größtmögliche Neutralität in den diplomatischen Beziehungen sicherstellen

7 Ebda., 288.
8 Timm zit. n. *M. Koller-Seizmair*, Rezension zu Deutschland und der Mittlere Osten im Kalten Krieg von Wolfgang G. Schwanitz, 2007, Mainz: Davo-Nachrichten, http://research.uni-leipzig.de/comparativ/documents/Review_Comparativ_2_2006_in_DAVO_26_2007_114–115.pdf, 10.10.2017, S. 115.
9 Vgl. *K. Kausch*, Enabling or evading? Germany in the Middle East, 2015, http://fride.org/download/PB191_Germany_in_the_Middle_East.pdf, 30.05.2017.
10 Vgl. *Büttner*, Germany's Middle East Policy S. 116.
11 Ebda.

sollte. Diese außenpolitische Maxime wurden in der Folge von sämtlichen Regierungen bis zur Wiedervereinigung Deutschlands übernommen. Um dieser strukturellen Herausforderung zu begegnen, wurde im Sinne des selbstauferlegten Credos *Niemals wieder allein*[12] die Europäische Politische Zusammenarbeit (EPZ) als adäquates Instrument der Bearbeitung angesehen. Zugleich wuchs mit der Intensivierung des wirtschaftlichen Wiederaufbauprozesses und der Wiedereingliederung der Bundesrepublik in den Weltmarkt die Nachfrage nach Erdöl. Die MENA-Region war hierbei das strategische Zentrum mit dem höchsten Erdöl- und Gasvorkommen weltweit: 94 Prozent aller Ölimporte stammten in den 1960er Jahren aus den OPEC-Staaten.[13] Grundsätzliche Ziele dieser Außenwirtschaftspolitik waren die Energiesicherung sowie die Schaffung von Absatzmärkten. Zu ihrer Umsetzung sollte die MENA-Region zugleich für die deutsche Wirtschaft attraktiver gemacht werden: daher zielte die deutsche Entwicklungspolitik darauf ab, mit der Entwicklungshilfe die Überwindung von Unterentwicklung in der MENA-Region zu beschleunigen und dadurch mehr Kaufkraft für deutsche Fertigprodukte zu schaffen. Bei Elsenhans heißt es hierzu: „Die Europäer [können] ihr Erdöl aus Nahost am leichtesten dann bezahlen [...], wenn über den arabischen Nationalismus ein gesamtarabisches Wirtschaftsgebiet entsteht, das, gestützt auf die Massen der Marginalisierten, der kleinen Bauern und Landarbeiter und der städtischen Arbeiterklassen, einen Prozess der Überwindung von Unterentwicklung in Gang setzt und damit die Nachfrage nach Waren aus Europa, insbesondere Investitionsgütern vergrößert."[14] Jedoch ist festzuhalten, dass sich zu dieser Zeit die Vorstellungen bezüglich der Überwindung von Unterentwicklung zwischen der Bundesrepublik und den Regierungseliten aus der Region radikal unterschieden. Diese Grundverschiedenheit bezeichnet Elsenhans als ein *Strukturelles Missverständnis*[15], zumal viele MENA-Staaten das deutsche Kapital im bildlichen Sinne nur als einen verlängerten Arm des ausbeuterischen westlichen Imperialismus verstanden hätten. Vor diesem Hintergrund ist die Dekade der ersten Ölkrise in den 1970er Jahren als Schlüsselzeitraum in den Beziehungen

---

12 *M. Beck/H. Fürtig/H. Mattes*, Herausforderungen deutscher Außenpolitik im Nahen Osten, Hamburg 2008.

13 Vgl. *K. Matthies*, The Role of Oil in the Energy Policy of West-Germany, in: *K. J. Gantzel/H. Mejcher* (Hg.), Oil, the Middle East, North Africa and the Industrial States, Paderborn 1984, S. 102.

14 *H. Elsenhans/G. Junne*, Zu den Hintergründen der gegenwärtigen Ölkrise, in: Blätter für deutsche und internationale Politik 18/12, 1973, S. 1316 f..

15 *H. Elsenhans*, La politique extérieur de la République Fédérale d'Allemagne et le Tiers-Monde; la politique extérieure de l'Algérie et l'Europe Centrale, Politique Internationale et Relations Bilaterales. Actes du Colloque Algerio-Allemand du 8 au 10 Février 1988, o.O., 1988, S. 179.

zwischen Deutschland und der MENA-Region einzuordnen. Als Ägypten und Syrien ihren Überraschungsangriff gegenüber Israel im Jahr 1973 führten, trug dies zu weitreichenden Veränderungen in den internationalen Beziehungen bei. Die US-Unterstützung Israels führte zu einem Öl-Embargo durch die MENA-Staaten, welches ein vollständiges Ölexportverbot in verschiedene Länder sowie Beschränkungen bei der Ölproduktion einiger Länder beinhaltete. Dies mündete in einen rasanten Anstieg der Ölpreise, der wiederum zu ökonomischen und strategischen Verlusten bei sämtlichen westlichen Industrieländern beitrugen.[16] Nach 1973 egalisierten sich die ökonomischen Abhängigkeiten des Westens von der MENA-Region, indem es zum Anstieg diversifizierter ökonomischer Interaktion kam. Einerseits wurde das Bedürfnis der westlichen Industrieländer nach beständiger Erdölversorgung zum Sicherheitsthema, so dass neue polit-ökonomische Ansätze gegenüber den MENA-Staaten errichtet wurden – zumal im Jahr 1973 noch 49,3 Prozent der gesamten westdeutschen Erdölversorgung aus der MENA-Region stammten.[17] Infolge der temporären Schwankungen des Ölpreises aufgrund der weltweiten Inflation seit 1975 sowie insbesondere seit der zweiten Ölkrise aus dem Jahr 1979, die durch Streiks iranischer Ölarbeiter ausgelöst wurde, wurden die bisherigen Handelsbeziehungen zwischen den MENA-Staaten und Westdeutschland erneut auf den Kopf gestellt.[18] Danach kam es erneut zu Preissteigerungen und zur Auflösung bestehender Zugangsberechtigungen mit internationalen Firmen, was mit gravierenden geo-ökonomischen Auswirkungen einherging. Während beispielsweise der Anteil der MENA-Staaten an der weltweiten Ölproduktion von 53 Prozent im Jahr 1973 auf 47 Prozent im Jahr 1980 sowie 29 Prozent im Jahr 1985 absank, verringerte sich zeitgleich auch ihr Anteil an weltweiten Ölexporten von 30 Prozent in 1980 auf 19 Prozent im Jahr 1985.[19] Vor diesem Hintergrund begann Westdeutschland, welches mit über 100 Mio. Tonnen den höchsten Primärenergie- und Ölverbrauch im westlichen Europa verzeichnete, seine Erdölversorgungsstrategie seit 1982 zu diversifizieren. Dies implizierte, dass die auf Erdölsicherung basierten Handelsbeziehungen zwischen den MENA-Staaten (exklusive Israel) und dem Westen an relativer ökonomischer Wichtigkeit und Dringlichkeit verloren.[20]

---

16 Vgl. *H.W. Maull*, Economic relations with the Middle East: weight and dimensions, in: *S. Chubin* (Hg.), Germany and the Middle East: Patterns and Prospects, London 1992, S.116.

17 Ebda., S. 117, 119.

18 Vgl. R.E. Harkavy/ G. Kemp, Strategic Geography and the Changing Middle East, Washington 1997.

19 Vgl. Maull, Economic relations, S. 121.

20 Vgl. Ebda., S. 124, 128.

2.2 Nach dem Kalten Krieg

Das Ende des Ost-West-Konflikts als globales Ordnungssystem führte zu neuen Konfigurationen globaler Machtverhältnisse und veränderte das alte geopolitische Verständnis Westdeutschlands[21] genauso wie die geostrategischen Parameter der MENA-Region.[22] Dementsprechend war Deutschland nicht länger ein Staat auf der Konfrontationslinie zwischen Osten und Westen, wo eine Sicherheitsbedrohung identisch zur Bedrohung der staatlichen territorialen Integrität gesehen wurde.[23] Als Konsequenz daraus war die Intensivierung der Beziehungen zur MENA-Region nur im Zeitraum nach dem Kalten Krieg möglich. Dabei ging die Dezentralisierung der internationalen Machtstrukturen mitunter auch mit multiplen Sicherheitsbedenken einher. Zum Beispiel fürchteten sich viele MENA-Staaten vor einer amerikanischen Vormachtstellung innerhalb ihrer Region.[24] Dies hing maßgeblich mit ihrer Perzeption von Deutschlands Gewicht und Größe sowie seiner zentralen Bedeutung für die Sicherheit Eurasiens zusammen, die gemeinhin als zunehmend wichtige Faktoren im internationalen System nach dem Kalten Krieg verstanden wurden.[25] Demnach erhofften sich die MENA-Staaten, dass ein wiedervereinigtes Deutschland unabhängiger von den USA auftreten und möglicherweise die amerikanische Macht etwas begrenzen könnte. Zentraler Grund hierfür waren die Fremderwartungen der MENA-Staaten an ein politisch und ökonomisch machtvolles Deutschland in der Region, die Udo Steinbach als allesamt überzogen beurteilt.[26] Zudem haben sich seit dem Ost-West-Konflikt die amerikanischen und europäischen Interessen in der MENA-Region intensiviert. Allerdings ist auffällig, dass die Interessen der einzelnen europäischen Staaten in unterschiedliche Politiken eingebettet waren, so dass diese auch die deutsche Außenpolitik in der MENA-Region limitierten. So manifestierte sich „[...] zunächst eine Art „Arbeitsteilung“ [...], derzufolge die MOEL [Mittel- und Osteuropäischen Länder] der Verantwortung Deutschlands und die MDL [Mittelmeer Drittländer] der Verantwortung Frankreichs zugeordnet wurden.“[27] Hinsichtlich der europäi-

---

21 Vgl. *V. Perthes*, Germany, the Mediterranean, and the Middle East: Approaching the Region through Europe, in: *Goren* , Germany and the Middle East, S.161 f..

22 Vgl. *P. Ashley*, Cold War Politics in the Middle East, 2012, http://www.e-ir.info/2012/08/30/cold-war-politics-in-the-middle-east/, 30.05.2017.

23 Vgl. *Perthes*, Germany, S. 163.

24 Vgl. *U. Steinbach*, Germany's Foreign Policy and the Middle East: In Quest of a Concept, in: *Goren* , Germany and the Middle East, S. 86 ff..

25 Vgl. *Chubin*, Germany and the Middle East,S. 8 ff..

26 Vgl. *Steinbach*, Germany's Foreign Policy, S. 87.

27 *A. Jünemann*, Deutsche Mittelmeerpolitik im europäischen Rahmen. Defizite im Nahen Osten und in der Türkei, in: Aus Politik und Zeitgeschichte 17, 1999, S. 2.

schen Nachbarschaftsregionen entstand folglich eine geographisch determinierte Aufgabenteilung unter den einzelnen EU-Staaten, die jedoch seitens westdeutscher Regierungsvertreter*innen zunächst bestritten wurde. Stattdessen wurde rhetorisch das westdeutsche Engagement in beiden Nachbarregionen, sowohl im Mittelmeerraum als auch in Bezug auf den Osten Europas, gleichermaßen herausgestellt und als gesamteuropäische Verantwortung diskursiv gerahmt. Dabei wurde diese Verantwortung beispielsweise durch den damaligen Staatsminister beim Bundesminister des Auswärtigen, Helmut Schäfer, um den Aspekt der gemeinsamen wirtschaftlichen Zusammenarbeit näher bestimmt. „Germany would be part of a joint European effort characterized, first and foremost, by economic cooperation.“[28] Trotz der Wiedervereinigung Deutschlands, die nahezu alle Regierungen der MENA-Region begrüßten und die im internationalen Maßstab zu einem intensiven Neudefinierungsprozess deutscher Außenpolitik führte, sollte die bescheidene Nah-und Mittelostpolitik Deutschlands gemäß geographischer Arbeitsteilung weiterhin Bestand haben. Allerdings wurde seitens der deutschen Regierungen als langfristiges Ziel in der MENA-Politik zugleich die Stabilisierung der Region durch geo- und sicherheitspolitische sowie durch die wirtschaftliche Entwicklung antizipiert.[29] „The Middle East, for geographic and economic reasons, is an area where Europe and Germany may reasonably be expected to take on greater diplomatic responsibilities and engage in greater exchanges.“[30] Peu à peu entwickelte das wiedervereinigte Deutschland ein größeres Bewusstsein dafür, dass vor allem Krisen in Nordafrika, d. h. in der südlichen Nachbarschaft des Mittelmeers, auch negative Implikationen für die deutsche Sicherheit haben könnten.[31] Zu den zentralen sicherheitspolitischen Herausforderungen gehörten Drogen- und Menschenhandel, Terrorismus, Migrationsdruck und der Export von zwischenstaatlichen Konflikten nach Europa.[32] Als Hauptgrund dieser Befürchtungen wurde das Verschwinden der intra-europäischen Grenzkontrollen durch die Schengener Abkommen und den Vertrag von Amsterdam genannt: So rückten Deutschland und weitere EU-Länder aufgrund der nun gemeinsamen gesamteuropäischen Außengrenzen näher an die Problemstellungen des Mittelmeerraumes heran.[33] Damit wurde Deutschland zum *Quasi-mediterranen Staat*[34], dessen Si-

28 *H. Schäfer*, Zur deutschen Außenpolitik und Nordafrika: Rede vor der Deutsch-Tunesischen Gesellschaft am 26. April 1994 in Bonn, Berlin 1994, S. 354 ff..

29 Vgl. *Jünemann*, Deutsche Mittelmeerpolitik, S. 6.

30 *Chubin*, Germany and the Middle East, S. 9.

31 Vgl. *Jünemann*, Deutsche Mittelmeerpolitik, S. 10.

32 Vgl. *Perthes*, Germany, S. 165 f..

33 Vgl. *Jünemann*, Deutsche Mittelmeerpolitik, S. 7

34 *Perthes*, Germany, S. 165.

cherheit fortan, genauso wie die der EU stark mit dem südlichen und östlichen Mittelmeerraum zusammenhängen würde. Dies hatte zur Folge, dass sich die deutschen und südeuropäischen Wahrnehmungen von Risiken oder Sicherheitsherausforderungen aus dem Mittelmeerraum darin überschnitten, dass eine gemeinsame Politik gegenüber den südlichen Mittelmeeranrainern etabliert werden musste.[35] Neben diesem Kerninteresse an sicherheitspolitischer Stabilität fokussierte sich die deutsche Außenpolitik seit der Wiedervereinigung stark auf die Sicherung wirtschaftlicher Interessen. Dies inkludierte die MENA-Region in hohem Maße.[36] Die ökonomischen Beziehungen zwischen Deutschland und der MENA-Region waren zu dieser Zeit durch zwei maßgebliche, komplementäre Aspekte geprägt: (1) Die industrielle Stärke Deutschlands als Schlüsselproduzent und führender Exporteur von Industrieerzeugnissen, die von Energie und Rohmaterialien abhing; (2) Die Absicherung deutscher Energieversorgung zu kostengünstigen Preisen aus der Region mit der größten Erdölkonzentration weltweit.[37] Trotz dieser Ausrichtung ist zu betonen, dass die deutschen ökonomischen Interessen im Mittelmeerraum relativ begrenzt blieben. So betrugen deutsche Exporte in Richtung Partnerstaaten der Euro-Mediterranen Partnerschaft (EMP) im Jahr 1997 nur 16 Milliarden US-Dollar und machten damit nur 3 Prozent der gesamten deutschen Exporte aus. Mehr als 45 Prozent dieser mediterranen Exporte gingen in die Türkei, 15 Prozent in Richtung Israel und ein Prozent an alle arabischen Staaten entlang der Mittelmeerküste zusammen.[38] Im Bereich der Energiesicherung wurden Algerien und Libyen zu den wichtigsten Energielieferanten Deutschlands. Auf der Basis der sicherheitspolitischen und ökonomischen Interessenlage entwickelte sich fortan ein stärkeres deutsches Bekenntnis, sich in der EU-Mittelmeer-Politik engagieren zu wollen. Insgesamt blieb jedoch die deutsche Nah- und Mittelostpolitik im Vergleich zum Umfang und der Priorität von Konzepten und Themenschwerpunkten hinsichtlich anderer Weltregionen, wie beispielsweise die Gestaltung der transatlantischen Beziehungen, der Auf- und Ausbau der EU, oder die NATO-Erweiterung in Richtung Osteuropa, weiterhin blass.[39]

Ansätze einer ersten konzeptionellen Kehrtwende in der deutschen Außenpolitik gegenüber der MENA-Region ergaben sich mit der Entstehung des Kooperationskonzepts der EMP im Jahr 1995, die als *Barcelona-Prozess* bekannt wurde. In diesem Rahmen rückten zumindest die südlichen Mittelmeer-Anrai-

---

35 Vgl. *Jünemann*, Deutsche Mittelmeerpolitik, S. 7 f..
36 Vgl. *Perthes*, Germany, S. 166.
37 Vgl. Maull, Economic relations, S. 115.
38 Vgl. *Perthes*, Germany, S. 166.
39 Vgl. *Chubin*, Germany and the Middle East, S. 3 f..

nerstaaten zum ersten Mal auch konzeptionell stärker in den Fokus der deutschen Außenpolitik. Die Etablierung einer Freihandelszone zwischen der EU und den südlichen Mittelmeeranrainern, sowie eine vertiefte Kooperation und Koordination auf der allgemeinen politischen, kulturellen und sicherheitsbezogenen Ebene, wurden angestrebt. Allerdings standen hierbei weniger nationale Partikularinteressen Deutschlands als gesamteuropäische Belange, wie die Demokratisierung und die soziale, politische und ökonomische Stabilisierung der MENA-Region, im Fokus der deutschen Außenpolitik.[40] Diese Intensivierung der Beziehungen mit dem Mittelmeerraum stellte die Bundesregierung unter anderem durch ihre Rolle als Gastgeberin der dritten Mittelmeerkonferenz der Außenminister, die im April 1999 im Rahmen der EMP in Stuttgart stattfand und unter der deutschen EU-Ratspräsidentschaft durchgeführt wurde, unter Beweis. Hier stellte sich Deutschland sowohl planerisch als auch finanziell in den Dienst des Barcelona-Prozesses, was eine deutliche Abkehr von der früheren Zurückhaltung deutscher Außenpolitik gegenüber dem Mittelmeerraum implizierte.[41] So suggerierte Deutschland eine stärkere Miteinbeziehung der Mittelmeer Drittländer (MDL) in seine außenpolitische Ausrichtung und trieb so den Ausbau politischer Mitsprache in diesem Politikbereich voran.[42] Auch rhetorisch versuchten deutsche außenpolitische Entscheidungsträger erneut eine Intensivierung deutscher Außenpolitik gegenüber dem Mittelmeerraum zu initiieren. So betonte der damalige Staatsminister beim Bundesminister des Auswärtigen, Helmut Schäfer: „The Mediterranean region and the near East are historically, geographically, politically, economically and culturally of great significance for Europe (and thus also for Germany).“[43] Zudem heißt es in einer Drucksache des deutschen Bundestages aus dieser Zeit: „Die Bundesregierung unterstützt insbesondere eine umfassende und kohärente europäische Mittelmeerpolitik, die darauf gerichtet ist, die Spannungsfelder in Nordafrika und im Nahen Osten auflösen zu helfen.“[44] Im Jahr 1999, während seiner Rede in der französischen Nationalversammlung, betonte der damalige Außenminister, Joschka Fischer, dass Deutschland nicht länger einen *Geo-Klientelismus* betreiben solle, in dem Deutschland den Osten und Frankreich den Süden *bedienten.*[45] Vielmehr sei die Stabilisierung des öst-

40 Vgl. *Jünemann*, Deutsche Mittelmeerpolitik, S. 20.
41 Vgl. *Perthes*, Germany, S. 167.
42 Vgl. *Jünemann*, Deutsche Mittelmeerpolitik, S. 1 ff..
43 *Schäfer*, Zur deutschen Außenpolitik, S. 354.
44 *Deutscher Bundestag*, Drucksache 13/3037: Antwort der Bundesregierung auf die Große Anfrage der Abgeordneten Dr. Christoph Zöpel, Brigitte Adler, Dr. Ulrich Böhme (Unna), weiterer Abgeordneter und der Fraktion der SPD, Berlin 1995, S. 2.
45 Fischer, 1999 zit. n. *Perthes*, Germany, S. 163.

lichen und westlichen Nachbarschaftsraumes im gesamteuropäischen Interesse, welches Deutschland auch als solches begriffe. Demzufolge appellierte Fischer für eine engagiertere Mittelmeerpolitik Deutschlands.[46] Ein weiterer Grund für die Intensivierung deutscher Außenpolitik im Mittelmeerraum war der Wunsch Deutschlands nach einem stärkeren Gewicht innerhalb der neu gegründeten Gemeinsamen Außen- und Sicherheitspolitik der EU (GASP).[47] Die Beherbergung der dritten Euro-Mediterranen Partnerschaftskonferenz im Jahre 1999 in Stuttgart war ein symbolischer Akt und ein Signal, dass Deutschland auch an der gemeinsamen Mittelmeerpolitik der EU stärker interessiert war. Dennoch ist trotz dieser intensiveren Beziehungen und des deutschen Bekenntnisses zu einer multilateralen Agenda im Kontext der EU auffällig, dass zu dieser Zeit, (1), nach wie vor keine konzeptionell festgelegte deutsche Außenpolitikstrategie gegenüber dem Nahen und Mittleren Osten verabschiedet wurde und (2), auf die geopolitische Arbeitsteilung durch die deutsche Bundesregierung in einer Drucksache des Deutschen Bundestages erneut hingewiesen wurde: „Aus politischen Gründen stehen für Deutschland eher Mittelost- und Osteuropa im Vordergrund, da alle Vorgänge in diesem Raum unmittelbare Auswirkungen auf unser Land haben können."[48]

3 Die deutsche Außenpolitik gegenüber der MENA-Region seit dem „Arabischen Frühling"

Eine deutliche konzeptionelle Kehrtwende in der deutschen Außenpolitik gegenüber der MENA-Region ergab sich durch den *Arabischen Frühling.*

Wie alle europäischen Staaten zögerte Deutschland zunächst, den jahrzehntelangen diktatorischen Kooperationspartnern aus der MENA-Region den Rücken zu kehren und zeigte gegenüber größeren Protestbekundungen der Zivilbevölkerung verhaltenen Aktionismus. Während der Massendemonstrationen, die die systemischen Umbrüche in Ägypten und Tunesien einleiteten, verurteilte Deutschland die staatlich forcierte Gewalt und forderte das Regime immer deutlicher dazu auf, auf die Bedürfnisses eines Volkes einzugehen.[49] Doch das Abtreten der Regierung wurde zunächst nicht gefordert. Stattdessen wurde eine

46 Vgl. *Perthes*, Germany, S. 163.

47 Vgl. *Jünemann*, Deutsche Mittelmeerpolitik, S. 8.

48 *Deutscher Bundestag*, Drucksache 13/3037, S. 1.

49 Vgl. *E. Ratka*, Germany and the Arab Spring – Foreign Policy between new activism and old habits, in: German Politics and Society 102/2, 2012, S. 64.

abgestimmte europäische Rhetorik eingesetzt, die sich jedoch nicht in eine einheitliche EU-Politik übersetzte. Während die langjährig dominierenden Akteure in der EU-Mittelmeerkooperation wie Frankreich, Italien und Spanien, wochenlang paralysiert[50] und handlungsunfähig erschienen, öffnete sich für Deutschland ein neues Handlungsfenster.

Erste Veränderungen in der Haltung Deutschlands machten sich unmittelbar nach dem Sturz Mubaraks vom 11. Februar 2011 bemerkbar. So wurden zunehmend die Protestbewegungen in Ägypten unterstützt. Der damalige Bundesaußenminister, Guido Westerwelle, versuchte die Möglichkeit zu nutzen, um die Transformation der südlichen Mittelmeeranrainer zu gestalten, ohne dabei historische Ressentiments gegenüber früheren Kolonialmächten, die etwa im Falle anderer europäischer Staaten sichtbar wurden, hervorzurufen. In diesem Kontext benutzte Westerwelle bald den Begriff der *Transformationspartnerschaft* und wurde als *Erster Besucher der tunesischen Revolution*[51] in Tunesien (13. Februar 2011) begrüßt. Daraufhin folgten mehrere Staatsbesuche nach Tunesien (vier Staatsbesuche) und Ägypten (sechs Staatsbesuche nach dem Sturz Hosni Mubaraks, davon allein fünf Reisen in den Jahren 2011/2012). Programmatisch wurden seitens der deutschen auswärtigen Politik Transformationshilfen auf drei Ebenen zugesagt: (1) Zusätzliche Beträge an politische Stiftungen; (2) eine Aufstockung der Entwicklungshilfe (ODA) und (3) die Ausweitung auswärtiger Kulturpolitik. Am Tag von Mubaraks Abtreten, am 11. Februar 2011, richtete das Bundesministeriujm für wirtschaftliche Zusammenarbeit (BMZ) einen Demokratieförderungsfonds ein, der mit sechs Mio. Euro ausgestattet wurde und der die Zivilgesellschaft sowie die Parteien- und Medienlandschaft stärken sollte. Des Weiteren wurden zusätzliche acht Mio. Euro für den *Offenen Regionalfonds Qualifizierung und Beschäftigungsförderung Jugendlicher in MENA (ORF)*[52] bereitgestellt, um insbesondere die hohe Jugendarbeitslosigkeit durch Aus- und Weiterbildungsprogramme zu verringern. Zudem stellte das BMZ 20 Millionen

---

50 Vor allem Frankreich erlitt ein diplomatisches Desaster, da insbesondere die Außenministerin Michèle Alliot-Marie noch bis zuletzt Ben Ali und sein Regime unterstützte und den tunesischen Sicherheitskräften das französische Know-How zur Verfügung stellen wollte, um die Lage unter Kontrolle zu bringen (vgl. *K. Sold*, Der Arabische Frühling – Prüfstein für die außenpolitische Kultur Deutschlands und Frankreichs, in: *S. Ruß-Sattar/P. Bender/G. Walter* (Hg.), Europa und der Arabische Frühling. Deutschland, Frankreich und die Umbrüche der EU-Mittelmeerpolitik, Baden-Baden 2013, S. 75).

51 Vgl. *Auswärtiges Amt*, Vernetzter Ansatz für Tunesien, 2011, http://www.auswaertiges-amt.de/DE/AAmt/BM-Reisen/2011/02-Tunesien/110212_BM_Tunesien.html?nn=382590, 03.03.2013.

52 *Bundesministerium für Wirtschaftliche Zusammenarbeit und Entwicklung*, Was wir machen. Naher Osten und Nordafrika, 2013a, http://www.bmz.de/de/was_wir_machen/laender_regionen/naher_osten_nordafrika/demokratisierungsprozess/index.html, 05.10.2013.

Euro in Aussicht, um die Re-Finanzierung von Existenzgründerdarlehen und Investitionskrediten zu unterstützen.[53] Dieser Betrag wurde am 11. August 2011 in den Wirtschaftsförderungsfonds *SANAD*[54] überführt, der durch Dritt- und Marktmittel über ein Volumen von 52 Millionen Euro für die Vergabe von Krediten an Kleinunternehmer über lokale Banken in Ländern des Nahen Ostens und Nordafrikas verfügte. Darüber hinaus gründete das BMZ im Jahr 2012 einen regionalen Governance-Fonds, der fünf Millionen Euro für den Nahen Osten und acht Millionen für Nordafrika bereitstellte. Hiermit sollten Good Governance-Strukturen und politische Partizipation gestärkt werden. „Wichtige Querschnittsthemen sind hierbei zum Beispiel Transparenz, Gender, Dezentralisierung und Förderung positiver Beziehungen zwischen Staat und Gesellschaft."[55] Die *Transformationspartnerschaften* implizierten einen *low politics approach*[56] mit technischer Praxisorientierung durch Einzelprojekte in der Höhe von 100 Millionen Euro für 2012 und 2013. Dabei ging es bei den Transformationspartnerschaftsprojekten weniger um eine umfassende Konzeption mit entsprechenden Instrumenten, sondern um ein Instrument an sich, welches dem Auswärtigen Amt ermöglichte, flexibel und situativ auf den Transformationsprozess unterstützend einzuwirken. Als Leitmotive dieser Transformationspartnerschaftsprojekte wurden einerseits die Stärkung der Zivilgesellschaft und anderseits die Intensivierung, bzw. der Ausbau von Entwicklungskooperation unter dem Gesamtanspruch einer Förderung von sozialer, politischer und wirtschaftlicher Transformation formuliert. Dies implizierte, dass es sich hierbei um Handlungsspielräume im Grenzbereich zwischen Entwicklungspolitik, Humanitärer Hilfe und Außenpolitik handelte, um auf mehreren Ebenen im politischen Dialog bleiben zu können. „60 Prozent der Mittel unterstützen den politischen und wirtschaftlichen Wandel, 40 Prozent den Bildungs- und Wissenschaftsbereich."[57] Die strukturelle Eingliederung dieser Transformationspartnerschaften innerhalb des Auswärtigen Amtes erfolgte durch die Einrichtung einer zusätzlichen Arbeitseinheit im August 2011, die für die Identifi-

---

53 Vgl. *Deutsches Orient Institut*, Der Arabische Frühling. Auslöser, Verlauf, Ausblick, 2011, http://www.deutsches-orient-institut.de/component/option,com_docman/task,doc_download/gid,120/lang,de/, 03.03.2013, S. 214 f..

54 Vgl. Finance in Motion GmbH, SANAD, 2013, http://www.sanad.lu/home, 03.03.2013.

55 *Bundesministerium für Wirtschaftliche Zusammenarbeit und Entwicklung*, Was wir machen. Naher Osten und Nordafrika. Ägypten, 2013b, http://www.bmz.de/de/was_wir_machen/laender_regionen/naher_osten_nordafrika/aegypten/zusammenarbeit.html, 05.10.2013.

56 Vgl. *Ratka*, Germany and the Arab Spring.

57 *Auswärtiges Amt*, Demokratie in Tunesien stärken, 2013a, http://www.auswaertiges-amt.de/DE/Aussenpolitik/RegionaleSchwerpunkte/NaherMittlererOsten/Umbrueche-TSP/Transformationspartnerschaft-TUN-node.html, 03.03.2013.

zierung und Koordination dieser staatlichen Unterstützungsmaßnahmen zuständig war. Darüber hinaus wurde im August 2011 zum ersten Mal ein persönlicher Beauftragter des Ministers für die arabische Welt berufen.[58]

Während seines ersten Besuchs im post-revolutionären Tunesien am 12. Februar 2011 schlug der deutsche Außenminister der tunesischen Übergangsregierung eine *strategische Partnerschaft* für die Zeit der Transformation vor. Im Rahmen dieser Strategie wurden konkrete Maßnahmen eingeleitet. Hierzu gehören die Umwandlung tunesischer Schulden in Höhe von 60 Mio. Euro in Entwicklungshilfszahlungen (ODA) sowie die Realisierung von Projekten im Rahmen der *Transformationspartnerschaft* in Höhe von 32 Millionen Euro.[59] Letztere umfasste einen Beschäftigungspakt zur Berufsqualifizierung und Beschäftigungsförderung in den Bereichen Erneuerbare Energien, Tourismus/Gastgewerbe, Kfz-Mechatronik, Metall und Elektronik, eine Ausweitung von Austauschprogrammen und Hochschulkooperationen, Fortbildungsprojekte für tunesische Beamte und junge Führungskräfte, die Unterstützung der Dezentralisierung Tunesiens und der benachteiligten Regionen, sowie weitere Projekte in den Bereichen Justiz, Medienfreiheit und Menschenrechte.[60] Weitere 60 Mio. Euro wurden für die Arbeit der Entwicklungsorganisation GIZ und der Entwicklungsbank KfW in Tunesien für das Jahr 2011 bereitgestellt. Zudem fanden die ersten bilateralen Regierungskonsultationen auf der Ebene der Staatssekretäre am 12. September 2012 in Berlin statt und zeigten damit eine intensivierte Zusammenarbeit auf, die in solcher Tiefe in der Maghreb-Region bisher einmalig ist. Auch mit Ägypten schloss Deutschland eine Transformationspartnerschaft, die mit dem Titel der *Berliner Erklärung* am 12. August 2011 besiegelt wurde. Die wichtigsten Punkte dieser Vereinbarung waren die Umwandlung von Schulden in Höhe von 240 Mio. Euro in Entwicklungshilfe (ODA) über einen Zeitraum von vier Jahren, dabei sollen 80 Mio. Euro in Bildungsprojekte investiert werden.[61] Zudem verabredeten beide Seiten, mindestens einmal pro Jahr auf Ebene der leitenden Beamten der beiden Außenminis-

58 Vgl. Ebda.

59 Vgl. o.A., Gemeinsame Absichtserklärung der Regierung der Bundesrepublik Deutschland und der Regierung der Tunesischen Republik, 2012b, http://www.tunis.diplo.de/contentblob/3394076/Daten/1865902/Downloaddatei_Abkommen_TP.pdf, 01.03.2012.

60 Vgl. o.A., Beschäftigungspakt Tunesien. Das Programm, 2012a, http://www.sequa.de/index.php?option=com_content&view=article&id=1112&Itemid=305&lang=de, 03.03.2013.

61 Vgl. *Egyptian-German Steering Committee*, Joint Declaration at the occasion of the second session of the Egyptian-German Steering Committee, 2012, http://www.auswaertiges-amt.de/cae/servlet/contentblob/632574/publicationFile/174786/121129-DeuEgyLenkungsausschussErklae rung.pdf, 03.03.2013.

terien zusammenzutreffen.[62] Dabei wurden vertiefte Kooperationen in den Bereichen Wirtschaft und Forschung vereinbart. In dem vom Auswärtigen Amt definierten Maßnahmenpaket wurden folgende Schwerpunktbereiche durch die Transformationsmittel gefördert: (1) Stabilisierung des Demokratisierungsprozesses; (2) Stärkung der Zivilgesellschaft und freier Medien; (3) Förderung von Menschenrechten und Rechtsstaatlichkeit; (4) Unterstützung guter Regierungsführung; (5) Wirtschaftliche und soziale Stabilisierung, insbesondere durch Berufsbildungs- und Beschäftigungsförderung und (6) Kooperation im Bildungs- und Wissenschaftsbereich.[63]

Hierzu gehörte die Miteinbeziehung neuer, bis dahin nicht berücksichtigter Akteure, wie die des Politischen Islams.

3.1 Grundzüge deutscher außenwirtschaftlicher Kooperation

Das Bundesministerium für Wirtschaft und Technologie (BMWi) reagierte auf den Arabischen Frühling anfangs mit der Zusammenstellung von 10-Punkte-Plänen. So wurde bereits kurz vor dem Rücktritt Mubaraks ein *10-Punkte-Aktionsplan Nordafrika* zusammengestellt und am 9. Februar 2011 veröffentlicht. Damit reagierte das Ministerium zwar sehr schnell auf die Ereignisse in der MENA-Region, der inhaltliche Bezug beschränkte sich jedoch weitestgehend auf die Einleitung des Strategiepapiers. Darin heißt es, dass die Maßnahmen des Aktionsplans zu einer *prosperierenden Wirtschaftsstruktur in Nordafrika*[64] beitragen sollten. Dies wiederum sei „die Voraussetzung dafür, dass Freiheit, Demokratie und Menschenrechte in dieser Region gefestigt werden."[65] Die zehn Punkte selbst sahen allerdings nur vor, dass Informationskanäle offengehalten, bisher laufende Projekte („Desertec" mit dem Ziel der Nutzung von Wind- und Sonnenenergie, Außenwirtschaftsförderung und Investitionsschutzmaßnahmen) weitergeführt und Wirtschaftskommissionen mit Algerien und Marokko eingerichtet werden sollten. Ein expliziter Verweis auf die Geschehnisse des *Arabischen Frühlings* ist dabei höchstens in dem Punkt erkennbar,

62 Vgl. o.A., Berlin Declaration, 2011a, http://www.auswaertiges-amt.de/cae/servlet/contentblob/589400/publicationFile/157306/110812-BerlinerErklaerung.pdf, 01.03.2012.

63 Vgl. *Auswärtiges Amt*, Demokratischer Wandel in Ägypten, 2013b, http://www.auswaertiges-amt.de/DE/Aussenpolitik/RegionaleSchwerpunkte/NaherMittlererOsten/Umbrueche-TSP/Transformationspartnerschaft-EGY-node.html, 03.03.2013.

64 *Bundesministerium für Wirtschaft und Technologie*, 10-Punkte-Aktionsplan Nordafrika, 2011a, http://www.bmwi.de/BMWi/Redaktion/PDF/0-9/10-punkte-aktionsplan-nordafrika,property=pdf,bereich=bmwi2012,sprache=de,rwb=true.pdf, 27.06.2013.

65 Ebda.

dass es aufgrund der in diesem Zeitraum aktuellen politischen Situation vorerst keine neuen Rüstungsexportgenehmigungen für Ägypten geben sollte.[66] Auch für Libyen erstellte das BMWi am 23. September 2011 einen 10-Punkte-Aktionsplan. Hierin wird der Bezug auf die Lage des Landes bereits deutlicher. So forderte das Ministerium unter anderem die Freigabe von eingefrorenen Geldern und die Aufhebung der UN-Sanktionen sowies der Flugverbotszone. Aber auch die deutschen Interessen wurden deutlich hervorgehoben. So sollte vor allem Libyen dazu befähigt werden, „möglichst rasch die Förderung und den Export von Öl wiederaufnehmen zu können."[67] Libyen war bis dahin einer der wichtigsten Wirtschaftspartnern Deutschlands unter den Ländern der MENA-Region. Nicht zuletzt deswegen sollte durch Delegationsreisen und im Dialog mit Wirtschaftsverbänden und Unternehmen geklärt werden, in welchen Feldern sich Deutschland am Wiederaufbau der libyschen Wirtschaft beteiligen könnte, wobei ein besonderer Fokus auf den Bereichen der Erneuerbaren Energien (u. a. Desertec), der Ölgewinnung und -verarbeitung, Modernisierung, Verkehr, Gesundheit und Informations- und Kommunikationstechnologien liegen würde. Des Weiteren wurden die Eröffnung eines Wirtschaftsbüros oder sogar einer Handelskammer erwogen, um die bilateralen Kontakte zu intensivieren und Exporte und Investitionen zu fördern. Auch die Einbindung Libyens in internationale und europäische Organisationen und Politikfelder sollte gefördert werden. So würde das BMWi den Beitritt Libyens zur WTO unterstützen, auf einen leichteren Zugang zu den Märkten der EU hinwirken und das Land im Rahmen der EU-Nachbarschaftspolitik und der Euro-Mediterranen-Partnerschaft stärker als bisher einbeziehen.[68] Im 10-Punkte-Aktionsplan Libyen wurde außerdem erstmals die Entsendung von „eigene[n] Transformationsteams"[69] angekündigt. Diese sollten beim Aufbau neuer Institutionen und der Ausarbeitung wirtschaftlicher Reformen in Libyen den Reformkräften beratend zur Seite stehen. Dabei würde man *„in enger Absprache mit anderen beteiligten Ressorts Synergien mit den bereits bestehenden Transformationspartnerschaften in Ägypten und Tunesien nutzen.*"[70] Am 28. Februar 2012 gaben Wirtschaftsminister Rösler und Entwicklungsminister Niebel schließlich bekannt, dass ein erstes Transformationsteam nach Ägypten, und nicht nach Libyen entsandt werde. Die Begründung hierfür würde in

---

66 Vgl. Ebda.
67 *Bundesministerium für Wirtschaft und Technologie*, 10-Punkte-Aktionsplan Libyen, 2011b, http://www.bmwi.de/BMWi/Redaktion/PDF/0-9/10-punkte-aktionsplan-libyen,property=pdf,bereich=bmwi,sprache=de,rwb=true.pdf, 27.06. 2013.
68 Vgl. Ebda.
69 *Bundesministerium für Wirtschaft und Technologie*, Entsendung Transformationsteams nach Ägypten, 2012a, http://www.bmwi.de/DE/Mediathek/videos,did=477692.html, 27.06.2013.
70 Ebda.

der zentralen Bedeutung Ägyptens für die gesamte Region liegen. Zudem sei von ägyptischer Seite die deutsche Expertise explizit nachgefragt worden. Zu Libyen konnten keine weiteren Vorhaben des Bundesministeriums für Wirtschaft und Technologie mehr ausfindig gemacht werden. Der Etat des Projekts wurde zunächst auf 250.000 Euro festgesetzt und die Leitung auf den FDP-Politiker und Wirtschaftsminister a.D., Walter Hirche, übertragen, der Teams aus ehemaligen Beamten des Wirtschafts- und des Entwicklungsministeriums zusammenstellen sollte.[71] Am 9. und 10. Dezember 2012 begab sich Walter Hirche mit einer Expertenkommission zu einer Auftaktreise auch nach Tunesien. „Ziel der deutschen Experten war es, von tunesischer Seite konkrete Informationen über den Beratungsbedarf für strukturelle Verbesserungen in der Wirtschaftsverwaltung zu erhalten."[72] Die Themen der wirtschaftspolitischen Beratung waren bereits im September bei den deutsch-tunesischen Regierungskonsultationen festgelegt worden und umfassten öffentliche Aufträge, die Entwicklung kleiner und mittelständischer Unternehmen sowie Fragen der Handelspolitik und des Tourismus.[73] Die Arbeit der Transformationsteams in Tunesien sollte vorerst bis Dezember 2013 laufen und wurde durch das Auswärtige Amt und das Bundeswirtschaftsministerium finanziert.[74] In seinem Monatsbericht April 2013 beschrieb das BMWi die wirtschaftspolitischen Bedingungen in den Ländern Nordafrikas nach dem *Arabischen Frühling* und stellte die Arbeit des Ministeriums vor diesem Hintergrund dar. Dabei stellten die Autoren fest, dass *grundlegende Charakteristika der Wirtschaftsverfassungen*[75] geändert werden müssten, wozu sie vor allem den hohen Anteil an Staatsunternehmen und die sehr gering ausgeprägten Wettbewerbsstrukturen in der gesamten Wirtschaft zählten. Die deutsche Außenwirtschaftspolitik sollte daher darauf ausgerichtet werden, die Länder Nordafrikas beim Übergang zu einer sozial orientierten Marktwirtschaft zu unterstützen. Dabei sei auch die konkrete Beratung – besonders hinsichtlich kleiner und mittelständi-

---

71 Vgl. Die Zeit, Deutschland will Jobs in Nordafrika schaffen, 2012, http://www.zeit.de/politik/ausland/2012-02/transformationsteams-aegypten-niebel-roesler, 27.06.2013.

72 *Außenhandelskammer Tunesien*, Auftaktreise im Rahmen der deutsch-tunesischen Transformationsteams, 2012, http://tunesien.ahk.de/fileadmin/ahk_tunesien/06_Events/Transformationspartnerschaft/20121210_Pressemeldung.pdf, 27.06.2013.

73 Vgl. *Auswärtiges Amt*, Anhang III zur Gemeinsamen Erklärung der Staatssekretäre, 2012b, http://www.auswaertiges-amt.de/cae/servlet/contentblob/625686/publicationFile/171723/120912-AnhangGemErklaerung.pdf, 27.06.2013.

74 Vgl. *Außenhandelskammer Tunesien*, Auftaktreise.

75 *Bundesministerium für Wirtschaft und Technologie*, Nordafrika – eine Region im Umbruch, Schlaglichter der Wirtschaftspolitik 2013. Monatsbericht April 2013, 2013c, http://www.bmwi.de/Dateien/BMWi/PDF/Monatsbericht/Auszuege/04-2013-nordafrika,property=pdf,bereich=bmwi2012,sprache=de,rwb=true.pdf, 27.06.2013.

scher Unternehmen– von besonderer Wichtigkeit gewesen.[76] Weiteren Handlungsbedarf sah das BMWi beim Ausbau des Handels mit den südlichen Nachbarstaaten der EU. So sollte die Außenwirtschaftspolitik auch darauf ausgerichtet werden, „den deutschen Unternehmen Investitions- und Exportbrücken über das Mittelmeer [zu] bauen“[77], wobei besonders große staatliche Infrastrukturprojekte und Investitionen im Energiesektor ins Auge gefasst werden.

Der Rat der Europäischen Union beauftragte im Dezember 2011 die Kommission, Verhandlungen mit Ägypten, Tunesien, Marokko und Jordanien über die Einrichtung einer Freihandelszone (DCFTA) zu führen. Dabei sollte es zunächst um den Abbau von Zollschranken und eine Anpassung der Normierung von Produkten gehen, um *die Einbindung der Partnerländer in den EU-Binnenmarkt zu begünstigen.*[78] Während die Verhandlungen mit Marokko bereits im März 2013 aufgenommen wurden und auch Tunesien bald folgte,[79] stockten die Verhandlungen mit Jordanien und diejenigen mit Ägypten waren noch gar nicht gestartet.[80] Bei Sondierungsgesprächen mit Tunesien und Ägypten hatte sich allerdings gezeigt, dass „die Idee eines grenzüberschreitenden Binnenmarktes noch entwickelt werden muss.“[81] Hierin sah das BMWi einen der Tätigkeitsbereiche der Transformationsteams unter der Leitung von Walter Hirche. „Das abschließende Ziel der DCFTA-Verhandlungen besteht in einem freien Waren- und Dienstleistungsverkehr und letztlich in der weitgehenden Integration dieser Staaten in den EU-Binnenmarkt.“[82] Für Libyen und Algerien hingegen sei der Beitritt zur WTO vorrangig.[83]

Das BMWi sah besonders im Bereich der erneuerbaren Energien großes Potential für die weitere Kooperation mit den nordafrikanischen Staaten, denn in den kommenden zehn Jahren werde sich der Energiebedarf der Länder voraussichtlich verdoppeln. Vor allem in Ägypten und Tunesien, wo die einheimische Erdöl- und Erdgasgewinnung bereits jetzt nicht zur Deckung der eigenen Energieversorgung ausreichen würde, sei die Energiewirtschaft eine Schlüsselbranche. Zudem würden die Wüstengebiete und die Küste des Roten Meeres ideale

---

76 Vgl. Ebda, S. 2.

77 Ebda.

78 Ebda., S. 3.

79 Vgl. Ebda., S. 3..

80 Vgl. *Europäische Kommission*, Gemeinsame Mittelung an das Europäische Parlament, den Rat, den Europäischen Wirtschafts- und Sozialausschuss und den Ausschuss der Regionen. Europäische Nachbarschaftspolitik: auf dem Weg zu einer verstärkten Partnerschaft, 2013, http://ec.europa.eu/world/enp/docs/2013_enp_pack/2013_comm_conjoint_de.pdf, 27.06.2013.

81 *Bundesministerium für Wirtschaft und Technologie*, Nordafrika, S. 4.

82 Ebda.: 3

83 Vgl. Ebda.: 2f

Standorte für Solar- und Windkraftanlagen bieten.[84] Zentraler Baustein dieses Vorhabens war das Desertec-Konzept, das Wind- und Sonnenenergie aus den Wüstengebieten nutzen wollte, um einerseits den heimischen Markt zu bedienen, andererseits aber auch um Strom in die EU zu exportieren. Erste Pilotprojekte wurden in Marokko und Tunesien bereits verfolgt und vom BMWi begleitet. Das Desertec-Projekt war in die 2002 vom Bundestag verabschiedete *Exportinitiative Erneuerbare Energien* eingebunden, mit deren Umsetzung und Finanzierung das Bundesministerium für Wirtschaft und Technologie beauftragt wurde.[85] Ein weiteres Instrument der wirtschaftspolitischen Kooperation waren auch die gemeinsamen Wirtschaftskommissionen und –foren (GWK) mit einzelnen nordafrikanischen Staaten. Während diese Form der Kooperation mit den Golfstaaten zum Teil bereits seit Jahrzehnten bestand, wurden die gemeinsamen Wirtschaftskommissionen mit den Staaten Nordafrikas, bis auf Libyen bereits im Jahr 1997, im Kontext des *Arabischen Frühlings* eingerichtet.[86]

3.2 Reformierung der EU-Mittelmeerpolitik

Deutschland war neben seinen Bemühungen auf bilateraler Ebene auch auf europäischer und internationaler Ebene im Austausch mit den südlichen Mittelmeeranrainern aktiv. Ein vermeintliches Scheitern der bisherigen EU-Mittelmeerpolitik wies Deutschland dabei von sich und verwies stattdessen hauptsächlich auf die südeuropäischen Staaten. Unmittelbar nach den systemischen Umstürzen in Ägypten und Tunesien setzte sich Bundesaußenminister Guido Westerwelle Mitte Februar in einem Brief an die EU-Außenbeauftragte Catherine Ashton für eine umfassende Reform der EU-Mittelmeerpolitik ein.[87] Dieser Brief wurde von deutscher Seite in Form eines *room document*[88] dem Rat für Auswärtige Beziehungen mit den folgenden Schwerpunkten vorgelegt: Ge-

84 Vgl. Ebda., S. 4 f..
85 Vgl. Ebda., S. 5.
86 Vgl. *Auswärtiges Amt*, Demokratischer Wandel; *Bundesministerium für Wirtschaft und Technologie*, Erste Deutsch-Algerische Wirtschaftskommission stellt bilaterale Wirtschaftsbeziehungen auf neue Grundlage, 2011c, http://www.bmwi.de/DE/Presse/pressemitteilungen,did=382832.html, 27.06.2013; *Bundesministerium für Wirtschaft und Technologie*, Gemischte Wirtschaftsgremien und Kooperationsräte, 2012b, http://www.bmwi.de/BMWi/Redaktion/PDF/G/gemischte-wirschaftsgremien-und-kooperationsraete,property=pdf,bereich=bmwi2012,sprache=de,rwb=true.pdf, 27.06.2013.
87 Vgl. *EurActiv*, Europäische Nachbarschaftspolitik – EU überdenkt Nordafrika-Politik, 2011, http://www.euractiv.de/328/artikel/eu-ueberdenkt-nordafrika-politik-004398, 03.03.2013.
88 *Ratka*, Germany and the Arab Spring, S. 65.

mäß deutschen Reformvorschlägen sollte die Höhe der europäischen Finanzhilfen demnach künftig strikter an die Bereiche Demokratie, Rechtsstaatlichkeit und Menschenrechte gekoppelt werden – *mehr für mehr, weniger für weniger.*[89] Zudem sollten die Gelder nicht mehr ausschließlich an die Regierungen ausgezahlt, sondern verstärkt auf einen Dialog mit Vertretern der Zivilgesellschaft geachtet werden. Zur Unterstützung der Transformationsphase sollte die EU zudem mehr legale Migrationsmöglichkeiten und eine Öffnung des EU-Marktes, besonders für Agrar-Produkte der südlichen Mittelmeeranrainer, ermöglichen.[90] Mit diesen Forderungen reagierte der Außenminister auf die Initiative der EU-Mittelmeerländer, angeführt von Frankreich, die kurz zuvor ebenso ein Papier verfasst hatten. Im Gegensatz zu den deutschen Reformwünschen umfasste dieses Dokument Vorschläge, die auf eine zusätzliche Bereitstellung von Fonds abzielten und dabei eine Umverteilung von finanziellen Mitteln zu Gunsten der südlichen Mittelmeerstaaten forderten, die bisher für die östlichen Nachbar-Staaten vorgesehen waren. Zudem wurde der Ausbau der Rolle der EU für die Mittelmeerpolitik betont, welcher eine Wiederbelebung der von Frankreich geführten Mittelmeer-Union beinhaltete. Entsprechend sollte mindestens ein Viertel der für die Europäische Nachbarschaftspolitik vorgesehenen Gelder direkt für die Projekte der Mittelmeer-Union verwendet werden.[91]

Zusammenfassend konnten demnach die Haltungen der MENA-Staaten gegenüber der EU-Mittelmeerpolitik als sehr unterschiedlich charakterisiert und für Deutschland mit den Begriffen *limited funding, free trade*[92] – im Gegensatz zu den südeuropäischen Ländern, wo eher *more funding, more protectionism*[93] galt – umrissen werden. Diese Unterschiede im *policy framing* zwischen den Akteuren gehen schon auf die Verhandlungen von 1994 und 1995 im Barcelona-Prozess um

---

89 Financial Times Deutschland, FTD-Interview mit Guido Westerwelle: Deutschland hält Kontakte zur Muslimbruderschaft, 2011, http://www.ftd.de/politik/international/:ftd-interview-mit-guido-westerwelle-deutschland-haelt-kontakte-zur-muslimbruderschaft/60133876.html, 03.03.2013.

90 Vgl. Süddeutsche Zeitung, 2011 - Süddeutsche Zeitung, Westerwelle für neue EU-Mittelmeerpolitik, 2011, http://www.genios-presse.de/artikel,SZ,20110217,westerwelle-fuer-neue-eu-mittelmeer,A48921336.html, 03.03.2013, S. 8; vgl. - Frankfurter Allgemeine, Westerwelle: Zusagen für Nordafrika an Reformen knüpfen EU beginnt Debatte über Nachbarschaftspolitik", 2011, http://www.seiten.faz-archiv.de/faz/20110219/fd3201102193013661.html, 03.03.2013.

91 Vgl. o.A., Non-Papier- Action de l'Union européenne en direction du voisinage Sud, 2011c, http://www.diplomatie.gouv.fr/fr/IMG/pdf/11-02-17_Non-papier_Action_de_l_Union_europeenne_en_direction_du_voisinage_Sud.pdf, 01.03.2012.

92 *Ratka*, Germany and the Arab Spring, S. 61.

93 Ebda.

die EU-Mittelmeerunion zurück. Vor diesem Hintergrund hatte Deutschland großen Einfluss auf die am 11. März 2011 vom Europäischen Auswärtige Dienst (EAD) und der EU-Kommission verabschiedeten Unterstützungshilfen im Transformationsprozess, die als Überarbeitung der Nachbarschaftspolitik der EU einzuordnen sind. Konkret handelt es sich um ein Papier mit dem Titel *Partnerschaft für Demokratie und gemeinsamen Wohlstand mit dem südlichen Mittelmeerraum*, welches vom Europäischen Rat genehmigt wurde.[94] In diesem Zusammenhang hat die EU am 27. September 2011 mit *SPRING (Support to Partnership, Reform and Inclusive Growth)* für 2011 und 2012 eine neue sektorenübergreifende EU-Initiative in Höhe von 350 Millionen EUR implementiert. Mit diesen Mitteln sollten alle Länder der MENA-Region ihren jeweiligen Bedürfnissen entsprechend gefördert werden, wobei Tunesien, Ägypten, Jordanien und Marokko als erste Länder von den EU-Zahlungen profitieren sollen. Die Auszahlung der Unterstützung aus der SPRING-Initiative war wiederum an das *mehr für mehr-Prinzip* geknüpft.[95] Hinzu kamen eine Ausweitung des Mandats der Europäischen Bank für Wiederaufbau und Entwicklung (EBWE) auf die Staaten des südlichen Mittelmeers und eine Aufstockung der europäischen Investitionsbank in Höhe von einer Milliarde Euro für den Wirtschaftssektor in der Region.[96] Gemäß dem deutschen Vorstoß hat die EU darüber hinaus Verhandlungen über umfassendere Freihandelszonen, vor allem zur Reduzierung von Handelsbeschränkungen mit Ägypten, Marokko, Jordanien und Tunesien erwirkt. Zudem wurde im November 2012 Tunesien seitens der EU der Status einer *Privilegierten Partnerschaft* gewährt. Hinter dieser Zuschreibung steckt ein Aktionsplan für die EU-Tunesien-Kooperation, die neben weiteren Aspekten drei zentrale Gestaltungsfelder benennt: (1) Etablierung und Ausbau der Sicherheitszusammenarbeit; (2) Verhandlungen über ein Freihandelsabkommen (ALECA); (3) Etablierung von Mobilitätspartnerschaften.[97]

---

94 Vgl. *European Commission*, Joint Communication to the European Coucil, the European Parliament, the Council, the European Economic and Social Committee and the Committee of the Regions. A Partnership for Democracy and Shared Prosperity with the Southern Mediterranean, 2011, http://eeas.europa.eu/euromed/docs/com2011_200_en.pdf, 03.03.2013.

95 Vgl. o.A., EU response to the Arab Spring: the SPRING Programme", 2011b, http://europa.eu/rapid/press-release_MEMO-11-636_en.htm, 04.03.2013.

96 Vgl. *Auswärtiges Amt*, Demokratie in Tunesien stärken.

97 Vgl. o.A., Relations Tunisie-UnionEuropéenne: Un partenariat Privilégie. Plan d'Action 2013–2017, 2013, https://eeas.europa.eu/sites/eeas/files/plan_action_tunisie_ue_2013_2017_fr.pdf, 19.09.2017.

Des Weiteren wurde der spanische Diplomat Bernardino León am 18. Juli 2011 als Sonderbeauftragter der EU für den südlichen Mittelmeerraum berufen, um die politische Rolle der EU in den Transformationsgesellschaften zu stärken.[98]

Im Falle Libyens gestaltete sich das veränderte und erstarkte Engagement Deutschlands in der MENA-Region allerdings gegenläufig. Deutschland enthielt sich bei der Abstimmung zur Intervention in Libyen am 17. März 2011 bei der Resolution 1973 im UN-Sicherheitsrat[99]. Infolgedessen wurde Deutschland seitens der westlichen Staatengemeinschaft kritisiert. Die Hauptkritik bezog sich auf die vermeintliche Selbstbeschränkung eigener internationaler Ambitionen und auf eine fehlende Solidarität mit den westlichen Verbündeten.

Zusätzlich zum nationalen und europäischen Handlungsrahmen war Deutschland als Unterstützer der Transformation der arabischen Länder auch im Rahmen der G8 präsent. So wurde am 26.–27. Mai 2012 in Frankreich die *Deauville Partnership* verabschiedet, welche seitdem unter Miteinbeziehung einiger Golfstaaten (Katar, Kuwait, Saudi-Arabien und Vereinigte Arabische Emirate), der Türkei und internationaler sowie regionaler Finanzinstitutionen und der OECD den Demokratisierungsprozess und die wirtschaftliche Entwicklung in den Transformationsländern der MENA-Region zum Ziel hatte. Als integrale Transformationsländer wurden Ägypten, Tunesien, Marokko, Jordanien, Libyen und Jemen deklariert. Zu Beginn der Deauville-Partnerschaft bezog sich die Unterstützung vor allem auf Darlehen von internationalen Entwicklungsbanken an Tunesien und Ägypten zwecks wirtschaftlicher Stabilisierung.[100]

4 Schlussfolgerungen

Die kursorischen Meilensteine der deutschen Entwicklungsgeschichte gegenüber der MENA-Region seit dem Zweiten Weltkrieg zeigen, dass es die deutschen Regierungen über Jahrzehnte versäumten, eine kohärente und konzeptualisierte Außenpolitik in der Region zu etablieren. Gleichwohl kam hinzu, dass die machtpolitischen Konstellationen im Kalten Krieg dafür sorgten, dass der allgemeine außenpolitische Handlungsrahmen von West- und Ostdeutschland, ein-

---

98 Vgl. *Rat der Europäischen Union*, Neuer Sonderbeauftragter für den südlichen Mittelmeerraum, 2013, http://www.consilium.europa.eu/homepage/highlights/new-special-representative-for-the-southern-mediterranean?lang=de, 01.03.2012.

99 Vgl. *Ratka*, Germany and the Arab Spring, S. 62.

100 Vgl. *Auswärtiges Amt*, Demokratischer Wandel in Ägypten; *Ratka*, Germany and the Arab Spring, S. 66.

schließlich in Bezug auf die MENA-Region, stark beeinträchtigt war. (1) Die Blockstruktur des Kalten Krieges begrenzte die politischen Agenden von Einzelstaaten, die über die strategische Ausrichtung der USA oder der UdSSR hinausgingen; (2) Der strukturelle Ordnungsrahmen bestand aus internationalen Netzwerkstrukturen, die die Wege der Konfliktresolution innerhalb der MENA-Region zur Zeit des Kalten Krieges erschwerten.[101] Vor diesem Hintergrund kann das grundsätzlich niedrige Profil der west- und ostdeutschen MENA-Politik in der Nachkriegszeit bis zur Wiedervereinigung, wie dargelegt, durch den *Sonderfall Deutschland*[102] im internationalen System verstanden werden. Des Weiteren lagen die außenpolitischen Prioritäten Deutschlands seit dem Ende des Kalten Krieges auf der Stabilisierung der Mittel- und Osteuropäischen Ländern. Mit der Wiedervereinigung gelangte Deutschland zwar zu größerer relativer Eigenständigkeit auf der internationalen Bühne[103], doch die MENA-Region wurde seitens Deutschlands bis zum Barcelona-Prozess geopolitisch dem Einflussbereich Südeuropas zugeordnet.[104] Trotz Ansätzen einer ersten konzeptionellen Kehrtwende in der deutschen auswärtigen MENA-Politik und eines zunehmenden außenpolitischen Interesses Deutschlands seit dem Barcelona-Prozess, ist bis zum Beginn des *Arabischen Frühlings* der Einfluss anderer staatlicher Akteure, vornehmlich von südeuropäischen Staaten und den USA, in der MENA-Region als strategisch umfassender und gewichtiger in Erscheinung getreten.

Erst der *Arabische Frühling* hat zu einer weitreichenderen Kehrtwende der deutschen Außenpolitik in der MENA-Region beigetragen. Die vor allem durch die südeuropäischen Staaten geleitete und als gescheitert geltende EU-Mittelmittelmeerpolitik einerseits und die zögerlichen Reaktionen dieser Staaten auf den *Arabischen Frühling* andererseits, eröffneten Deutschland als Gestaltungsmacht in der MENA-Region ein Fenster an Möglichkeiten. Dennoch handelt es sich nicht um einen Paradigmen-, sondern um einen Politikwechsel. Dies äußerte sich in einem neuen nationalen Geltungsanspruch Deutschlands im Untersuchungszeitraum sowie durch ein eigenes Profil als außenpolitischer Akteur vor allem in den zwei Kernländern des *Arabischen Frühlings*, in Ägypten und Tunesien. Mit den Transformationspartnerschaften wurde ein neues Instrument der flexiblen Politikgestaltung etabliert. Auf dieser Basis kann die deutsche auswärtige MENA-Politik als wohlwollende Annäherung verstanden werden. Sie setzt sich vor allem

---

101 Vgl. *M. Trentin/M. Gerlini* (Hg.), The Middle East and the Cold War: Between Security and Development, Cambridge 2012; *O.A. Westad*, Foreword, in: *Trentin/Gerlini*, The Middle East and the Cold War, S.7.

102 *Kausch*, Enabling or evading?

103 Vgl. *R. Burt*, Germany and world politics, in: *Chubin*, Germany and the Middle East, S. 11.

104 Vgl. *Jünemann*, Deutsche Mittelmeerpolitik, S. 1.

auf bilateraler Ebene über einzelne Maßnahmen und Projekte sowie von direkter Kommunikation aus verschiedenen Ressorts und für verschiedene Gestaltungsfelder zusammen.

In diesem Sinne ist auch die wirtschaftliche Zusammenarbeit mit den arabischen Transformationsgesellschaften in Reaktion auf den *Arabischen Frühling* zu verstehen. Bilaterale strategische Richtlinien des BMWis wurden anhand von zwei 10-Punkte-Plänen für Nordafrika allgemein und für Libyen näher spezifiziert. Hierbei liegen im Untersuchungszeitraum die inhaltlichen Leitlinien auf dem Offenhalten von Informationskanälen, der Weiterführung bisher laufender Projekte in der Außenwirtschaftsförderung als Investitionsschutzmaßnahmen sowie mit Desertec und einer Einrichtung von Wirtschaftskommissionen mit Algerien und Marokko. Inwiefern diese Leitlinien aus deutscher interministerieller Absprache und Kooperation entstanden sind, oder ob es sich hier um Einzelstrategien von Ministerien handelt, bleibt unklar. Ein weiteres Instrument der ökonomischen Kooperation zur Begleitung des Transformationsprozesses stellt seit 2012 die Entsendung von Transformationsteams dar, bestehend aus ehemaligen Beamten des BMWi und des BMZ. Weder die Zusammensetzung dieser Teams, noch die konkreten Handlungsvorhaben sind transparent einzusehen. Insgesamt lässt sich der Eindruck gewinnen, dass dem BMWi bei der Zusammenarbeit mit der Region nicht zuletzt auch daran gelegen war, die Interessen der deutschen Wirtschaft zu fördern. Im Vergleich zur Arbeit des Auswärtigem Amtes und des BMZ in der Region lassen sich die Förderung von Freiheit und Demokratie als Ziele daher nicht so eindeutig in den Vorhaben des BMWi erkennen. Vielmehr richteten sich die Prioritäten des BMWi nicht nach dem Grad des Fortschritts des Demokratisierungsprozesses, zumal Algerien das erste Land war, mit dem nach den Umbrüchen eine GWK eingerichtet wurde, während mit Tunesien ein solches Gremium zu diesem Zeitpunkt nicht zustande gekommen war.

Wenngleich die anwachsende regionsspezifische Profilschärfe Deutschlands bisher den Anschein machte, eher national als europäisch geprägt zu sein und die Bundesrepublik demnach durchaus als eigenständigerer Akteur in Abgrenzung zu anderen europäischen Staaten wahrgenommen wurde, blieb und bleibt Deutschland ein zentraler Akteur für auswärtige Angelegenheiten der Europäischen Union. Dies wurde mit dem deutschen Engagement im Zuge einer EU-Mittelmeerpolitik deutlich. Nicht zuletzt vor diesem Hintergrund scheint eine Doppelstrategie Deutschlands im Kontext der Transformationsgesellschaften offensichtlich. Einerseits leitet sich dies in der europäisierten Wahrnehmung von Problemen und neuen Herausforderungen aus der internationalen Politik ab – hier insbesondere aus der europäischen Nachbarschaftspolitik. So wird beispielsweise die Vertiefung der Handels- und Wirtschaftsbeziehungen vor allem auf Ebene der EU vorangetrieben und liegt daher weitestgehend außerhalb der

Einflusssphäre des nationalen BMWi. Andererseits besteht eine deutsche Selbstwahrnehmung als eigenständige Akteur, die neben dem Ausbau des bilateralen Engagements in Ägypten und Tunesien auch am Beispiel der Nichtintervention in Libyen deutlich wurde. So hat die Gewalteskalation in Libyen und die damit verbundene militärische Intervention dazu beigetragen, dass das eigene Profil durch die Enthaltung gestärkt wurde, weil dies durchaus als Indikator für eine stärkere Verfolgung von eigenen Interessen und Strategien verstanden werden konnte.

Des Weiteren forderte Deutschland im Kontext des *Arabischen Frühlings* eine Reformierung der EU-Mittelmeerpolitik. Anstatt einer generellen Übereinstimmung mit europäischen Konzepten oder Vorschlägen der NATO scheint sich in den Handlungsstrategien der deutschen Außenpolitik ein *case-by-case pragmatism*[105] bei Entscheidungen durchzusetzen.

---

105 *Ratka*, Germany and the Arab Spring, S. 70.

Afrika

Daniel Speich Chassé

Hallsteins Blick nach Afrika

Der Jaunde-Vertrag von 1963 und die Neuordnung der weltpolitischen Kommunikation

1 Einleitung

Am 20. Juli 1963 kam es in der kamerunischen Stadt Jaunde zur Unterzeichnung eines wirtschaftspolitischen Assoziationsvertrags zwischen der Europäischen Wirtschaftsgemeinschaft (EWG) und einer Reihe von afrikanischen Ländern. Der Staatsakt beendete die schwierige Frage, wie Frankreich, Belgien, die Niederlande, Luxemburg, Italien und die neue Bundesrepublik Deutschland mit den Kolonialgebieten in Afrika umgehen sollten. Der folgende Beitrag fragt am Beispiel der westdeutschen Beziehungen zu Afrika, wie die BRD in der Nachkriegszeit eine neue Außenwirtschaftspolitik begründete, welcher Instrumente und welcher Rhetorik sich führende Exponenten dabei bedienten, und welche Positionen afrikanische Politiker einnahmen. Dabei spielten wirtschaftliche Interessen eine zentrale Rolle.

Der Vertragsabschluss in Jaunde ist einer von vielen Belegen für den tiefgreifenden Wandel in der weltpolitischen Kommunikation, der nach dem Zweiten Weltkrieg stattfand. Die imperialen Herrschaftsbezüge zwischen Europa und dem Rest der Welt gerieten nach der Kapitulation Italiens, des NS-Regimes und des Japanischen Reiches in eine fundamentale Legitimationskrise, brachen stückweise ab, und wurden durch eine neue weltpolitische Ordnung ersetzt. Ihr Kern war die Fiktion von souveränen Nationalstaaten, deren Beziehungen zueinander durch ein Geflecht von internationalen Vertragswerken und internationalen Organisationen moderiert werden sollten. Der Vertrag von Jaunde und die Entstehung der EWG sind hierfür Beispiele. In einem konfliktreichen Prozess waren in der zweiten Hälfte des 20. Jahrhunderts alle politischen Körperschaften der Welt mit dem Selbstbestimmungsrecht der Völker konfrontiert und auf das Konzept des Nationalstaats bezogen. Sie hatten sich als klar konturierte Wirtschaftsräume zu verstehen, deren Wohlstandsniveau durch gezielte technische Eingriffe zu heben war. Für alle Territorien stellte sich die – nicht immer lösbare – Frage, welchem Land sie zugehörten. Spätestens mit der Gründung von Zimbabwe 1980 war diese

https://doi.org/10.1515/9783110541120-007

gigantische Aufräumarbeit abgeschlossen.[1] Metaphorisch drückte sie sich in der Rede von den „Vereinten Nationen" aus, die unter der Führung der USA in einer Absichtserklärung der Kriegsgegner Nazideutschlands bereits 1942 erfunden worden war.[2] Konkret bedeutete die neue weltpolitische Ordnungsvorstellung, dass internationale Organisationen wie die Europäische Wirtschaftsgemeinschaft (EWG), die Vereinten Nationen (UNO) mit ihren vielen Sonderorganisationen, oder auch die Organisation für Afrikanische Einheit (OAU) eine wichtige Rolle bei der Neustrukturierung der Außenpolitik und der Außenwirtschaftspolitik aller Länder spielten, im Norden ebenso wie im Süden, in Ost und West. Diese neuen Organisationen erfassten die vielfältigen, historisch gewachsenen Verflechtungen zwischen den alten imperialen Zentren und den neuen Nationalstaaten, die aus der Dekolonisation hervorgingen, in eine technische und vermeintlich apolitische Sprache. Sie verstanden sich als Ausgleichsagenturen der massiven Wohlstandsdifferenzen, füllten die Vorstellung einer „Global Community" mit Inhalt und schränkten zugleich den Handlungsspielraum der an sich souveränen Regierungen ein.[3]

Die These des Beitrags ist, dass die Bundesrepublik Deutschland vor dem Hintergrund des Nationalsozialismus in besonderer Weise von dieser Neuordnung der Weltpolitik profitierte. Der rechtlich und technisch abgesicherte Multilateralismus bzw. Internationalismus machte es diesem politischen Kollektiv in der Konstellation des Kalten Krieges während der Nachkriegszeit möglich, Marktzugänge in Übersee zu sichern, ohne als aggressiver Nationalstaat aufzutreten.

In der ersten Hälfte des 20. Jahrhunderts hatten Expansionskriege als völkerrechtlich legitime Mittel der Souveränitätsbekundung gegolten. In der zweiten Jahrhunderthälfte gewann dann die Vorstellung an Bedeutung, der Zugriff auf entfernte Absatzmärkte und Ressourcen könne zum Nutzen aller politischen Körperschaften friedlicher geregelt werden – durch völkerrechtliche Verbindlichkeiten. Die genauere Betrachtung des Jaunde-Vertrages zeigt, dass sowohl die Bundesrepublik als auch neue Staaten in Afrika aus dem Souveränitätsverzicht, der mit der Unterzeichnung von internationalen Verträgen und mit dem Beitritt zu

---

1 *J. Fisch*, Das Selbstbestimmungsrecht der Völker oder die Domestizierung einer Illusion. München 2010.

2 Declaration of The United Nations 1942, http://www.un.org/en/sections/history-united-nations-charter/1942-declaration-united-nations/, 29.03.2017.

3 *D. Speich*, Der Blick von Lake Success. Das Entwicklungsdenken der frühen UNO als ‚lokales Wissen', in: *H. Büschel/D. Speich (Hg.)*, Entwicklungswelten. Globalgeschichte der Entwicklungszusammenarbeit, Frankfurt a. M 2009, S. 143–174; *A. Iriye*, Global Community. The role of international organizations in the making of the contemporary world, Berkeley 2002.

internationalen Organisationen stets einher geht, beachtliche Handlungsspielräume gewannen. In Bezug auf die völkerrechtliche Absicherung ihrer Außenwirtschaftspolitik standen Länder des Südens und Länder des Nordens vor ähnlichen Problemen und Chancen.

Man darf diese formale Gleichheit allerdings nicht überschätzen. Vielmehr ist bei der Analyse des Jaunde-Vertrages in Rechnung zu stellen, dass sich die Bundesrepublik ein zivilisatorisches Überlegenheitsgefühl gegenüber den afrikanischen Partnerländern anmaßte, das trotz aller Brüderlichkeitsrhetorik auch die Entwicklungspolitik der DDR prägte.[4]

Der erste Teil der folgenden Ausführungen ruft die kolonialen Träume der Deutschen in Erinnerung. Sie bestanden in der Zeit um 1900 im wesentlichen darin, den wirtschaftlichen Zugriff auf fremde Ressourcen zu sichern, und zugleich Absatzmärkte für die deutsche Industrie in Übersee zu sichern. Der afrikanische Kontinent spielte dabei am Jahrhundertbeginn eine wichtige Rolle. Er war eine Folie für Großmachtphantasien. Nach dem verlorenen Zweiten Weltkrieg traten westdeutsche Politiker international bescheidener auf, und bekannten sich bedingungslos zur Geltung des Völkerrechts. Der zweite Abschnitt fasst die Assoziationspolitik der EWG mit Afrika aus der Perspektive der BRD in der Zeit der Dekolonisation ins Auge. Dabei geht es um eine Analyse des technizistischen Internationalismus, der etwa von Walter Hallstein, aber auch von Ludwig Erhard für die spezifische Lage Westdeutschlands im internationalen Raum in Anspruch genommen wurde. Der dritte Abschnitt beschäftigt sich mit der eingeschränkten nationalstaatlichen Souveränität unter den Bedingungen der neuen Weltordnung. Afrikanische Kritiker des Abkommens kommen zu Wort und die Vorteile der neuen Weltordnung für die Länder an der Peripherie werden skizziert. Zu beobachten ist eine überraschende Parallelität zwischen der Bundesrepublik und einigen Ländern Afrikas. Auf beiden Seiten des Mittelmeers waren die Staatslenker in den 1960er-Jahren in dem Paradox gefangen, einen Teil ihrer Souveränität an internationale Organisationen abtreten zu müssen, um auf der weltpolitischen Bühne überhaupt souverän agieren zu können. Hier wird der Wandel der weltpolitischen Kommunikation vom alten Regime des Imperialismus zur neuen (technischen) Sprechweise des Internationalismus besonders deutlich.

4 *H. Büschel*, Hilfe zur Selbsthilfe. Deutsche Entwicklungsarbeit in Afrika 1960 – 1975, Frankfurt a. M. 2014.

2 Internationalität als neue weltpolitische Kommunikationsform

Der Forschungsstand zum Jaunde-Vertrag ist ambivalent. Es liegen mittlerweile mehrere Untersuchungen zur Afrikapolitik der EWG vor.[5] Sie sind aber weitgehend politikgeschichtlich, d.h. sie rekonstruieren nationale Handlungsräume und reflektieren kaum die Verschiebungen in der weltpolitischen Kommunikation, die in jenen Jahren stattfanden. Wie konfliktreich es nach 1945 war, von der imperialen Weltordnung zur neuen Norm einer durch internationale Verbindlichkeiten moderierten Nationalstaatlichkeit zu finden, hat hingegen Frederick Cooper in seiner neuen Studie zum Bürgerrecht in der Union Française während der Vierten Republik nachgezeichnet.[6] Und unter besonderer Berücksichtigung der westdeutschen Perspektive ging Martin Rempe der wirtschaftlichen Entwicklung des Senegal in der frühen Nachkriegszeit nach.[7]

Afrika spielt in der Forschung zur Deutschen Geschichte vor 1914 eine zunehmend wichtige Rolle.[8] Aber in den Darstellungen der Nachkriegszeit stehen andere Themen im Vordergrund, namentlich die Westintegration.[9] In Wilfried Loths Opus Magnum zur europäischen Einigung kommt der afrikanische Kontinent kaum vor. Im Gegenteil: Loths Meinung nach setzte das Ende der kolonialen Verpflichtungen in den europäischen Hauptstädten personelle und finanzielle Ressourcen frei, die der Integrationspolitik dienen konnten.[10] Diese Sichtweise, wonach das Abschneiden der kolonialen Bezüge eine Möglichkeitsbedingung der europäischen Politik war, ist sicher zu einseitig. Peo Hansen und Stefan Jonsson

---

5 *V. Dimier*, The invention of a European development aid bureaucracy. Recycling empire, Basingstoke 2014; *G. Migani*, La France et l'Afrique subsaharienne 1957–1961. Histoire d'une décolonisation entre idéaux eurafricains et politique de puissance, Brüssel 2008; *U. Vahsen*, Eurafrikanische Entwicklungskooperation. Die Assoziierungspolitik der EWG gegenüber dem subsaharischen Afrika in den 1960er Jahren, Stuttgart 2010; *F. Leikam*, Empire, Entwicklung und Europa. Die Europapolitik Großbritanniens und die Entwicklungsländer im Commonwealth, 1945–75, Augsburg 2011.

6 *F. Cooper*, Citizenship between Empire and Nation. The remaking of France and French Africa 1945–1960, Cambridge MA 2014.

7 *M. Rempe*, Entwicklung im Konflikt. Die EWG und der Senegal 1957–1975, Köln 2012.

8 Die Kolonialträume sind z.B. Thema in *D. van Laak*, Imperiale Infrastruktur. Deutsche Planungen für eine Erschließung Afrikas 1880 bis 1960. Paderborn 2004; oder in *I. Schröder*, Das Wissen von der ganzen Welt. Globale Geographien und räumliche Ordnungen Afrikas und Europas 1790–1870, Paderborn 2011.

9 *H. A. Winkler*, Der lange Weg nach Westen, München 2000.

10 *W. Loth*, Europas Einigung. Eine unvollendete Geschichte, Frankfurt a. M. 2014.

haben gezeigt, wie wichtig das geopolitische Großraumdenken zu „Eurafrika“ bis weit in die 1960er Jahre blieb.[11]

Vielleicht spiegelt sich im Desinteresse an Afrika der Umstand, dass der Kontinent in der Außenhandelsstatistik der Bundesrepublik im Vergleich mit den europäischen Partnerländern und mit den USA nur unter „ferner liefen“ figurierte. Als Ludwig Erhard 1953 „Deutschlands Rückkehr zum Weltmarkt“ analysierte, ging er auf Afrika jedenfalls kaum ein. Den „Chancen in Lateinamerika“ widmete er hingegen ein ganzes Kapitel. Zehn Prozent der westdeutschen Importe und Exporte kamen von dort bzw. gingen dorthin, was Erhard für ausbaufähig hielt. Der Anteil Afrikas am Außenhandel betrug immerhin acht Prozent, gefolgt vom Ostblock und Ozeanien mit je zwei Prozent. Aber Afrika passte nicht in Erhards Weltkarte.[12]

Zu Recht haben Historiker von Afrika als einem „vergessenen Kontinent“ gesprochen.[13] Doch was vergessen werden kann, muss früher bedeutsam gewesen sein. Und Afrika war tatsächlich einmal wichtig. Bis 1919 fokussierte die deutsche Außenwirtschaftspolitik stark auf den Süden, und auch nach dem Verlust der Kolonien wirkte die afrikanische Imagination weiter. Dirk van Laak hat die vielen Papier gebliebenen deutschen Afrikaprojekte der 1920er, 1930er und 1940er-Jahre rekonstruiert. Und er betonte, der „nehmende“ Kolonialismus sei nach dem Zweiten Weltkrieg durch einen „gebenden“ Kolonialismus ersetzt worden.[14] An die Stelle der kolonialen Ausbeutung trat die Entwicklungshilfe. Die europäischen Nationen passten ihre imperialen Ansprüche dem neuen Regime von internationalen Organisationen an. Dieser Übergang war in Jaunde 1963 das zentrale Thema.

Bei der Vertragsunterzeichnung in der Hauptstadt Kameruns war Walter Hallstein eine zentrale Figur. Konrad Adenauer hatte den Frankfurter Rechtsprofessor zum Mastermind seiner Außen- und Außenwirtschaftspolitik gemacht und er stieg zum Kommissionspräsidenten der EWG auf. In seiner Ansprache anlässlich der Vertragsunterzeichnung konstruierte Hallstein in fast meisterhafter Weise eine historisch völlig unbegründete Tradition.[15] Er sprach nämlich von der „longue évolution des relations entre les nations industrialisées et les nations en

11 *P. Hansen/S. Jonsson*, Eurafrica. The untold History of European Integration and Colonialism, London 2014.

12 *L. Erhard*, Deutschlands Rückkehr zum Weltmarkt, Düsseldorf 1953. Die angegebenen Zahlen finden sich auf S. 21.

13 *W. Rosenke/T. Siepelmeyer (Hg.)*, Afrika. Der vergessene Kontinent? Münster 1991.

14 *D. van Laak*, Infrastruktur.

15 *D. Speich Chassé*, Umstrittene Souveränität. Die Assoziationspolitik der EWG mit Afrika, http://www.europa.clio-online.de/essay/id/artikel-3610, 29.03.2017.

voie de développement". Mit den „Industrieländern" und den „Entwicklungsländern" benannte Hallstein zwei Ländergruppen, welche die Sozialwissenschaften erst zehn Jahre zuvor erfunden hatten.[16] Eine lange Dauer ihrer gleichberechtigten Begegnung gab es nicht, denn bis dahin waren afrikanische Territorien mit ihren europäischen „Mutterländern" in imperialen Herrschaftsbeziehungen verbunden gewesen. Die Sprechweise von Hallstein erlaubte es, die koloniale Vergangenheit in eine zukunftsfähige Konzeption zu überführen.

Hallsteins Rede zeigt, wie eng die wirtschaftliche und politische Einigung Europas mit der Afrikapolitik der EWG verbunden war.[17] Als nach dem Zweiten Weltkrieg neue Kooperationsformen zwischen den europäischen Nationalstaaten Gestalt annahmen, erwiesen sich die wirtschaftlichen und politischen Beziehungen als ein kompliziertes Problem. Einerseits boten die reichen Ressourcen des südlichen Nachbarkontinentes Anlass zur Wiederbelebung von geopolitischen Großraumphantasien, die in der Zwischenkriegszeit und noch danach vielerorts geträumt worden waren.[18] Und andererseits stellten die in der Phase des Hochimperialismus gewachsenen besonderen Beziehungen einzelner europäischer Nationalstaaten zu Gebieten auf dem afrikanischen Kontinent ein schwieriges Hindernis bei der europäischen Einigung dar. In den ersten Jahren nach dem Zweiten Weltkrieg verloren die Europäer schrittweise ihre Besitzungen im Nahen Osten sowie in Süd- und Südostasien. Zugleich vergrößerte das Handelsbilanzdefizit gegenüber dem Dollarraum ihre wirtschaftliche Abhängigkeit von den Kolonien. Es resultierte eine neue und intensivierte Form des europäischen Kolonialismus, die bis in die 1960er-Jahre hinein dauerte. Sie stellte die „Mutterländer" in eine Konkurrenzsituation zueinander und versah die verbleibenden afrikanischen Besitztümer in der europäischen Imagination mit einer neuen Bedeutung.[19]

Schon im „European Recovery Program", mit dem die USA das Interaktionsgefüge Europas der Vorkriegszeit zu rekonstruieren versuchten, trat das Problem der Kolonien auf. 10 Prozent der Geldflüsse, die an Frankreich adressiert waren, gingen nach Westafrika. Die „Organization of European Economic Cooperation" (OEEC), welche zur Allokation der Marshall-Plan-Gelder gegründet

---

16 *A. Sauvy*, Trois mondes, une planète, in: L'Observateur, 14.08.1952, S. 14.

17 *D. van Laak*, Detours around Africa. The Connection between Developing Colonies and Integrating Europe, in: *A. Badenoch/A. Fickers* (Hg.): Materializing Europe. Transnational Infrastructures and the Project of Europe, Houndmills 2010, S. 27–43.

18 *A. Zischka*, Afrika. Europas Gemeinschaftsaufgabe Nr. 1, Oldenburg 1951.

19 *F. Cooper*, Reconstructing Empire in British and French Africa, in: *M. Mazower, et al. (Hg.)*, Post-war Reconstruction in Europe. International Perspectives, 1945–1949, Oxford UK 2011, S. 196–210.

worden war, schuf 1948 ein eigenes Direktorium für Überseegebiete.[20] Und der Europarat setzte kurz nach seiner Gründung eine Kommission ein, welche sich den Südbeziehungen widmete.[21] Prominent war Afrika außerdem in der Ankündigung einer koordinierten Kohle- und Stahlpolitik zwischen Deutschland und Frankreich, die Robert Schuman 1950 machte. Er sagte, aufgrund dieser Kooperation werde Europa „mit vermehrten Mitteln die Verwirklichung einer seiner wesentlichsten Aufgaben verfolgen können: die Entwicklung des afrikanischen Erdteils."[22]

In den komplizierten Verhandlungen, die zu den Römischen Verträgen von 1957 führten, blieb Afrika ein Zankapfel. Die Staatskonstruktion, die sich Frankreich im Zuge seiner Wiederherstellung nach dem Krieg gab, band die Überseegebiete fest an die Metropole. Die Verfassung der Vierten Republik schuf einen einheitlichen Rechtsraum über das Mittelmeer hinweg, und der französische Staat entwarf Investitionsprojekte in großem Maßstab, etwa im malischen „Office du Niger", zu deren Finanzierung ein eigener Entwicklungsfonds eröffnet wurde.[23] Afrikanische Politiker verfolgten diese Vorgänge genau. Als die Assemblé Nationale im Juli 1949 in Paris über den Beitritt zum Europarat debattierte, rief der senegalesische Abgeordnete Léopold Sédar Senghor in Erinnerung: „Ce n'est pas la France qui entre au Conseil de l'Europe, c'est la République française, et ... la République française n'est pas seulement composée de la métropole mais encore des départements et territoires d'outre-mer."[24] Auch afrikanische Bürgerinnen und Bürger seien von dem staatsrechtlichen Entscheid betroffen.

So sehr die Französische Republik daran interessiert war, den Erzfeind Deutschland mittels einer supranationalen Organisationsstruktur zu binden, so

---

20 *R. Schreurs*, A Marshall Plan for Africa? The Overseas Territories Committee and the origins of European co-operation in Africa, in: *R. T. Griffiths (Hg.)*, Explorations in OEEC History, Paris 1997, S. 87–98; *P. Hongler*, Die OEEC und ihre unsichtbare Kolonialgeschichte. Lektüre der Kakaostudie von 1956, in: *T. David et al. (Hg):* Neue Beiträge zur Wirtschaftsgeschichte, Schweizerisches Jahrbuch für Wirtschafts- und Sozialgeschichte 30, Zürich 2015.

21 *Generalsekretariat des Europarats*, Le plan de Strasbourg pour une amélioration des relations économiques entre les états membres du Conseil de l'Europe et les pays d'outre-mer avec lesquels ils ont des liens constitutionnels, Strasbourg 1952.

22 Erklärung von Robert Schuman vom 9. Mai 1950, http://europa.eu/abc/symbols/9-may/decl_de.htm, 09.12.2011.

23 *F. Cooper*, Africa since 1940. The past of the present, Cambridge MA 2002; *J. Marseille*, Empire colonial et capitalimse français. Histoire d'une divorce, Paris 1984; *M. van Beusekom*, Negotiating Development. African Farmers and Colonial Experts at the Office du Niger, 1920–1960, Oxford 2002.

24 *L. S. Senghor*, Place de l'Afrique dans l'Europe unie, 9. Juillet 1949, in: ders., Liberté, tome 2, Nations en voie de développement et socialisme, Paris 1971, S. 60–64, hier S. 60.

klar war den französischen Politikern auch, dass der europäische Einigungsprozess die Überseegebiete integral einschließen musste. Und tatsächlich gelang es der französischen Diplomatie, in den Verträgen von 1957 Zollpräferenzen und Investitionsmechanismen zugunsten der eigenen Kolonien festzuschreiben.[25] Belgien war zunächst gegen die Schaffung einer solchen Sonderzone, da ein bedeutender Handel zwischen dem Kongo und dem Dollarraum bestand.[26] Italien befürchtete eine Konkurrenz zu der Aufbau- und Investitionshilfe, die man sich von der EWG für den Süden des eigenen Landes versprach. Und in Deutschland fand Ludwig Erhard als vehementer Verfechter des Freihandels viel Resonanz: Eine Sonderzone nach französischen Präferenzen schränke die Entfaltungsmöglichkeit der deutschen Exportwirtschaft auf dem Weltmarkt zu sehr ein, hielt er fest.[27] Und für Großbritannien bestätigte sich der Verdacht, die EWG sei ein französisches Projekt, dem man fern bleiben müsse.

Insgesamt drückten sich in der kontroversen Frage der Grenzziehung nach außen die ganz unterschiedlichen kolonialen Vergangenheiten der europäischen Länder aus. Diese Konflikte wurden mit dem Vertragsabschluss in Jaunde 1963 bereinigt.

3 Die Rhetorik des Jaunde-Vertrags von 1963

Der Vertrag von Jaunde war ein diplomatisches Hauptwerk. Der König der Belgier, die Präsidenten der Bundesrepublik Deutschland, Frankreichs und Italiens, die Großherzogin von Luxemburg und die Königin der Niederlande verpflichteten sich darin, ihre Wirtschaftsbeziehungen einem internationalen Vertragswerk zu unterstellen und ihre Souveränität einzuschränken. Die formalen Vertragspartner waren seine Majestät, der Mwami von Burundi, die Präsidenten von Kamerun, der zentralafrikanischen Republik, von Kongo-Brazzaville und Kongo-Léopoldville, der Elfenbeinküste, Dahomey, Gabun, Ober-Volta, Madagaskar sowie die Staatsoberhäupter von Mali, Mauretanien, Niger, Rwanda, Senegal, Somalia, Tschad und Togo. Alle diese Würdenträgerinnen und Würdenträger waren entweder selbst präsent oder hatten hochrangige Vertreter entsandt.

---

25 *C. Cosgrove-Twitchett*, Europe and Africa. From association to partnership, Farnborough UK 1978, S. 17–32.

26 *E. Deschamps*, L'Afrique belge et le projet de Communauté politique européenne (1952–1954), in: E. Remacle und P. Winand (Hg.), America, Europe, Africa – l'Amérique, l'Europe, l'Afrique, 1945–1973, Brüssel 2009, S. 307–324.

27 *L. Erhard*, Deutschlands Rückkehr zum Weltmarkt, Düsseldorf 1953.

Der Vertrag markierte den vorläufigen Abschluss eines zentralen Kapitels in der Geschichte der europäischen Integrationsbemühungen. Man hatte in der schwierigen Frage der gemeinsamen europäischen Außenpolitik einen Standpunkt errungen. Und auch aus afrikanischer Perspektive war der Vertrag eine wichtiger Schritt. Die meisten der Unterzeichner hatten eben erst ihre nationale Souveränität errungen und sahen diese durch das Abkommen bestätigt. Es stellte massive wirtschaftliche Aufbauhilfe in Aussicht und gewährte den neuen Volkswirtschaften wichtige Marktzugänge. In einem geschützten Rahmen sollten freihandelsähnliche Wirtschaftsbeziehungen geschaffen werden. Aus der bundesdeutschen Sicht war das eine phänomenale Ausweitung der Einflusssphäre und für Länder wie Kamerun, die Elfenbeinküste, Mali oder Senegal stellte das Abkommen eine völlig neuartige Einbindung in den Weltmarkt dar.

Entsprechend freudige Worte wählte der EWG-Kommissionspräsident Walter Hallstein in seiner Ansprache bei der Unterzeichnung. Nachdem er die Leistungen des EWG-Kommissars für Entwicklung und humanitäre Hilfe, Henri Rochereau, verdankt hatte, würdigte er kurz den Gastgeberstaat Kamerun als Schmelztiegel kultureller Diversität, um dann die historische Besonderheit des Augenblicks zu beschwören. „Il faut ensuite souligner, que la date d'aujourd'hui marque une étape historique dans la longue évolution des relations entre les nations industrialisées et les nations en voie de développement",[28] führte er aus. „Il est hautement remarquable et d'une grande valeur politique et humaine que lorsque la plupart de ces pays sont devenus indépendants, ils ont voulu et ils ont pu conclure avec la Communauté, en partenaire égaux, un accord sans précédent au monde".[29]

Höflichkeiten gegenüber den Gastgebern und pathetische Sätze aller Art gehören zum Ritual der Unterzeichnung von Staatsverträgen, denn sie bestätigen allen Anwesenden die Wichtigkeit ihres Amtes und ihrer Person. Gerne wird daher bei solchen Anlässen von „historischen Momenten" und von der weltweiten Präzedenzlosigkeit des eigenen Tuns gesprochen. Doch was auf den ersten Blick als reine Rhetorik erscheint, verdient genauere Aufmerksamkeit. Als Hallstein im Juli 1963 in Jaunde sprach, gab es in der Praxis der Diplomatie und der internationalen Staatsakte noch kaum gefestigte Routinen im Umgang mit politisch souveränen Afrikanerinnen und Afrikanern. Das Konzept der „partenaires égaux", die auf Augenhöhe verhandelten, war keine Selbstverständlichkeit. Jedes einzelne seiner

---

28 *W. Hallstein*, Address by Professor Dr. Walter Hallstein, President of the Commission of the European Economic Community, on the occasion of the signature of the Convention of Association with the African States and Madagascar, Yaoundé, 20 July 1963, in: University of Pittsburgh, Archive of European Integration (AEI), http://aei.pitt.edu/14309/1/S74.pdf, 31.01.2012.
29 *Hallstein*, Address.

Worte ist im analytischen Rückblick bedeutungsvoll, weil Hallstein nicht einfach bekannte Floskeln in Anspruch nehmen konnte, sondern Formeln zu wählen hatte, die den divergierenden Erfahrungen seiner Zuhörerinnen und Zuhörer einigermaßen gerecht wurden – oder zumindest nicht allzu kontrovers verstanden werden konnten. Eine bewährte Ressource für die Floskeln, mit denen Staatsakte begleitet werden, ist die gemeinsame Tradition.

Hallstein bemühte sich um die Herstellung solcher Traditionen, was allerdings kein leichtes Unterfangen war. Er erhob Kamerun zu einem Schulbeispiel politischer Integration. Er freue sich, dass man just Jaunde als Versammlungsort gewählt habe, denn die Geschichte Kameruns biete reiches Anschauungsmaterial für die Kraft der politischen Einigung über regionale, kulturelle und sprachliche Differenzen hinweg. Hier kamen deutsche, französische und britische Kolonialtraditionen zusammen. Dem Europapolitiker war solche Einheitsrhetorik Programm, da ja im europäischen Einigungsprozess die Zusammenarbeit zwischen Deutschland und Frankreich ein starkes Vertiefungspotenzial aufwies und Großbritannien überhaupt noch einzubinden war. Hier am Äquator spüre man förmlich, welch außergewöhnliche kollektive Anstrengung nötig sei, um „tant de races, de religions et d'héritages historiques divers“[30] in einer neuen politischen Körperschaft zu verschmelzen und welcher Gewinn aus einem solchen Projekt resultiere. Allen Zuhörerinnen und Zuhörern war klar, dass die deutsche, die französische und die englische Kolonialherrschaft Teile dieses Gebiets geprägt hatten, und man freute sich darüber, diese Einflüsse nun vereint zu sehen. Die Konflikthaftigkeit des historischen Erbes von Kamerun war aus dem Versammlungslokal in Jaunde allerdings kaum zu vertreiben.[31] Und dennoch nahm Hallstein das Land als Vorbild für seine Vision von Europa.

Hallstein sah in Kamerun ein „beau symbole et bel exemple en vérité pour l'Afrique tout entière“.[32] Damit rekurrierte er auf die unter afrikanischen Politikern zu der Zeit äußerst kontrovers diskutierte Frage der afrikanischen Einheit. Er stilisierte den eben unabhängig gewordenen Staat zu einer Homogenität empor, die dieser so nicht darstellte. Und er brachte die Hoffnung zum Ausdruck, auch die Vielfalt des gesamten afrikanischen Kontinents lasse sich dereinst in eine homogene Einheit verwandeln, damit der südliche Nachbar zu einem vertraglich fassbaren Partner der EWG würde.

30 *Hallstein*, Address.
31 *A. Wirz*, Vom Sklavenhandel zum Kolonialen Handel. Wirtschaftsräume und Wirtschaftsformen in Kamerun vor 1914, Zürich 1972.
32 *Hallstein*, Address.

Alternative Visionen der afrikanischen Einheit, die sich nicht ohne Weiteres an das Projekt der europäischen Integration anschließen ließen, wurden von Hallstein mit Schweigen belegt.

4 Afrikanische Stimmen

Das Abkommen von Jaunde zeigt, wie wichtig das Versprechen einer Domestizierung nationaler Wirtschaftsinteressen durch den Technizismus der neuen internationalen Organisationen für die junge Bundesrepublik war, als es darum ging, vor dem Schatten der nationalsozialistischen Großraumpolitik überhaupt eine Außenpolitik bzw. eine Außenwirtschaftspolitik zu betreiben. Die EWG war dabei aus der deutschen Perspektive von hervorragender Bedeutung. Nur in diesem staatsrechtlichen Rahmen, der das eigene Nationalinteresse kontrollierend beschränkte, war überhaupt ein weltpolitischer Auftritt Bonns möglich. Hallstein nutzte die Gunst dieser Stunde geschickt. Das galt auch für die neuen afrikanischen Länder. Aus der afrikanischen Perspektive setzte der Vertrag einen wichtigen Stein. Die meisten der Unterzeichner hatten eben erst ihre nationale Souveränität errungen und sahen diese durch das Abkommen rechtlich gesichert.

Westdeutschland und die afrikanischen Vertragspartner erhielten durch Zollsenkungen einen erleichterten Zugang zu den Märkten. Dafür verpflichtete sich die Bundesrepublik, finanzielle und technische Aufbauprojekte in den afrikanischen Ländern zu leisten. Die in Frankfurt am Main ansässige Kreditanstalt für Wiederaufbau (KfW) erhielt einen neuen Zweck und 1961 entstand in Bonn ein Bundesministerium für wirtschaftliche Zusammenarbeit und Entwicklung. Fast schulmeisterlich beteiligte sich Westdeutschland am Development Assistance Committee (DAC) der OECD, das 1961 entstand. Und man beförderte geflissentlich den Entwicklungshilfegedanke im Rahmen der EWG. Der Impetus war so stark, dass die Regierung der DDR in Ostberlin alsbald von Bonn als einem „Feind der Völker Afrikas" sprach und neokoloniale Absichten des kapitalistischen Westens vermutete.[33]

Die europäischen imperialen Machtbezüge nach Süden waren unterschiedlich. Ihre Vielfalt prägte auch den Dekolonisationsprozess und die Vorstellungen von staatlicher Souveränität, die in seinem Zuge formuliert wurden. Für die Vertreter der französischen Territorien blieb vor der Erfahrung der Vierten Republik

33 *Ausschuss für Deutsche Einheit*, Bonn, Feind der Völker Afrikas und Asiens. Eine Dokumentation über die Kolonialpolitik der Adenauer-Regierung, Berlin (Ost) 1960; *J. Etinger*, Bonn greift nach Afrika, Berlin (Ost) 1961.

(1946 – 1958) die Perspektive einer staatsrechtlichen Assoziation mit Europa das Ideal. Allerdings hatte Senghor schon 1957, als die Assemblé die Ratifizierung des EWG-Vertrags debattierte, gewarnt: „Nos réserves, encore une fois, monsieur le ministre des affaires étrangères, sont que l'Eurafrique que l'on nous propose ne soit pas une Eurafrika totalitaire à la manière de Hitler, mais qu'elle soit démocratique et fraternelle."[34] Er sah in der Assoziation das Potenzial eines demokratisch legitimierten Verhandlungsraums, in dem die europäisch-afrikanischen Beziehungen zum beiderseitigen Nutzen intensiviert werden könnten. In dieser Hinsicht stimmte Senghor dem Souveränitätsverzicht zu, der mit der Assoziation von Jaunde einher ging. Und zugleich befürchtete er, die Assoziation diene lediglich der Zementierung von wirtschaftlichen Ausbeutungsverhältnissen. Sein ivorischer Kollege im französischen Parlament, Félix Houphouët-Boigny, war weniger pessimistisch. Souveränität, so meinte dieser 1957 in einem Vortrag vor britischem Publikum, sei angesichts der weltweiten Wirtschaftsverflechtungen ein relativer Begriff. „Indeed, who doubts that close and sustained economic relations are essential to a country which wants to raise its standard of living? What countries are self-sufficient? Not even the United States. Indeed, the countries of Europe in the Coal and Steel Community, in Euratom and in the Common Market are prepared to relinquish a part of their sovereignty, that is to say, a part of their national independence. ... This is also our goal, because it is in our interest."[35] Ähnlich äusserte sich auch Mamadou Dia, der wie Senghor Senegal und Mali in Paris vertrat.[36]

Einen Kurs des radikalen Bruches mit den kolonialen Zentren fuhren hingegen Sékou Touré in Guinea und Kwame Nkrumah in Ghana. Dabei stellte sich insbesondere Nkrumah in die Tradition des amerikanischen Panafrikanismus und denunzierte die Assoziation einiger afrikanischer Territorien mit der EWG als institutionelle Verlängerung der kolonialen Situation. Auch für Nkrumah war Souveränität ein relativer Begriff. Auch er verstand den Abbau von Zöllen und die Schaffung von supranationalen Kooperationsverhältnissen als wohlstandsfördernde Maßnahmen und sah in der EWG den besten Beleg hierfür. Doch die be-

34 *L. S. Senghor*, Intervention en séance lors de la discussion du projet de ratification du traité de Rome, Procès verbal de l'Assemblée Nationale, 2e Séance du 4. Juillet 1957, S. 3262, www.assemblee-nationale.fr/histoire/senghor/senghorexpovirtuelle.asp, 09.12.2011.

35 *F. Houphouët-Boigny*, Black Africa and the French Union, in: Foreign Affairs 35/4, 1957, S. 593 – 599.

36 „Nation souveraine, le Mali sera, dans ses nouveaux rapports avec la République française, maître de son commerce extérieur, dans la mesure où cette souveraineté a une signification pour toutes les nations, petites ou grandes, dans ce monde interdépendant." *M. Dia*, Nations Africaines et solidarité mondiale, Paris 1960, S. 117.

sondere historische Lage Afrikas fordere andere Vorgehensweisen. In seinem Hauptwerk „Africa must unite" schrieb er 1963: „It seems ... curiously paradoxical that in this period when national exclusivism in Europe is making concessions to supernational organizations, many of the new African states should cling to their new-found sovereignty as something more precious than the total well-being of Africa and seek alliances with the states that are combining to balkanize our continent in neo-colonial interests."[37] Nkwame Nkrumah betonte, der Souveränitätsverzicht sei nicht gegenüber Europa zu leisten, sondern gegenüber den anderen afrikanischen Ländern. Er forderte eine panafrikanische Union. Man solle das Assoziationsmodell übernehmen, um gegenüber Europa als geeinte Kraft auftreten zu können. „If technical and economic co-operation between Africans is a feasibility, ... then where is the need to tie it in with the European Common Market, which is a European organization promoted to further European interests?", fragte er.[38] Stattdessen sollte über die kurz zuvor entstandene UNO-Regionalkommission für Afrika und durch die Organisation für Afrikanische Einheit (OAU) ein eigenständiger Internationalismus verbürgt werden.[39]

Trotz heftiger Differenzen sahen alle afrikanischen Politiker den einzigen Weg zur Sicherung der Geltung ihrer Länder auf dem internationalen politischen Parkett in internationalen Zusammenschlüssen. Und auch für die Bundesrepublik war der teilweise Verzicht auf Souveränität, der mit dem Beitritt zur Montanunion und zur EWG verknüpft war, paradoxerweise der einzige Weg zur Erlangung von nationaler Souveränität gegenüber den neuen Weltmächten.

Diese wechselseitige Vorteilsnahme ist einer der Gründe, warum das Assoziationsprojekt der EWG mit einzelnen afrikanischen Ländern seit 1963 bestehen blieb. Es wurde mit den Abkommen von Lomé nach 1975 auf die sogenannten AKP-Staaten ausgeweitet, d. h. von Afrika auf die Karibik und den pazifischen Raum. Und es erfuhr mit dem Vertrag von Cotonou im Jahr 2000 noch einmal eine Bestätigung.

---

37 *K. Nkrumah*, Africa Must Unite, London 1963, S. 158.

38 *Nkrumah*, Africa, S. 160.

39 *S. Misteli:* Prendre en compte la décolonisation. Les débuts de la Commission économique pour l'Afrique des Nations unies (1958–1965), in: Revue d'histoire diplomatique 2016, 2, S. 162–176.

5 Schluss: Sprachregelungen der Entwicklungspolitik

Die Jaunde-Verhandlungen und ihre Kritik durch Nkwame Nkrumah können verdeutlichen, dass die vermeintlich rein technischen Aspekte des Wissens über Wirtschaft und Recht vielfach miteinander verstrickt waren. Die afrikanischen Territorien traten erstmals als gleichberechtigte Partner auf. Und Westdeutschland sicherte sich den Zugang zu natürlichen Ressourcen und zu Absatzmärkten für Industrieprodukte in einem Ausmaß, das die alten Kolonialträume weit überstieg. Die Dimensionen des durch internationale Abkommen gesicherten Weltmarkts waren viel grösser als alle älteren Großraumphantasien. Die Katastrophen des Nationalsozialismus und des Zweiten Weltkriegs hatten die Grenzen der nationalen Expansion und von nationalistischer Überheblichkeit aufgezeigt. Nun setzte man mit Erfolg auf den Internationalismus, und unterfütterte ihn mit einer technischen, d. h. politisch vermeintlich neutralen Sprache.

Hallsteins Ansprache in Jaunde 1963 war geprägt von ökonomischer Expertise.[40] Vor dem Hintergrund der problembeladenen Beziehung zwischen Europa und Afrika, welche durch den neuen Diskurs des Selbstbestimmungsrechts der Völker im Dekolonisationsprozess noch akzentuiert wurde,[41] tritt deutlich hervor, welches Potenzial die neue Rede von „Entwicklungsländern" und „Industrieländern" hatte. Hallsteins Diskurs entpolitisierte das Verhältnis zwischen Europa und den ehemaligen Kolonialbesitzungen und eröffnete der Diplomatie einen technischen Verhandlungsraum, in welchem vertragliche Übereinkünfte wie jene von Jaunde 1963 möglich wurden.[42] In dieser Technizität lag die historische Neuartigkeit des Abkommens, welche der EWG-Kommissionspräsident so klar beschwor. „Il s'agit d'une œuvre de paix, qui repose sur l'accession des hommes à un niveau de vie décent et sur la compréhension mutuelle entre les États. De ceci, tout le monde parle, mais aujourd'hui, la Communauté et les Etats africains et malgache associés agissent", hielt er fest.[43]

Tatsächlich hatte sich von der Gründungsversammlung der Vereinten Nationen in San Francisco 1945 her eine neue Sprechweise ergeben, welche die Souveränität von nationalstaatlich verfassten Kollektiven zum höchsten Gut erhob.

---

40 *D. Speich*, The Use of Global Abstractions. National income accounting in the period of imperial decline, in: Journal of Global History 6/1, 2011, S. 7–28.

41 *J. Fisch*, Selbstbestimmungsrecht.

42 *J. Ferguson*, The Antipolitics Machine. Development, depoliticization, and bureaucratic power in Lesotho, Cambridge MA 1990.

43 *Hallstein*, Address.

Das war mit der Stabilisierung von imperialen Herrschaftsverhältnissen, wie sie Frankreich in der Vierten Republik vertrat, schwer zu vereinbaren. Schon im EWG-Vertrag rekurrierte man explizit auf die UNO-Charta, um die Assoziierung mit Afrika nicht dem Verdacht des Neokolonialismus auszusetzen. Der Verdacht blieb. Und im Abkommen von Jaunde wurde diese Referenz an übergeordnete staatsrechtliche Setzungen wiederholt. Der Jurist Hallstein nahm darauf Bezug, als er betonte, gerade die grundsätzliche Annahme der Gleichheit aller Vertragspartner sei das hervorstechende Merkmal des Dokuments und erhebe seine Unterzeichnung zu einem historischen Moment.

Das Korrelat dieser Gleichheitsannahme war eine neue, sozialwissenschaftlich gestützte Verständnisweise Afrikas, welche die Länder dieses Kontinents integral auf ihren ökonomischen Entwicklungsgrad bezog. In Hallsteins Sicht war Europa nicht mit historisch gewachsenen, unterschiedlichen Kolonialbeziehungen zu Afrika konfrontiert, sondern mit einer Gruppe von „unterentwickelten" Ländern, die eine Einheit darstellten, und deren Probleme durch gezielte Kapitalinvestitionen und durch den Transfer von technischen Knowhow zu lösen waren. Er hatte diese Vision schon 1961 konkretisiert, als sich afrikanische Parlamentarierinnen und Parlamentarier in Straßburg mit dem Europarat zusammenfanden, um das Verhältnis der EWG zu den gerade unabhängig werdenden afrikanischen Staaten zu definieren.[44] Und er stellte diesen entwicklungspolitischen Gedanken auch rückblickend in seinem Buch über die europäische Gemeinschaft von 1973 in dem Kapitel über „Die Gemeinschaft und die Welt" als leitend vor.[45]

Diese Konzeption, die man vielleicht als eine entwicklungspolitische „Hallstein-Doktrin" bezeichnen könnte, war eng verknüpft mit jenen wirtschaftlichen Modernisierungstheorien, die auch der US-Außenpolitik zu Grunde lagen.[46] Sie gewann aber im Rahmen der europäisch-afrikanischen Beziehungen eine besondere Färbung: ihr Reduktionismus verbannte politische und historische Differenzen zwischen den afrikanischen Ländern und Territorien aus dem diplomatischen Diskurs und stellte nach Maßgabe der Entwicklungsdefizite dieser Gebiete ein neues Länderkollektiv her, zu dem die Bundesrepublik vertraglich in ein Verhältnis treten konnte.

---

44 *W. Hallstein*, Europäische Afrikapolitik. Rede an der Universität Tübingen am 5. Mai 1961, in: *T. Oppermann (Hg.)*, Walter Hallstein. Europäischen Reden, Stuttgart 1979, S. 261–275. Zur Konferenz in Straßburg am 19.–24. Juni 1961, an welcher der Europarat und Vertreter von afrikanischen Parlamenten debattierten, siehe *Vahsen*, Entwicklungskooperation, S. 135 f.

45 *W. Hallstein*, Die Europäische Gemeinschaft, Düsseldorf 1973, S. 276 ff.

46 *D. Ekbladh*, The Great American Mission. Modernization and the construction of an American world order, Princeton NJ 2010.

Die Konzeption entzog den afrikanischen Kritikern der Assoziation wie Nkrumah den Boden. Vor dem Weltmarkt geschützte Handelszonen, wie sie die EWG mit dem Jaunde-Abkommen schuf, beförderten in dieser Lesart keine „Balkanisierung" des afrikanischen Kontinents, sondern waren im Rahmen der UNO-Charta ganz auf die Förderung von Wohlstand und Entwicklung gerichtet. Souveränitätsverzichte in dieser Hinsicht mussten das Selbstwertgefühl der Afrikanerinnen und der Afrikaner nicht unterlaufen, sondern waren Hilfestellungen in der Ausgestaltung ihrer Kollektive. Der Souveränitätsverzicht, den die assoziierten afrikanischen Staaten und Madagaskar gegenüber der EWG eingingen, war auf die Stärkung dieser neuen Länder im Weltmarkt und auf der weltpolitischen Bühne gerichtet und das Abkommen bestätigte sie als souveräne Entitäten.

Das Abkommen von Jaunde integrierte einen transkontinentalen Wirtschaftsraum zwischen Europa und Afrika. Es stellte Wohlstandsgewinne in Aussicht, und machte den partiellen Verlust von Souveränität dadurch auf beiden Seiten des Mittelmeers legitimierbar. Im Deutungshorizont der Entwicklungshilfe wurden die ungleichen Partner Afrika und Europa staatsrechtlich zu Nehmern und Gebern in einem übergreifenden Austauschprozess und rückten in einen gemeinsamen Handlungsraum ein. Damit war für Bonn die koloniale Vergangenheit gebannt und eine Zukunftsperspektive entworfen.

Annika Biss

BMW in Südafrika (1967 – 1985)

Unternehmerische Aktivität im Spannungsfeld der südafrikanischen Apartheidpolitik und des Kalten Krieges

Südafrika ist seit Jahrzehnten für die BMW AG ein wichtiger Standort, der in der Internationalisierungsgeschichte des Unternehmens eine zentrale Rolle einnimmt. Durch die Untersuchung des dortigen BMW-Engagements lässt sich exemplarisch aufzeigen, mit welchen Herausforderungen ein sich internationalisierender Konzern im Allgemeinen sowie unter den besonderen gesellschaftspolitischen Rahmenbedingungen im Speziellen konfrontiert sah.[1] Nicht nur existierten dezidierte Auflagen für die wirtschaftlichen Aktivitäten ausländischer Firmen der Kraftfahrzeugindustrie mittels eines ambitionierten Local-Content-Programmes seitens der südafrikanischen Regierung; ebenso fordernd waren die durch das repressive Apartheidregime geprägten gesellschaftlichen Gegebenheiten, die nicht nur eine wirtschaftspolitische, sondern auch moralische Positionierung von den ökonomischen Akteuren verlangte. Weiterhin ist die weltpolitische Verflechtung vor dem Hintergrund des Kalten Krieges zu berücksichtigen, da diese maßgeblichen Einfluss auf die Haltung der Regierungen bzw. der nationalen Parteien gegenüber Südafrika nahm. Im Rahmen der vorliegenden Untersuchung erfahren die Haltung der Bundesregierung sowie der USA besondere Beachtung sowie ihre Auswirkungen auf die Aktivitäten der jeweiligen nationalen Konzerne. Bevor auf die Aktivitäten der BMW AG in Südafrika näher eingegangen wird, sollen diese politischen Rahmenbedingungen kurz erörtert werden.

Die Außenpolitik der Bundesrepublik war während der Nachkriegszeit im Wesentlichen durch die Hallstein-Doktrin geprägt.[2] Erst unter der Großen Koalition, mit Willy Brandt als Außenminister, begann sich die außenpolitische Ausrichtung maßgeblich zu ändern, indem die sogenannten *Leitlinien der deutschen Außenpolitik* formuliert wurden. Diese sahen eine grundlegende Trennung zwischen Handel und Politik vor, was der Bundesregierung sowie den westdeutschen

---

1 Eine ausführliche Analyse der Standortgeschichte Südafrikas der BMW AG, deren Schwerpunkt auf dem Zeitraum zwischen 1945 und 1981 ruht, wurde im Rahmen eines Dissertationsprojektes durchgeführt, vgl. *A. Biss*, Die Internationalisierung der Bayerischen Motoren Werke AG. Vom reinen Exportgeschäft zur Gründung eigener Tochtergesellschaften im Ausland 1945 – 1981, München 2017, Kapitel 5, S. 575 – 740.

2 Vgl. *U. Engel*, Die Afrikapolitik der Bundesrepublik Deutschland 1949 – 1999. Rollen und Identitäten, Münster 2000, Kapitel 3, S. 117 – 145.

https://doi.org/10.1515/9783110541120-008

Akteuren der Wirtschaft einen größeren Handlungsspielraum im Umgang mit Osteuropa einräumte, aber auch gegenüber Staaten wie Südafrika, die aufgrund ihrer repressiven Politik international zunehmend in der Kritik standen. Die von Brandt vertretene Außenpolitik ermöglichte einen Spagat, setze jedoch zugleich eine bis in die 1970er Jahre anhaltende indifferente bzw. zurückhaltende Haltung der Bundesrepublik gegenüber Südafrika fort.[3] Zugleich war auch innerhalb der Bundesregierung keine einheitliche Positionierung auszumachen, da die einzelnen Parteien unterschiedlich Stellung bezogen. Dies traf sowohl auf die sozialliberale als auch besonders auf die christlich-liberale Koalition ab 1982 zu: Einsetzend mit der Großen Koalition bis hin zur späteren Regierung unter Helmut Kohl übte die Bundesrepublik zwar Kritik an der Apartheid, variierte hierbei jedoch deutlich in Schärfe und Konsequenz.[4] Mit der Regierungsübernahme der sozial-liberalen Koalition im Oktober 1969 konnte erstmals eine deutlich kritischere Positionierung konstatiert werden als noch in den vorangegangenen Dekaden.

Darüber hinaus waren auch die Auswirkungen des Kalten Krieges in Afrika zu spüren, die den jeweiligen politischen Kurs beeinflussten, den die Regierungen einschlugen. 1973 wird im Rahmen der westdeutschen Außenpolitik oftmals als Wendepunkt und Beginn einer neuen Phase der bundesdeutschen Afrikapolitik bewertet, die nun erheblich an Bedeutung gewann. Mit dem Beitritt der Bundesrepublik Deutschland in diesem Jahr zu den Vereinten Nationen (UN) – parallel vollzog sich ebenfalls die Aufnahme der Deutschen Demokratischen Republik (DDR) – gewann ihre außenpolitische Haltung klar an Gewicht; auch ihre Positionierung in Fragen des Kolonialismus, der Apartheid und des Umgangs mit Ländern der Dritten Welt stand nun unter der expliziten Beobachtung der internationalen Staatengemeinschaft, vor allem der afrikanischen Staaten. Mit dem Beitritt der DDR, den Auswirkungen des Kalten Krieges und dem Zusammenbruch des portugiesischen Kolonialismus in Angola und Mosambik einerseits sowie den Freiheitsbewegungen in Rhodesien, Namibia und Südafrika andererseits wurde der afrikanische Kontinent zunehmend zu einer Projektionsfläche der Ost-West-Dichotomie im Kontext des Kalten Krieges.[5] Stetig wuchs die Sorge des Westens, die Sowjetunion könnte ihren Einflussbereich in Afrika weiter ausbauen, so dass Afrika, hier speziell auch Südafrika, zu einem Austragungsort des Ost-West-

3 Vgl. *C. Wenzel*, Südafrika-Politik der Bundesrepublik Deutschland 1982–1992. Politik gegen Apartheid?, Wiesbaden 1994, S. 34–36.

4 Vgl. *J. Cron*, Deutsche Unternehmen im Entwicklungsprozeß Südafrikas, Wiesbaden 1997, S. 105.

5 Vgl. *Wenzel*, Südafrika-Politik, S. 31, 37.

Konfliktes wurde.[6] In der Rhetorik des Kalten Krieges galt das südafrikanische Apartheidregime als *Bollwerk gegen den Kommunismus* in Afrika, während die Freiheitsbewegungen und der Zusammenbruch des Kolonialismus als von der Sowjetunion gelenkte Machtübernahme deklariert wurden.[7] Laut einigen Autoren war die sowjetische Unterstützung der Befreiungsbewegungen tatsächlich beträchtlich, wie etwa die finanziellen Aufwendungen an Mitglieder des African National Congress (ANC) zeigten. Dennoch lassen sich die Befreiungsbewegungen nicht auf eine sowjetische Einflussnahme reduzieren, lagen ihre Ursachen doch weitaus tiefer.[8] Insbesondere die CDU und CSU konzentrierten sich in ihrer Argumentation auf die drohende Gefahr – Verheugen spricht hier auch von einer „eingebildete[n] Gefahr“[9] – sowjetischer Einflussnahme und sahen hierin die Legitimation ihrer Haltung, die weiße Minderheitsregierung in Südafrika weiterhin zu unterstützen, um explizit den Frieden sowie implizit die westlichen Interessen auf dem afrikanischen Kontinent zu sichern. Ebenfalls eingeflochten in diese Diskussion wurde das Argument, dass ein größeres Maß an Mitbestimmung und die hiermit einhergehenden Unruhen letztlich die schwarzafrikanische Bevölkerung besonders hart treffen würden.[10] Diese Argumentationslogik erinnerte indirekt an Rudyard Kiplings „The white man's burden“[11] aus dem Jahre 1899 und stellte in den Vordergrund, dass die Unterdrückung der schwarzafrikanischen und farbigen Bevölkerungsgruppen angeblich zu ihrem eigenen Wohl geschähe. Die Gegner der Apartheid führten hingegen an, dass es sich hierbei lediglich um einen Vorwand handle, um die gegebenen Machtstrukturen aufrechtzuerhalten. So merkte der südafrikanische Bischof Desmond Tutu als Mitglied des South African Council of Churches (SACC), der später für seine Bemühungen um die Abschaf-

---

6 Vgl. Aufzeichnungen des Vortragenden Legationsrats I. Klasse Müller, 20.01.1977, in: Akten zur Auswärtigen Politik der Bundesrepublik Deutschland 1977, hg. im Auftrag des Auswärtigen Amtes vom Institut für Zeitgeschichte, München 2008 (AAPD 1977), Bd. I, Dok. 8; Gespräch des Bundesministers Genscher mit dem amerikanischen Außenminister Vance in Washington, 13.07.1977, in: Ebda., Bd. II, Dok. 187.

7 Vgl. *D. Siegfried*, Internationale Reaktionen auf Südafrikas Apartheid. Neuere Literatur zu einem globalen Konflikt in der zweiten Hälfte des 20. Jahrhunderts, in: H-Soz-Kult, 11.02.2016, URL: http://hsozkult.geschichte.hu-berlin.de/forum/2016-02-001, 23.06.2017, S. 4 – 6.

8 Vgl. Ebda., S. 17.

9 *G. Verheugen*, Apartheid. Südafrika und die deutschen Interessen am Kap, Köln 1986, S. 171.

10 Vgl. Interviews und Presseartikel, 1977, in: ACSP NL Strauß Slg Kray I:77/19; Schriftensammlung, 1978, in: ACSP NL Strauß Fam:1268; Informationsmaterialien des Bundesinstituts für ostwissenschaftliche und internationale Studien, 1975 – 1977, in: ACSP NL Strauß MPr 77/10; Schreiben von Strauß an Dr. Kurt Blohm, Chairman des German Committee der South Africa Foundation und Vorsitzender der Volkswagen of South Africa, vom 08.05.1978, in: ACSP NL Strauß PV:11133.

11 Vgl. *R. Kipling*, The white man's burden, in: McClures Magazine No. 4, 1988, S. 290 f.

fung der Apartheid mit dem Friedensnobelpreis ausgezeichnet wurde, gegenüber Mitgliedern des Auswärtigen Ausschusses des deutschen Bundestages zynisch an: „[...] im Grunde hätten die Schwarzen nichts zu verlieren."[12] Ab 1973 mehrten sich in der Bundesrepublik gegenüber dieser Argumentation, die Verweigerung der politischen Partizipation der nicht-weißen Bevölkerung geschähe zu ihrem Schutze, sowie gegenüber der Apartheid im Allgemeinen kritische Stimmen. Dabei verliefen die Spannungslinien nicht nur entlang der Bundestagsfraktionen, auch weitere Akteure waren in diesen Diskurs involviert, wie etwa katholische und evangelische Kirchengemeinschaften sowie auf Arbeitsebene, im Hinblick auf die Gleichberechtigung schwarzer und farbiger Arbeiter in den Betrieben, die Gewerkschaften mit ihren transnationalen Bemühungen.[13]

Auch die Wirtschaft und ihre Akteure waren demnach von diesen Bewegungen unmittelbar betroffen, hatten sie sich doch in dieser Diskussion zu positionieren. Lange Zeit vermieden die Unternehmen aus verschiedenen Nationen jedoch, in der Südafrika-Frage explizit Stellung zu beziehen. Auch sie versuchten bis in die 1970er Jahre hinein, ähnlich der politischen Linie der Bundesregierung sowie anderer Staaten, ihre ökonomischen Aktivitäten getrennt von einer politischen Dimension durchzuführen und folgten somit zunächst primär ihren eigenen wirtschaftlichen Interessen. Die erste internationale Verurteilung Südafrikas erfolgte durch die Vereinten Nationen zwar 1962/63 als Reaktion auf das Massaker von Sharpeville, indem sie ein Waffenembargo empfahlen; der Handel zwischen Südafrika und einem Großteil der Nationen blieb jedoch hiervon unberührt,[14] obwohl 1966 die UN Wirtschaftssanktionen gegen Südafrika verhing. Dabei handelte es sich allerdings um keine bindende Resolution, sondern um eine Empfehlung.[15] Dennoch bezeichnete die UN-Vollversammlung seit 1968 Apartheid wiederkehrend als Verbrechen gegen die Menschlichkeit und verabschiedete 1973 die *Konvention zur Bekämpfung und Ahndung des Verbrechens der Apartheid*, die auch von der Bundesrepublik unterzeichnet wurde.[16] Mit dem Soweto-Aufstand

---

12 Gespräch mit dem South African Council of Churches (SACC), Reisebericht Auswärtiger Ausschuss „Besuch von Mitgliedern des Auswärtigen Amtes des Deutschen Bundestages im südlichen Afrika, 14. bis 26. Mai 1978" vom 09.08.1978, in: ACSP NL Jaeger R:47/2.

13 Vgl. *R. Rode*, Die Südafrikapolitik der Bundesrepublik Deutschland 1968–1972, München 1975, S. 127 f., 224–234; *W. Stiers*, Perzeptionen der Entwicklung im südlichen Afrika in der Bundesrepublik Deutschland 1960–1979, Frankfurt/M. 1983, S. 304–327.

14 Vgl. *Cron*, Deutsche Unternehmen, S. 155.

15 Vgl. *J. Kreutzfeld*, Investitionsschutz für einen deutschen Investor in der Republik Südafrika. Insbesondere das bilaterale Investitionsschutzabkommen zwischen der Bundesrepublik Deutschland und der Republik Südafrika, Hamburg 2000, S. 15.

16 Vgl. *M. Saage-Maaß*, Geschäft ist Geschäft? Zur Haftung von Unternehmen wegen der Förderung staatlicher Menschenrechtsverletzungen, in: Kritische Justiz 1, 2010, S. 54–61, hier S. 55.

von 1976 und seiner gewaltsamen Niederschlagung durch die südafrikanische Regierung nahm die internationale Kritik an der Kap-Republik weiter zu – auch in der Bundesrepublik.[17] In den USA erhielt die Solidarisierung mit der schwarzafrikanischen Bevölkerung durch die US-Bürgerrechtsbewegung entscheidenden Auftrieb, wodurch der Einfluss von Sanktionsbefürwortern in den USA auch in der Administration stieg.[18] Dies kumulierte in dem *Comprehensive Anti-Apartheid Act* von 1986, den der Senat gemeinsam mit dem Repräsentantenhaus in den USA gegen das Veto von Präsident Ronald Reagan verabschiedete und der weitgehende Folgen hatte, verbot er doch neue Investitionen in und Kreditvergaben nach Südafrika von US-Firmen. Auch beinhaltete das Gesetz in den USA Importsperren für südafrikanische Waren sowie Exportverbote für Mineralöl und Ölprodukte.[19] Dies zwang nun auch die US-Konzerne zu einer Stellungnahme gegenüber Südafrika. Zu einem ähnlich konsequenten Vorgehen konnte sich die Bundesrepublik nicht durchringen, gingen die Meinungen doch zu weit auseinander, wie man der Apartheid begegnen sollte und erfuhr die Anti-Apartheid-Bewegung (AAB) hierzulande nicht dieselbe Unterstützung in der Öffentlichkeit. Zwar forderte neben den Grünen auch die SPD 1986 Wirtschaftssanktionen gegenüber Südafrika, die allerdings nicht durchgesetzt werden konnten, da sich die christlich-soziale Bundesregierung, allem voran die CDU/CSU, deutlich gegen Boykottmaßnahmen aussprach.[20] Eine Analyse von Bundestagsdebatten spiegelt diese Konfliktlinien hervorragend wider.[21] Die Diskussion über die Notwendigkeit von Wirtschaftssanktionen wurde weltweit – bisweilen äußerst hitzig – über viele Jahre hinweg geführt.[22] Die Staaten der Europäischen Gemeinschaft (EG) hatten 1977 den sogenannten Verhaltenskodex verabschiedet, der genaue Verhaltensregeln für europäische Firmen mit Tochtergesellschaften in Südafrika festlegte und den einzelnen Unternehmen eine jährliche Berichterstattung auftrug. 1985 wurde er nachgeschärft, auch unter dem Eindruck des wachsenden internationalen Drucks

17 Vgl. W. Schneider-Barthold, Die deutsche Südafrika-Politik aus wirtschaftlicher Sicht, in: Africa Spectrum 3, 1976, S. 225 – 237.

18 Vgl. *Siegfried*, Internationale Reaktionen, S. 22.

19 Vgl. *Cron*, Deutsche Unternehmen, S. 157.

20 Vgl. *Siegfried*, Internationale Reaktionen, S. 29.

21 Vgl. exemplarisch „Unkorrigiertes Stenographisches Protokoll der Rede des CSU- Bundestagsabgeordneten Hans Klein, außenpolitischer Sprecher der CDU/CSU-Fraktion, in der heutigen Aktuellen Stunde des Deutschen Bundestages" vom 13.09.1985, in: ACSP NL Klein:814.

22 Vgl. *Cron*, Deutsche Unternehmen, S. 154 – 171; *C. Hefeker/K. Menck*, Wie wirkungsvoll sind Sanktionen? Das Beispiel Südafrika, Report des Hamburgischen Welt-Wirtschafts-Archivs, Hamburg 2002, S. 27 – 43; *J. Bacia/D. Leidig*, „Kauft keine Früchte aus Südafrika!". Geschichte der Anti-Apartheid-Bewegung, Frankfurt/M. 2008, S. 111 – 148.

auf Südafrika.[23] Die Bundesregierungen, zunächst die sozial-liberale, dann die christlich-liberale, verneinten stets Boykottmaßnahmen und verwiesen auf den Verhaltenskodex. Erst im Oktober 1986 beschloss der Rat der EG die Aussetzung neuer Direktinvestitionen europäischer Firmen in Südafrika. Dies schloss allerdings nicht die Reinvestitionen von dort erzielten Gewinnen und Ersatzinvestitionen ein und ließ somit den europäischen Konzernen eine Hintertür offen.[24] Ferner argumentierte ein Großteil der westdeutschen Politiker, dass unter Sanktionen vor allem der bereits benachteiligte schwarzafrikanische Teil der Bevölkerung leiden würde. Die Vertreter einer sanfteren Linie gegenüber Südafrika argumentierten, dass es über die Aufrechterhaltung wirtschaftlicher Interaktionen sowie den EG-Verhaltenskodex möglich sei, zu einem weitreichenden Wandel von innen beizutragen und hierüber zu einem Ausgleich der Gegensätze zu gelangen. Auf diesem Wege sollten Konzerne ihrer moralischen Verantwortung in Südafrika nachkommen.[25] Zugleich konnten sie hierdurch ihre eigenen wirtschaftlichen Interessen über den weiterhin bestehenden Handel wahren, was das Janusgesicht dieser Argumentation zeigt.[26]

Südafrika besaß bereits seit den 1920er Jahren für die internationale Kraftfahrzeugindustrie einen besonderen Stellenwert, der sich aus den regulativen Maßnahmen der Regierung ableitete. Über tarifäre sowie nicht-tarifäre Handelshemmnisse wurde der Aufbau einer lokalen Fertigungsindustrie ausländischer Hersteller forciert, da die Einfuhr von Kompletteinheiten erschwert wurde und somit die Montage von Fahrzeugen vor Ort erforderlich machte. Zunächst reagierte hierauf die US-Industrie und so errichtete bereits 1924 Ford ein Montagewerk in Port Elizabeth, zwei Jahre später folgte General Motors. In den Folgedekaden wurde die Fertigungstiefe mittels Regierungsvorgaben beständig ausgeweitet, denen ausländische Hersteller folgen mussten, um ihre Modelle auch weiterhin am Kap in den entsprechenden Stückzahlen absetzen zu können.[27] In den 1950er und vor allem frühen 1960er Jahren siedelten sich dann in einer zweiten Phase zahlreiche europäische Firmen wie Volkswagen, Daimler-Benz, BMW und Fiat an.

---

23 Vgl. *Cron*, Deutsche Unternehmen, S. 154.

24 Vgl. Ebda, S. 158.

25 Vgl. *Siegfried*, Internationale Reaktionen, S. 46 f; Zeitungsartikel „‚Man sollte Südafrika unterstützen'. Ein Interview mit dem bayerischen Ministerpräsidenten Franz-Josef Strauss" vom 15.11.1983, Südafrika-Rundschau, in: ACSP NL Strauß Slg Kray I:83/28.

26 Die Argumentationslinien für und gegen wirtschaftliche Boykottmaßnahmen ähneln sich oftmals strukturell und finden sich somit auch in anderen Fälle in der Historie, aber auch in der Gegenwart, vgl. exemplarisch *Hefeker/Menck*, Sanktionen, S. 27–43.

27 Vgl. *D. Duncan*, Foreign and local investment in the South African Motor Industry 1924–1992, in: The South African Journal of Economic History 2, 1992, S. 53–81, hier S. 53–56.

In einer dritten Welle kamen die japanischen Automobilproduzenten hinzu, die in Südafrika von ihrer üblichen Strategie des reinen Exports abwichen und Lizenzen an südafrikanische Montagepartner zur lokalen Fertigung vor Ort vergaben. Der Marktanteil japanischer Fabrikate stieg am Kap eindrucksvoll zwischen 1964 und 1971 von 8,1 auf knapp 30,0 Prozent.[28] Südafrika war für die internationale Automobilindustrie aus verschiedenen Gründen besonders attraktiv, die als Standortvorteile gewertet werden können. Ausgehend von seiner geographischen Lage bot es gute Möglichkeiten für den Export der dort montierten Einheiten, sowohl in Länder der südlichen Hemisphäre als auch in afrikanische Nachbarstaaten, insofern sich diese strukturell weiterhin positiv entwickelten. Ferner war in Südafrika einerseits die Kaufkraft im Vergleich zu anderen Regionen Afrikas hoch, andererseits hatte sich bereits früh eine Vielzahl internationaler Firmen niedergelassen, die qua ihrer Geschäftstätigkeit begann, ein industrielles Netzwerk aufzubauen, von dessen Strukturen die sich neu ansiedelnden Unternehmen profitierten. Derartige *Unternehmenscluster*, wie Porter sie nennt, in denen sich ein ganzer Industriezweig mit Zulieferbetrieben in einer Region niederlässt, bieten beachtliche dynamische Entwicklungsvorteile.[29] Die Vorzüge des Standortes Südafrika lagen also neben seiner wirtschaftlich weit vorangeschrittenen Entwicklung sowohl in den Synergieeffekten der genannten Clusterregionen als auch in der geographisch exponierten Lage für den Export vor Ort montierter Einheiten.

Der Handel in Südafrika wurde von der BMW AG zunächst ausschließlich über den Export abgewickelt, der von einem unabhängigen Importeur durchgeführt wurde. Dieses Vorgehen entspricht dem Uppsala-Modell von Johanson/Vahlne.[30] Ab 1932 wurden in Südafrika BMW-Motorräder durch die Firma Club Motors (Pty) Ltd. (Club Motors) verkauft, die von einem immigrierten Dresdner geführt wurde.

---

28 Vgl. *G. Adler*, From the „Liverpool of the Cape" to „the Detroit of South Africa". The Automobile Industry and Industrial Development in the Port-Elizabeth-Uitenhage-Region, in: Kronos 20, 1993, S. 17 – 43, hier S. 27 – 34.

29 Vgl. *M. Perlitz*, Internationales Management, Stuttgart 1993, S. 155 – 161. Bekannte Beispiele für derartige Unternehmenscluster sind etwa Detroit für die Automobil, Maschinen- und Autozulieferindustrie oder auch das Silicon Valley für die IT-Branche.

30 Dieses Modell erfreut sich hoher Popularität, auch wenn seine Schwäche in der Annahme inkrementeller Entwicklungsschritte liegt und somit nur über eingeschränkte Aussagekraft verfügt, da es sich zudem stark auf die Vertriebs- und Produktionssicht der Internationalisierung von Unternehmen konzentriert. Dennoch hat es in der bisherigen Forschung über Internationalisierungsprozesse gute Dienste geleistet, vgl. *J. Johanson /J. Vahlne*, The Internationalization Process of the Firm. A Model of Knowledge Development and Increasing Foreign Market Commitments, in: Journal of International Business Studies 1, 1977, S. 23 – 32; *I. Björkmann/M. Eklund*, The Sequence of Operational Modes Used by Finnish Investors in Germany, in: Journal of International Marketing 1, 1996, S. 33 – 55.

Automobile waren zunächst von dem Import ausgenommen, da BMW in der Zwischenkriegszeit nur wenige Wagen in Übersee verkaufte. Der Zweite Weltkrieg unterbrach das Ausfuhrgeschäft dann gänzlich, da das Münchner Unternehmen zu einem Hersteller von Flugmotoren gewandelt wurde und somit zu einem wichtigen Rüstungsbetrieb im Nationalsozialismus aufstieg. Nach dem Zweiten Weltkrieg setzten die Handelsbeziehungen mit Südafrika erneut 1951 ein, indem Club Motors die Einfuhr von BMW-Zweirädern wieder aufnahm. Der Export von BMW-Automobilen wurde erst ab 1955 von einem weiteren Importeur initiiert, bewegte sich jedoch nur in geringen Absatzvolumina.[31] Das BMW-Motorradgeschäft war hingegen besonders im Wholesale-Bereich erfolgreich, so dass 1964 knapp 80 Prozent des behördlichen Zweiradfuhrparks aus München stammten.[32] Die Wageneinfuhr belief sich jedoch noch immer auf wenige Einheiten, da dieser Bereich von der südafrikanischen Regierung stark reguliert wurde und kaum Lizenzen für Komplettfahrzeuge erhältlich waren. Zudem konzentrierte sich die BMW AG während der 1950er Jahre im Automobilsegment vornehmlich auf den Binnenmarkt, so dass das Auslandsgeschäft in dieser Phase noch eine nachgeordnete Rolle spielte.[33]

Die staatliche Reglementierung vollzog sich in Südafrika im Rahmen eines Local-Content-Programmes, das in fünf Phasen unterteilt war: 1961 erfolgte die Einführung der ersten Phase, die den lokal zu fertigenden Anteil für Hersteller bis 1964 von 15 auf 40 Prozent erhöhte. Phase II steigerte ab 1964 binnen eines dreijährigen Abschnitts den lokalen Anteil weiterhin auf 55 Prozent und ging 1971 in Phase III über, die eine weitere Zunahme bis 1976 auf 66 Prozent vorsah. Phase IV bedeutete eine zweijährige Konsolidierungsperiode, so dass erst ab 1980 die fünfte Phase implementiert wurde, die einen lokalen Anteil von dann mindestens 66 Prozent vorsah.[34] Die Automobilhersteller mussten demgemäß die Fertigungstiefe ihrer Montagewerke beständig ausbauen, um diesen Vorgaben zu entsprechen. Andernfalls drohten der Verlust von Einfuhrlizenzen und somit signifikante Einbußen bei Marktanteilen.

---

31 Vgl. Standortdokumentation „BMW in South Africa“, 1982, in: BMW UA 1998/1; MF-Bericht Nr. 33/6/60, 2. Standarderhebung „Der Weltexport deutscher Personenkraftwagen aller Hubraumklassen 1958/59“, 1960, in: BMW UA 2039/1; BMW Händlerverzeichnis Motorräder, Isetta, 600, Automobile – Stand 09/1958, 09.1958, in: BMW UU 3107/10.

32 Vgl. Standortdokumentation „BMW in South Africa“, 1982, in: BMW UA 1998/1; Pressenachricht „A brief history of BMW in South Africa“ vom 09.11.1983, in: BMW UA 2001/1.

33 Vgl. *Biss*, Internationalisierung der BMW AG, Kapitel 2, S. 51–229.

34 Vgl. *Adler*, From the „Liverpool of the Cape“, S. 33; Engineering News (2003): How Local-Content Auto Programme has evolved, in: http://www.engineeringnews.co.za/print-version/how-localcontent-auto-programme-has-evolved-2003-09-19, 23.06.17.

Um die PKW-Einfuhr nach Südafrika erhöhen zu können, bedurfte es also der Etablierung einer Fertigung vor Ort, die durch Direktinvestitionen in Eigenregie durchgeführt oder aber durch die Vergabe von Montagelizenzen an einen unabhängigen lokalen Partner erreicht werden konnte. In diesem Zusammenhang hatte das BMW-Management Analysen des südafrikanischen Automobilmarktes durchführen lassen, um Chancen zu eruieren und das bestehende Geschäftsrisiko zu minimieren.[35] Diese Untersuchung, deren Ergebnisse in Auszügen in Tabelle 1 dargestellt sind, zeigte, dass die Entwicklung des PKW-Marktes in Südafrika äußerst vielversprechend verlief. Die gesamte südafrikanische Automobilbranche befand sich im Aufwind, was auch durch die Beschäftigtenzahlen zum Ausdruck kam: 1968 waren bereits etwa 29.000 Personen in diesem Industriezweig beschäftigt, hiervon etwa 22.500 in Montagewerkstätten und weitere 6.000 bis 7.000 bei Zulieferbetrieben.[36] Bis 1973 erhöhte sich die Zahl der Beschäftigten auf 34.800.[37]

Tabelle 1: Entwicklung des PKW-Gesamtabsatzes aller Hersteller in Südafrika, 1962 – 1970.[38]

	1962	1963	1964	1965	1966	1967	1968	1969	1970
PKW	81.174	110.468	143.313	127.898	139.076	139.202	151.546	177.945	201.854

Die BMW AG wollte an dieser positiven Marktentwicklung partizipieren und entschied sich, eine Montagelizenz an einen einheimischen Betrieb zu vergeben, um das eigene finanzielle Risiko zu begrenzen. Bei den Gesprächen mit potentiellen Partnern konzentrierte man sich auf den Industrieraum um Pretoria und Johannesburg, wo sich bereits zahlreiche Montagewerke angesiedelt hatten, die als mögliche Partner in Betracht kamen.[39] Diese Gegend galt als sogenannte *border area*, da sie in der Nähe zweier Homelands lag.[40] Die niedrigen Löhne der Wan-

35 Vgl. exemplarisch Marktanalyse für Südafrika der Abteilungen des BMW Verkaufsressorts vom 17.03.1967, in: BMW UA 1544/1; MF-Berichte, 1967 – 1971, in: BMW UA 516/1.

36 Vgl. Bericht Südafrika, 1968, in: BMW UA 516/1.

37 Vgl. *Duncan*, Foreign and local investment, S. 56.

38 Vgl. PKW-Markt Südafrika 1962 – 1972, 1972, in: BMW UA 1548/1.

39 Vgl. Schreiben der BMW Exportabteilung an Fa. Horst Film GmbH & Co.KG in München vom 14.04.1966, in: BMW UA 516/1.

40 Die Homelandpolitik war Ausdruck des diskriminierenden Vorgehens des Apartheidregimes gegenüber der schwarzafrikanischen Bevölkerung. Obwohl diese Homeland-Territorien lediglich 14 Prozent der südafrikanischen Landesfläche ausmachten, lebten dort 1980 bereits 35 Prozent der Gesamtbevölkerung, vgl. *M. Addleson/R. Tomlinson*, Industrial Decentralisation Policy and the Prospects for the Development of South Africa's Homelands, in: The Journal of Modern African

derarbeiter, also der ungelernten Arbeiter aus den nahegelegenen Homelands und Townships, stellten durchaus einen Standortanreiz für sich ansiedelnde Industriebetriebe dar.[41]

Die Wahl der BMW AG bei dem Aufbau einer Montage fiel auf einen Südafrikaner namens Johannes Hermanus Pretorius, leitender Direktor und Hauptanteilseigner der Hugh Parker (Pty) Ltd. (Hugh Parker Group), mit dem BMW seit 1966 in Verbindung stand.[42] Pretorius galt in Südafrika als angesehener Geschäftsmann und pflegte gute Kontakte zu Regierungskreisen.[43] Am 18. August 1967 wurde unter der Dachorganisation der Hugh Parker Group die Importfirma Euro-Republic Automobile Distributors (Pty) Ltd. (ERAD) mit Sitz in Pretoria gegründet. Die Einfuhr von BMW-Motorrädern verblieb weiterhin bei Club Motors. An dem neuen Unternehmen hielten mehrere südafrikanische Firmen – namentlich Hugh Parker, Jupiter Motor Distributors (Pty) Ltd., Wolmans (Pty) Ltd. und Club Motors – Anteile. Die BMW AG beteiligte sich an dieser Neugründung finanziell nicht; in der Münchner Zentrale begrüßte man sie jedoch und betraute ERAD mit der Montage sowie dem Vertrieb von BMW-Wagen.[44] Damit war der

Studies 1, 1986, S. 155–163, hier S. 157. Für weiterführende Informationen über die diskriminierende Homelandpolitik Südafrikas, vgl. *W. van Lengerich*, Das Staatsbürgerschaftsrecht Südafrikas unter besonderer Berücksichtigung der ehemaligen Homelands, in: Verfassung und Recht in Übersee/Law and Politics in Africa, Asia and Latin America 3, 2001, S. 361–386; *J. Pickles/J. Woods*, South Africa's Homelands in the Age of Reform. The Case of QwaQwa, in: Annals of the Association of American Geographers 4, 1992, S. 629–652; *J. Comaroff*, Chiefship in a South African Homeland. A Case Study of the Tshidi Chiefdom of Bophuthatswana, in: Journal of Southern African Studies 1, 1974, S. 36–51.

41 Vgl. *H. Yousuf*, American Transnational Corporations and the Republic of South Africa, in: Pakistan Horizon 3, 1986, S. 52–62, hier S. 52. Datsun-Nissan eröffnete im Jahre 1966 eine Produktionsstätte in Rosslyn, westlich von Pretoria, BMW und Fiat folgten 1968, Alfa-Romeo 1973. Auch Chrysler verlegte 1968 sein großes Werk nahe Kapstadt nach Silverton, im Osten von Pretoria, in die Nachbarshaft des Township Mamelodi, vgl. *Adler*, From the „Liverpool of the Cape", S. 37, Fußnote 69. In den analysierten Quellen ließen sich keine Hinweise darauf finden, dass sich BMW explizit aufgrund niedriger Löhne von Wanderarbeitern in einer *border area* niederließ. Günstige Personal- und Fertigungskosten spielen allerdings stets bei Standortentscheidungen gemäß der Standorttheorie nebst weiteren Faktoren eine wichtige Rolle, vgl. Perlitz, Internationales Management, S. 118.

42 Vgl. Bericht Südafrika, 1968, in: BMW UA 516/1.

43 Vgl. Vertraulicher Bericht zu Euro-Republic Automobiles Distributors (Pty) Ltd. vom 09.12. 1968, in: BMW UA 1983/1; Minutes of a Board of Directors' Meeting of Hugh Parker (Pty) Ltd., 18.03. 1971, in: BMW UA 1546/1.

44 Vgl. Vertrag (Montage) zwischen der Euro-Republic Automobile Distributors (Pty) Ltd. und der BMW AG vom 01.09.1967, in: BMW UA 1983/1.

Grundstein für die CKD-Montage[45] von BMW-Automobilen in Südafrika gelegt. Um diesen Auftrag nachzukommen, schloss ERAD wiederum, in Rücksprache mit der BMW AG, am 11. Dezember 1967 einen Montagevertrag mit Rosslyn Motor Assemblers (Pty) Ltd.,[46] in Südafrika auch als Datsun-Nissan bekannt, der zum 1. April 1968 in Kraft trat und zunächst auf 26 Monate begrenzt war.[47] Datsun-Nissan war ab 1969 zudem verantwortlich für das Pressen, Zusammenschweißen und Montieren der Karosserien.[48] Neben BMW-Fahrzeugen montierte der neue Partner in Rosslyn zu diesem Zeitpunkt auch Produkte der Hersteller Nissan (LKW/Lieferwagen) sowie Datsun, Rambler, Alfa Romeo und Renault (PKW).[49] Hierdurch waren Interessenkonflikte bereits abzusehen.

Die Anfangsjahre der Montagetätigkeiten gestalteten sich schwierig. Durch qualitative Mängel in der Fertigung blieben die montierten Einheiten und somit auch die Verkaufszahlen deutlich unter dem Soll. Es bedurfte intensiver Abstimmungsarbeiten zwischen der BMW-Zentrale in München und dem Montagewerk in Rosslyn, um die anfänglichen Anlaufschwierigkeiten auszuräumen.[50] Immer wieder wurden Delegationen an erfahrenen BMW-Mitarbeitern, sowohl aus der Produktion als auch dem Management, nach Südafrika gesandt, um die Prozesse und Qualitätsstandards zu verbessern.[51] Doch nicht nur Probleme in der Produktion erschwerten den Ausbau der Marktanteile, auch bei der Wahl des Modellprogramms zeigte sich, dass nachgebessert werden musste, denn sie wurde aus produktionstechnischer Sicht getroffen und folgte nicht den südafrikanischen Marktbedürfnissen: Durch die Übernahme der Hans Glas GmbH, einschließlich des Werks in Dingolfing, hatte die BMW AG 1967 ihre Produktionskapazität entscheidend ausgebaut. Um die Last der Investitionen besser verteilen zu können, entschied das Management, nach dem Auslaufen der Produktion des Glas 1700 in Dingolfing 1968 sämtliche Werkzeuge, Maschinen und Pressen für diesen Fahrzeugtyp nach Südafrika zu verschiffen.[52] Dies geschah in Rücksprache

45 CKD steht für „Completely Knocked Down" und bezeichnet Teilesätze, die zerlegt exportiert und am Zielort in einem Montagewerk zu einem Fahrzeug zusammengebaut werden.

46 Vgl. Schreiben der BMW AG an Euro-Republic Automobile Distributors (Pty) Ltd. vom 26.07. 1968, in: BMW UA 1983/1.

47 Vgl. Memorandum of Agreement zwischen Datsun Nissan Company (Pty) Ltd. und Euro-Republic Automobile Distributors (Pty) Ltd., 1968, in: BMW UA 1547/1.

48 Vgl. Unternehmensentwicklung BMW ZA, 1974, in: BMW UA 1993.

49 Vgl. Bericht Südafrika, 1968, in: BMW UA 516/1.

50 Vgl. Reisebericht Südafrika 17.-28.03.1969 vom 01.04.1969, in: BMW UA 1544/1.

51 Vgl. exemplarisch Berichterstattung über die Reisen der Herren Winkler und Arnhardt zum Südafrika-Geschäft bei Vorstand V (Hahnemann) vom 03.09.1968, in: BMW UA 516/1; Reisebericht Südafrika 17.-28.3.1969 vom 01.04.1969, in: BMW UA 1544/1.

52 Vgl. Verträge zur Übernahme der Werkzeuge und Montagevorrichtungen, in: BMW UA 1547/1.

mit dem dortigen BMW-Partner ERAD, dem diese Werkzeuge und Fertigungsvorrichtungen mit 2,6 Mio. DM in Rechnung gestellt wurden.[53] Durch diesen Schritt konnte die BMW AG zwar positive Bilanzeffekte verzeichnen, jedoch führte diese technokratische Entscheidung zur Montage eines für BMW untypischen Modellspektrums. Mit dem BMW 1800 GL und BMW 2000 GL, auch synonym als BMW 1800 SA bzw. BMW 2000 SA bezeichnet, wurden zwei Fahrzeugtypen eingeführt, die im Wesentlichen Glas-Modelle waren. An der Karosserie wurden keine Änderungen vorgenommen, lediglich die Glas-Logos tauschte man gegen BMW-Embleme aus. Außerdem erhielten sie Motor und Getriebe von BMW. Diese als Zwittermodelle zu bezeichnenden Wagen wurden nur in Südafrika angeboten und konnten die in sie gesetzten Hoffnungen zur Markterschließung nicht erfüllen.[54] Erst mit der Einführung „echter BMW-Fahrzeuge", wie des BMW 5er (E 12) ab 1974, stellte sich der erhoffte Erfolg ein.[55] Zwischen 1972 und 1976 vervierfachte sich der Export von Komplettfahrzeugen und Montagesätzen nach Südafrika nahezu von 2.258 auf 8.109 Einheiten.[56]

Parallel zu diesen Schwierigkeiten sowie mit ihnen in Wechselwirkung stehend geriet die Hugh Parker Group ab 1970 zunehmend unter finanziellen Druck.[57] Das Ausmaß der monetären Schieflage erfasste die BMW-Geschäftsleitung jedoch erst 1971. Eine Insolvenz hätte für die BMW AG den Verlust des Kapitals bedeutet, das sie zuvor direkt oder in Form von Sachanlagen in ERAD investiert hatte. Im Wesentlichen stand BMW nun vor der Entscheidung, sich einen neuen Partner vor Ort zu suchen, und hierdurch die bisher getätigten Investitionen zu verlieren, oder aber eine Beteiligung an ERAD zu erwerben, die bis zu einer ganzheitlichen Übernahme von Vertrieb und Montage reichen konnte. Zwar wurden auch weitere Kooperationen und Szenarien erwogen,[58] doch blieben die Gespräche mit den potentiellen Partnern ohne Ergebnis.[59]

So kam es, dass BMW sich für eine Montage und den Vertrieb von Wagen in Eigenregie in Südafrika entschloss. Hierfür wurde im August 1972 die südafrikanische Tochtergesellschaft BMW (South Africa) (Pty) Ltd. (BMW SA) gegründet, die die Anteile an den Firmen ERAD, Euro-Republic Spares (Pty) Ltd. (EROS) sowie

53 Vgl. Unternehmensentwicklung BMW ZA, 1974, in: BMW UA 1993.
54 Vgl. Studie BMW South Africa, 1974, in: BMW UA 1993/1.
55 Vgl. *Biss*, Internationalisierung der BMW AG, Kapitel 2, S. 672–690.
56 Vgl. Deutscher PKW-Export nach Fabrikaten und Abnehmerländern, 1971–1976, in: BMW UA 2041/1.
57 Vgl. Minutes of a Board of Directors' Meeting of Praetor Assemblers (Pty) Ltd., 29.04.1970 und 22.07.1970, in: BMW UA 2020/1.
58 Vgl. Unternehmensentwicklung BMW ZA, 1974, in: BMW UA 1993/1.
59 Vgl. Gesprächspartner während Südafrika-Reise vom 13.-27.04.1972, in: BMW UA 1548/1.

Praetor Assemblers (Pty) Ltd.[60] von der Hugh Parker Group für einen Preis von 500.000 Rand übernahm. Der Transfer der Anteile sollte zum 31. August 1972 erfolgen, während als Bilanzstichtag der BMW SA der 15. Februar 1973 festgelegt wurde.[61] Die BMW AG war zu Beginn allerdings nicht der alleinige Anteilseigner der BMW SA. Die Eigentümerstruktur der südafrikanischen BMW-Tochter war eingangs durchaus diffus und verfolgte das zuvor von München definierte Ziel, das Risiko einer Beteiligung auf weitere, möglichst finanzkräftige Schultern zu verteilen, zugleich jedoch die Entscheidungsbefugnisse weitestgehend bei der BMW AG zu belassen. Hierbei darf nicht außer Acht gelassen werden, dass BMW zu dieser Zeit ein noch vergleichsweise kleiner Hersteller war, was sich gemessen an dem Umsatz nachvollziehen lässt: Während beispielsweise der Mitbewerber Daimler-Benz AG 1972 bereits einen Konzernumsatz in Höhe von 12,466 Mrd. DM auswies,[62] erwirtschaftete die BMW AG in demselben Geschäftsjahr 2,319 Mrd. DM.[63] Aus diesem Grunde suchte sie sich in Südafrika finanzstarke Partner, die zwar das monetäre Risiko mittrugen, sich jedoch weitestgehend aus den geschäftlichen Aktivitäten heraushielten. Solche Partner fand sie für den südafrikanischen Markt in der NEFIC Ltd., einer Tochtergesellschaft der NED-Bank, sowie in dem Bankinstitut Tozer Kemsley & Millbourn Ltd. (TKM).[64] Erst zum 1. Februar 1974 wurde die BMW AG alleiniger Anteilseigner der BMW SA und diese somit eine 100-prozentige BMW-Tochtergesellschaft sowie das erste firmeneigene Werk im Ausland.[65]

Die ersten Jahre der Geschäftstätigkeit der BMW SA waren durch vielschichtige Probleme gekennzeichnet, die sich in allen Unternehmensbereichen widerspiegelten, durch die sich sowohl die Geschäftsleitung in der Münchner Zentrale als auch in Rosslyn mit diversen Schwierigkeiten konfrontiert sahen. Mit dem Engagement der südafrikanischen Tochter wurde also zugleich ein wichtiger

---

60 Am 15. März 1973 wurde die Firma Praetor Assemblers in BMW Assemblers (Pty) Ltd. (BMW Assemblers) umbenannt. Ebenso wurden die Firmen EROS in BMW Spares (Pty) Ltd. sowie Euro-Republic Automobile Distributors (Pty) Ltd. in BMW Automobile Distributors (Pty) Ltd. (BMW Automobile Distributors) gewandelt, vgl. Certificate of Change of Name vom 15.03.1973, in: BMW UA 2003/1; Resolution Board of Directors', 27.02.1973, in: BMW UA 2008/1.

61 Vgl. Memorandum of Agreement between Hugh Parker Ltd. and BMW (South Africa) (Pty) Ltd., 16.08.1972, in: BMW UA 1546/1.

62 Vgl. *E. Grunow-Osswald*, Die Internationalisierung eines Konzerns. Daimler-Benz 1890 – 1997, Wissenschaftliche Schriftenreihe des DaimlerChrysler Konzernarchivs, Bd. 10, Vaihingen/Enz 2006, S. 295, Tabelle E.1.

63 Vgl. *Biss*, Internationalisierung der BMW AG, S. 568, Tabelle 58.

64 Vgl. Eigentümerstruktur der BMW (South Africa) (Pty) Ltd. vom 21.11.1973, in: BMW UA 1987/1.

65 Vgl. Schreiben von Mr. Preston, Managing Director der NEFIC Ltd., an den BMW-Vorstandsvorsitzenden von Kuenheim vom 01.02.1974, in: BMW UA 1989/1.

Lernprozess für die weitere Internationalisierung der BMW AG durchlaufen. Auch die externen Rahmenbedingungen waren während der 1970er Jahre in Südafrika nicht günstig, litt die Volkswirtschaft doch unter einer mehrjährigen Rezession, die 1977 zu einem Stillstand mit einer Stagnation des Bruttosozialproduktes führte, die das Land spürbar belastete.[66] Parallel zu dem Rückgang des Wirtschaftswachstums kam es zu einer deutlichen Währungsabwertung des Rand, die sich unmittelbar nachteilig auf die Ergebnisrechnungen der ausländischen Unternehmen niederschlug. Sie führte zu einer Verteuerung internationaler Produkte im Inland bzw. schmälerte den in Südafrika erwirtschafteten Gewinn ausländischer Firmen.[67] Außerdem spitzten sich die innenpolitischen Unruhen weiter zu, die aus den Repressalien gegenüber der schwarzen Bevölkerung resultierten und unter anderem in dem Soweto-Aufstand 1976 gewalttätigen Ausdruck fanden. Die Diskriminierung der Schwarzafrikaner, etwa durch die sogenannte „Bantu Education"[68] oder „Colour Bar Legislation",[69] hatte auch weitgehende wirtschaftliche Folgen für in Südafrika tätige Firmen. Die Automobilindustrie benötigte zur Fertigung ihrer Produkte qualifizierte Arbeiter, die ihnen aufgrund der Apartheidpolitik nur begrenzt zur Verfügung standen. So wirkte sich die hohe Fluktuation und der durch den südafrikanischen Staat institutionell niedrig gehaltene Bildungsstand der Schwarzen – und damit eines beachtlichen Teils der Arbeiter-

66 Vgl. Bericht der Bayerischen Motoren Werke über das Geschäftsjahr 1977, 1978, in: BMW UU 214/10.

67 Vgl. Ergebnisrechnung 1973–1979, BMW Südafrika, 1972, in: BMW UA 1993/1; Minutes of a Board of Directors' Meeting of BMW (South Africa) (Pty) Ltd., 13.12.1974, in: BMW UA 1987/1; Minutes of a Board of Directors' Meeting of BMW (South Africa) (Pty) Ltd., 30.10.1975, in: BMW UA 2018/1; Minutes of a Board of Directors' Meeting of BMW (South Africa) (Pty) Ltd., 26.05.1976, in: Ebda.; Minutes of a Board of Directors' Meeting of BMW (South Africa) (Pty) Ltd., 10.08.1977, in: Ebda.

68 Der Begriff „Bantu Education" bezeichnet die in den 1950er Jahren von Ministerpräsident Hendrik Verwoerd durchgesetzte Einführung des neuen Bildungssystems für die schwarzafrikanische Bevölkerung, das zuvor überwiegend von Missionsgesellschaften verantwortet wurde. Dieses neue System klammerte fortan westliches Bildungsgut aus und reduzierte die Bildungsinhalte auf ein Minimum, wie etwa die vier Grundrechenarten, Lesen, Schreiben sowie kulturspezifische Inhalte wie Gesang. Trotz der ohnehin eingeschränkten Bantu Education war vielen Schwarzen der Zugang zur Bildung nicht möglich und damit der Analphabetismus in dieser Gruppe vergleichsweise hoch. Bantu Education war somit ein diskriminierender Bestandteil der Apartheidpolitik, vgl. *C. Marx*, Südafrika. Geschichte und Gegenwart, Stuttgart 2012, S. 232f.

69 Der Job Reservation Act von 1911, auch bekannt als „Colour Bar Legislation", der 1926 angepasst wurde, schloss schwarze Lohnempfänger von einem Großteil qualifizierter Arbeit gesetzlich aus und verbannte sie somit in den Niedriglohnbereich der ungelernten Arbeit, vgl. *C. Feinstein*, An Economic History of South Africa. Conquest, Discrimination and Development, Cambridge 2005, S. 157.

schaft im Werk – negativ auf die Arbeitsabläufe aus. Wollte man das große Potential nutzen, das in diesen Lohnempfängern ruhte, konnte letztlich kein Weg an einer innerbetrieblichen Weiterbildung vorbeiführen, denn die Apartheid war nicht nur ein Verbrechen gegen die Menschlichkeit, sondern auch aus ökonomischer Perspektive schädigend für das Wirtschaftswachstum. Die BMW SA leitete als Folge diverse Maßnahmen im Personalbereich ein, um diesem Missstand entgegenzutreten: Durch finanzielle Anreize über halbjährliche Bonuszahlungen und Lohnerhöhungen suchte sie der hohen Personalfluktuation entgegenzutreten.[70] Abbildung 1 zeigt ferner die Entwicklung des Mindestlohnes bei der BMW SA zwischen 1973 und 1982, der vornehmlich von schwarzen Arbeitern bezogen wurde.[71] Deutlich zutage traten hierbei der Einfluss der Einführung des Verhaltenskodex im Jahre 1977 sowie die gesetzliche Zulassung einer nicht nach Rassen differenzierenden Gewerkschaft im Jahre 1980, in der sich erstmals auch schwarze Arbeiter in Südafrika legal organisieren durften.[72]

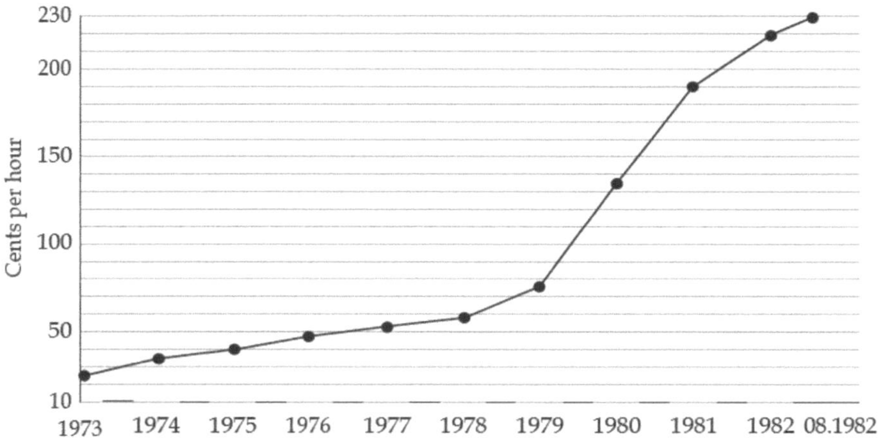

Abbildung 1: Entwicklung des Mindestlohns bei der BMW (South Africa) (Pty) Ltd. (Angaben in Rand, 1 Rand = 100 Cents), 1973 – 1982.

70 Vgl. Minutes of a Board of Directors' Meeting of BMW (South Africa) (Pty) Ltd., 27.06.1975 und 30.10.1975, in: BMW UA 2018/1.

71 Bericht zur Lage der schwarzen Arbeiter von BMW Südafrika im Vergleich zu den von der EG aufgestellten Regeln (1980) vom 31.12.1982, in: Standortdokumentation „BMW in South Africa", 1982, in: BMW UA 1998/1.

72 Vgl. *Adler*, From the „Liverpool of the Cape", S. 39 f.

Auch wurde 1977 ein innerbetriebliches Trainingszentrum eingerichtet, das allen Mitarbeitern die Möglichkeit zur Weiterbildung gab. Ziel des Zentrums war „[...] the upgrading and education of black and white labour to enable them to improve their position and take up more responsible jobs."[73] Auch der Sinn für die mit der Marke BMW in Verbindung stehenden Qualität sollte durch Programme wie dem *Housing Program* adressiert werden, das 1981 ins Leben gerufen wurde und schwarzen Arbeitnehmern eine durch BMW ermöglichte Chance auf ein Eigenheim einräumte.[74] Doch diese Maßnahmen waren nicht einzig durch eine humanitäre Maxime inspiriert, sondern wurden auch aufgrund wirtschaftlicher Gesichtspunkte getroffen. Unabhängig jedoch von dem Motiv führten diese Schritte dazu, dass zumindest in dem Mikrokosmos des Unternehmens die Apartheid sukzessive abgebaut wurde, da sie auch unternehmerisch nicht sinnvoll war. BMW übernahm allerdings bis in die frühen 1980er Jahre hinein noch keine übergeordnete politische Verantwortung im Sinne einer moralischen Ökonomie, die über das eigene Werksgelände, mit Ausnahme des Wohnungsbauprogramms, wesentlich hinausgereicht hätte.[75]

Der 1977 durch die Europäische Gemeinschaft verabschiedete und 1985 nachgeschärfte Verhaltenskodex, der auf alle europäischen Firmen mit Direktinvestitionen in Südafrika anzuwenden war, trug zu dem Abbau der Apartheid in den ausländischen Betrieben bei und forderte eine jährliche Berichterstattung.[76] Er spielte eine wichtige Rolle und beeinflusste nicht nur die Geschäftspolitik vor Ort, sondern ebenso die Transparenz gegenüber der Öffentlichkeit. Vielen Kritikern ging der Kodex jedoch nicht weit genug und wurde als Wahrung des schönen Scheins gewertet, da er die Konzerne nicht weitreichend in die Pflicht nahm. Auch wurde kritisiert, dass seine Evaluierung und Einhaltung nur ungenügend kontrolliert wurden. Insbesondere kirchliche Institutionen bemängelten die Implementierung der Verhaltensregeln durch die einzelnen Firmen.[77] In den USA kam es 1977 parallel zu der Etablierung der *Sullivan Principles*, die den europäischen

73 Vgl. Minutes of a Board of Directors' Meeting of BMW (South Africa) (Pty) Ltd., (informal meeting), 10.08.1977, in: BMW UA 2018/1.

74 Vgl. Minutes of a Board of Directors' Meeting of BMW (South Africa) (Pty) Ltd., 18.10.1981, in: BMW UA 2019/1.

75 Andresen hat einen lesenswerten Aufsatz verfasst zu dem Aspekt der moralischen Ökonomie im Kontext der südafrikanischen Apartheid, vgl. *K. Andresen*, Moralische Ökonomie. Bundesdeutsche Automobilunternehmen und Apartheid, in: Zeithistorische Forschungen/Studies in Contemporary History 2, Online-Ausgabe, 2016, in: http://www.zeithistorische-forschungen.de/2-2016/id=5354, 23.06.2017.

76 Vgl. *Cron*, Deutsche Unternehmen, S. 154.

77 Vgl. *Bacia/Leidig*, Anti-Apartheid-Bewegung, S. 115.

Bemühungen des Verhaltenskodex ähnelten.[78] Die US-Konzerne zogen jedoch – auch oder vor allem vor dem Hintergrund der amerikanischen Bürgerrechtsbewegung – andere Konsequenzen für die von ihnen gehaltenen Direktinvestitionen in Südafrika. So begannen die großen US-Hersteller allmählich, ihre Investitionen aus Südafrika zurückzuziehen. Begleitend zu der oft bemühten Argumentation ihrer moralischen Verantwortung, die als Grund angeführt wurde, leiteten auch hier ökonomische Aspekte maßgeblich das Handeln, denn einige der Konzerne hatten bereits seit Jahren negative Zahlen in Südafrika verzeichnet, hierunter unter anderem Chrysler, Ford und General Motors.[79] Ferner wollten sie nicht das Risiko eingehen, auf dem für sie zentralen Heimatmarkt wegen ihrer umstrittenen Südafrikatätigkeit wichtige Anteile zu verlieren.[80] Zahlreiche Firmen stellten jedoch sicher, dass ihre Produkte auch nach ihrem offiziellen Rückzug weiterhin auf dem südafrikanischen Markt gefertigt und vertrieben wurden, etwa durch Management Buyouts oder Lizenzvergaben.[81]

Auch der Vorstand der BMW AG diskutierte im Laufe der 1970er Jahre wiederkehrend das Engagement in Südafrika, sowohl unter wirtschaftlichen als auch unter politischen Gesichtspunkten. Insbesondere aufgrund der ausgeprägten Problemlagen in der Produktion sowie der sozialpolitischen Spannungen wurde ein Rückzug aus Südafrika mehrfach in Betracht gezogen. Die Diskussionslinien folgten hierbei allerdings vornehmlich den Prämissen unternehmerisch sinnvollen Handelns. Schon 1973 stellte der Produktionsvorstand Hans Koch fest, dass ein Rückzug aus Südafrika zu diesem Zeitpunkt weitreichende Folgen hätte: „Da wir bereits in vielerlei Hinsicht in größere Vorleistungen getreten sind und aus Prestige-Gründen [sic!] uns zum derzeitigen Zeitpunkt sicher keinen Rückzieher leisten können, kommt meines Erachtens nur ‚die Flucht nach vorn' in Betracht."[82] Darüber hinaus betonte in den 1970er Jahren auch die BMW AG, neben vielen anderen deutschen Unternehmen, ihre moralische Verpflichtung, ihre Direktinvestitionen in Südafrika zu halten. Hierdurch sollte, über den Abbau der Apartheid innerhalb des betrieblichen Mikrokosmos, von innen zu einem weitergehenden gesamtgesellschaftlichen Wandel beigetragen und langfristig zu ei-

78 Vgl. *K. Paul*, Corporate Social Monitoring in South Africa. A Decade of Achievement, an Uncertain Future, in: Journal of Business Ethics 6, 1989, S. 463 – 469, hier S. 464.

79 Vgl. *Duncan*, South African Motor Industry, S. 70 – 74; Cron, Deutsche Unternehmen, S. 154 – 171.

80 Vgl. *Biss*, Internationalisierung der BMW AG, S. 586.

81 Vgl. *Duncan*, Foreign and local investment, S. 70 – 74; Cron, Deutsche Unternehmen, S. 162.

82 Besuchsbericht Südafrika des Vorstands des Produktionsressorts der BMW AG, Koch, 17.-20.06.1973, vom 25.06.1973, in: BMW UA 1993/1.

nem Ausgleich der Gegensätze in Südafrika gelangt werden.[83] Dies zeigt, dass sowohl europäische als auch US-amerikanische Konzerne dazu neigten, mit ihrer moralischen Verantwortung zu argumentieren, allerdings mit jeweils unterschiedlichen Konsequenzen. In beiden Szenarien waren jedoch die diesen Entscheidungen zugrundeliegenden Aspekte ebenfalls, wenn vielleicht nicht voranging, wirtschaftlicher Natur.

BMW zog sich aus dem südafrikanischen Markt nicht zurück, sondern erhöhte die Produktionskapazitäten weiterhin. Es dauerte jedoch bis zu dem Niedergang des Apartheidregimes und somit des Sieges der freien Demokratie im Jahre 1994, an der nun alle Bevölkerungsgruppen partizipierten, bis das Münchner Unternehmen seine ursprünglichen Pläne für das Werk Rosslyn umsetzen konnte. Bis 1996 wurde der südafrikanische Fertigungsstandort zu einem sogenannten Vollwerk weiterentwickelt, also zu einer von Grund auf eigenständigen Produktionsstätte innerhalb des weltweiten BMW-Werksverbunds, mit einem eigenen Exportprogramm, so wie es bereits in den 1970er Jahren von der Geschäftsführung ursprünglich angedacht war, als man das Montagewerk in der Kap-Republik aufbaute.[84] Unter den gesellschaftspolitischen Rahmenbedingungen des Apartheidregimes und vor dem Hintergrund der international zunehmenden Kritik hatte man allerdings einen solch weitgehenden Ausbau ruhen lassen.[85]

83 Vgl. *Siegfried*, Internationale Reaktionen, S. 46 f; Zeitungsartikel „‚Man sollte Südafrika unterstützen'. Ein Interview mit dem bayerischen Ministerpräsidenten Franz- Josef Strauss" vom 15.11.1983, Südafrika-Rundschau, in: ACSP NL Strauß Slg Kray I:83/28.

84 Vgl. BMW Geschäftsbericht 1996, 1997, in: BMW UU 260/10.

85 Nähere Rückschlüsse und tiefere Einblicke werden ferner möglich, sobald weitere Akten gemäß der bestehenden Sperrfristenregelung von 30 Jahren zur Einsicht frei werden.

Indien und Indonesien

Stefan Tetzlaff

'A New Passage to India?'

Westdeutsche Außenwirtschaftspolitik und Wirtschaftsbeziehungen mit Indien, ca. 1950–72

> Indien ist nur ein Beispiel für die Chancen unserer Handelspolitik gegenüber den Entwicklungsländern schlechthin.
> Ludwig Erhard, 1953[1]

1 Einleitung

Das Verhältnis von westdeutscher Außenwirtschaftspolitik und Wirtschaftsbeziehungen mit Indien veränderte sich ab den frühen 1950ern auf besondere Weise. Nach einem kräftigen Wirtschaftswachstum sahen deutsche Politiker und Unternehmer den Handel mit Schwellen- und Entwicklungsländern als Unterstützung für einen anhaltenden Wirtschaftsaufschwung.[2] In einer programmatischen Schrift trug Wirtschaftsminister Ludwig Erhard 1953 diesem Gedanken mit Bezug zum währungspolitisch wichtigen *Sterling-Raum* und Indien als seinem größten Wirtschaftsblock Rechnung. In ordnungspolitischer Tradition sollte der Export deutscher technischer Hilfe und Kapitalgüter die indische Wirtschaftskraft erhöhen und so langfristig einen neuen Markt für deutsche Konsumgüter erschließen.[3] Dieses neue Verständnis von Außenwirtschaftspolitik war gewissermaßen symptomatisch für die Zeit, stand aber auch der späteren Herausbildung einer Entwicklungshilfepolitik nicht entgegen.[4] Auswirkungen dieser Politik fanden sich

Dieser Artikel wurde ermöglicht durch eine Förderung der Deutschen Forschungsgemeinschaft während der Zeit eines Fellowships am Leibniz-Zentrum Moderner Orient (ZMO) im Jahr 2017 bis 2018.

1 *L. Erhard*, Deutschlands Rückkehr zum Weltmarkt, Düsseldorf 1953, S. 141.

2 Der Boom in Folge des Korea-Krieges wird oft als Ursprung dieses Wirtschaftsaufschwungs gesehen. Siehe hierzu *L. Lindlar*, Das mißverstandene Wirtschaftswunder, Tübingen 1997. *W. Abelshauser*, Deutsche Wirtschaftsgeschichte seit 1945, Bonn 2005. Für Schwellen- und Entwicklungsländer ist dieser größere Themenkomplex bisher wenig erforscht. Erste Annäherungen an westdeutsche Wirtschaftsinteressen in Osteuropa finden sich in *K. Rudolph*, Wirtschaftsdiplomatie im Kalten Krieg: die Ostpolitik der westdeutschen Grossindustrie 1945–1991, Frankfurt am Main/New York 2004. *A. Grünbacher*, West German Industrialists and the Making of the Economic Miracle. A History of Mentality and Recovery, London u. a. 2017, bes. Kapitel 8.

3 *Erhard*, Rückkehr, S. 135 ff.

4 *B. Hein*, Die Westdeutschen und die Dritte Welt. Entwicklungspolitik und Entwicklungsdienste zwischen Reform und Revolte 1959–1974, München 2006, S. 19.

https://doi.org/10.1515/9783110541120-009

nicht nur im deutschen Handelsregelwerk für Indien,[5] sondern vor allem in der staatlichen Durchsetzung privatwirtschaftlicher Initiativen in Indien. Hilfeleistungen und Investitionen etablierten die BRD als führende Wirtschaftsnation in Indien. Allerdings war das westdeutsche Ringen um neue Märkte in blockfreien Staaten wie Indien vornehmlich Ausdruck wachsender politischer Konkurrenz mit Ländern des Ostblocks.[6] Für die BRD war Indien aufgrund des Alleinvertretungsanspruchs gegenüber der DDR und aufgrund des Ost-West-Konflikts gegenüber anderen Ostblock-Staaten wichtig.

Trotz dieser prägnanten Entwicklung im deutsch-indischen Wirtschaftsaustausch in der Frühzeit des Kalten Krieges gibt es wenige historische Betrachtungen über das Gesamtbild und über einzelne Unternehmensinitiativen. Bisherige Arbeiten behandeln die Entwicklung der bundesdeutschen Südasienpolitik[7] und die von Wirtschaftsinteressen geleiteten Grundlagen westdeutscher Entwicklungshilfe in Indien.[8] Überblicksbetrachtungen thematisieren beide Aspekte selten zusammen.[9] Zudem benennen die genannten Arbeiten bundesdeutsche und privatwirtschaftliche Initiativen, diskutieren dann aber hauptsächlich staatliche Interessen. Für das deutsch-indische Wirtschaftsgeschehen war aber gerade das Verhältnis von Akteuren und Institutionen der deutschen Politik und Wirtschaft relevant. Gab es hier ein Ungleichgewicht der Kräfte oder traten gar Konflikte auf? Für andere Weltregionen streicht die Literatur beispielsweise besondere Fürsprecher innerhalb der deutschen Industrie heraus.[10] Gab es auch einen direkten Fürsprecher für Indien? Obwohl die indische Wirtschaft nach 1947 neuerdings als dynamischer und offener betrachtet wird,[11] gehen lokale und globale Wirtschaftsentwicklungen und der Einfluss aus-

---

5 Ein Beispiel ist ein 1952 geschlossenes und seit seiner Novellierung 1958 bis heute gültiges Handelsabkommen beider Länder. Siehe http://www.zeit.de/1952/15/handelspartner-indien, Download am 18. Januar 2018.

6 *A. Das Gupta*, Handel, Hilfe, Hallstein-Doktrin. Die bundesdeutsche Südasienpolitik unter Adenauer und Erhard 1949 bis 1966, Husum 2004, S. 13; *C. Unger*, Entwicklungspfade in Indien. Eine internationale Geschichte 1947–1980, Göttingen 2015.

7 *Das Gupta*, Handel, Hilfe, Hallstein-Doktrin.

8 *Unger*, Entwicklungspfade.

9 *C. Unger*, Export und Entwicklung: Westliche Wirtschaftsinteressen in Indien im Kontext der Dekolonisation und des Kalten Krieges, in: Jahrbuch für Wirtschaftsgeschichte 53, 1, 2012, S. 69–85.

10 Ein Beispiel ist Otto Wolf von Amerongen, der als Inhaber der gleichnamigen Firma und als Vorsitzender des Ostausschusses der Deutschen Wirtschaft sein besonders Interesse an der osteuropäischen Industrie betonte. *Grünbacher*, West German Industrialists.

11 *N. Tyabji*, Forging Capitalism in Nehru's India, New Delhi 2015; *T. Roy*, The Origins of Import Substituting Industrialization in India, in: Economic History of Developing Regions 32, 1, 2017, S. 71–95.

ländischer Politik- und Wirtschaftsinteressen auf die indische Wirtschaftsentwicklung bisher kaum in die Analysen ein.

Diese Forschungslücken nimmt der vorliegende Beitrag zum Anlass, die Entwicklung deutsch-indischer Wirtschaftsbeziehungen in der Frühzeit des Kalten Krieges genauer zu untersuchen. Dabei wird insbesondere gefragt, wie sich westdeutsche Wirtschaftsbeziehungen mit Indien zwischen den 1950er und 1970er Jahren unter dem Einfluss außenwirtschaftspolitischer Maßgaben veränderten. Wie einleitend erwähnt, waren diese Wirtschaftsbeziehungen das Resultat einer dynamischen Beziehung von Außenwirtschaftspolitik und Wirtschaftsinteressen während des Ost-West-Konflikts. Da sich politische und wirtschaftliche Umstände auf besondere Weise in der Förderung dieses Wirtschaftsaustausches niederschlugen, fokussiert der Artikel vor allem auf die Verschränkung verschiedener für den Wirtschaftsaustausch wichtiger Themen und Akteure auf der höheren Ebene von Politik und Wirtschaft als auch auf der Mikroebene bestimmter Unternehmensinitiativen.

Der Artikel gliedert sich in zwei Teile. Der erste Teil betrachtet den größeren politischen und wirtschaftlichen Rahmen deutsch-indischer Wirtschaftsbeziehungen vor dem Hintergrund neuer lokaler, globaler und transnationaler Verschiebungen. Dabei wird Entwicklungshilfe als Kristallisationspunkt von westdeutscher Außenwirtschaftspolitik und Wirtschaftsbeziehungen mit Indien verstanden. Im zweiten Teil fokussiert der Artikel auf das damals größte westdeutsche Industrieprojekt in Indien – den Aufbau des Hüttenwerks in Rourkela. An diesem Beispiel wird sowohl das steigende deutsche Interesse an Indien als auch die Veränderungen außenwirtschaftspolitischer Leitlinien und wirtschaftlicher Interessen behandelt.

2 Deutsch-indische Wirtschaftsbeziehungen im politischen und wirtschaftlichen Kontext

In der Frühphase des Kalten Krieges veränderte sich der Wirtschaftsaustausch zwischen der BRD und Indien auf besondere Weise. Noch 1953 erklärte der damalige indische Handelsattaché und spätere indische Botschafter in Bonn, B.P. Adarkar, den drastischen Rückgang deutsch-indischer Wirtschaftsbeziehungen als Folge des 2. Weltkrieges und aufgrund zunehmender Importbeschränkungen der indischen Regierung. Gleichzeitig erwähnte Adarkar den Beginn neuer Wirtschaftsbeziehungen – etwa in der technischen Ausbildung von Indern in Deutschland – und brachte damit die Hoffnung zum Ausdruck, dass sich diese

Umstände bald drastisch ändern würde.[12] Obwohl sich britische und japanische Unternehmen oftmals noch besser am Markt positionieren konnten, sahen deutsche Industrieunternehmen in den 1950ern wieder verbesserte Aussichten für ihr Indien-Geschäft. Das lag auch an der Tatsache, dass das indische Handelsministerium Geschäfte mit deutschen Firmen wohlwollend behandelte und hierfür notwendige Devisen bereitstellte.[13] In der Folge stieg die Ausfuhr deutscher Waren nach Indien kräftig und erreichte bereits in den frühen 1950ern wieder das um den 1. Weltkrieg erlangte Niveau. Diese wachsende Bedeutung der Außenhandelswirtschaft mit Indien und anderer Länder Asiens, Afrikas und Südamerikas im Vergleich zu Europa führte allmählich zu einem Umdenken in der deutschen Wirtschaftspolitik.[14] Zwischen 1957 und 1969 nahm der deutsch-indische Wirtschaftsaustausch dann massiv zu. Dies zeigte sich unter anderem an 463 genehmigten Unternehmenskooperationen mit einheimischen Firmen und an einem deutschen Anteil am indischen Import von 7%. Die BRD wurde mit ca. 12 Mrd. DM über den Zeitraum auch zum zweitgrößten Entwicklungshilfe-Geberland nach den USA.[15] Doch worauf basierte dieser Anstieg im deutsch-indischen Wirtschaftsaustausch?

Die Beziehungen wurden maßgeblich von politischen und wirtschaftlichen Faktoren auf lokaler, transnationaler und globaler Ebene beeinflusst. Auch im Bezug zu Indien machte sich zunächst vor allem die Entwicklung der westdeutschen Volkswirtschaft und der Expansionsdrang ihrer Unternehmen auf neue Märkte im Rahmen des *Wirtschaftswunders* bemerkbar. Ab der Jahrhundertmitte entwickelte sich die deutsche Privatwirtschaft in Indien so prägnant, dass westdeutsche Privatinvestitionen in Indien zu Beginn der 1970er Jahre bereits knapp 170 Millionen DM betrugen. Das machte die BRD damals zum dritt- bzw. viertgrößten Investor in Indien nach den USA und Großbritannien.[16] Hauptverantwortlich hierfür war der massive Anstieg neuer Geschäftsaktivitäten und Niederlassungen deutscher Unternehmen in Indien im Betrachtungszeitraum. Im Laufe der 1950er und 1960er Jahre fielen zwei deutsche Geschäftsbeteiligungen im

---

12 *B.P. Adarkar*, Wirtschaftsbeziehungen zwischen Indien und Deutschland, Berlin 1953, passim.

13 W. Jäger, Haniel & Lueg GmbH an Hermann Reusch, Vorstandsvorsitzender Gutehoffnungshütte (GHH), 14. Juni 1950. Rheinisch-Westfälisches Wirtschaftsarchiv, Köln (RWWA), 130–400101401–58.

14 Rundschreiben an die Mitglieder des Außenhandelsbeirates beim Bundesminister für Wirtschaft, 5. März 1957. Deutsche Bank Archiv (DBA), Bestand Hermann Joseph Abs (HJA), 2308.

15 *K. Seitz*, Indo-German Economic Cooperation: A Survey, in: *V. Dagli* (Hg.), India and Germany. A Survey of Economic Relations, Bombay 1970, S. 81–92.

16 Policy Liberalization: What It Means, Financial Express Indo-West German Cooperation Supplement, 22. September 1982, zitiert in: Glimpses of Industrial India. A Collection of Speeches of Dr Bharat Ram, 1963–1994, Delhi 1994, S. 114.

indischen Automobil-Sektor[17] und im Stahlwerksbau[18] aufgrund ihrer Größe und Prestige-Charakters für Deutschland besonders auf.[19] Aus indischer Sicht waren vor allem Projekte wichtig, die unmittelbar zur Erfüllung der Planpolitik beitrugen und weitere *Linkage*-Effekte für die indische Wirtschaft hatten.[20] Diese Projekte machten einen wichtigen, aber insgesamt nur kleinen Teil von ca. 1,200 deutsch-indischen Unternehmenskooperationen aus, die zwischen den 1950ern und 1970ern abgeschlossenen wurden.[21] Hierunter fielen Niederlassungen großer und kleiner westdeutscher Unternehmen der Bereiche Automobil (Bosch, Hella, MAN) und Chemie (Chemische Werke Albert, Dynamit Nobel, BASF).[22] Die Konkurrenzfähigkeit und der Expansionswille westdeutscher Unternehmen allein reichten aber für die Stärkung dieser Präsenz in Indien nicht aus. Stattdessen beeinflussten einige andere Faktoren das Zustandekommen und die Entwicklung von Unternehmenskooperationen vor Ort.

Die neue Wirtschaftspolitik Indiens nach der Unabhängigkeit von Großbritannien und die sich hierauf abzeichnende Wirtschaftslage waren dabei ein bestimmender Faktor. Die koloniale Wirtschaftspolitik der Briten war vornehmlich an der Erschließung von Rohstoffen interessiert und bevorteilte dabei britische Unternehmen, so dass der Grad der Industrialisierung und Technisierung in Indien gering blieb.[23] Im Gegensatz hierzu stand die Einschätzung indischer Politiker nach der Unabhängigkeit, dass Industrialisierung und Technisierung nur

---

17 Die Partnerschaft von Tata und Daimler-Benz zur LKW-Fertigung in Jamshedpur ab 1954 wird oft als bedeutendste zeitgenössische Unternehmenskooperationen gehandelt. *S. Tetzlaff*, 'Tata-Bhains' as Forerunner of Indo-German Business Ties: Industrial Policy, Technical Cooperation and Business Interests in the Making of the Truck-Manufacturing Joint Venture TELCO/Daimler-Benz, c. 1954–1969. Vortrag im Rahmen des Deutschen Historikertages, Hamburg, 22. September 2016.

18 Für die Aktivitäten der *Indien-Gemeinschaft Krupp-Demag GmbH* und anderer Unternehmen beim Aufbau des Stahlwerks in Rourkela ab 1957 siehe *Unger*, Entwicklungspfade.

19 Symbol of Indo-German Co-operation, *W. Leifer*, India and the Germans – 500 Years of Indo-German Contacts, Bombay 1971.

20 Ein Beispiel ist die Beteiligung der Mannesmann AG am Bau der mit 720-Meilen zweitlängsten Pipeline Asiens von Nord-Assam nach Gauhati und Barauni. Auch die Kooperation von Mico und Bosch zur Herstellung von Zündkerzen und weiteren Zulieferteilen für die Automobilindustrie war wichtig. *J. M. Hunck*, India Tomorrow. Pattern of Indo-German Future, Düsseldorf 1963, S. 151.

21 Deutsch-indische Kooperationen machten rund 20 Prozent aller in Indien in diesem Zeitraum zugelassenen Kooperationen aus, siehe: Policy Liberalization: What It Means.

22 Symbol of Indo-German Co-operation, in: *Leifer*, India and the Germans, S. 262–268.

23 *C. Dewey*, The Government of India's 'New Industrial Policy', 1900–1925: Formation and Failure, in *K. N. Chaudhuri/C. Dewey*, Economy and Society: Essays in Indian Economic and Social History, Delhi 1979, S. 215–257. *D. Headrick*, The Tentacles of Progress: Technology Transfer in the Age of Imperialism, 1850–1940, New York 1988.

durch eine Politik der Planung mit weiteren positiven Effekten für das Wirtschaftsgeschehen möglich waren. Mit Beginn des ersten Fünfjahresplan 1951 setzte eine massive Ausweitung in der Aktivität von Staatsunternehmen ein. Nach einigen Jahren weitestgehend freiem Handelsspielraum, etwa in der Frage von Kooperationen mit ausländischen Unternehmen, bedeutete dies ab den frühen 1960ern verstärkte Nachteile für die indische Privatwirtschaft. Neben der Abschottung gegenüber ausländischem Kapital und Importbeschränkungen begrenzte der Staat ab dieser Zeit Unternehmenskooperationen, um größeren Einfluss auf Produktpaletten und neue Technologien nehmen zu können.[24]

Angesichts dieser neuen Wirtschaftspolitik sahen sich besonders viele seit längerem in Indien tätige amerikanische und britische Unternehmen unter Zugzwang. Aus Furcht vor geringeren Renditen oder sogar unprofitabler Produktion aufgrund des stärkeren Regierungseinflusses zogen sich viele Unternehmen aus Indien zurück.[25] Fast zeitgleich nahm das Interesse deutscher Unternehmen, die im Gegensatz zu britischen Unternehmen nicht auf eine Kolonialverbindung vertrauten, am Indien-Geschäft stark zu. Deutsche Unternehmen versprachen sich trotz Einflussnahme des indischen Staates und seiner Unternehmen im Rahmen von Kooperationen genügend Rendite von ihren Vorhaben. Gleichzeitig konnten deutsche Unternehmen auch immer stärker auf die Rückzahlung ihrer Investitionen vertrauen, da die deutsche Bundesregierung den Export und Unternehmensinvestitionen zusehends absicherte.

Der deutsch-indische Wirtschaftsaustauch stieg aber auch vor dem Hintergrund globaler Veränderungen. Die besondere Ausformung der indischen Planpolitik nach 1951 und das wiederkehrende Aufkommen finanzieller und anderer Krisensituationen im Land machte Hilfe-Zusagen von Industriestaaten und internationalen Organisationen immer notwendiger. Andererseits konnte sich Indien als blockfreier Staat Gelder aus allen möglichen politischen Blöcken sichern. Für die indische Regierung war diese Verhandlungsmöglichkeit besonders wichtig, da sich die Finanzierungszusagen aufgrund der gesamtwirtschaftlichen Lage veränderten. Der Rückgang britischer Hilfe-Zusagen in den 1960ern stand unmittelbar mit einer Verkleinerung wirtschaftlicher Aktivität in Verbindung. Die im Laufe des Zweiten Weltkriegs in Indien angehäuften *Sterling Balances* wurden nach 1947 Bestandteil der Diskussion um die Abwicklung der Schuldensituation

24 *H. Venkatasubbiah*, Indian Economy since Independence, London 1961.

25 Die US-Automobilhersteller Ford und Chrysler zogen sich beispielsweis aus Indien zurück, da sie der staatlichen Forderung nach Errichtung einer vollständigen Produktion in Indien nicht nachkommen wollten. *S. Tetzlaff*, Revolution or Evolution? The Making of the Automobile Sector as a Key Industry in Mid-20th Century India, in: *K. B. Nielsen/A. Hansen* (Hg.), Cars, Automobility and Development in Asia: Wheels of change, London 2016.

mit Großbritannien. Anstatt der direkten Rückzahlung der Summen handelte die britische Regierung eine an Unternehmenskollaborationen geknüpfte frühe Form der technischen Hilfe heraus.[26] Dies führte bis in die 1960er Jahre dazu, dass Großbritannien der größte und damit unverzichtbare Geldgeber für die Finanzierung der indischen Fünf-Jahrespläne war. Andererseits setzte Großbritannien die Liquidierung alter Schulden auch immer wieder gegen Wirtschaftsinteressen anderer Länder und zur Verfestigung der Stellung britischer Unternehmen ein.[27] Mit dem sukzessiven Abbau dieser *Sterling Balances* und aufgrund fortschreitender Währungsprobleme des Pfund-Sterling verlor Großbritannien diesen wirtschaftspolitischen Vorteil dann aber zusehends im Laufe der 1960er Jahre. Im gleichen Maße wurden Gelder anderer Geberländer und Institutionen wichtiger, an denen die USA und Deutschland maßgeblich beteiligt waren.

In diesem neuen Umfeld bildete sich in Deutschland ab den 1950er Jahren eine neue Herangehensweise in der Entwicklungshilfe für Indien heraus. Dies ging so weit, dass Indien in den folgenden Jahrzehnten zum größten Empfänger deutscher Hilfen wurde. Die unmittelbare Notwendigkeit der Entwicklungshilfe wurde in Deutschland schließlich auch als Möglichkeit der Einflussnahme auf die indische Wirtschaftsentwicklung erkannt. Die Hilfe-Diskussion wurde dabei maßgeblich von politischen und wirtschaftlichen Akteuren und Überlegungen beeinflusst. Dies lag einerseits an den mit neuen Märkten in Übersee verknüpften Entwicklungsaussichten für deutsche Unternehmen. Aufgrund dieser Thematik entwickelte der *Bundesverband der Deutschen Industrie* (BDI) ein großes Interesse an Entwicklungsländern.[28] Das galt nicht zuletzt auch für Indien. Zunächst zeigte sich dieses gestiegene Interesse der verfassten deutschen Wirtschaft an der Goodwill-Reise einer größeren und personell hochkarätigen BDI-Delegation im Frühjahr 1956, die unter anderem auch nach Indien und Pakistan führte.[29] Zwar sollte mit der Reise der Wirtschaftsraum des Nahen und Fernen Ostens formal

---

26 *B. R. Tomlinson*, Indo-British Relations in the Post-Colonial Era: The Sterling Balances Negotiations, 1947–49, in: Journal of Imperial and Commonwealth History 13, 3, 1985, S. 142–163.

27 Deutsche Wirtschaftsmanager waren sich der britischen Einflussnahme auf Industriegeschäfte sehr bewusst., beispielsweise in Bezug auf ein Lokomotivgeschäft, an dem auch Krauss-Maffei Interesse zeigte. W. Jäger, Haniel & Lueg GmbH an Hermann Reusch, GHH, 14. Juni 1950. RWWA, 130–400101401–58.

28 Für eine Abhandlung der Thematik siehe *W. Bührer*, Der BDI und die Aussenpolitik der Bundesrepublik in den Fünfziger Jahren, in: Vierteljahreshefte für Zeitgeschichte 40, 2, 1992, S. 241–261.

29 Bundesverband der Deutschen Industrie (BDI), Goodwill-Reise nach Ostasien: Bericht über die Ostasien-Reise der Goodwill-Delegation des BDI, 13.2.-20.3.1956, Köln 1956. Neben BDI-Präsidium und -Mitarbeitern nahmen auch mehrere Unternehmensinhaber an der Reise teil, z. B. Otto Wolff von Amerongen als Vorsitzender des Ost-Ausschusses der Deutschen Wirtschaft.

sondiert werden. Vor allem ging es jedoch darum, die Beziehungen der Bundesrepublik in die Region zu intensivieren – um die „...wirtschaftlichen Möglichkeiten, die sich überall in Ostasien, also auf einem auf lange Sicht riesigen Markt bieten, nach bestem Ermessen auszunutzen".[30] In Folge dieser Feststellung kam es im Februar 1957 unter der Beteiligung des BDI und anderer Spitzenverbände der deutschen Wirtschaft zur Einrichtung der *Arbeitsgemeinschaft für die Zusammenarbeit mit Entwicklungsländern*. Ihre Aufgabe war es, die Meinungsbildung innerhalb der deutschen Wirtschaft anzustoßen und als neuer Stichwortgeber für die deutsche Politik zu agieren.[31] Dies war aber nur der Ausgangspunkt für weitere institutionelle und thematische Veränderungen innerhalb der verfassten deutschen Wirtschaft in den 1960ern und frühen 1970ern. Mit dem neuen Fokus auf Entwicklungsländer wurde dann auch verstärkt die als kritisch betrachtete Wirtschaftsentwicklung Indiens thematisiert.[32] Aufbauend auf einer 10 Jahre währenden Diskussion über Investitionsklima und -schutz in Indien gründete der BDI Anfang der 1970er Jahre einen Ausschuss zur Förderung der indisch-deutschen wirtschaftlichen Zusammenarbeit.[33] Somit schloss sich der Kreis wieder. Der Ursprung der frühesten Wirtschaftsinitiativen in Indien lag in erster Linie in der deutschen Privatwirtschaft. Das Interesse der deutschen Politik an diesen Verbindungen stellte sich erst ein, als es diese Verbindungen bereits gab und verschiedene Akteure sie hierauf hinwiesen.

Die Einbettung des deutsch-indischen Wirtschaftsgeschehens ist vor dem Hintergrund der sich formierenden Entwicklungshilfe wie auch des Ost-West-Konfliktes zu verstehen. Westdeutsche Industrie-Vertreter waren vor allem über die nicht besonders große, aber dennoch sehr effiziente sowjetische Entwicklungshilfe für Indien besorgt. Bereits 1955 hatte der BDI die russischen Handelsverträge mit Indien mit einiger Besorgnis als „5-Jahresvertrag ohne feste Wertgrenzen, aber mit großzügiger Unterstützungszusage bezüglich technischer

30 Der Ferne Osten braucht die deutsche Ware. BDI-Präsident Fritz Berg entwickelt seine Ideen zum künftigen deutschen Ostgeschäft, in: Die Zeit, 19. April 1956.

31 Zusammenarbeit mit den Entwicklungsländern, in: BDI, Jahresbericht 1956–1957, S. 43–46.

32 Ebda. Besonderen Einfluss hatte dabei eine Reise deutscher Manager zur Prüfung des Investitionsklimas in Indien 1965. Allerdings kamen Verhandlungsansätze für eine tiefgreifende Veränderung beim Aufbau von Gemeinschaftsunternehmen aufgrund der militärischen Auseinandersetzungen zwischen Indien und Pakistan ins Stocken. Für die Ergebnisse siehe Arbeitsgemeinschaft Entwicklungsländer mit der Arbeitsgemeinschaft der Deutschen Exporteurvereine (Hg.), Investieren in Indien: Bericht über die Reise einer Delegation deutscher Wirtschaftler zur Prüfung des Investitionsklimas in Indien, 15. Jan.–5. Febr. 1965, Bergisch Gladbach 1965.

33 BDI, Jahresbericht 1971–1972, S. 158.

Hilfeleistung" kommentiert.[34] In diesem Zusammenhang nahm der Verband auch die Gewährung eines langfristigen russischen Kredits zur Errichtung eines Hüttenwerks in Bhilai und weitere substantielle Hilfe in Form technischer Ausbildung mit Sorge zur Kenntnis.[35] In der deutschen Industrie setzte sich schnell der Eindruck durch, dass besonders Indien bestrebt war, „sich aus dem Ost-West-Konflikt herauszuhalten und sich in der Rolle einer dritten Kraft alle Möglichkeiten der Auslandshilfe .... auf dem Wege zur Technisierung und Industrialisierung zunutze zu machen."[36] Auf das steigende Interesse des Sowjetblocks an Entwicklungsländern setzte eine Diskussion über die Formierung einer deutschen Entwicklungshilfe für stark umkämpfte Länder wie Indien ein. Ein erster Schritt in diese Richtung war die Erhöhung des Etats zur „Förderung wirtschaftlich unterentwickelter Länder" von 3,5 auf 50 Millionen DM im Rahmen der deutschen Haushaltsberatungen 1956, die trotz parteipolitischer Differenzen auf einem sehr ähnlichen Bild vom Nutzen der Entwicklungshilfe auch für die BRD fußte.[37] Diese politische Ausrichtung der Entwicklungshilfe für Länder wie Indien galt noch lange Zeit später. Ziel der BRD war es immer, Indien nicht in den kommunistischen Machtbereich abgleiten zu lassen und andererseits an der wirtschaftlichen Entwicklung und Erschließung Indiens teilzunehmen.

In den folgenden Jahrzehnten entwickelte sich die deutsche Entwicklungshilfe für Indien unter bestimmten Vorzeichen. Deutsche Hilfen war zusehends weniger an bestimmte Projekte gebunden und beinhalteten mehr generelle Hilfen für die indische Regierung, die sie nach ihren Wünschen einsetzen konnte. In der deutschen Wirtschaft war diese vergleichsweise lockere Förderungspolitik seitens der BRD keineswegs unumstritten. Besondere Besorgnis erregte, dass die Sowjetunion und auch die USA zunehmend liefergebundene Staatskredite für bestimmte Projekte vergaben und somit der Industrie des betreffenden Landes preislich reizvolle Aufträge brachten.[38] Angesichts dieses Vorgehens warfen In-

---

34 BDI, Jahresbericht 1954–1955, S. 119. Das 1954 geschlossene Abkommen sah neben einer umfangreichen Warenliste mit ca. 150 Positionen auch technischer Hilfeleistung aus der SBZ in Indien und die Errichtung einer Handelsvertretung in Bombay und Kalkutta vor. Ebda., S. 125.

35 BDI, Jahresbericht 1956–1957, S. 112; BDI, Jahresbericht 1957–1958, S. 38.

36 Zusammenarbeit mit den Entwicklungsländern, BDI, Jahresbericht 1956–1957, S. 43.

37 Die Debatte wurde maßgeblich von den Abgeordneten Paul Leverkuehn (CDU) und Helmut Kalbitzer (SPD) beeinflusst. *P. Leverkuehn*, Unterstützung der Wirtschaftsentwicklung fremder Länder – Die Wirtschaftsoffensive des Ostblocks (vertraulich), DBA, HJA, 2308. *H. Kalbitzer*, Eine Verpflichtung der Bundesrepublik, Sozialdemokratischer Pressedienst 55, 5, 1956.

38 Eindrücke und Vorschläge zur Behebung bedeutender Aufbauschwierigkeiten auf dem industriellen Sektor Indiens. (Übergeben von Herrn Verlohr, Siemens, März 1960), DBA, HJA, 3841.

dustrielle der deutschen Politik noch Mitte der 1960er Nachteile bei der Entwicklung ihres Indien-Geschäfts vor.[39]

Zeitgenössische Diskussionen um Wirtschaftsaustausch und Entwicklungshilfe für Indien zum Nutzen der deutschen Wirtschaft verbanden sich auf exemplarische Weise in den Aktivitäten des Vorstandssprechers und später Aufsichtsratsvorsitzenden der Deutschen Bank, Hermann-Josef Abs. Als herausgehobene Persönlichkeit der deutschen Wirtschaft war Abs zusätzlich in leitender Funktion in zahlreichen Aufsichtsräten deutscher Industrieunternehmen tätig, u. a. auch in besonders an Indien interessierten Unternehmen wie Daimler-Benz. Die Ablehnung eines politischen Postens mochte nicht verstecken, dass Abs auch sehr gute Verbindungen in die deutsche Politik pflegte und führende Politiker oft seinen Rat suchten. Insgesamt war Abs somit nicht nur einer der wichtigsten Finanzmanager Deutschlands, sondern fungierte in der Bonner Republik auch als „Strippenzieher" zwischen Politik und Wirtschaft.[40] Aus dieser Position heraus trat er auch als Mittelsmann auf, der das deutsch-indische Wirtschaftsgeschehen thematisierte und maßgeblich beeinflusste. Paradigmatisch stand hierfür ein Bild, auf dem sich Abs zwischen Bundeskanzler Konrad Adenauer und dem indischen Premierminister Jawaharlal Nehru beim indischen Staatsbesuch in Deutschland 1956 positionierte.

Zu Beginn seiner Tätigkeit nahm Abs an der Diskussion um das Rourkela-Projekt teil. Als Vorstandssprecher wusste Abs über den gesamten Ablauf des Rourkela-Geschäfts Bescheid und setzte sich auch für seine Umsetzung ein. So erfuhr er 1956, dass die indische Regierung ohne Angabe von Gründen von dem Angebot einer 80 %-igen Anzahlung für das Stahlwerk zurückgetreten war. Dies beruhte auf Besprechungen Nehrus mit der britischen Regierung, die Maßnahmen zur Stützung des englischen Pfund treffen wollte und somit eine Finanzierung ihrerseits anbot.[41] Abs war so detailliert über Rourkela in Kenntnis gesetzt, weil die Deutsche Bank als vermittelndes, kreditfinanzierendes Institut maßgeblich an der tatsächlichen Abwicklung des Rourkela-Geschäfts beteiligt war und auch andere Aspekte der Exportabsicherung beeinflusste.[42] Am anderen Ende stand die Beschäftigung von Abs mit der finanz- und wirtschaftspolitischen Entwicklung Indiens und deutschen Privatinvestitionen vor Ort. Bereits 1960 hatte er als Teil einer dreiköpfigen Mission internationaler Banker Indien bereist und sich mit der

---

39 BDI, Jahresbericht 1965 – 1966, S. 73.

40 *L. Gall*, Der Bankier Hermann Josef Abs: eine Biographie, München 2004.

41 Notiz für Herrn Abs, 27.12.1956, DBA, V1/4025.

42 Notiz zum Hüttenwerksprojekt, 15.7.1953, DBA, V1/4025.

wirtschaftlichen Lage und Entwicklungsproblemen des Landes beschäftigt.[43] Die Mission erkannte das Fehlen von genügend investierbarem Kapital als größtes Wachstumsrisiko für Indien und empfahl eine Erhöhung der im Zweiten Fünfjahresplan vorgesehenen ausländischen Hilfen. Hierfür müssten liberale Hilfen auf Regierungsebene abgeschlossen werden.[44] Allerdings verdeutlichte der Bericht auch das Interesse von Industriestaaten an der Vergabe privater Langzeitkredite. Indien könne sie am besten mit Bedingungen überzeugen, die auch privates Kapital anziehen.[45] Laut Abs war auch die Bundesregierung an diesen Erkenntnissen interessiert, da es in den 1960ern noch darum ging, Entwicklungshilfe für Indien zu definieren und in richtige Bahnen zu lenken. In den frühen 1970ern unternahm Abs nochmals Reisen nach Indien, bei denen Privatinvestitionen im Vordergrund standen. Die Reisen zeitigten einige kleinere Erfolge, wie die Genehmigung eines von Mico und Bosch geplanten Projekts durch die nun wirtschaftsfreundlichere Regierung.[46]

Vor dem Hintergrund dieser Themen hatte sich Abs auch vermehrt mit der Bilanz und den zukünftigen Leitlinien deutscher Entwicklungshilfe in Indien beschäftigt.[47] Abs forderte insbesondere, die Entwicklungshilfe „nicht nur im bisherigen Ausmaße fortzusetzen, sondern nach Möglichkeit noch zu verstärken und noch weiter auszubauen."[48] In den weiteren Ausführungen von Abs klang auch das Bild der Außenwirtschaftspolitik wie von Erhard und anderen entworfen wieder an. Demnach profitierte auch die deutsche Wirtschaft von Entwicklungshilfe, da hierdurch ein größerer Teil von „zwei Drittel der Menschheit sinnvoll in Produktion und Konsum eingegliedert werden könnten."[49] Verglichen mit den russischen und britischen Bemühungen beim Aufbau anderer Stahlwerke betrachtete Abs auch die westdeutschen Leistungen für das Rourkela-Projekt positiv. Immerhin bedeutete das Stahlwerk in Rourkela eine Devisenersparnis von einer halben bis zu drei Viertel Milliarden DM sowie weitere positive Einflüsse auf Wirtschaftsentwicklung und Volkseinkommen. Verglichen mit allgemeinen Zahlungsbeihilfen sah Abs besonders großes Potenzial und höhere Effizienz in der

---

43 Bankers' mission to India and Pakistan February-March, 1960; a letter to Eugene R. Black, President, International Bank for Reconstruction and Development from Hermann J. Abs, chairman, Deutsche Bank of Frankfurt, Sir Oliver Franks, chairman, Lloyds Bank Ltd., London [and] Allan Sproul, formerly chairman, New York Federal Reserve Bank, Washington 1960.

44 Ebda., S. 23.

45 Ebda., S. 25.

46 Vermerk Dr. Hahn, 14. Juli 1970, DBA, HJA, 4025.

47 *H. J. Abs*, Bilanz der Indien-Hilfe, in: Indo-Asia 7, 2, 1965, S. 123–135.

48 Ebda., S. 131.

49 Ebda.

projektgebundenen Hilfe. Seiner Meinung nach war hier die Gefahr von Fehlinvestitionen geringer und die Projektbindung bewährt.[50]

3 Das deutsch-indische Hüttenwerk Rourkela und seine Nachgeschichte

Der wirtschaftliche und politische Kontext deutsch-indischer Wirtschaftsbeziehungen hatte direkten Einfluss auf den Zusammenhang von Wirtschaftsinteressen und Entwicklungshilfe im Rahmen deutscher Industrie-Projekt in Indien. Als größtes Projekt wurde dies besonders deutlich am Aufbau und der sukzessiven Erweiterung des Stahlwerks in Rourkela im indischen Bundesstaat Orissa zwischen der Mitte der 1950er und den späten 1960ern. Diese Aufgabe übergab die indische Regierung nach mehrjährigen Verhandlungen 1955 dem deutschen Firmenkonsortium der „Indien-Gemeinschaft Krupp-Demag GmbH", die dann gemeinsam mit der *Hindustan Steel Ltd.* (HSL) die Industrieanlage betrieb.[51] Darauf aufbauend sollte im Zeitraum des zweiten Fünfjahresplans die Produktion der Rohstoff- und Schwerindustrie massiv ausgeweitet werden. Hierfür wurden aber auch bereits bestehende Werke indischer Unternehmen ausgebaut sowie auch die Sowjetunion und Großbritannien mit dem Neubau zweier anderer Stahlwerke in Bhilai und Durgapur beauftragt. Unter allen deutsch-indischen Industrieprojekten zwischen den 1950ern und 1970ern zog Rourkela das weitaus größte öffentliche Interesse in beiden Ländern auf sich. Aufgrund der Größe des finanziellen Engagements spiegelte das Projekt aber auch am ehesten die Entwicklung deutscher Wirtschafts- und Politikinteressen in Indien wieder. Während die Berichterstattung beide Aspekte verdeutlichte, entwickelte sie sich im Zeitablauf aber von frühem Enthusiasmus über Industrieaufträge und technischen Fortschritt,[52] über die Erörterung zeitgenössischer Probleme im Rahmen des Projekts bis hin

50 *H. J. Abs*, Bemerkungen zur deutschen Entwicklungshilfe, in: Wirtschaftsdienst 47, 1, 1967, S. 15–17.

51 *H. Heinrich*, Der Anteil Deutschlands an der Entwicklung der indischen Eisen- und Stahlindustrie im zweiten Fünfjahresplan, in: Wirtschaftliche, technische und soziale Probleme im neuen Indien. Vorträge zur Eröffnung der Deutsch-Indischen Ausstellung in Aachen, 14. November 1958. Forschungsberichte des Landes Nordrhein-Westfalen, Köln 1959, S. 35–58.

52 Die deutsche Wirtschaftspresse titelte wie folgt: „Hüttenwerk für Indien", Wirtschaftsdienst 37, 4, 1957, S. 234 ff. „Die Gutehoffnungshütte baut in Rourkela", Wirtschaftsdienst 39, 2, 1959, S. 113 ff. Das Werk Rourkela – ein Beispiel industrieller Gemeinschaftsleistung, Blech 11, Sonderdruck, November 1958.

zur späten Genugtuung, dass Rourkela nach schwierigen Jahren doch erfolgreich war.[53]

Was war in der Zwischenzeit geschehen? Wie wirkte sich das auf die weitere Projektentwicklung aus? Nach anfänglichem Erfolg setzten sich in der öffentlichen Wahrnehmung der deutschen Beteiligung am Hüttenwerksprojekt in Rourkela auch kritische Aspekte durch. In der deutschen Öffentlichkeit wurden vor allem Konkurrenzaspekte deutscher Unternehmen untereinander und soziale und kulturelle Probleme aufgrund des Verhaltens deutscher Unternehmensmitarbeiter thematisiert.[54] Insgesamt prägten diese Entwicklungen aber das Deutschen-Bild in Indien wie auch Indien-Aktivitäten in Deutschland auf negative Weise.[55] Angesichts dieser Aspekte kann das Rourkela-Projekt sowohl als exemplarisches Beispiel aber auch als eigenartiger Sonderfall des deutsch-indischen Wirtschaftsaustausches angesehen werden. Zuletzt wurden deutsche Wirtschaftsinteressen, Entwicklungshilfe und die sozialen Folgen des Rourkela Projekts diskutiert.[56] Allerdings blenden die Betrachtung einige für die Einordnung des Projekts wichtige Entwicklungen der 1960er Jahre aus.

Somit stellt sich die Frage, welche Akteure und Faktoren die Entwicklung im Rourkela-Geschäft besonders beeinflussten? Wie wichtig war das Projekt für die deutsche Politik und Wirtschaft und welche Rolle spielte das im Nachgang? Bisher wurde nicht genügend darauf geachtet, dass das Rourkela-Projekt als eine reine kommerzielle Angelegenheit westdeutscher Firmen in den 1950ern begann. Hierbei handelte es sich um einige bestimmte, vornehmlich in der Rhein-Ruhr-Region aber in anderen Teilen Deutschlands beheimatete Industrieunternehmen. Neben den Stahl-Konzernen Krupp und Demag zählten Unternehmen wie Gutehoffnungshütte, Siemens-Schuckertwerke und AEG zu den beteiligten Unternehmen.[57] Der deutsche Staat sprang erst zu einem viel späteren Zeitpunkt in das Projekt ein und weitete sein entwicklungspolitisches Engagement im Projekt erst

53 Rourkela – Sieg der Deutschen, Der Spiegel, 10. Januar 1966, S. 69–70.

54 Bericht über die Begleiterscheinungen der Industrialisierung im sozialen Bereich im Raume Rourkela/Indien. Vorgelegt von *Franz Lepinski et. al.* im Auftrag des Bundesministeriums für Wirtschaftliche Zusammenarbeit, Februar 1964. Mein Dank gilt Christian Strümpell für die Zusendung des Berichts.

55 *J .B. Sperling*, Die Rourkela-Deutschen. Probleme der Verhaltensweisen deutscher Techniker auf einer Großbaustelle in Indien, Diss. Aachen, 1965.

56 *Unger*, Entwicklungspfade. Dies., Rourkela, ein ‚Stahlwerk im Dschungel'. Industrialisierung, Modernisierung und Entwicklungshilfe im Kontext von Dekolonisation und Kaltem Krieg (1950–1970), in: Archiv für Sozialgeschichte 48, S. 367–388.

57 Mehr als 32 westdeutsche Unternehmen waren mit der Lieferung maschineller Anlagen für das Hüttenwerk betraut. *K. Röh*, Rourkela als Testfall für die Errichtung von Industrieprojekten in Entwicklungsländern, Hamburg1967, S. 508–514.

dann aus, als Rourkela mit verschiedenen Problemen politischer, administrativer und technischer Art zu kämpfen hatte. Gleichzeitig half schon beim anfänglichen Geschäftsaufbau die Nähe zu Bonner Regierungskreisen und zu regionalen und überregionalen Industrieverbänden wie der IHK und dem BDI. So war bereits das Zustandekommen des Vertrages zwischen Indien und Krupp-Demag 1953 von der Entscheidung der BRD beeinflusst, das Projekt über eine Bundesbürgschaft zu ermöglichen – besonders auch mit Blick auf die damalige Lage der deutschen Exportwirtschaft. Auch unter den Vorzeichen einer veränderten Konjunkturlage 1956 hielt Deutschland an der Garantie fest, zumal es nun mit britischen und sowjetischen Vergleichsprojekten konkurrierte.[58]

Wie kam es zu diesem besonderen Einfluss der deutschen Politik auf das Rourkela-Projekt? Eine erste Annäherung der deutschen Politik an das Industrieprojekt ergab sich bereits vor Beginn der Arbeiten. So bemerkte bereits Vizekanzler und Außenminister Franz Blücher nach seiner Indien-Reise 1956, dass Krupp-Demag bei der notwendigen Kapazitätserweiterung des Stahlwerks auf gewisse Schwierigkeiten stoßen würde. Daher müsse die BRD nicht nur dieses Projekt durchführen, sondern auch generell überlegen „ob man nicht die Exportfinanzierung auf eine völlig neue Grundlage stellen müsse."[59] Grundsätzlich fanden diese Indien-Aktivitäten aber auch vor dem Hintergrund der Einsicht statt, dass jeder Betrag, „der dort – nach sorgfältiger Prüfung – angelegt werde, gut angelegt" sei.[60] Die Rourkela-Beteiligung des deutschen Staates wurde aber auch aufgrund der spezifischen Wirtschaftslage Indiens notwendig. Der sukzessive Abbau der Devisenreserven seit den 1950ern brachte die indische Regierung zum Angebot, der BRD die Aufwendungen für Rourkela vorab aus den Pfund-Sterling Devisen zu bezahlen. Aufgrund der Währungsprobleme des Pfund-Sterling wollte Deutschland diese zur Erfüllung der Verpflichtungen zunächst nicht hinnehmen.[61] Erst im Zuge der indischen Devisenkrise in den frühen 1960ern erklärte sich die Bundesrepublik dann zur Übernahme der Vertragszahlungen bereit. Zusätzlich bewilligte der interministerielle Ausschuss für Entwicklungspolitik in Bonn im April 1963 einen Kredit in Höhe von 400 Millionen DM für die Erweiterung des Rourkela-Hüttenwerks von 1 auf 1,8 Millionen Tonnen Rohstahl. Mit dieser Entscheidung war für eine Anzahl deutscher Industriefirmen der Weg be-

---

58 Bundesarchiv, Protokoll der 143. Kabinettssitzung, 11. Juli 1956.
59 Bundesarchiv, Protokoll der 115. Kabinettssitzung, 25. Januar 1956.
60 Bundesarchiv, Protokoll der 178. Kabinettssitzung, 4. April 1957.
61 *Abs*, Bilanz der Indien-Hilfe, S. 126.

reitet, die Fertigung der für Rourkela bestimmten umfangreichen und bis 1966 abzuschließenden Erweiterungsanlagen aufzunehmen.[62]

Von diesem Zeitpunkt an war die „Finanzierung Rourkelas eine Angelegenheit der Regierungen." Ein Refinanzierungsabkommen und zusätzliche Kredite erhöhten dann die direkte und indirekte Rourkela-Beteiligung der BRD auf die beachtliche Summe von etwa 1,6 Mrd. DM. Das war nahezu ein Fünftel aller deutschen Kapitalunterstützungsverpflichtungen gegenüber Entwicklungsländern.[63] Doch war die Änderung in der Vorgehensweise auch eine der Lehren aus den Erfahrungen im Rourkela-Aufbau. Es wurde festgestellt, dass „...ein Projekt dieser Größenordnung in einem Entwicklungsland einfach nicht als ein rein kommerzielles Vorhaben durchgeführt werden kann und dass ein neues politisches Konzept mit einem besonderen Augenmerk für die spezifischen Erfordernisse der Entwicklungshilfe notwendig wurde."[64] Allerdings hatte Rourkela auch eine besondere symbolische Bedeutung, da es bestätigte, dass „die deutsche Industrie wieder gut im Geschäft lag."[65] Im Zuge der Rourkela-Stundung drückte die Bundesregierung dann aber auch den Wunsch aus, im neuen Kreditvolumen „... in erster Linie Geschäfte der mittleren Industrie unterzubringen." Deutsche Kapitalhilfen wurden in diesem Zuge immer wichtiger. So beabsichtige die indische Regierung offenbar, mit den Abmachungen um einen 300 Mio. Euro hohen Plafond industrielle Schlüsselvorhaben aus dem 5-Jahres-Plan zu realisieren. Die Rourkela-Unterstützung durch die deutsche Politik war also sowohl politisch notwendig als auch wirtschaftlich abgesichert.

Neben der Übernahme privatwirtschaftlicher Verpflichtungen durch den deutschen Staat wissen wir bisher wenig über das Verhalten der weiteren relevanten Akteure. Wie verhielt sich die deutsche Industrie nach der Übernahme von Verpflichtungen durch den deutschen Staat? Wie entwickelte sich das Rourkela-Projekt im Rahmen dieser Aspekte? Staatliche Interessen wurden zusehends wichtiger, vor allem weil Industriemanager die Politik in diese Richtung beeinflussten. Allerdings blieben deutsche Industriemanager und Unternehmen weiterhin wichtig für die Durchführung von Industrieprojekten in Indien. Nach den Rourkela-Erfahrungen wurde dies in gewisser Weise an trotzigen Reaktionen von Managern gegenüber indischen Verantwortlichen sichtbar. So zeigte ein Gespräch des Vorstandsvorsitzenden der Gutehoffnungshütte mit dem indischen Stahl-Minister deutlich, dass zwar die indische Seite weiter daran interessiert war,

---

62 Vorwort von Dr. Gerhard Fritz, in *J. B. Sperling*, Rourkela. Sozio-ökonomische Probleme eines Entwicklungsprojekts, Bonn 1963.

63 *J. White*, Die westdeutsche Hilfe für Entwicklungsländer, in Wirtschaftsdienst 45, 2, 1965, S. 72.

64 Ebda.

65 Ebda., S. 71.

deutschen Unternehmen Großprojekte in Indien zu übertragen. Die deutsche Industrie war aber nicht mehr gewillt, derartige Unternehmen ins Leben zu rufen, wenn nicht auch die indische Regierung Investitionen für eine adäquate Infrastruktur tätigte.[66] Deutsche Wirtschaftsakteure versuchten lange sich gegen die Verschlechterung des Klimas in Indien zu wehren. In der Diskussion um westdeutsche Entwicklungshilfeleistungen gab es in diesem Zuge ab den späten 1950ern aber auch eine Neuorientierung von Aktivitäten einiger an Rourkela beteiligter deutscher Unternehmen und der deutschen Industrie mit Indien-Interesse. Diese Neuorientierung wurde vor allem angesichts zahlreicher negativer Aspekte in der Entwicklung des Rourkela-Projekts für notwendig erachtet, unter denen auch das öffentliche Bild Deutschlands und seines Wirtschaftshandelns nachhaltig gelitten hatte.

Allerdings versprach der Ausbau Rourkelas und die Entwicklung der Region als industrieller Standort weitere gute Geschäftsaussichten für deutsche Unternehmen. Tatsächlich siedelten sich im Laufe der 1960er Jahre dann auch einige weitere deutsche Unternehmen in Rourkela und in der angrenzenden Region an. Besonders wichtig war die 1960 in Kansbahal, unweit von Rourkela, gegründete und im Maschinen- und Anlagenbau tätige Utkal Machinery Ltd. Das Unternehmen stellte eine Gemeinschaftsgründung deutscher und indischer Teilhaber dar. Die beteiligten deutschen Unternehmen (Gutehoffnungshütte; Heinrich Koppers GmbH, Essen; J.M. Voith GmbH, Heidenheim) wiesen teilweise Rourkela-Erfahrung auf, während die indische Ingenieurs-Firma Larsen & Toubro (Bombay) als Teilhaber ein bereits entwickeltes Vertriebsnetz beisteuerte.[67] Laut eigener Aussage beschäftigte das Unternehmen mehr als 1.000 Mitarbeiter und stellte das größte Einzelinvestment deutschen Privatkapitals in Indien dar. Unter den gegebenen wirtschaftspolitischen Bedingungen entschied sich das Unternehmen dazu, die Bestellungen indischer Konzerne so umfassend wie möglich in Indien selbst zu produzieren. Die späteren Firmen-Aufträge umfassten Maschinen-Lieferungen an das nahegelegene Rourkela-Stahlwerk, hydraulische Einrichtungen für Wasserkraftwerke oder Kessel für Düngemittelfabriken.[68]

Dieses Unternehmen und andere deutsche Wirtschaftsinteressen wollten sich die mit der weiteren Expansion Rourkelas und der indischen Wirtschaft im Laufe

---

66 Hans-Wilhelm Rudhart, Vorstandsmitglied, GHH an Kurt Aselmann, General Manager, Utkal Machinery Ltd., 18. Juni 1965. RWWA, 130 – 400101401 – 60.

67 Zusätzliche Anteile hielten die Industrial Credit and Investment Corporation of India Ltd. (ICICI), die Life Insurance Corporation und die Deutsche Entwicklungsgesellschaft mbH. Hunck, India Tomorrow, S. 149 – 151.

68 Ebda., S. 150. Background Note on Utkal Machinery Ltd., 26. Februar 1965. RWWA, 130 – 400101401 – 59.

der 1960er Jahre in Aussicht stehenden Geschäfte keinesfalls entgehen lassen. Nach diesen Erfahrungen versuchten deutsche Unternehmen und der deutsche Staat die zuvor gemachten Probleme auf verschiedene Weise wieder zu bereinigen und sie zukünftig zu vermeiden. Eine Maßnahme war die vermehrte Durchführung intensiver Vorbereitungsseminare durch deutsche staatliche und teilstaatliche Institutionen, in denen Auslandsmitarbeiter deutscher Unternehmen auf ihren Einsatz in Indien geschult wurden. Ein von der Deutschen Stiftung für Entwicklungsländer und dem Bundeswirtschaftsministerium dezidiert für Rourkela-Mitarbeiter organisierter Kurs debattierte nicht nur kulturelle Aspekte Indiens. Insbesondere ein Referent warnte auch vor der Politisierung Rourkelas und wies Kurs-Teilnehmer an, Presseleute bei Rourkela-Fragen an das zuständige Büro zu verweisen.[69]

Angesichts der für die deutsche Wirtschaft nicht hinnehmbaren Öffentlichkeitswirkung der Rourkela-Probleme sahen sich einige beteiligte Unternehmen aber zu weiteren Aktionen genötigt. Insbesondere wollten diese Unternehmen versuchen, den Beitrag der deutschen Industrie zur indischen Wirtschaft künftig besser zu präsentieren und somit den deutschen Geschäftserfolg in Indien sicherzustellen. Als Reaktion hierauf gründeten dann einige der an Rourkela beteiligten Unternehmen 1960 den *Arbeitskreis Indien (AKI) e.V.*[70] Zu den beteiligten Unternehmen zählten Krupp, Demag, Gutehoffnungshütte, Siemens-Schuckertwerke AG, AEG, Mannesmann und das German Social Centre e.V., *Essen*, ein Zusammenschluss von 36 weiteren deutschen Rourkela-Firmen.[71] In seinem Selbstverständnis sah sich der AKI als „erste kollektive PR-Aktion eines bedeutenden Teils der deutschen Industrie im Ausland."[72] Sein unmittelbarer Auftrag bestand darin, über verschiedene Wege der Pressearbeit und Veranstaltungsorganisation das PR-Problem Rourkelas zu entkräften. Ausgemachte Ziel war es, die öffentliche Wahrnehmung von deutschen Unternehmen und deutscher Industrie positiv zu beeinflussen und wieder in ein investitionsförderndes Licht zu stellen. Dabei sollte die Public Relations-Arbeit nicht von den Unternehmen direkt ausgehen, sondern von einer Organisation, die nicht unmittelbar mit Rourkela in Verbindung gebracht werden konnte. Für die Vereinsarbeit wurde eine Ge-

---

69 Als technischer Leiter des Hüttenwerk-Aufbaus in Rourkela. Siehe hierzu Abschlussbericht des ersten länderkundlichen Sondervorbereitungskurses ‚Indien' für deutsche Fachkräfte, die nach Rourkela fahren. Berlin: Deutsche Stiftung für Entwicklungsländer, 1961, 5.

70 Bisher liegt keine Studie über den AKI vor. Die meisten hier verwendeten Informationen stammen aus *J. W. Strobl*/Deutsche Industrie Public Relations, Indien-Bericht. Hüttenwerk Rourkela 1960 – 1965, New Delhi 1966. RWWA, 74 – 30 – 5.

71 RWWA, 130 – 125 – 4.

72 *Strobl*, Indien-Bericht, S. 5.

schäftsstelle in Deutschland sowie ein Pressebüro in Neu-Delhi und eine Zweigstelle in Rourkela eingerichtet, die fortan miteinander kommunizierten und über die deutsche Wirtschaft informierten. Im Jahr seiner Gründung führte zunächst Krupp in Essen den Verein, woraufhin jedes Jahr eines der beteiligten Unternehmen diese Aufgabe übernahm. Laut Selbsteinschätzung des AKI zeitigte seine PR-Arbeit einen eindeutigen Erfolg für deutsche Wirtschaftsinteressen in Indien. So berichtet der AKI: „Die Industrie-PR konnte nach ihrer defensiven Ausgangsposition 1963 in die Offensive übergehen. Als das Rourkela-Bild positiv zu erstrahlen begann, konnte die Betonung auf die zukünftige Erweiterung gelegt werden. ... Rourkelas technisches Ansehen ist in Indien heute unantastbar."[73]

Die kommenden Jahre zeigten aber, dass diese Selbsteinschätzung der geleisteten Arbeit nur teilweise und nicht in jeder Hinsicht zutraf. Wenn der AKI in seiner Anfangsphase auch einen Teil der negativen Stimmung in der Öffentlichkeit entkräften konnte, so bestanden in den 1960ern und 1970ern weiterhin Vorbehalte gegen die deutsche Industrie und gegen eine höhere Beteiligung Deutschlands am Ausbau Rourkelas. Beispielsweise verschlechterte sich ab Ende der 1960er Jahre das Klima für westdeutsche Interventionen in Rourkela bedeutsam. So vermerkte ein Mitarbeiter der Deutschen Bank Mitte 1970, dass die HSL „...den Ausbau Rourkelas als abgeschlossen (ansieht) ... und weiteren Einflussnahmen von deutscher Seite sehr zurückhaltend gegenüber (steht)...".[74] Andererseits veränderte sich ab 1966 auch zusehends Inhalt und Vorgehensweise der PR-Arbeit vor Ort, was teilweise in Verbindung mit einem personellen Wechsel von J.W. Strobl zu Erhard Haubold als Leiter des deutschen Pressebüros zusammenhing. Von den ursprünglichen Feuerwehraktionen für das lange mit einem negativen Image behaftete Rourkela-Stahlwerk ging das Pressebüro dann zu langfristig geplanten und präventiven PR-Maßnahmen über. Dabei standen einige der neuen großen deutsch-indischen Gemeinschaftsunternehmen (wie Utkal; Siemens India, Bombay; BASF, Bombay) und westdeutsche Entwicklungsvorhaben im Vordergrund.[75]

Trotz der meist erfolgreichen Arbeit im Umfeld neuer Anforderungen der deutschen Industrie in Indien wurde der AKI zusehends weniger wichtig und seine Aktivitäten Ende 1971 schließlich komplett eingestellt.[76] Stattdessen sollte die indische Presse zukünftig in sehr viel geringerem Umfang über einen Kontaktmann der Deutsch-Indischen Handelskammer mit deutschen Wirtschafts-

73 Ebda., S. 7.

74 Vermerk Dr. Hahn, 13. Juli 1970. DAB, HJA, 4025.

75 Bericht von Erhard Haubold über den Zeitraum 1.4.1966 bis 31.7.1971. RWWA, 174–293–3.

76 Notiz von Burandt, GHH, 10. Februar 1973. RWWA, 1964, 174–293–3.

nachrichten versorgt werden. Dieses jähe Ende des AKI hatte bereits seine langen Schatten vorausgeworfen. Es stand unmittelbar mit der Einschätzung westdeutscher Wirtschaftsakteure in Verbindung, dass die Chancen der deutschen Industrie in Indien gering waren und das Interesse am indischen Markt damit weiter zurückging.[77] Insgesamt hatte der AKI in seiner Zeit eine besondere Aufgabe als erstes Sprachrohr der deutschen Industrie in Übersee. Allerdings hatten am AKI beteiligte Unternehmen bereits in den 1960ern Versuche unternommen, die Vereinsarbeit auf den Iran auszuweiten. Nach Ende der Indien-Aktivitäten bestand der Verein dann unter dem neuen Namen *Arbeitskreis Information* fort und weitete seine Pressearbeit schließlich auf den Iran und Brasilien aus.[78]

4 Schluss

Der vorliegende Artikel analysierte das Verhältnis von westdeutscher Außenwirtschaftspolitik und Wirtschaftsbeziehungen mit Indien in der Frühzeit des Kalten Krieges. In der Betrachtung wurde zunächst die Entwicklung der Wirtschaftsbeziehungen zwischen Deutschland und Indien im politischen und wirtschaftlichen Kontext dargestellt. Aus dieser Betrachtung geht hervor, dass verschiedene lokale, transnationale und globale Entwicklungen den Anstieg der Wirtschaftsbeziehungen beeinflussten. Von besonderer Bedeutung war die Entwicklung der indischen Wirtschaft selbst wie auch der Expansionswille deutscher Unternehmen in Länder außerhalb Europas. In Verbindung hiermit stand die Vereinnahmung der Entwicklungshilfe durch verschiedene Akteure für politische und wirtschaftliche Zwecke. Insbesondere die Person von Hermann Josef Abs suchte die Entwicklungshilfe-Diskussion dahingehend zu beeinflussen. Im zweiten Teil des Artikels wurde mit dem Hüttenwerk in Rourkela ein für die deutsch-indischen Wirtschaftsbeziehungen maßgebliches Projekt analysiert. Die Diskussion zeigte, wie der deutsche Staat aufgrund unterschiedlicher Aspekte zusehends in das Industrie-Projekt intervenierte, aber dabei dennoch nicht die besonderen deutschen Wirtschaftsinteressen vernachlässigte. Zuletzt wurde am Beispiel weiterer Geschäftsaussichten in Rourkela gezeigt, wie sich staatliche Interessen mit Unternehmensinteressen verbanden. Am Beispiel der PR-Arbeit des AKI wurde gezeigt, wie die deutsche Industrie für ihren Geschäftserfolg gegen die indische als auch gegen die deutsche öffentliche Meinung und gegen Staatsinteressen propagandistisch vorgehen musste.

---

77 Ebda.
78 Siehe Protokolle und Korrespondenz im Mannesmann-Archiv, insbesondere M35.803, Band 1.

Anandita Bajpai

Von Kenntnis zur Anerkennung

Freundschaftsgesellschaften an der Schnittstelle politischer und kultureller Beziehungen zwischen Indien und der DDR, 1952–1972

1 Einleitung

Indien erkannte die DDR erst im Jahre 1972 offiziell an. Allerdings hatten sich so genannte Handelsvertretungen, in Abwesenheit offizieller diplomatischer Beziehungen, bereits seit 1956 als offizielles Sprachrohr der DDR in Indien etabliert. Parallel zur wachsenden Rolle dieser Handelsvertretungen bei der Vertiefung politischer, ökonomischer und kultureller Beziehungen, bildeten sich in ganz Indien zahlreiche Indo-DDR Freundschaftsgesellschaften. Im Betrachtungszeitraum (1952–1972), auf dem Höhepunkt des Kalten Krieges, waren diese Gesellschaften entscheidend daran beteiligt, für bilaterale Beziehungen zu werben und die Frage nach der Anerkennung der DDR als souveränen Staat auf die Tagesordnung zu bringen. Dieser Aufsatz untersucht die Bedeutung dieser Gesellschaften für die Herausbildung einer DDR-Präsenz in Indien, ein bis dato weitgehend unerforschtes Thema. Die Freundschaftsgesellschaften waren Treffpunkt für eine ganze Reihe von Akteuren mit überaus diversem Hintergrund: Diplomaten, Mitarbeiter der Handelsvertretungen, Intellektuelle, Künstler, Schriftsteller und Parlamentarier beider Länder. Diese Akteure wurden im kollektiven Kampf für die Anerkennung der DDR in ganz Indien aktiv.

Bei der Darstellung dieser Vorgänge verfolge ich folgende Ziele:

(1.) Die Betonung des rein politischen Charakters der bilateralen Beziehungen, die aber üblicherweise als „Kulturelle Beziehungen“ oder „nicht staatliche Beziehungen“ definiert wurden, insbesondere im Berliner Bundesarchiv, in dem wichtige Quellen zu Indien beherbergt sind. Wie die Analyse im zweiten Teil des Artikels zeigen wird, können die Freundschaftsgesellschaften, die landesweiten Kampagnen für Anerkennung und die dabei vorgebrachten Argumente nicht unter die Kategorie „Kulturelle Beziehungen“ subsumiert werden. Selbst der Begriff „Kulturpolitik“ greift hier zu kurz, betrachtet man die sehr direkten Versuche, die Bühne der formalisierten Staatspolitik zu betreten.

(2.) Es soll deutlich werden, dass Indien keinesfalls ein passiver Rezipient oder ein unbeteiligter Schauplatz der Geopolitik der beiden deutschen Staaten

https://doi.org/10.1515/9783110541120-010

war, sondern ein aktiver Mitgestalter der gegenseitigen Verbindungen in allen Bereichen. In dieser Hinsicht sind die Freundschaftsgesellschaften der Schauplatz schlechthin für Aktivitäten von indischen wie deutschen Akteuren. Weite Teile der Forschung zu solchen Verflechtungen konzentrieren sich bislang darauf, wie Indien eine Bühne für die Politik von DDR und BRD wurde. In den Quellen, die diesem Aufsatz zugrund liegen, wird hingegen vor allem die Bedeutung der indischen Akteure deutlich.

(3.) Ich möchte ferner darlegen, wie der offiziellen Anerkennung dem Jahre 1972 zwei Jahrzehnte Öffentlichkeitsarbeit von Beteiligten aus beiden Ländern vorangingen, die die DDR im Bewusstsein der indischen Bevölkerung verankerten.

Im folgenden Abschnitt wird der übergeordnete Kontext des Kalten Krieges und der „Bewegung der Blockfreien Staaten" erläutert, um die Gründe für das Fehlen der offiziellen Anerkennung der DDR seitens Indiens nachvollziehen zu können. Danach wird das Aufkommen der Indo-DDR Freundschaftsgesellschaften beleuchtet und die Frage, wie sie zum Treffpunkt für eine Vielzahl von Akteuren aus beiden Staaten wurden. Daraufhin werden zwei Jahrgänge (April 1969 bis Dezember 1970) einer monatlichen Zeitschrift der Indo-DDR Freundschaftsgesellschaft in Delhi untersucht. Die Zeitschrift mit dem bezeichnenden Titel *Recognition* (Anerkennung), ist ein anschaulicher Mikrokosmos der vielfältigen Aktivitäten, die darauf abzielten, das Profil der DDR in Indien zu schärfen und der Forderung nach Anerkennung Nachdruck zu verleihen. Diese Quelle enthält die Perspektiven von Akteuren beider Länder und zeigt, wie eine gemeinsame ideologische Basis zwischen den beiden Ländern gebildet wurde, um sie als natürliche Verbündete darzustellen.

2 Der Einfluss des Kalten Krieges auf Außenpolitik und bilaterale Beziehungen Indiens und der DDR

Die politischen wie auch die wirtschaftlichen Beziehungen der DDR und Indiens können im Beobachtungszeitraum nicht ohne den Kontext des Kalten Krieges verstanden werden. Während der internationale Rahmen der Blockpolitik die Aktivitäten der DDR auf dem indischen Subkontinent mitbestimmte, wurde die „Bewegung der Blockfreien Staaten" ein bestimmender Faktor der Selbstpositionierung Indiens. Die Bewegung, mit ihrem berühmten Beginn auf der Bandungkonferenz von 1955 und mit dem indischen Ministerpräsidenten Jawaharlal Nehru als einem ihrer Gründerväter (gemeinsam mit den Staatschefs Ägyptens, Gamal

Abdel Nasser, Jugoslawiens, Josip Broz Tito, und Indonesiens, Sukarno), wurde vor allem für die jungen dekolonisierten Nationen in Afrika und Asien zum Instrument für ihre Positionierung als neutrale Staaten, die nicht als Satelliten von einem der beiden Machtblöcke abhängig sein wollten. Diese Positionierung wurde international oft als rein ideologisch kritisiert, die im Falle Indiens sogar eine Neigung in Richtung Sowjet-Block hatte. Allerdings wurde sie zu einer genuinen Plattform für eine kollektive weltpolitische Haltung, angereichert mit einer Rhetorik von „Antiimperialismus", „Antikolonialismus" und „Antifaschismus". Wie diese Untersuchung zeigen wird, ist dies genau das Vokabular, das den kreativen Raum formte, in dem sowohl DDR-Offizielle als auch die verschiedenen Akteure aus Indien ideologische Gemeinsamkeiten produzieren und für die Frage der Anerkennung nutzen konnten.

Wie bedeutsam die Anerkennung als souveräner Staat für die DDR im Kontext des Kalten Krieges war, veranschaulicht der folgende Auszug eines Schreibens an den DDR-Ministerpräsidenten Otto Grotewohl im Jahre 1954. Der Absender macht deutlich, für wie wichtig er die Etablierung von Beziehungen mit Indien hält:

> Der Abschluss eines Handelsabkommens und in weit höherem Masse die Herstellung von normalen diplomatischen Beziehungen mit Indien, dem politisch und wirtschaftlich wichtigsten kapitalistischen Lande in Asien, würde auf die Entwicklung der Beziehungen der DDR zu den anderen kapitalistischen Ländern Asiens einen entscheidenden Einfluss ausüben. Darüber hinaus wäre die Anerkennung durch Indien ein bedeutender Fortschritt in der Entwicklung unserer Außenpolitischen Beziehungen überhaupt.[1]

Allerdings gab es einige Faktoren, die die Anerkennung bis zum Jahre 1972 verhinderten. Ministerpräsident Nehru nahm offiziell die Haltung ein, dass die Anerkennung der DDR eine Abkehr von der Möglichkeit einer deutschen Wiedervereinigung implizieren würde. Dies könnte im Folgeschluss den Eindruck erwecken, dass die indische Regierung die Teilung Deutschlands unterstützen würde.[2] Auch wurde die DDR in Nehrns Rhetorik stets als Satelitenstaat der Sowjetunion dargestellt. Diese Position wurde allerdings nachhaltig durch den Druck geprägt, den die BRD-Regierungen in finanzieller Hinsicht auf Indien ausübte.

Die Regierung des gerade erst unabhängigen Indiens unter Nehru betrachtete Universitäten, Staudämme und Industrieanlagen als Meilensteine („Temples of

---

1 BArch, NY 4090/493 (Nachlass Otto Grotewohl), Plan für das politische Auftreten der Handelsdelegation der DDR in der Republik Indien, Berlin 1954.

2 *A. Das Gupta*, Divided Nations: India and Germany, in: *A. Hilger / C. R. Unger (Hg.)*, India in the World since 1947: National and Transnational Perspectives, Frankfurt a.M. 2012, S. 300 – 325, hier S. 307.

Modern India") jenes Aufbruchs, den Nehru in seiner berühmten Rede *Tryst with Destiny* im Jahre 1947 skizziert hatte: „step out from the old to the new, when an age ends, and when the soul of a nation, long suppressed, finds utterance".[3] Die technische und finanzielle Unterstützung der BRD spielte bei der notwendigen Ausbildung von Ingenieuren, Einrichtung von Forschungsinstituten und dem Aufbau von Atomkraftwerken, Staudämmen, sowie der Stahlindustrie eine entscheidende Rolle.[4] So beteiligte sich Westdeutschland u. a. bei der Gründung des Indian Institutes of Technology (IIT) Madras in Tamil Nadu im Jahre 1959, dem Bau der „Steel City" Rourkela 1955 und des benachbarten Mandira-Staudamms 1957. Diese Projekte fielen in die Zeit, in der die westdeutsche Regierung unter Konrad Adenauer die Hallstein-Doktrin (1955–1969) ins Leben gerufen hatte. Nach der Hallstein-Doktrin bewertete die BRD die Aufnahme diplomatischer Beziehungen mit der DDR sowie ihre Anerkennung durch Drittländer als „unfreundlichen Akt".[5] Obwohl nicht offiziell festgeschrieben, hätte ein solcher Akt den Abbruch diplomatischer Beziehungen durch die BRD und das Ende finanzieller Unterstützung nach sich ziehen können. Hierin liegt einer der Hauptgründe für die Nicht-Anerkennung der DDR durch Indien. Im Jahre 1954, während der Verhandlungen über die Einrichtung der Handelsvertretungen, wurde die DDR-Delegation nicht offiziell empfangen, um die offiziellen Empfangszeremonien zu vermeiden. Außerdem wurde die Handelsvertretung bewusst in Bombay eingerichtet und erst später in die Hauptstadt Neu-Delhi verlegt, um den Anschein formaler diplomatischer Beziehungen zu vermeiden.

Nehru erklärte seine Haltung zur Blockfreien-Bewegung wie folgt: „(i)t is not a wise policy to put all our eggs in one basket."[6] In den Jahrzehnten nach der Gründung der Bewegung wurde offensichtlich, dass sich Indien bei der Inanspruchnahme von Hilfsleistungen nicht auf einen der beiden Machtblöcke beschränkte. Besonders deutlich zeigt das einer der „Tempel" des neuen Indiens, den IITs. Jedes der insgesamt fünf Institute wurde entweder von den USA, der UdSSR oder der BRD finanziert. Unterstützungsleistungen der DDR gab es in

---

3 *J. L. Nehru*, Tryst With Destiny. Speech delivered on the eve of India's independence, 14. August 1947, z. B. abgedruckt in: *Ministry of Information and Broadcasting (Hg.):* Jawaharlal Nehru's speeches, Volume One, September 1946-May 1949, [o. O.] 1967, S. 25–27.

4 So erklärte Nehru in einer anderen Rede: „We must start with the machine which makes the machine", zit. n. *R. Inden*, Embodying God: from imperial progresses to national progress in India, in: Economy and Society 24 (2), 1995, S. 245–278, hier S. 265.

5 Vgl. speziell zu Indien *A. Das Gupta*, Handel, Hilfe, Hallstein-Doktrin. Die bundesdeutsche Südasienpolitik unter Adenauer und Erhard 1949–1966, Husum 2004.

6 *J. L. Nehru*, Non-Alignment With Blocs. Speech in the Constituent Assembly, 8. März 1948, z. B. abgedruckt in: *Ministry of Information and Broadcasting (Hg.):* Jawaharlal Nehru's speeches, S. 211–225.

Gestalt von Hilfsfonds, medizinischer Hilfe und Traktoren. Beispiele dafür sind Hilfslieferungen für die Bundestaaten Uttar Pradesh und Bihar nach der Flut in Nordindien im Jahre 1954 und Zuckerlieferungen während des Zuckermangels im selben Jahr.[7]

Unabhängig von offiziellen politischen Standpunkten oder den Gegebenheiten im Bereich von Kapitalhilfe, technischer Hilfe und Entwicklungshilfe gab es damals bereits Stimmen in Indien, die die Anerkennung der DDR forderten. Indische und ostdeutsche Akteure zelebrierten ideologische Einigkeit und versuchten, die DDR für die indische Bevölkerung sichtbar und greifbar zu machen. Dazu wurde eine Vielzahl an Instrumenten eingesetzt, die den wissenschaftlichen und kulturellen Austausch von Künstlern, Schriftstellern, Diplomaten und Intellektuellen förderten. Diese Aktivitäten werden in den weiteren Abschnitten noch genauer beschrieben.

3 Die Handelsvertretungen und die Entwicklung der Indo-DDR Freundschaftsgesellschaften

1954 richtete die DDR ein Außenhandelsorgan in Bombay mit einer Nebenstelle in Kalkutta ein. Dies war das Ergebnis einer Verhandlung einer Handelsdelegation unter Leitung eines Stellvertreters des Ministers für Außenhandel und Innerdeutschen Handel. Die erste staatlich anerkannte Handelsvertretung wurde 1956 in Neu-Delhi etabliert, mit Niederlassungen in Bombay, Kalkutta, und später Madras. Die indische Handelsvertretung in Ostberlin wurde am 4. Oktober 1969 gegründet. Die Handelsvertretungen agierten als offizielles Sprachrohr der DDR in Indien und bearbeiteten sogar – quasi-konsularisch – Visa-Anträge.[8] Die Freundschaftsgesellschaften wurden schnell zu wichtigen Partnern der Handelsvertretungen. Obwohl die erste Freundschaftsgesellschaft erst 1958 in Nellore, im Bundesstaat Andhra Pradesh, gegründet wurde, hatten der Gründungsprozess und die damit einhergehenden Verhandlungen bereits 1954 eingesetzt.[9] Eigentlich wollte diese

7 *J. H. Voigt*, Die Indienpolitik der DDR. Von den Anfängen bis zur Anerkennung (1952–1972), Köln 2008, S. 678.

8 *S. Bock / I. Muth / H. Schwiesau (Hg.)*, DDR-Außenpolitik im Rückspiegel: Diplomaten in Gespräch, Münster 2004, S. 293.

9 Den großen Wunsch, eine solche Gesellschaft ins Leben zu rufen, zeigt auch das folgende Zitat. Es stammt aus einem Brief an DDR-Ministerpräsidenten Grotewohl aus dem Jahre 1954, vor dessen offiziellem Indien-Besuch: „Everyone in the world feels now that the World must understand correctly the German people. No nation and no people are war-minded and bloodthirsty by nature. So, it is imperative to understand the real nature of the peace loving people of Germany. To

Gesellschaft gleichermaßen mit Akteuren aus BRD und DDR kooperieren. Sie wandelte sich aber bald zu einer exklusiven Indo-DDR Freundschaftsgesellschaft, da ihre Mitglieder die Hallstein-Doktrin fundamental ablehnten. Unter dem gleichen Namen bildete sich 1959/60 eine weitere Gruppierung in Ghaziabad, im Bundesstaat Uttar Pradesh. Auslöser hierfür war der Besuch von DDR-Ministerpräsident Otto Grotewohl, der dem Bezirk einen Traktor schenkte. Die regionale Bevölkerung – Bauern wie Intellektuelle – rezipierte diese Freundschaftsgeste überaus positiv.[10] Innerhalb der nächsten zehn Jahre entstanden in vielen Teilen Indiens derartige Gesellschaften, die sich inhaltlich und strukturell an den schon länger existierenden Indo-Sowjet Freundschaftsgesellschaften orientierten. Die am 11. August 1962 gegründete „All India Indo-GDR Friendship Society/Association“ wurde ihre Dachorganisation. Sie half, die vielfältigen Aktivitäten der über das ganze Land verstreuten Gesellschaften zu koordinieren und in Teilen auch zu zentralisieren.[11]

Diese Freundschaftsgesellschaften fungierten als Plattform für die politischen, wirtschaftlichen und kulturellen Beziehungen der beiden Länder und als Treffpunkt von Handelsvertretungs-Funktionären und indischen Politikern. So wurden beispielsweise alle Veranstaltungen der Gesellschaften in Neu-Delhi und Kalkutta von Mitarbeitern der Handelsvertretungen besucht, obwohl dies nicht offiziell vorgeschrieben war.[12]

Zwei Aspekte bezüglich der „All India Indo-GDR Friendship Society“ sind besonders erwähnenswert. Zum einen wurde sie bei ihren Aktivitäten in technischer und finanzieller Hinsicht von der am 14. Dezember 1961 gegründeten Deutsch-Südostasiatischen Gesellschaft (DEUSASIG) unterstützt.[13] Zum anderen waren die meisten ihrer Mitglieder und Funktionäre auch in den Indo-Sowjet Freundschaftsgesellschaften aktiv. Beide Gesellschaften in Neu-Delhi und Ostberlin arbeiteten eng mit der Liga für Völkerfreundschaft zusammen. Die parallelen, aber unkoordinierten Aktivitäten der verschiedenen Gesellschaften in ganz Indien wurden auf der ersten offiziellen „All India Conference of the Indo-GDR

serve this purpose, we need to have closer relationship and better understanding, through an organisation.“ Zit. n. BArch, NY 4090, Letter sent with Appeal from Purushotham Rao, Nellore, Andhra Pradesh to Otto Grotewohl, 26.12.1954.

10 *L. Guenther*, The Development of the Friendship Movement. India- GDR, in: *N.L. Gupta / D. Weidemann (Hg.)*, India-GDR Relations. A Review, Neu-Delhi 1980, S. 199–218, hier S. 201.

11 *Voigt*, Die Indienpolitik der DDR, S. 569.

12 Leider gibt es keine offiziellen archivalischen Quellen, um diese Information zu verifizieren. Der Sachverhalt wurde mir aber übereinstimmend geschildert, sowohl von vier Mitarbeitern der Handelsvertretungen in Neu-Delhi? und Kalkutta, als auch von vier indischen Mitgliedern bzw. Funktionären der Freundschaftsgesellschaften während den 1960er und 1970er Jahren.

13 *Voigt*, Die Indienpolitik der DDR, S. 571.

Friendship Society“ am 5./6. November 1966 in Neu-Delhi zusammengebracht. Hier wurde das Ziel ausgegeben, die DDR und ihr Alltagsleben im Bewusstsein der indischen Bevölkerung zu verankern, und darauf aufbauend, die Frage der Anerkennung konzertierter und organisierter als bisher anzugehen. Die Dachorganisation in Neu-Delhi veröffentlichte die monatliche Zeitschrift *Recognition*, der Herausgeber war Nand Lal Gupta. Im folgenden Abschnitt werden die Rubriken und Beiträge der Zeitschrift untersucht, um zu zeigen, wie die Freundschaftsgesellschaften die bilateralen politischen und kulturellen Beziehungen vorantrieben und miteinander verknüpften.

4 *Recognition* – eine Zeitschrift als materieller Schauplatz der Indien-DDR- Beziehungen

4.1 Kulturelle Veranstaltungen und Veröffentlichungen als Werbeplattform

Die Freundschaftsgesellschaften lieferten den organisatorischen Rahmen für kulturelle Veranstaltungen verschiedener Größenordnung. Hier trafen sich Abgesandte und Politiker aus der DDR, Mitarbeiter der verschiedenen Handelsvertretungen, indische Politiker mit unterschiedlicher Parteizugehörigkeit, Mitglieder der Freundschaftsgesellschaften aus ganz Indien, indische Gewerkschaftler, ostdeutsche und indische Mitarbeiter des Weltfriedensrates, Aktivisten aus dem Bereich der Afro-asiatischen Solidarität, Offizielle des „All India Peace Council“, sowie Künstler, Schriftsteller und Musiker aus Indien und der DDR. Diese überaus große Bandbreite kann – wenigstens teilweise – auch durch einen Blick auf die Mitwirkenden an *Recognition* nachempfunden werden, die ebenfalls aus den verschiedensten Bereichen kamen. Eines der Hauptziele dieser Veranstaltungen war es, die DDR für das indische Publikum sichtbar und greifbar zu machen. Dazu wurden auf den Veranstaltungen alle möglichen Informationen über die DDR verbreitet. Die Initiatoren sahen hierin einen Ausgangspunkt, um ihrem ultimativen Ziel der offiziellen Anerkennung den Weg zu bereiten.

Ein Aspekt der „Popularisierung“ der DDR in Indien kann unter dem oft gebrauchten Schlagwort „Life in the GDR“ zusammengefasst werden. Der Leser sollte mit möglichst vielen Aspekten des DDR-Alltags in Berührung kommen. So gab es unter anderem Texte zur Verfassung der DDR, zu den Bereichen Bildung, Landwirtschaft und Gesundheitswesen, der Bedeutung von Wissenschaft und technischem Fortschritt, der Förderung von Sport und Polytechnik, aber auch

Fotografien der Architektur Ostberlins und anderer (neuer) urbaner, industrieller und kultureller Zentren wie z. B. Dresdens und Leipzigs.

Eine Rubrik informierte regelmäßig über neue DDR-Literatur und deren Übersetzung in indische Sprachen.[14] So produzierte der Dresdner Panorama Verlag im Betrachtungszeitraum zahlreiche Bücher in Hindi und Englisch, die dem indischen Publikum als einfache Einführung in den DDR-Alltag dienen sollten. Meine Interviewpartner – die meisten von ihnen indische Intellektuelle oder DDR-Diplomaten – haben mir einige Exemplare dieser Bücher geschenkt. Viele Ausgaben befinden sich aber auch in den bedeutenden Archiven und Bibliotheken Indiens.[15] Der Panorama Verlag war weltweit für die Veröffentlichung von DDR-Einführungsliteratur verantwortlich, seine Bücher machten daher auch einen großen Teil des Zeitschriftenteils aus, der über die Literaturveröffentlichungen informierte.

Ebenfalls wurde regelmäßig über kulturelle Veranstaltungen und Ereignisse mit DDR-Bezug in Indien berichtet: So finden sich Berichte zu DDR-Fotoausstellungen und Inszenierungen von Theaterstücken ostdeutscher Schriftsteller, sowie zu Auftritten des Berliner Ensembles und des Berliner Oktetts. Auch gab es Fotos von der Leipziger Frühjahrsmesse oder der Lenin Mela (einem indischen Lenin-Fest), sowie Berichte von Brecht-Tagen und Brecht-Wochen in Delhi, Bombay und Kalkutta.

Auch präsentierte die Zeitschrift Indien als Thema allgemeinen Interesses für DDR-Bürger, um das indische Bewusstsein für die Beziehungen der beiden Länder zu erhöhen. So gab es z. B. Artikel zur Indien-DDR Gesellschaft in Berlin, zur traditionellen Bedeutung der Indologie in der ostdeutschen Wissenschaft, sowie zu den DDR-Erfahrungen von indischen Studenten und Akademikern. Auch wurden die indischen Leser über die Existenz von Jawaharlal Nehru-Schulen, der Nehru-Statue auf dem Campus der TU Dresden und der Rabindranath Tagore-Straße in Ostberlin informiert.

In jeder Ausgabe der Zeitschrift findet sich die Rubrik „News from the Societies". Hier wurde ausführlich über die Zusammenkünfte und Aktivitäten aller indischen Freundschaftsgesellschaften berichtet, die u. a. Unterschriftenaktionen, Konferenzen, Buchausstellungen, Neugründungen, Deutschkurse, sowie

14 Vgl. z. B. eine Anzeige für Bücher, Theaterstücke und Erzählungen aus der DDR, die in indische Sprachen übersetzt worden waren, Recognition, Vol. 2, Nos. 11–12, December 1970-January 1971, S. 35.

15 So z. B. in Nehru Memorial Museum & Library, den National Archives of India, der Zakhir Hussain Library an der Jamia Milia Islamia University, den PC Joshi Archives an der Jawaharlal Nehru University in Neu-Delhi, sowie der National Library und den West Bengal State Archives in Kalkutta.

Seminare zu Marx und Lenin umfassten. Gleichzeitig konnte mit dieser Rubrik gezeigt werden, dass die Gesellschaften nicht nur auf Metropolen beschränkt, sondern mittlerweile fast überall zu finden waren, so z. B. in Nellore, Madras, Varanasi, Ghaziabad, Saharanpur, Guntur, Kavali, Kochin, Jaipur, Jodhpur, Lakhimpur Kheri, Lucknow, Patna, Bikaner, Bharatpur, Jhansi, Chandigarh, Meerut, Trichur, Gauhati, Patiala, Khurja, Tellicherry, Gwalior, Goa, Kakinada, Asansole und Hyderabad, um nur einige Standorte zu nennen.

Visuelle Darstellungen gab es auch, etwa in Form von Anzeigen, die einen oder mehrere Aspekte der DDR betonten. Die folgenden drei Abbildungen tauchten wiederholt auf: Bilder von Ghandi, die eine natürliche Affinität der DDR zu Ghandis Philosophie suggerieren,[16] eine Illustration mit dem Titel „Just Three Minutes", die den Leser dazu auffordert, in eben jenen drei Minuten den Erfolg der sozialistischen DDR-Wirtschaft nachzuvollziehen,[17] und Werbung für DDR-Dünger.[18] Der Text einer Ghandi-Anzeige lautete: „The German Democratic Republic, faithful to the interests of the German people and the international obligations of all Germans, has eradicated German militarism and Nazism on its territory and pursues a policy serving peace and socialism. (From the Constitution of the GDR)".[19]

Zusätzlich platzierte *Recognition* regelmäßig Werbung für andere „DDR-Informationsorgane": Zum einen für „Radio Berlin International", um die Radiofrequenz denjenigen Lesern mitzuteilen, die sich Sendungen über die DDR und/oder Indien anhören wollten. Zum anderen für das „GDR Review", ein Monatsmagazin, das ebenfalls Aufmerksamkeit für die DDR erzeugen sollte.

Jahrestage und Jubiläen lieferten wichtige Eckpunkte für die Aktivitäten der Freundschaftsgesellschaften. Diese Ereignisse konnten genutzt werden, Solidarität mit Indien zur Schau zu stellen und diverse Gäste einzuladen. Sowohl die DDR als auch Indien zelebrierten seit ihrer Gründung 1949 bzw. 1947 eine überaus vielfältige Feiertagskultur. Diese Jahrestage dürfen nicht auf ihre bloße Begehung und die Produktion von Andenken reduziert werden. Paraden, staatlich produzierte Dokumentarfilme, Nationalhymnen und -flaggen, politische Reden, Staatsfernsehen, Geschichtsbücher, zentralisierte Wirtschaftsplanung, Zukunftsvisionen, die in ein Vokabular von Fortschritt und Entwicklung gebettet werden – all dies sind ästhetische Alltagspraktiken, die Staaten als die Einigungs-, Problemlösungs- und Organisationsinstanz von Nationen legitimieren. Dergestalt werden regelmäßig durchgeführte Veranstaltungen und Praktiken zu Wahrzei-

---

16 Recognition, Vol. 1, No. 12, January, 1970, S. 19.
17 Recognition, Vol. 2, Nos. 2–3, March-April, 1970, S. 31.
18 Recognition, Vol. 1, Nos. 7–8, August-September 1969, S. 36.
19 Recognition, Vol. 1, No. 10–11, November-December 1969.

chen, die die Visionen des Staates verbalisieren. Sie bilden das repetitive Vokabular des Staates, die „spectacular excessive signs of its own existence."[20] Sie sind – in der Metaphorik Achille Mbembes – Teil des staatlichen „liturgical calendar" und ein Repertoire, welches „state power highly visible" macht.[21] In Fall der Freundschaftsgesellschaften, insbesondere der „All India Friendship Society", waren die Jahrestage wichtige Anlässe, um angesichts fehlender diplomatischer Beziehungen die bestehenden Verbindungen der beiden Seiten zu legitimieren. Noch bedeutender waren sie aber dafür, die Legitimität der DDR selbst herzustellen. Schließlich implizierte die Begehung eines Gründungsjubiläums der DDR auch die Kenntnisnahme ihrer legitimen Existenz als souveräner Staat. In den Ausgaben von *Recognition* findet sich daher auch eine Fülle an fotografischer und schriftlicher Berichterstattung zu Jahrestagen, so z. B. zum 20. Jubiläum der DDR-Gründung und der Gründung Indiens, zu indische Unabhängigkeitsfeierlichkeiten, sowie zum 25. Jahrestag des Potsdamer Abkommens. Ebenfalls gedacht wurde wichtigen Denkern und Staatsmännern, z. B. Ghandi, Nehru nach seinem Tod 1964, Marx, Lenin, Rosa Luxemburg, Ernst Thälmann und Rabindranath Tagore.

Die Betrachtung der kulturellen Beziehungen veranschaulicht also, dass der offiziellen Anerkennung der DDR durch Indien die langwierige Organisation unzähliger Veranstaltungen voranging. Die Forschung zu den Indien-DDR Beziehungen hat diese Aktivitäten zumeist kleingeredet und sich stattdessen auf die Ereignisse um den Dritten Indisch-Pakistanischen Krieg von 1971 und die darauffolgende Flüchtlingskrise in Westbengalen im Jahre 1972 konzentriert. Die DDR war, wie auch Indien, einer der wenigen Staaten, die das neugegründete Bangladesch frühzeitig anerkannt hatten. Diese geopolitische und ideologische Annäherung war gewiss bedeutsam. Dennoch darf die Anerkennung der DDR nicht als Zäsur verstanden werden, die lediglich von aktuellen politischen Ereignissen beeinflusst wurde. Tatsächlich zeigen Verbreitung und Aktivitäten der Freundschaftsgesellschaften in ganz Indien, dass politische und kulturelle Verflechtungen bereits mehr als ein Jahrzehnt davor eingesetzt hatten. Dabei agierten indische und ostdeutsche Akteure gleichberechtigt, auf Augenhöhe. Dieser Aspekt wird in der bisherigen Forschung nicht erkannt oder berücksichtigt, stattdessen werden die indischen Akteure zumeist als bloße Empfänger ostdeutscher Indien- bzw. Kulturpolitik dargestellt.[22]

---

20 *T.B. Hansen / F. Stepputat (Hg.)*, Sovereign Bodies: Citizens, Migrants and States in the Postcolonial World, Princeton 2005, S. 29-30.

21 *A. Mbembe*, Sovereignty as a Form of Expenditure, in: ebda., S. 148-168.

22 Ein gutes Beispiel hierfür ist die Studie von *Johannes Voigt*, Die Indienpolitik der DDR, die obgleich umfassend, lediglich die Perspektive der DDR-Akteure berücksichtigt. Mit dieser Kritik

4.2 Kulturelle Sichtbarkeit und das Streben nach politischer Anerkennung

Die offizielle Anerkennung der DDR wurde zum gemeinsamen Ziel der Freundschaftsgesellschaften in ganz Indien, auf den Punkt gebracht im Zeitschriftentitel *Recognition*. Ein Beitrag in der April/Mai-Ausgabe 1969 stellt fest: „No less illogical is the absence of diplomatic relations when we are establishing on government basis trade and cultural relations. These two cannot develop further to an appreciable extent without political and diplomatic recognition."[23] Das Selbstverständnis der Zeitschrift war es also, dass wirtschaftliche und kulturelle Beziehungen nicht ohne die politische Dimension ausgestaltet werden könnten. Dies schlägt sich auch deutlich in ihrem Inhalt nieder. Für die hier betrachteten zwei Jahre finden sich in jeder Ausgabe zahlreiche Beiträge, die von der indischen Regierung die offizielle Anerkennung der DDR fordern. Dieser Appell nahm dabei unterschiedliche Formen an: Berichte von Konferenzen, auf denen indische Prominente die Anerkennung forderten, Reden zur Anerkennung, die im Rahmen von Events der Freundschaftsgesellschaften gehalten wurden, Resolutionen und Kampagnen für die Anerkennung auf nationaler Ebene,[24] die Gründung eines nationalen Kampagnenkomitees im Jahre 1969,[25] sowie Artikel, die die Unterstützung und Initiativen von prominenten indischen Parlamentariern und der All India Youth Federation aufzeigten.[26]

Alle diese Aktivitäten wurden in der Zeitschrift auch fotografisch dokumentiert. Die visuelle Darstellung sollte mit ihrer Unmittelbarkeit beim Leser den Eindruck der wachsenden indischen Unterstützung für die DDR (scheinbar) ob-

---

soll keinesfalls die Redundanz dieser und anderer Studien impliziert werden, sondern eine offensichtliche Forschungslücke aufgezeigt werden. Hier muss die Historiographie ansetzen, um den bilateralen Charakter der Beziehungen und die Rolle der indischen Akteure als aktive Mitgestalter zu beleuchten.

23 „A Welcome Step", Recognition, Vol. 1, Nos. 3–4, April-May 1969, S. 3.

24 So z. B. „Resolution on the Diplomatic Recognition of GDR", Recognition, Vol. 1, No. 9, October 1969, S. 12-13; „National Campaign for the Recognition of GDR", ebda., S. 13, „Parliamentarians' Commission", ebda., S. 21.; „National Campaign Committee for Recognition", Recognition, Vol. 1, Nos. 10–11, November-December 1969, S. 2; „Resolutions", ebda., S. 25-26; „Resolutions Adopted at Assam and Kerala Meetings", ebda., S. 28; „Parliamentarians Demand Recognition of GDR", Recognition, Vol. 2, Nos. 2–3, March-April 1970; „AIKS and AITUC demand Recognition", Recognition, Vol. 2, No. 4, May 1970, S. 8.

25 Namensliste von Parlamentariern, die Mitglieder des Komitees wurden, „to mobilise Indian public opinion for the recognition of GDR.", „Joint Press Conference by Subhadra Joshi and Max Sefrin", ebda., S. 23-24.

26 „All-India Youth Federation Demand Full Recognition of GDR", Recognition, Vol. 1, No. 12, January 1970.

jektiv „untermauern". So finden sich beispielweise Ausgaben, in denen lange Listen mit Unterschriften indischer Parlamentarier aus Ober- und Unterhaus abgedruckt sind. Diese reproduzierten Listen aus Unterschriftenaktionen sollten der Leserschaft vermitteln, dass nicht nur die Freundschaftsgesellschaften, sondern auch eine große Gruppe aus dem gesamten politischen Spektrum Indiens die Anerkennung forderte.[27]

Berichte über die Anerkennung der DDR durch andere Staaten waren ein weiteres Mittel, um die Leserschaft zu überzeugen.[28] Auch schilderte ein Text die Entwicklung in Westdeutschland, wo es zu Demonstrationen und anderen Veranstaltungen für die Anerkennung der DDR gekommen war.[29]

Die meisten Ausgaben von *Recognition* habe ich von Interviewpartnern geschenkt bekommen, darunter Diplomaten der Handelsvertretungen in Bombay und Delhi, indische und ostdeutsche Universitätsprofessoren und Intellektuelle, sowie Funktionäre der Freundschaftsgesellschaften. Die Hefte sind bisher nicht in den großen deutschen Staatsarchiven, wie dem Bundesarchiv oder dem Politischen Archiv des Auswärtigen Amtes, vorhanden. Am ehesten können sie verstreut in Nachlässen oder den ehemaligen Bibliotheksbeständen der Akademie der Wissenschaften (AdW) gefunden werden.[30] Das Bundesarchiv dokumentiert zwar einen Teil der Aktivitäten der Indo-DDR Freundschaftsgesellschaften, nämlich die von Neu Delhi aus organisierten *All India*-Konferenzen und darüber hinaus einige Akten zur Freundschaftsgesellschaft in Nellore.[31] Allerdings finden sich diese Dokumente in Beständen, die ihren hochpolitischen Charakter verde-

27 So listet z. B. eine der Ausgaben auf, welche Parlamentarier (z.T. mit Angabe der Parteizugehörigkeit) den Appell der Indo-DDR Freundschaftsgesellschaft zur Aufnahme diplomatischer Beziehungen unterzeichnet haben. Vgl. Recognition, Vol. 1, Nos. 3 – 4, April-May 1969, S. 13; vgl. außerdem „Signature Campaign: Varanasi", Recognition, Vol. 1, Nos. 3 – 4, April-May 1969, S. 15-16; „Rajya Sabha Demands Recognition of GDR", ebda., S. 20-23. Vgl. außerdem Anm. 19.
28 So u. a. „All Africa Conference on Recognition of GDR", Recognition, Vol. 1, Nos. 10 – 11, November-December 1969, S. 34-35; „International Drive for Recognition of GDR", Recognition, Vol. 2, Nos. 2 – 3, March-April, 1970, S. 12.; „Recognition of GDR Urgent– Hungarian Foreign Minister", Recognition, Vol. 1, No. 12, January 1970, S. 7; „Lebanese Members of Parliament Call for Recognition of GDR", ebda.
29 „Demand for Recognition of GDR in West Germany", Recognition, Vol. 1, No. 6, July 1969, S. 4.
30 Diese befinden sich nun zum Großteil in der Bibliothek des Leibniz-Zentrums Moderner Orient (ZMO). Das ZMO ist der Nachfolger der Abteilung ‚Geschichte der Entwicklungsländer' des Instituts für Allgemeine Geschichte (IfAG) der AdW. Für weitere Details zur Geschichte des Instituts, vgl. ZMO, http://www.zmo.de/wirueberuns/index.html, (Zugriff am 14. 12. 2017).
31 Zur Gründung der Freundschaftsgesellschaft in Nellore, vgl. BArch, NY 4090, Letter sent with Appeal from Purushotham Rao, Nellore, Andhra Pradesh to Otto Grotewohl, 26. 12. 1954. Für weitere Details bzgl. der Freundschaftsgesellschaften, vgl. BArch, DY 13/3076, Entwicklung der All India Indo-GDR Friendship Association, 1962 – 83.

cken: zum einen in den Sammlungen der Stiftung der Parteien und Massenorganisationen (SAPMO), aber insbesondere in den Beständen der Liga für Völkerfreundschaft.[32] Angesichts des Provenienzprinzips[33] ist es nicht unbedingt überraschend, dass sich die Zeitschriftenausgaben nur in privaten Sammlungen finden und dass damit zusammenhängende Dokumente nur in den oben genannten Beständen vorhanden sind. Dennoch sollen hier zwei Aspekte herausgestellt werden. Erstens: Die Muttergesellschaft, die die Aktivitäten der Freundschaftsgesellschaften weltweit mitbestimmte, war eine anerkannte, *staatliche* Organisation. Die Ziele der Liga waren zwar in das Oberthema „Kulturelle Beziehungen" eingebettet,[34] die Anerkennung der DDR, eine klar staatspolitische Agenda, war aber eines ihrer erklärten Hauptziele.[35] Zweitens: Weder der Titel der Zeitschrift noch ihr Inhalt rechtfertigen, dass *Recognition* als Quelle auf den Bereich der Kulturarbeit beschränkt sein sollte. Diese Kategorisierung verengt den archivalischen Bezugsrahmen auf eben jenen Bereich, oder, im besten Fall, auf den Kontext von Propagandamaterial innerhalb der Kulturarbeit. Wie die beschriebenen Rubriken, Artikel und insbesondere die Fotografien der Unterschriftenkampagnen aber deutlich zeigen, versuchten die Gesellschaften unaufhörlich, ihr Anliegen in der formalisierten Staatspolitik zu platzieren.

Ein weiteres Mittel, der Anerkennung den Weg zu ebnen, war der Einsatz eines bestimmten Vokabulars, dass in der politischen Rhetorik beider Länder Resonanz finden konnte. Dazu gehören z. B. Begriffe wie „anti-fascist", „anti-colonialist", „anti-imperialist", „humanitarian", „peaceful co-existence", „disarmament", „world peace" oder „Afro-Asian Solidarity". Der wiederholte Einsatz dieses Voka-

---

32 BArch, DY 13 (Liga für Völkerfreundschaft, (1949 – 61) 1961 – 1990).

33 „Das Provenienzprinzip bezeichnet das grundlegende Ordnungsprinzip moderner Archive: Archivgut wird gegliedert nach seiner Herkunft (Provenienz), z. B. aus einem Ministerium, zu einem Bestand zusammengefasst. Auch innerhalb eines Bestandes wird darauf geachtet, dass das Archivgut nach dem Ordnungsprinzip seiner Entstehung katalogisiert wird." Zit. n. Humboldt-Universität zu Berlin, Berliner Archiv Guide 2010, S. 14, https://www.iaaw.hu-berlin.de/de/region/suedasien/publikationen/archiv/berlinerarchivguide_hub_2010.pdf, (Zugriff am 14. 06. 2016).

34 „Der Gründung ging ein Beschluss des ZK der SED vom November 1961 voraus. Die bis zu diesem Zeitpunkt bestehenden Freundschaftsgesellschaften waren unter dem Dach der ‚Gesellschaft für kulturelle Verbindungen mit dem Ausland (GKV)' vereint." Zit. n. BArch DY 13, Einleitung, http://www.argus.bstu.bundesarchiv.de/dy13/index.htm, (Zugriff am 14. 06. 2016).

35 „Hauptaufgaben der Liga waren die Verbreitung von Informationen über die DDR im Ausland, die Festigung der Freundschaft und der kulturellen Beziehungen zwischen der DDR und den einzelnen Ländern und die Stärkung des internationalen Ansehens der DDR. Die Liga sollte dazu beitragen, der DDR zu weltweiter diplomatischer Anerkennung zu verhelfen. In den 60er Jahren unterstützte sie vor allem in Nord- und Westeuropa die Gründung von sogenannten Anerkennungskomitees, die nach 1973, als die DDR zu zahlreichen Staaten diplomatische Beziehungen aufnahm, teilweise als Freundschaftsgesellschaften weiterbestanden." Zit. n. ebda.

bulars zeigt das Bemühen der Zeitschrift, einen gemeinsamen ideologischen Raum zu etablieren. Ob dies mehr war als reine Augenwischerei, ist hier nicht die Frage. Stattdessen möchte ich untersuchen, *wie* dieses Vokabular eingesetzt wurde, um eine indische Affinität zur DDR herzustellen und gleichzeitig eine Abgrenzung gegenüber der BRD zu betreiben. Ein kurzer Überblick der untersuchten Ausgaben zeigt, dass dieses Vokabular wiederholt von Akteuren aus Indien *und* der DDR genutzt wurde. Ein besonders anschauliches Beispiel ist ein Essay von G.J. Ramarao von der Delhi University, der die weltanschaulichen Gemeinsamkeiten wie folgt preist:

> Which is the Germany that fully implemented section 7 of the Potsdam Agreement which lays down that 'German education shall be controlled as completely to eliminate Nazi and militarist doctrines and to make possible the successful development of democratic ideas'? Which is the Germany that lays down in Article 8 of its constitution that 'the generally accepted rules of international law serving peace and peaceful international cooperation are binding upon the state and every citizen'? [...] Which is the Germany where Swastikas are not allowed to be flaunted and Nazis are not allowed to spring up? Which is the Germany that stands by the newly independent countries in Asia and Africa? There cannot be two replies to these questions. It is the German Democratic Republic where these conditions prevail. That is why it is the Germany which has inherited the democratic German culture and with it the wealth of cultural relations that have subsisted between Germany and India for nearly three centuries.[36]

Die Herstellung ideologischer Zusammengehörigkeit mit der DDR geht hier einher mit einer Abgrenzung gegenüber der BRD. Westdeutschland wird in *Recognition* häufig als ideologisches Gegenstück zur DDR dargestellt und damit auch als „Gegner" der demokratischen Werte Indiens.

Die DDR wird zur Bastion des Weltfriedens verklärt und als der einzige deutsche Staat beschrieben, der Demokratie, Sozialismus und Antifaschismus aufrechterhält. So schreibt Kunhanandan Nair in einem anderen Artikel:

---

36 *G.J. Ramarao*, "Democratic Culture of India–GDR", Recognition, Vol. 2, Nos. 11–12, December 1970-January 1971, S. 22-23. Ein weiteres von zahlreichen Beispielen ist ein Artikel von Diethelm Weidemann, einem ehemaligen Professor an der Humboldt-Universität und aktivem Mitglied der Freundschaftsgesellschaft: "The friendly alliance of the the democratic movements in our two countries has been the starting point for the official relations of our state, the German democratic Republic, to India and for its attitude to the Indian people [...] There is no more colonialism, racialism and chauvinism in the GDR, a new generation has grown up, whose international credo is the sincere sympathy and friendship with all peoples of the world, the constantly growing interest in foreign cultures and the life of other peoples.", zit. n. *D. Weidemann*, "Anti-Colonial and Anti-fascist traditions of Democratic Movements in India and in Germany", Recognition, Vol. 1, Nos. 7–8, August-September 1969, S. 23.

> The existence of GDR, the first peace state on the German soil, makes it impossible for German imperialism, in the present international circumstances, to unleash a war. For mankind, this is of tremendous importance–the GDR's existence as a sovereign state that holds the German war makers at bay. Instead of one whole war breeding the Germany of the past, today there exist two Germanys–the Germany of Socialism in GDR and the Germany of imperialism in the West, which is the successor state of the Reich. Any one who thinks of German unification should not forget this historical reality.[37]

Hier wird ebenfalls deutlich, aus welcher Perspektive die deutsche Wiedervereinigung – die *German Question* – betrachtet wird. Aufgrund der ideologischen Unterschiede wird eine Wiedervereinigung als unmöglich angesehen. Zeitgenössisch war dies ein deutlicher Widerspruch zum offiziellen indischen Standpunkt. Besonders Nehru hatte, wie bereits erwähnt, immer wieder darauf bestanden, dass die Anerkennung beider deutscher Staaten die Chance einer Wiedervereinigung zunichtegemacht hätte, auch wenn er später einräumte, dass die Existenz der beiden Staaten nicht mehr zu leugnen sei.

Des Weiteren suggerierten die *Recognition*-Autoren politische und ideologische Kohärenz, indem sie darlegten, dass die ostdeutsche und indische Position in vielen internationalen Angelegenheiten die gleiche war und wie sehr sie sich vom westdeutschen Standpunkt unterschied. So schrieb der indische Sekretär der India Association in the GDR, der damals in Ostberlin lebte, in einem offenen Brief an Willy Brandt:

> Why does your government render support to the racist minority regime in South Africa and Rhodesia? How can your social democratic policy be compatible with the good relations of your government with the racist and fascist rulers in South Africa, Rhodesia and the dictators of Portugal, Spain and Greece? Why do you still tolerate numerous old Nazis in important positions of your state and military apparatus? Why do you send such old Nazis like Herr Diehl (member of the Nazi party since 1938) to India as ambassador of your country thus violating the anti-fascist feelings of my country?[38]

Mit diesen direkten Anschuldigungen wird dem Leser aufgezeigt, wie sehr sich die außenpolitischen Standpunkte Indiens und Westdeutschlands hinsichtlich faschistischer und autoritärer Regime unterscheiden. Mit der Betonung des Gegensatzes zur BRD wird gleichzeitig Solidarität mit der DDR erzeugt. Die Realität der zwei deutschen Staaten wird zum Topos, der diesen Gegensatz begründet

---

37 *K. Nair*, "GDR–A Peace State that holds German Warmakers at Bay", Recognition, Vol. 1, Nos. 7–8, August–September 1969, S. 9.

38 *M. Chatterjee*, "Some Questions to Mr. Willy Brandt", Recognition, Vol. 2, Nos. 2–3, March-April 1970, S. 22.

und aufrechterhält. Der folgende Ausschnitt zeigt, wie hieraus Argumente für die Aufnahme diplomatischer Beziehungen gewonnen werden:

> There are two states on the soil of Germany today– the German Democratic republic and the West German Federal republic. The two states have different social systems and follow different policies in international affairs. While the [sic.] West Germany follows neo-colonial and imperialist foreign policy, the GDR follows the policy of peaceful co-existence and friendship with other peoples.[39]

Im nächsten Auszug werden die oben diskutierten Argumentationsmuster – die Herstellung ideologischer Nähe zur DDR, Abgrenzung gegenüber der BRD und der Nachweis einer breiten indischen Unterstützung für die DDR – simultan eingesetzt. Der Autor legt dar, wie verschiedene Gruppierungen innerhalb Indiens für die Anerkennung der DDR eintreten und dadurch Druck auf die indische Regierung ausüben. Weiterhin argumentiert er, dass ein ganzheitlicher Standpunkt Indiens hinsichtlich Neutralität, Abrüstung und Weltfrieden auch die Anerkennung der DDR beinhalten muss. Die Frage der Anerkennung wird für ihn so zur Nagelprobe indischer Außenpolitik.

> It is the reality of the GDR state, its socialist system and the peaceful policies its pursues on world issues that has endeared it to the peoples of the world. There is a great fund of goodwill for GDR in India. The friendship movement has been growing from strength to strength at all levels. Parliamentarians, legislators, writers, journalists, political parties, organisations and eminent personalities, besides the common people, have been constantly urging upon the Government of India to normalise relations with GDR. The policies of non-alignment peaceful coexistence, disarmament and world peace in international affairs and the acceptance of socialist aims in internal affairs, that have become our national policies, logically demand the earliest recognition of GDR. The question that presents itself is whether we stand with the fascist and imperialist forces or with the socialist and peaceful forces of the world. The recognition of GDR has thus become one of the acid test of these policies.[40]

Die Anti-BRD-Rhetorik findet sich auch in der Diskussion der Hallstein-Doktrin als einem Kontrollmechanismus, der Staaten weltweit davon abschrecken soll, die DDR anzuerkennen. Im folgenden Leitartikel von 1969 zeigt der (anonyme) Autor auf, dass sich die indische Außenpolitik nicht im Einklang mit der Blockfreien-Bewegung befindet, solange nicht auch diplomatische Beziehungen mit der DDR aufgenommen werden. Dabei macht er außerdem deutlich, dass die Hallstein-Doktrin eine Bedrohung für Indien und andere Staaten darstellt.

---

39 "Two German states – What they Stand For?", Recognition, Vol. 1, Nos. 3–4, April-May 1969, S. 9–10. Für ein weiteres, bezeichnendes, Beispiel, vgl. "Federal Republic of Germany supports Imperialism Racialism and Fascism", Recognition, Vol. 2, No. 4, May 1970.

40 "Welcome GDR", Recognition, Vol. 1, Nos. 7–8, August–September 1969, S. 2.

> India and GDR have been taking similar stands on world issues like world peace, peaceful coexist, racism and fascism, freedom of colonial peoples, Rhodesia, Vietnam, West Asian crisis, etc., The GDR supported India on Goa, and the indo-Pak war'. On the other hand there is West German Government on the other part of the German soil which not only took anti-Indian stand on Goa and Indo–Pak war and not only follows neo-colonial policies and is a camp follower of the imperialist powers but also threatens freedom of other nations to act independently through the Hallstein doctrine. Yet we recognize West Germany and do not extend diplomatic recognition to GDR. To say the least it is illogical and in contradiction with our policy of Non-Alignment.[41]

Die Glaubwürdigkeit der DDR wurde durch ihre Schirmherrschaft für eine Vielzahl von Veranstaltungen zu Weltfrieden und Antifaschismus, Seminare, Konferenzen und Vorträge, erhöht. Bei diesen Veranstaltungen waren auch regelmäßig politische Delegationen aus der DDR zu Gast.[42]

Normalerweise fungieren Konsulate und Botschaften für ihre Staaten als Instanzen materieller Präsenz im Ausland. Bis zur Anerkennung im Jahre 1972 gab es in Indien aber keinerlei diplomatische Vertretungen oder Botschaften der DDR. Dieser diplomatische *missing link* musste zwischen 1949 und 1972 anderweitig kompensiert werden. In diesem Sinne wurden die Handelsvertretungen aktiv, indem sie sich an der Aushandlung wirtschaftlicher und politischer Beziehungen beteiligten. Die Freundschaftsgesellschaften agierten nicht nur als Organisatoren von kulturellen Events, die bei den Indern Aufmerksamkeit für die DDR erzeugten, sondern auch als Mobilmacher für die Anerkennung. Dafür intensivierten sie die kulturellen Verflechtungen und dehnten sie auf die politische Sphäre aus.

5 Fazit

Im Jahre 1973, auf der vierten nationalen Konferenz der Indo-DDR Freundschaftsgesellschaften und ein Jahr nach der offiziellen Anerkennung, sagte der damalige Planungsminister, D. P. Dhar, in seiner Eröffnungsrede:

---

41 "A Welcome Step", Recognition, Vol. 1, No. 3–4, April–May 1969, S. 3.

42 C. Biswas, „World Assembles in Berlin–Capital of the GDR“ (All India Peace Council), Recognition, Vol. 1, No. 6, July 1969, S. 1; „VK Krishna Menon MP on World Affairs“, Speech at World Assembly for Peace, ebda., S. 6–7; „Appeal of the World Assembly for Peace, Berlin, 1969“, ebda., S. 12; „Indian Leaders in GDR“, ebda. S. 8–9; „World Assembly for Peace on European Security“, ebda., S. 10–11; „Indian Leaders in Berlin on Twentieth Anniversary of GDR“, Recognition, Vol. 1, Nos. 10–11, S. 10–11; „Lord Mayor of Berlin Visits Delhi“, Recognition, Vol. 2, Nos. 2–3, March-April 1970, S. 16–17; „On GDR, UN, and its Specialised Organisations“, Recognition, Vol. 2, Nos. 11–12, December 1970-January 1971, S. 18.

> Actually our friendship with the GDR bears a unique character and though it will not be recognised by a piece of paper, it has found its recognition in the hearts and brains of the people of India, and this recognition was no formal attitude or rapproachment [sic.]. It was the recognition of the uniformity of ideals and efforts made by both countries on their own way to build up a prosperous society free from exploitation, a society socialist in its contents and democratic in its character.[43]

Dieses Statement zeigt, dass für die Akteure, welche der Anerkennung zugearbeitet hatten, die Zurschaustellung der ideologischen Nähe beider Länder entscheidend war, um politische Verbundenheit herzustellen. Speziell im Untersuchungszeitraum gingen die Kategorien politischer und kultureller Beziehungen bzw. Kulturpolitik immer mehr ineinander über.

Dieser Aufsatz hat drei zentrale Aspekte dieser Verschränkungen herausgearbeitet:

Erstens, dass die Domänen der auswärtigen Beziehungen, der internationalen Beziehungen und der kulturellen Beziehungen nicht unabhängig voneinander untersucht werden können. Die Betrachtung der Freundschaftsgesellschaften zeigt, dass ihre Kampagnen, Veranstaltungen und sonstigen Aktionen zunehmend – und erfolgreich – auf die Sphäre der staatlichen Politik ausgerichtet waren. Seitens der DDR agierte die Liga für Völkerfreundschaft als weltweite Aufsichtsinstanz für Freundschaftsgesellschaften, die sich für die diplomatische Anerkennung der DDR einsetzten. Auch wenn der indische Staat formal auf die Anerkennung verzichtete, gab es durch die Handelsvertretungen de facto doch diplomatische Beziehungen. Auch setzten sich staatliche Akteure, in Form von Parlamentariern aus Regierung und Opposition, für die Anerkennung ein. Diese offensichtlich politischen Ziele einer Vielzahl von Akteuren aus beiden Ländern müssen klar als solche benannt werden. Sie dürfen nicht auf die Kategorien „Kulturelle Beziehungen“, „Nicht Staatliche Beziehungen“ oder „Kulturpolitik“ reduziert werden.

Zweitens wurde aufgezeigt, dass sich um die Verflechtungen ein kreativer Handlungsraum für Akteure aus beiden Ländern bildete. Daher war Indien im Kalten Krieg kein bloßer Resonanzraum der Geopolitik der beiden großen Machtblöcke oder der beiden deutschen Staaten. Indische Akteure waren gleichermaßen aktiv an der Kampagne für die Anerkennung beteiligt. Tatsächlich verliehen die Freundschaftsgesellschaften dem Anliegen erst seine Reichweite, indem sie sich überall in indischen Städten und Regionen ansiedelten. Die Analyse der Zeitschrift *Recognition* hat deutlich gemacht, dass sie ostdeutschen wie indischen Akteuren gleichermaßen als Plattform diente.

---

43 Zit. n. *Guenther*, The Development of the Friendship Movement, S. 211.

Drittens konnte dargelegt werden, dass dem historischen Moment der offiziellen Anerkennung fast zwei Jahrzehnte mühsamer Lobbyarbeit vorausgegangen waren. Die Fokussierung auf die geopolitischen Ereignisse der Jahre 1971/72 (die Staatsgründung Bangladeschs, der Freundschaftsvertrag zwischen Indien und der Sowjetunion, mit dem sich Indien dem Ostblock annäherte, und die Rolle Indiens im Konflikt zwischen Ost- und Westpakistan) lassen die Anerkennung im Jahre 1972 als historische Zäsur erscheinen. Tatsächlich waren aber Handelsvertretungen und Freundschaftsgesellschaften zu diesem Zeitpunkt schon lange Zeit damit beschäftigt, die DDR in Indien zu popularisieren und öffentliche Unterstützung für ihre Anerkennung zu generieren.

Die *All India* Freundschaftsgesellschaft in Neu-Delhi konsolidierte die Aktivitäten der regionalen Gesellschaften. Ihre jährlichen Konferenzen (ab 1968) wurden zur zentralen Plattform, um die landesweite Solidarität mit der DDR und die historischen und zeitgenössischen Bande beider Länder zu präsentieren.

Im Jahre 1971 schrieb Girija Bhushan Patnaik, der Generalsekretär der Freundschaftsgesellschaft in Orissa, an Anneliese Bambor vom Ministerium für Kultur: „Three years back the name of the GDR was not at all known and today we have branches in several districts of the state."[44] Diese Aussage belegt noch einmal abschließend, dass bei der indischen Bevölkerung zum Zeitpunkt der Anerkennung bereits ein – strategisch platziertes und gestaltetes – Bewusstsein für die DDR vorhanden war.

Zwischen der ersten Phase unmerklicher und punktueller indischer Aufmerksamkeit für die DDR bis zu dem Zeitpunkt, als die DDR und ihre Bürger in den „hearts and minds" der indischen Bevölkerung verankert waren, liegen soziokulturelle Verflechtungsprozesse jenseits staatlicher Politik, die der politischen Debatte diskursiv den Weg bereiteten. Die Indo-DDR Freundschaftsbewegung begannen ihre Aktivitäten mit allgemeinen Informationskampagnen und nutzten diese später, um Unterstützung für die Anerkennung zu mobilisieren. Die Bewegung und ihre Gesellschaften können daher als wichtige Triebkraft dafür gelten, dass sich das Verhältnis Indiens zur DDR von bloßer Kenntnisnahme zur Anerkennung wandelte. Folglich ist die Bewegung eine bedeutende Quelle für die Untersuchung des Prozesses, in dem die Verbreitung von Wissen über die DDR zu einem späteren Zeitpunkt in hochpolitische Aktivitäten überführt wurde.

---

44 BArch, DR 1 (Ministerium für Kultur – Hauptabteilung Internationale Beziehungen)/18789, Letter written and sent by Girija Bhushan Patnaik, General Secretary of the Indo-GDR Friendship Association in Cuttack, Orissa to Anneliese Bambor, Orissa, 05.01.1971.

Mark Jakob

Postkoloniale Konkurrenz

Die Auseinandersetzungen um die Bremer Tabakbörse zwischen den Niederlanden, der Bundesrepublik und Indonesien, 1958 – 1970

1 Einleitung

Die sogenannte „Bremer Tabakbörse" stellt einen eigenartigen Fall in der Geschichte der Außenhandelsbeziehungen der jungen Bundesrepublik Deutschland dar, die meist als Teilgeschichte der erfolgreichen Errichtung einer liberalen internationalen Handelsordnung nach dem Zweiten Weltkrieg mit einer starken Betonung der Kooperation zwischen den beteiligten Partnern erzählt wird. In diesem Beitrag sollen dagegen Akteure und Praktiken innerhalb dieser neu errichteten Ordnung im Mittelpunkt stehen. Die „Deutsch-Indonesische Tabak-Handelsgesellschaft" (DITH) wurde zum 13. Februar 1958 als Verkaufsgesellschaft für indonesischen Rohtabak gegründet. Das Unternehmen befand sich bei seiner Gründung je zur Hälfte im Besitz der indonesischen staatlichen Plantagengesellschaft PPN Baru und eines Konsortiums aus vier Bremer Tabakhandelsfirmen sowie der Bremer Landesbank. Ihr Zweck bestand einzig in der Organisation und Abwicklung von Auktionen für Tabak von den Inseln Sumatra und Java, der ein begehrtes Material für die Zigarrenherstellung in Europa war. Nach seiner Gründung war der „Bremer Tabakmarkt" bzw. das „Bremer Tabakbörse" genannte Gebäude im Bremer Überseehafen der einzige Ort auf dem Globus, an dem Zigarrenhersteller diesen Rohtabak erwerben konnten. Die Zentralisierung des Verkaufsortes war kein Novum: Seit dem späten 19. Jahrhundert waren Rohtabake von Sumatra und Java ausschließlich in Rotterdam und Amsterdam zum Verkauf gelangt. Bremen übernahm die Position des alleinigen Verkaufsortes genauso wie die Form der „Einschreibung", einer Auktion mit verdeckter Abgabe des Gebots. Der Transfer des Verkaufsmonopols nach Deutschland war die Folge eines schwerwiegenden politischen Konfliktes zwischen den Niederlanden und deren früherer Kolonie Indonesien, und die Verlagerung nach Westdeutschland erfolgte unter öffentlich ausgetragenen diplomatischen wie gerichtlichen Streitigkeiten zwischen den Niederlanden, der Bundesrepublik Deutschland und Indonesien. Im Jahrzehnt nach ihrer Gründung war die Verkaufsorganisation für indonesischen Tabak Gegenstand weiterer Verhandlungen zwischen indonesischen,

https://doi.org/10.1515/9783110541120-011

westdeutschen und niederländischen Akteuren. Im folgenden Beitrag soll die voraussetzungsreiche Errichtung dieses Spezialmarktes in ihren politischen, juristischen und ökonomischen Kontext gesetzt werden, um, ausgehend vom Handeln der beteiligten Akteure, die gängige Charakterisierung der Außenhandelspolitik der Bundesrepublik in den späten 1950er Jahren als ein kooperatives Projekt zu hinterfragen.

Am Gegenstand der Tabakbörse lassen sich institutionenökonomische Betrachtungen der Funktionsweise eines Verkaufsmonopols für hochspezifische Güter oder globalisierungshistorische Reflexionen der Umgestaltung des Welthandels im Zuge der Dekolonialisierung entwickeln, und beide Aspekte sind für das Verständnis der hier geschilderten Vorgänge auch wichtig. Im Mittelpunkt dieses Beitrags steht jedoch die Interaktion von staatlichen und privatwirtschaftlichen Akteuren bei der Neugestaltung der Handelsbeziehungen zwischen der ehemaligen Kolonie Indonesien, der ehemaligen Kolonialmacht Niederlande und der sich wieder in den Weltmarkt einschaltenden Bundesrepublik Deutschland. Vor dem Hintergrund der Auflösung ehemaliger Kolonialreiche und der gleichzeitigen Konstruktion einer neuen Welthandelsordnung eröffneten sich für die Bundesrepublik neue Möglichkeiten auf dem internationalen Markt, aber gleichzeitig bestand das Potenzial für ernstzunehmende Konflikte, wenn eine Entscheidung zwischen der Bevorzugung eines europäischen Nachbarlandes oder einer ehemaligen Kolonie getroffen werden musste. Nicht zuletzt weil für diesen Beitrag in erster Linie Quellen aus Beständen des Bundeswirtschaftsministeriums, des Auswärtigen Amtes und der Bremer Landesregierung zur Verfügung standen, konzentriert sich die Untersuchung auf die westdeutsche Perspektive und die Implikationen der geschilderten Handlungen für die westdeutsche Außenhandelspolitik.

Studien zur Außenwirtschaftspolitik der jungen Bundesrepublik Deutschland haben bislang vor allem den Prozess der Wiedereingliederung Westdeutschlands in die Weltwirtschaft und deren institutionelle Ausgestaltung in den Blick genommen und betonen die erfolgreiche Herstellung einer liberalen Ordnung nach dem Globalisierungsrückschlag zwischen der Großen Depression und dem Ende des Zweiten Weltkrieges.[1] Nur wenige Studien untersuchen die Beziehungen Westdeutschlands zu den neuen Staaten und Volkswirtschaften, die aus der Dekolonisation hervorgingen, und widmen sich vor allem der Entwicklungszusam-

---

1 *C. Buchheim*, Die Wiedereingliederung Westdeutschlands in die Weltwirtschaft 1945–1958, München 1990; *R. Neebe*, Weichenstellung für die Globalisierung. Deutsche Weltmarktpolitik, Europa und Amerika in der Ära Ludwig Erhard, Köln 2004. Vor allem Neebe betont die Rolle Ludwig Erhards bei der Schaffung der Voraussetzungen für eine erfolgreiche „zweite Globalisierungswelle“.

menarbeit und der politischen Rolle dieser Beziehungen für den Kalten Krieg.[2] Erst kürzlich sind die Wirtschaftsorganisationen der sogenannten „Dritten Welt" bzw. des „Globalen Südens" und ihr Einfluss auf die europäische Integration untersucht worden, ohne dass diese Akteure lediglich als Objekte westlicher bzw. östlicher Politik behandelt und ihnen eine eigenständige Wirkkraft von vornherein aberkannt worden wäre.[3] Die jüngst erschienene Geschichte des Bundeswirtschaftsministeriums enthält den Hinweis, wie wichtig die Staaten Asiens, Afrikas und Lateinamerikas für die wirtschaftspolitische Strategie Ludwig Erhards gewesen seien.[4] Trotzdem stellt die Erforschung von Akteuren und Praktiken in der Neugestaltung postkolonialer Wirtschaftsbeziehungen jenseits von wirtschaftspolitischen Aussagen und institutionellem Aufbruch noch immer ein Desiderat dar.

Der folgende Beitrag gliedert sich in drei Hauptabschnitte. Zunächst wird die Funktionsweise des Bremer Tabakmarktes geschildert. Im zweiten Teil werden die Schritte hin zu seiner Gründung einschließlich der zum Verständnis notwendigen Vorgeschichte diskutiert und die wichtigsten juristischen, politischen und ökonomischen Konflikte, die mit der Gründung verbunden waren, betrachtet. Der dritte Abschnitt skizziert Diskussionen um den Tabakmarkt während der 1960er Jahre, die das Verhältnis der deutsch-indonesischen Partner und der Niederlande zueinander erhellen. Im Schlussteil sollen die gewonnenen Erkenntnisse auf die Interpretation des Charakters westdeutscher Außenhandelspolitik angewendet werden.

2 Funktionsweise des Bremer Marktes für indonesischen Rohtabak

Obwohl der Name „Bremer Tabakbörse" landläufig für den Bremer Tabakmarkt verwendet wird und als Schriftzug auf dem Gebäude im Bremer Überseehafen

---

2 *M. Rempe*, Entwicklung im Konflikt. Die EWG und der Senegal 1957–1975 (Industrielle Welt Bd. 81), Köln u. a. 2012.; *C. Unger*, Export und Entwicklung: Westliche Wirtschaftsinteressen in Indien im Kontext der Dekolonisation und des Kalten Krieges, in: Jahrbuch für Wirtschaftsgeschichte 2012/1, S. 69–86.

3 *G. Garavini*, After Empires. European Integration, Decolonization, and the Challenge from the Global South 1957–1986, Oxford 2012.

4 Siehe: *W. Abelshauser*, Deutsche Wirtschaftspolitik zwischen europäischer Integration und Weltmarktorientierung, in: ders. (Hg.):Das Bundeswirtschaftsministerium in der Ära der-Sozialen Marktwirtschaft (Wirtschaftspolitik in Deutschland 1917–1990 Bd. 4), München 2016, S. 507–510.

prangt[5], handelte es sich bei diesem Markt nie um eine Warenbörse im herkömmlichen Sinn, wie sie für Getreide, Kaffee oder Baumwolle existieren.[6] Die Tabakbörse diente nie als zentraler Ort für den Verkauf und Kauf von Tabak aller möglichen Provenienzen, sondern war ausschließlich für die Auktionen indonesischen Zigarrentabaks eingerichtet worden. Möglicherweise sollte die Benennung „Tabakbörse“ Assoziationen zur deutlich älteren und bekannten Bremer Baumwollbörse hervorrufen, die in der Tat eine Warenbörse im eigentlichen Sinne darstellte. Der Bremer Tabakhandel im 19. und 20. Jahrhundert kam ohne die Einrichtung einer Warenbörse aus, d. h. eines Marktortes, an dem standardisierte Qualitäten eines Gutes gehandelt werden und die Preisbildung idealtypisch durch den laufenden Vergleich von Angebots- und Nachfragemengen erfolgt. Vielmehr wurde der Bremer Tabakhandel durch Händler der ersten und zweiten Hand abgewickelt, indem die erste Hand den Import großer Mengen einer bestimmten Provenienz (meist aus Nord- oder Südamerika) leistete und die zweite Hand der ersten Hand verschiedenste Provenienzen abkaufte, um ihrer Kundschaft – den Herstellern von Zigarren, Pfeifentabak und anderen Produkten – ein breites Sortiment verschiedener Qualitäten anzubieten.[7] Zigarrenhersteller kombinierten verschiedene Tabake inländischer und ausländischer Herkunft, um Zigarren in verschiedensten Preisklassen anzubieten. Lediglich der seit seiner Einführung immer wichtiger werdende Zigarrentabak von Sumatra und Java[8] wurde nicht über Bremen eingeführt, sondern musste wie erwähnt in den Niederlanden ersteigert werden. Die Bremer Tabakbörse fungierte somit nicht als Warenbörse, sondern übernahm die Funktion eines Händlers der ersten Hand. Für den Handel über eine Warenbörse war Tabak auch weniger geeignet als etwa Kaffee[9] oder Getreide, da Tabak kein leicht zu standardisierendes Gut darstellte. Für die Preisbildung war vielmehr die Begutachtung individueller Partien ausschlaggebend, die vor den Auktionen durchgeführt wurde.

Der Preismechanismus der „Bremer Tabakbörse“ war ebenfalls deutlich von dem einer Warenbörse im eigentlichen Sinne verschieden. Verkäufe erfolgten über

5 Vgl. Abbildung im Eintrag in der Objektdatenbank des Bremer Landesamts für Denkmalpflege Nr. 00003478, URL: http://denkmalpflege.bremen.de/sixcms/detail.php?gsid=bremen160.c.11486.de, abgerufen am 02.09.2017; oder vor Ort: Am Speicherhof 1, 28217 Bremen. Das Gebäude wurde 1960/1961 vom Architekten Erik Schott erbaut.

6 Siehe *J. Ohling*, Handbuch Export-Import-Spedition, Wiesbaden 1986, S. 112.

7 Vgl. *L. Beutin*: Drei Jahrhunderte Tabakhandel in Bremen, Stuttgart/Berlin 1937.

8 Zur Bedeutung des Tabaks aus den niederländischen Kolonien vor und nach dem Ersten Weltkrieg siehe Abb. 1.

9 Zum Kaffeehandel siehe *L. Rischbieter*, Mikro-Ökonomie der Globalisierung. Kaffee, Kaufleute, und Konsumenten im Kaiserreich 1870 – 1914, Köln 2011.

die sogenannte „Einschreibung“, d. h. eine Auktion mit verdeckter Abgabe der Gebote. Diese Verkaufsmethode war bereits im späten 19. Jahrhundert bei den Verkäufen von Sumatra- und Java-Tabak in Amsterdam und Rotterdam angewandt worden[10] und wurde übernommen. Der von der DITH vorfinanzierte indonesische Tabak gelangte zwischen Mai und November in anfangs zehn bis zwölf Einschreibungen pro Jahr zum Verkauf, wobei Sumatra- und Java-Tabake in getrennten Einschreibungen gehandelt wurden.[11] Vereinfacht dargestellt, erfolgte die Preisbildung durch die parallele Begutachtung und Taxierung durch Makler, die als Richtschnur für die Preiserwartungen der Verkäufer und Interessenten dienten. Zu unterscheiden sind die Direktionsmakler, die nicht zur Abgabe eines Gebots berechtigt waren, sondern im Auftrag der DITH die Qualität der Tabaklieferungen begutachteten, als neutrale Partei Proben aus den Ballen zogen und Richtpreise für die einzelnen Partien schätzten, wobei der Durchschnitt der einzelnen Taxate als Richtpreis bekanntgegeben wurde. Kaufinteressenten – das waren Zigarrenhersteller und Tabakhändler – waren nicht berechtigt, selbst Gebote abzugeben, sondern auch hier fungierten akkreditierte Makler als Mittler. Die akkreditierten Makler begutachteten die gezogenen Proben, schätzten Preise und berieten die Kundschaft hinsichtlich der für sie in Frage kommenden Qualitäten. Die Verkäufer waren Vertreter der indonesischen staatlichen Plantagenverwaltung PPN Baru, die den Löwenanteil der gehandelten Mengen verkaufte, und später der TEMINDO, der Verkaufsorganisation für Kleinbauerntabak. Die Abgabe der Gebote erfolgte nacheinander für jede Partie in einem verschlossenen Umschlag. Die Verkäufer beschlossen im Vorfeld für sich einen Mindestpreis. Wenn das höchste Gebot diesen Preis nicht erreichte, bestand keine Verpflichtung zum Verkauf, sondern die Partie wurde „angehalten“ und die Verkäufer traten mit dem Höchstbietenden nach der Auktion in direkte Verhandlungen. Jede Einschreibung von mehreren tausend Ballen wurde in drei bis acht sogenannte Tempi gleicher Qualität unterteilt. Nach jedem Durchgang wurden die Namen der Makler bekannt gegeben, die den Zuschlag erhalten hatten, und der Weiterverkauf setzte im Anschluss an die Auktion ein. Die Makler erhielten je ein Prozent des Verkaufserlöses vom Käufer und Verkäufer. Ein weiteres Prozent zahlte der Käufer als Einschreibegebühr an die DITH, die ihren Umsatz aus diesen Gebühren erwirtschaftete.

---

10 Vgl. *W. Döhle*, Der Tabakmarkt in Amsterdam, in: Weltwirtschaftliches Archiv 2, 1, 1913, S. 133–150.

11 Vgl. für die folgende Darstellung der Organisation des Tabakmarkts *E. Schuhmacher*, 1 Jahr Bremer Tabakmarkt, Bremen 1960, und Anlage zum Schreiben von Karl Willms, Bremer Senator für Bundesangelegenheiten, an Ministerialdirektor Hanemann, Bundesministerium für Wirtschaft und Finanzen, vom 16.03.1972, BAK 186860.

Die Einschreibungen besaßen den Effekt, den Verkäufer zu begünstigen, da bei verdecktem Gebot jeder Käufer geneigt war, den höchsten Preis anzubieten, den er zu zahlen bereit war. Die Einschreibung wie auch die bedeutende Stellung der Makler entsprachen dem Verkaufsmechanismus, wie er vor dem Ersten Weltkrieg bereits auf dem Amsterdamer und Rotterdamer Markt für Sumatra- und Javatabak bestanden hatte.[12] Während jedoch auf den niederländischen Märkten mehrere Anbieter in Gestalt der verschiedenen Pflanzungsgesellschaften (Deli Maj, Senembah Maj. usw.) agiert hatten, war durch die Verstaatlichung der indonesischen Plantagen und die Verlagerung nach Bremen der Handel noch stärker konzentriert worden. Der Umstand, dass der indonesische Zigarrentabak ein hochspezifisches Gut darstellte, das für die Zigarrenherstellung kaum zu ersetzen war, ermöglichte die monopolistische Zentralisierung des Marktortes und die Abwicklung über einen Verkaufsmechanismus, der den Verkäufer bevorzugte. Der Tabakhandel und die Vertreter der bremischen Hafenwirtschaft legitimierten dieses Arrangement gegenüber dem Bundeswirtschaftsministerium eben mit der großen Bedeutung des Handelsgutes für die europäische Zigarrenindustrie und der mangelnden Standardisierbarkeit: „Dieses Erfordernis beantwortet gleichzeitig die Frage, warum indonesische Tabake an einem zentralen Markt verkauft werden, wie es Bremen ist. Industrie und Handel müssen sich nämlich ein genaues Bild von der Gesamternte machen können, von den spezifischen Eigenheiten der Tabake, angefangen vom Aussehen, über Geschmack und Brand bis hin zur maschinellen Verwendbarkeit."[13] Dass die Prüfung des Tabaks an einem europäischen Platz stattfinden sollte und nicht im Erzeugerland, war dabei unausgesprochener Konsens.

Indonesien hatte nach der Unabhängigkeit offenbar keinen Versuch unternommen, den Tabakmarkt vor Ort zu organisieren. Die starke Position niederländischer Firmen in Indonesien bis 1957, denen keine indonesische Unternehmerschaft gegenüberstand, ließ dies nicht zu. Ansätze in dieser Richtung wurden jedoch in den 1960er Jahren aktenkundig und werden weiter unten diskutiert. Auch in der Situation der Jahre 1957/1958 wäre es wahrscheinlich schlichtweg nicht möglich und praktikabel gewesen, den Tabakhandel von Grund auf neu zu organisieren. Vielmehr scheint die hektische Suche nach Alternativen zu den bislang bestimmenden niederländischen Reedereien, Handelshäusern und Kreditinstituten das Handeln der indonesischen Regierung Ende 1957 und 1958 be-

12 Vgl. *Döhle*, Tabakmarkt, S. 142f.

13 Zitiert aus der Darstellung des Bremer Tabakmarktes von Walter Gillessen, Geschäftsführer der DITH, übersandt als Anlage zum Schreiben von Karl Willms, Bremer Senator für Bundesangelegenheiten, an Ministerialdirektor Hanemann, Bundesministerium für Wirtschaft und Finanzen, 16.03.1972, Bundesarchiv Koblenz (BAK) B102/186860.

stimmt zu haben.[14] Insofern war der junge Staat auf die Partnerschaft zu einem europäischen Land angewiesen. Zur Bundesrepublik bestanden schon seit einigen Jahren Wirtschaftskontakte, und Bremen positionierte sich als traditionell stark im Tabakhandel engagierter Standort. Dennoch war die Wahl Bremens keinesfalls alternativlos, auch wenn die DITH in ihrer Selbstdarstellung eine direkte historische Kontinuität behauptete.

3 Vorgeschichte und Enteignung niederländischer Besitzungen in Indonesien 1957/1958

Nachdem die DITH ein Jahr bestanden hatte, veröffentlichte sie eine Broschüre, in der sich neben einer Erläuterung des Auktionsbetriebes auch eine historische Erzählung des Verhältnisses zwischen der Bremer Kaufmannschaft und ihren im indonesischen Tabakanbau und -handel engagierten niederländischen Kollegen findet.[15] Diese Erzählung diente der Legitimierung der gerade stattgefundenen Verlagerung und der Abwehr niederländischer Vorwürfe, die in dem Vorgang die illegitime Aneignung fremden Besitzes sahen. Die Darstellung griff bekannte Fakten auf und bediente sich der Topoi hanseatischer Ehrlichkeit und fairer Geschäftspraktiken, um die niederländischen Anwürfe zurückzuspielen. Dieses Stück Tradition stellte die Tabakbörse als organischen Teil der „Tabakstadt" Bremen dar und formulierte eine historische Legitimation der Verlegung des Marktortes von Amsterdam und Rotterdam an die Weser.

Die Selbstdarstellung der DITH setzte bereits vor der Einführung des Tabakbaus im heutigen Indonesien an und schilderte Bremens Aufstieg zum wichtigsten Importhafen für Rohtabak und Zentrum der Zigarrenherstellung seit den 1830er Jahren. Bereits die Einführung der Tabakkultur auf Sumatra um 1860 sei das Werk deutscher Pflanzer gewesen. Die niederländische Kolonialmacht habe jedoch die deutschen Pflanzer mithilfe der Bodengesetze verdrängt und den Handel mit Sumatra- und Java-Tabak seit 1880 in Amsterdam monopolisiert.[16] Die holländische Regierung habe nach 1880 ihre eigenen Firmen durch Steuerver-

---

14 So appellierte der indonesische Botschafter in der Bundesrepublik Zairin Zain Ende Dezember 1957 an deutsche Wirtschaftsvertreter, sich in Indonesien zu engagieren. Vgl. Art. „Drehscheibe gesucht", in: Der SPIEGEL, 25.12.1957, S. 33–34.

15 *E. Schuhmacher*, 1 Jahr Bremer Tabakmarkt. Brückenbauer-Verlag Bremen 1960. Unpaginiert.

16 Vgl. dazu *W. Döhle*, Der Tabakmarkt in Amsterdam, in: Weltwirtschaftliches Archiv 2, 1, 1913, S. 133–150.

günstigungen und Zuschlagszölle begünstigt. Als 1894 Bremer Kaufleute versucht hätten, das Monopol aufzubrechen und einen Teil der Ernte in Konsignation nach Bremen zu holen, seien die Niederländer sofort scharf eingeschritten, hätten den bremischen Handel boykottiert und diejenigen Plantagenbetriebe, die sich der Bremer Offerte zugeneigt gezeigt hatten, auch zu überhöhten Preisen aufgekauft, um weiterhin das Wohlverhalten der Pflanzer zu sichern.[17] Bremische Kaufleute seien jedoch seit 1880 stets auf den Amsterdamer Auktionen präsent gewesen und hätten mit Anteilen von 35–40 % der Ernten zu den größten Abnehmern des Tabaks gehört, wodurch sie eine gründliche Warenkenntnis erlangt hätten. Nach dem Zweiten Weltkrieg hätten die Niederländer aber, die schwierige Lage des bremischen Handels ausnutzend, auch einen großen Teil des angestammten Bremer Geschäfts mit südamerikanischen Tabaken an sich zu ziehen versucht.[18] Dass aber die Verlegung des Marktes von Amsterdam als Vergeltung erfolgt sei, wiesen die Hanseaten von sich. Die Initiative sei von indonesischen Beamten ausgegangen, die im Sommer 1958 Erkundigungen über potentielle Auktionsorte für die Ware angestellt hätten. Sie hätten sich informatorisch an den ihnen gut bekannten Bremer Handel gewandt, da „in Fachkreisen" Bremen als der „geborene Nachfolger" angesehen worden sei. Die Bremer hätten aber zunächst abgelehnt: „Sie taten dies ausschließlich aus Rücksicht auf den holländischen Handel, aus der traditionellen Einstellung und dem weltbekannten Geschäftsgebaren des hanseatischen 'königlichen' Kaufmannes heraus, Kaufleute, zu denen gute kommerzielle Beziehungen bestehen, nicht aus dem Geschäft zu drängen. Man nahm diese Haltung in Bremen ein, obwohl die holländischen Händler nach den beiden Weltkriegen eine ähnliche Zurückhaltung nicht bewiesen hatten."[19] Die holländischen Plantagengesellschaften, die bislang den Verkauf gegen Provision vorgenommen hatten, hätten die Ernte 1957 nach Amsterdam „gelockt" mit dem Versprechen, sie wie bisher im Auftrag zu verkaufen, und den Erlös von 80 Millionen Gulden einbehalten. Daraufhin hätten die indonesischen Pflanzer nicht

---

17 Döhle erwähnt lediglich, dass sich 1888 aufgrund nachlassender Erträge einige Sumatra-Pflanzer in Bremen mit Kapital versorgt hätten und daraufhin in den folgenden Jahren ein kleinerer Teil der Ernte in Bremen angeboten worden sei; 1897 war dieser Handel wieder fast verschwunden. *Döhle*, Tabakmarkt, S. 138.

18 „Diese für den deutschen Rohtabakhandel schwierige Situation wurde nach dem Kriege vom holländischen Handel ohne Zurückhaltung ausgenutzt. Er beschäftigte sich jetzt stärker mit diesen Tabaken, um die er sich vorher kaum gekümmert hatte, und zog einen wesentlichen Teil des Handels an sich. Die deutschen Firmen haben diese Entwicklung hinnehmen müssen und sich in zäher Arbeit darum bemüht, sich aufgrund ihrer jahrzehntelangen Erfahrungen und Sachkenntnis wenigstens einen kleinen Anteil am Geschäft mit exotischen Tabaken zu erhalten.", aus: *Schuhmacher*, Ein Jahr Bremer Tabakmarkt.

19 Ebda.

mehr daran geglaubt, weiterhin über Holland verkaufen zu können und eine Wirtschaftsdelegation habe Plätze in Italien, Belgien, Dänemark und Deutschland bereist. Im November 1958 war die Delegation in Bremen, und die Erzählung der DITH gibt diesen Besuch als den Wendepunkt im Verhalten der bremischen Händler aus: „Die Delegation gab zu erkennen, Indonesien würde Bremen wegen seiner historischen Stellung, Bedeutung und Erfahrung den Vorzug geben, wenn der bremische Tabakhandel seine grundsätzliche Bereitschaft erklären würde." Erst jetzt sei das Interesse der bremischen Rohtabakhändler erwacht, „da es sich nicht mehr um eine Konkurrenz mit dem definitiv ausgeschiedenen Amsterdam und Rotterdam, sondern um einen ehrlichen Wettbewerb mit anderen europäischen Plätzen handelte." Bremen habe sich als „geborenen", die anderen als „gekorenen" Nachfolger betrachtet. Nach Verabschiedung des indonesischen Nationalisierungsgesetzes sei eine Delegation Bremer Kaufleute nach Djakarta gereist, wo bereits Dänen und Belgier verhandelt hätten. Die deutsche Delegation habe im Gegensatz zur kolonialen Praxis die Beziehungen als gleichberechtigte Partner aufbauen wollen, nämlich als Kommissionär der PPN Baru, womit sie in Indonesien auf Entgegenkommen gestoßen seien. Das Studium der Rechtslage habe ergeben, dass die indonesischen Eigentumstitel am Tabak aufgrund des Nationalisierungsgesetzes und zahlreicher Faktoren unantastbar seien. Antwerpen und Kopenhagen hätten Bremen zu übertreffen versucht, indem sie komplette Übernahme rechtlicher Risiken gegenüber holländischen Firmen an angeboten hätten. Bremen habe schnell einen kompletten Versicherungsschutz aufgebaut, der es konkurrenzfähig bleiben ließ. Die Indonesier hätten nicht zuletzt die deutsche Praxis, mit ihnen als gleichberechtigte Partner zu verhandeln, gewertschätzt, was die BRD von den ehemaligen Kolonialmächten abgesetzt habe.[20]

Der Tenor dieses „Gründungsmythos" ist es also, dass der hanseatische Kaufmannsgeist mit Fairness und Initiative sich erfolgreich die Fortführung des Tabakhandels mit Indonesien von den Niederländern sicherte. Dieser Vorgang wird als rein privatwirtschaftliches Projekt geschildert, das die beteiligten Händler ohne Zutun weiterer Akteure durchführten. Wie jeder gute Mythos hat auch dieser einen wahren Kern. Der Tabakmarkt in Bremen entstand in der Tat aus dem Zusammenspiel bremischer Firmen mit Vertretern der indonesischen Staatsplantagen. Aber diese Erzählung blendet vollkommen die staatliche und juristische Aktivität aus, die zur Errichtung des Tabakmarktes in Bremen und seiner Aufrechterhaltung vonnöten war. Im Folgenden wird zu zeigen sein, dass das, was als Bremer Tabakmarkt bezeichnet wird, nicht nur eine sehr voraussetzungsreiche Einrichtung war, sondern auch eine hochgradig regulierte und re-

20 Ebda.

gulative Institution, die allein durch das freie Spiel der Marktkräfte wahrscheinlich nicht entstanden und nicht aufrechterhalten worden wäre. Ohne die politischen Ereignisse im Zuge der Dekolonisation Indonesiens und die Unterstützung der bundesdeutschen Regierung war der Bremer Tabakmarkt nicht denkbar.

Für die europäische Zigarrenindustrie (aber nicht die Zigarettenherstelllung) war Tabak aus dem heutigen Indonesien im letzten Drittel des 19. Jahrhunderts zu einem wichtigen Rohstoff geworden. Importe dieser Tabake machten kurz vor dem Ersten Weltkrieg beinahe die Hälfte der deutschen Rohtabakeinfur aus (Abb. 1).[21] Tabakblätter von Sumatra und Java waren als hochwertige Deckblätter, Umblätter und Einlagen begehrt. Seit 1880 kauften Bremer Tabakhändler auf den Auktionen in Amsterdam und Rotterdam erhebliche Anteile der Ernte niederländischen Kolonialtabaks für die einheimische Zigarrenherstellung und den Handel. Aus diesem Handel entstanden langanhaltende Beziehungen zwischen niederländischen und deutschen Tabakhändlern, die im Ersten Weltkrieg und in der Zwischenkriegszeit stabil blieben[22] und erst mit dem Zweiten Weltkrieg endeten.

Der Zweite Weltkrieg bedeutete für die niederländische Kolonialherrschaft ebenfalls einen Wendepunkt. Mit der Eroberung der Niederlande durch die Wehrmacht im Mai 1940 wurden die niederländischen Kolonien de facto zu einem selbstregierten Territorium. Unter der niederländischen Kolonialherrschaft war die einheimische Bevölkerung von verantwortlichen Positionen in Verwaltung, Militär, Schifffahrt und Wirtschaft ausgeschlossen. Auch daher wurde die japanische Besetzung zunächst von Teilen der Bevölkerung in der Hoffnung auf größere Partizipation willkommen geheißen. Die japanische Besatzungsherrschaft betrachtete das besetzte Territorium jedoch vorwiegend als Ressourcenlieferant für die Kriegsführung und wandte Zwang und Gewalt zu seiner Ausbeutung an. Unter der japanischen Besatzung erstarkte die indonesische Unabhängigkeitsbewegung. Im politischen Vakuum zwischen dem Ende der japanischen Besatzung und der Restauration der niederländischen Kolonialherrschaft erfolgte die einseitige Erklärung der indonesischen Unabhängigkeit am 17. August 1945. Die Niederlande gedachten jedoch die Ressourcen ihrer Kolonie zum Wiederaufbau zu nutzen und waren nicht gewillt, die Loslösung zu akzep-

21 Zur Bedeutung der Niederlande für den Import von Rohtabak nach Deutschland siehe: *L. Rischbieter/M. Jakob*, A matter of location? Traders and manufacturers of colonial goods in the 19th-century Rhine economy, in: *R. Banken/B. Wubs* (Hg.), The Rhine. A transnational economic history. Baden-Baden 2017, S. 147–173.

22 Vgl. *Döhle*, Tabakmarkt; vgl. auch *H. Ritter*, Mein Lebensbuch (Ms.), in Nachlass Friedrich Prüser, Staatsarchiv Bremen (StAB) 7.111, 52.

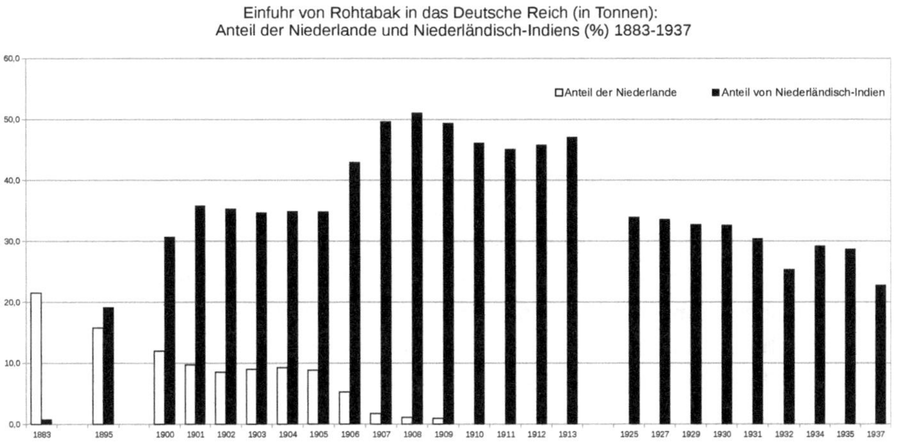

Abb. 1

tieren.[23] Die indonesische Unabhängigkeitsbewegung war sich dessen bewusst und hatte sich auf einen bewaffneten Konflikt vorbereitet. Nach anfänglichen Zusammenstößen mit britischen Truppen kämpften niederländische Soldaten ab 1946 in Indonesien, bis 1949 die Niederlande den neuen Staat anerkannten und formell die Souveränität an Indonesien übertrugen. Der Konfrontationskurs und der vierjährige Unabhängigkeitskrieg hinterließen ein zerrüttetes Verhältnis zwischen der ehemaligen Kolonie und den ehemaligen Kolonialherren.[24]

Trotzdem folgte der politischen Dekolonisation nicht unmittelbar die wirtschaftliche Unabhängigkeit. Im Gegenteil bestand eine ausgesprochene Kontinuität der beherrschenden Stellung von Niederländern in Wirtschaft und Verwaltung, obwohl einige indonesische Beamte unter der japanischen Herrschaft in höhere Positionen aufgerückt waren. Mehr als 100.000 niederländische Staatsbürger verblieben nach der Unabhängigkeit in Indonesien, und der Außenhandel, das Bankwesen und der Verkehr wurden von niederländischen Firmen kontrolliert[25], zum Teil aufgrund von Bedingungen, die die Niederlande an die Unabhängigkeit geknüpft hatten.[26] In der indonesischen Führung bestand ein Konsens darüber, dass die Wirtschaft des jungen Staates unter dem Mangel einer einhei-

---

23 *H. Dick*, Formation of the Nation state, in: Ders. et al. (Hg.): The Emregence of a National Economy. An economic history of Indonesia, 1800 – 2000, S. 153 – 193, hier S. 168.

24 Vgl. Ebda., S. 153 – 170.

25 *A. Booth*, The Indonesian economy in the nineteenth and twentieth centuries. A history of missed opportunities, Basingstoke/New York 1998, S. 61 f.

26 *Dick*, Formation, S. 170 f.

mischen Unternehmerschaft und der Vormachtstellung ausländischer Firmen litt, doch die Versuche, die Bildung einer indonesischen Wirtschaftselite durch staatliche Förderung zu forcieren, schlugen weitgehend fehl.[27] Die ersten Jahre nach der Unabhängigkeit waren für die indonesische Bevölkerung durch andauernde Entbehrungen geprägt, und Enttäuschung über die Errungenschaften der Unabhängigkeit war weit verbreitet.[28]

Ende der 1950er Jahre mündete die Enttäuschung der in die Unabhängigkeit gesetzten Hoffnungen in die Sezession indonesischer Provinzen von der Zentralregierung in Jakarta. Der Einsatz militärischer Gewalt zur Niederschlagung der Sezessionsbewegung markierte das Ende der parlamentarisch-demokratischen Phase nach der Unabhängigkeit und die Umwandlung des Staatswesens in eine autoritäre Herrschaft unter Präsident Sukarno. Die Errichtung des autoritären Regimes zwischen 1957 und 1960 bedeutete zugleich eine straffere Lenkung der indonesischen Wirtschaft und eine Verschärfung der Haltung gegenüber den Niederlanden und den niederländischen Staatsbürgern und Unternehmen in Indonesien.[29] Den Anlass zum rigiden Vorgehen gegen niederländische Firmen bildete der politische Streit um die Zugehörigkeit West-Guineas bzw. West-Irians, das 1949 unter niederländischer Kontrolle verblieben war.

Im Dezember 1957 scheiterten die Verhandlungen über West-Guinea, und Sukarno benutzte die niederländischen Besitzungen und die niederländischen Staatsbürger in Indonesien als politisches Druckmittel. Damit begann die Enteignung der niederländischen Unternehmen und die Ausweisung niederländischer Staatsbürger.[30] Innerhalb weniger Tage wurden die Geschäftsführer niederländischer Firmen ihrer Posten enthoben und die Unternehmen unter die Kontrolle des Staates gestellt. Die Aktion war ausschließlich gegen niederländisches Eigentum gerichtet, während ausländische Firmen anderer Herkunft nicht betroffen waren. Insgesamt wurden etwa 700 Unternehmen und 500 Plantagen unter staatliche Verwaltung gestellt, über deren Wert später heftig gestritten wurde.[31]

Zur Verwaltung der zahlreichen Plantagenbetriebe, die *cash crops* für den Export produzierten, wurde eilig die *Pusat Perkebunan Negara-Baru* (PPN-Baru, ungefähr „Neue Verwaltung der Staatsbetriebe)“ gegründet und mit der Auf-

---

27 *Booth*, Indonesian Economy, S. 311–315.
28 *E. Bogaerts, Els/R. Raben*, Beyond empire and nation, in: Dies. (Hg.), Beyond Empire and Nation. Decolonizing Societies in Africa and Asia, 1930s-1970s, Leiden 2012, S. 7–22, hier S. 14.
29 *Booth*, Indonesian Economy, S. 63–65.
30 Einen chronologischen Abriss bietet: *T. Lindblad*, Bridges to new business. The economic decolonization of Indonesia, Leiden 2008, S. 177–208.
31 Ebda., S. 184.

rechterhaltung der Produktion beauftragt.[32] Jedoch machte sich die Ausweisung zahlreicher niederländischer Staatsbürger in Form eines Fachkräftemangels bemerkbar: Auf den Plantagen der Deli Maatschaapij im Norden Sumatras sank die Zahl der technisch und kaufmännisch qualifizierten Mitarbeiter aller Nationalitäten im Jahre 1958 von 138 auf 72.[33] Die PPN Baru war ebenfalls dafür zuständig, weitere Exporte in die Niederlande zu unterbinden. In der Tat wurde die Tabakernte von den Plantagen der Landbouw-Maatschappij Oud-Djember (LMOD) nicht nach Amsterdam, sondern nach Bremen und Antwerpen verschifft, jedoch scheint es niederländischen Händlern gelungen zu sein, den Boykott mit Hilfe britischer und deutscher Mittelsmänner zu umgehen.[34] Diese Vermutung besitzt Plausibilität, da ab 1958 die beiden führenden deutschen Reedereien HAPAG (Hamburg) und Norddeutscher Lloyd (Bremen) einen Teil des Frachtgeschäfts der niederländischen KPM übernommen hatten.[35]

Das Jahr 1958 bedeutete somit eine Zeit großer Zukunftsunsicherheit für die niederländischen Unternehmen, deren Besitz ja unter staatliche Kontrolle gestellt, aber nicht formell enteignet worden war. Es war für sie kaum abzusehen, ob und wie sie ihr Geschäft weiterführen könnten, auch wenn eine Entschädigung im Falle der Enteignung gezahlt werden würde. Der indonesische Staat wachte argwöhnisch über Unternehmensverkäufe und annullierte sie mitunter. Für beide Seiten war diese Situation nicht lange tragbar, da auch der indonesische Staat auf Exporterlöse angewiesen war.[36]

Das Nationalisierungsgesetz vom 27. Dezember 1958 verfügte, dass alle niederländischen Unternehmen, die seit dem 3. Dezember 1957 unter Kontrolle des indonesischen Staates gestanden hatten, verstaatlicht werden sollten, ausgenommen diejenigen, die vor dem 15. April 1958 an nicht-niederländische Eigentümer übergegangen waren. Die Eigentümer sollten eine von einer Regierungskommission festgesetzte Entschädigung erhalten. Die allerersten Besitzungen, die auf Grundlage dieses Gesetzes am 23. Februar 1959 enteignet wurden, waren 38 Tabakplantagen der Gesellschaften Deli Maatschappij, Senembah, LMOD und Djelboek auf Sumatra und Java. Zusammen mit weiteren 98 Plantagen, deren formelle Enteignung vorgemerkt war, gingen sie in der PPN Baru auf, die dadurch zu einem Staatsunternehmen beträchtlicher Größe anwuchs.[37] Weitere Verstaatlichungen folgten im Laufe des Jahres 1959. Inmitten dieser Nationalisierungs-

32 Ebda., S. 184, 188.
33 Ebda., S. 190.
34 Ebda., S. 188.
35 Ebda.
36 Ebda., S. 193.
37 Ebda., Bridges, S. 195 f.

welle erreichte Indonesien im August 1959 die Nachricht, dass in Bremen in letzter Instanz eine Klage der Plantagengesellschaften Deli und Senembah abgewiesen worden war. Damit besaßen die Enteignungen nach deutschem Recht Gültigkeit, und Käufer des Tabaks von indonesischen Staatsplantagen erwarben somit rechtskräftige Eigentumstitel, was die niederländischen Gesellschaften stets bestritten hatten. Das aus den indonesischen Enteignungen herrührende rechtliche Risiko hatte nicht nur die Verhandlungen zwischen dem bremischen Tabakhandel und Indonesien geprägt und die Einschaltung staatlicher Garantien bewirkt, sondern auch für Verstimmungen zwischen dem Königreich der Niederlande und der Bundesrepublik gesorgt.

4 Rechtliche, diplomatische und wirtschaftliche Probleme bei Gründung des Bremer Tabakmarktes

Im November 1958 bereiste, wie erwähnt, eine Delegation aus Indonesien Westdeutschland, Belgien, Italien und Dänemark, um die Einrichtung einer Verkaufsorganisation für indonesischen Tabak in Hamburg, Bremen, Antwerpen, Mailand oder Kopenhagen auszuloten. Die genannten Länder bildeten mit ihrer Zigarrenindustrie neben den Niederlanden die Hauptabnehmer indonesischen Rohtabaks in Europa. Nach dem Besuch der indonesischen Regierungsdelegation in Bremen bemühten sich die Bremer Landesregierung und am Tabakhandel mit Indonesien interessierte Bremer Firmen gemeinsam darum, den Tabakmarkt nach Bremen zu holen. Es war den Beteiligten von Beginn an bewusst, dass ohne eine Absicherung gegen das Rechtsrisiko das riskante Geschäft nicht zustande kommen würde.

In Bremen bildete sich eine Gruppe aus fünf Tabakhandelsfirmen, die mit den Indonesiern das Projekt vorantreiben wollte: Handelsgesellschaft Franz Krager mbH, Hellmering & Köhne Co, Hoffmann & Leisewitz, Gebrüder Kulenkampff sowie Köster & Schriefer (letztere entsandte nach der Gründung der DITH Direktionsmakler zu den Einschreibungen).[38] Von Anfang an begleiteten der Bremer Senat und die Bundesregierung das Vorhaben. Ende November 1958 sprachen der Vertreter Bremens beim Bund, Staatsrat Heinrich Barth, und der Bremer Senator für Außenhandel Ludwig Helmken mit Beamten der außenwirtschaftlichen Ab-

38 Vgl. Jahresbericht der DITH 1968 der vermerkt, dass neben Köster & Schriefer auch die indonesische Maklerfirma PENTARA erstmals gleichberechtigt als Direktionsmakler tätig gewesen sei.

teilung des Bundeswirtschaftsministeriums und der handelspolitischen Abteilung des Auswärtigen Amtes über die Möglichkeit, Bremen mit einer Finanzierungshilfe zu unterstützen und so Indonesien zu einer Entscheidung gegen die starke belgische Konkurrenz zu bewegen[39]. Dabei betonte Helmken in seiner Darstellung, dass Indonesien fest entschlossen sei, den Markt aus Amsterdam weg zu verlegen, so dass niederländische Interessen nicht berührt würden, wenn die Bundesregierung das Vorhaben fördere.[40] Das Auswärtige Amt wies die deutsche Botschaft in Jakarta an, bei der indonesischen Regierung das Interesse der Bundesrepublik an der Verlagerung des Tabakmarktes nach Bremen vorzubringen, wobei es gleichzeitig den Bremern riet, der niederländischen Seite den Wechsel durch das Einräumen von Vorteilen schmackhaft zu machen.[41] Mitte Dezember 1958 schien die indonesische Regierung bereits eine Entscheidung zugunsten Bremens getroffen zu haben, woraufhin die belgischen Vertreter neue Angebote unterbreiteten, um die Entscheidung zu ändern.[42] Die Verhandlungen in Jakarta zogen sich bis Jahresanfang 1959 und kamen erst nach der endgültigen Entscheidung über die Enteignung der niederländischen Besitzungen zu einem Abschluss.

Das indonesische Enteignungsgesetz vom 27.12.1958 verlieh der Frage nach dem rechtlichen Status der Tabakernten zentrale Bedeutung.[43] Die enteigneten niederländischen Plantagengesellschaften verlauteten öffentlich in Zeitungsanzeigen, dass sie die Enteignungen für unrechtmäßig erachteten und dass sie alle Käufer, die Tabak aus Ernten der beschlagnahmten Plantagen erwarben, gerichtlich belangen würden.[44] Die Bremer Interessenten verwiesen gegenüber der Bundesregierung darauf, dass Belgien offenbar die Deckung des Eigentumsrisikos

---

39 Vgl. Fernschreiben von Heinrich Barth an den Präsidenten des Senats und den Senator für Häfen, Wirtschaft und Finanzen, 24.11.1958 betr. Tabakimport aus Indonesien, StAB 4,35–4426; Aufzeichnung von Staatssekretär van Scherpenberg betr. Verlegung des indonesischen Tabakmarkts von Amsterdam nach Bremen, 01.12.1958, Politisches Archiv des Auswärtigen Amtes (PAA) B61/109.

40 Vgl. Schreiben des Bremer Senators für Außenhandel Ludwig Helmken an Bundeswirtschaftsminister Ludwig Erhard, 26.11.1958, PAA B61/109.

41 Vgl. Schreiben des Auswärtigen Amtes an die Botschaft der Bundesrepublik Deutschland in Jakarta, 10.12.1958, PAA B61/109.

42 Schnellbrief des Bundesministeriums für Wirtschaft an das Auswärtige Amt, 19.12.1958, PAA B61/109.

43 Vgl. Schreiben des Bundeswirtschaftsministeriums an das Auswärtige Amt, das Bundesfinanz- und Bundesjustizministerium, 07.01.1959, PAA B61/109. Das Bundeswirtschaftsministerium sah die Gefahr, dass die niederländischen Firmen die Verlagerung durch gerichtliche Maßnahmen empfindlich störten, und wollte das Risiko einer erfolgreichen Klage abschätzen.

44 Vgl. Anzeige aus Bremer Nachrichten vom 31.12.1958 und Hamburger Abendblatt vom 02.02.1959, PAA B61/109.

durch die Zusage einer Bank in Aussicht gestellt habe; das Bundeswirtschaftsministerium prüfte daraufhin die Deckung des Beschlagnahmerisikos durch den Bund und legte den Vorschlag dem Hermes-Ausschuss vor, der sich aber am 8. Januar 1959 dagegen aussprach, das Vorhaben mittels der Hermes-Instrumente abzusichern: Die Bundesregierung hatte starke Bedenken dagegen angemeldet, offen den Transfer des Tabakmarktes abzusichern, da der niederländische Botschafter bereits Protest eingelegt hatte.[45]

Sowohl die indonesische wie die bremische Seite versuchten die Bundesregierung dazu zu bewegen, eine Garantie gegen das Rechtsrisiko abzugeben, wobei die Bremer Landesregierung ankündigte, einen Teil des eventuellen Ausfalls zu übernehmen.[46] Die indonesischen Regierungsvertreter knüpften die Erteilung einer Zusage an Bremen an die Zusage einer unwiderruflichen Sicherheit in Höhe von 25 Millionen DM und konkurrenzfähige Bankzinsen.[47] Es war für die Bundesregierung zu diesem Zeitpunkt jedoch nicht opportun, Bremen bei der Überführung des Tabakmarktes von Amsterdam offen zu unterstützen, obwohl in den Akten der beteiligten Ressorts keine Einwände gegen die Transaktion an sich geäußert wurden. Noch während der Verhandlungen in Jakarta über den zukünftigen Standort des Tabakmarktes am Jahresanfang 1959 bemerkte das Auswärtige Amt, dass die Bundesregierung kaum die Überführung beschlagnahmten Eigentums unterstützen wolle, da die Bundesrepublik gleichzeitig bemüht sei, die unberechtigte Beschlagnahme deutschen Eigentums im Ausland nach Kriegsende zu beseitigen; daher sei es kaum zu vertreten, eine Garantie gegen Beschlagnahme zu übernehmen und dadurch zum Kauf beschlagnahmten Eigentums zu ermuntern.[48] Der niederländische Außenminister Luns warf in einem Schreiben an Außenminister von Brentano der Bundesregierung vor, durch ihre Förderung der Bremer Verhandlungen in Indonesien unlautere Geschäfte zu unterstützten, und verlangte eine Einstellung aller Hilfestellung für die deutschen Geschäfts-

---

45 Fernschreiben von Heinrich Barth an den Präsidenten des Senats und Senator für Häfen, Wirtschaft und Finanzen betr. Indonesien-Tabake, 12.01.1959, StAB 4,35 – 4426.

46 Vgl. Vermerk betr. Verlegung des Markts für indonesischen Tabak nach Bremen, 12.01.1959, der über einen Besuch Barths im Auswärtigen Amt berichtet, bei dem auch die Bedenken gegen eine offene Unterstützung ausgesprochen wurden, und Schreiben der Botschaft der Bundesrepublik in Jakarta an das Auswärtige Amt vom 14.01.1959, in dem Botschafter Bassler Bericht über die Verhandlungen in Indonesien erstattet, PAA B61/109.

47 Schreiben des Landwirtschaftsministeriums und des Handelsministeriums der Republik Indonesien an Georg Falkenhagen und Walter Gillessen, 17.01.1959, PAA B61/109.. Gillessen (Fa. Franz Karg) und Falkenhagen (Fa. Hellemring & Köhne) führten als Vertreter des Bremer Tabakhändler die Verhandlungen in Jakarta.

48 Fernschreibenvon Heinrich Barth an Präsidenten des Bremer Senats und den Senator für Häfen/Wirtschaft/Finanzen betr. Indonesien-Tabake, 12.1.1959, StAB 4,35 – 4426.

leute.[49] Hinzu kam, dass der Vorgang um den Tabakmarkt mit dem Export von auf der Bremer Lürssen-Werft gebauten Schnellbooten für die indonesische Kriegsmarine und der Lieferung von Ausrüstung zur Ausbildung von Fallschirmtruppen des indonesischen Heeres verknüpft wurde: Die Niederländer warfen der Bundesrepublik vor, einen potenziellen militärischen Gegner der Niederlande auszurüsten, und erbaten als NATO-Partner Angaben über die Einsatzmöglichkeiten und Fähigkeiten der Boote.[50]

Angesichts der diplomatischen Proteste verhielt sich Auswärtige Amt vorsichtig, während das Bundeswirtschaftsministerium darauf drängte, den Transfer zu ermöglichen, da damit auf Jahrzehnte der Bremer Hafen die Drehscheibe eines erheblichen Handels werden würde. Anfang Februar beschlossen Ressortvertreter der Bundesministerien für Finanzen, Justiz, Wirtschaft und des Auswärtigen Amtes, dass das Bundesfinanzministerium nach einem unauffälligen Weg suchen solle, auf dem der Bund eine Bürgschaft für das Ausfallrisiko im Falle erfolgreicher niederländischer Klagen übernehmen könne.[51] Noch am 09. Februar 1959 wandte sich der Bremer Bürgermeister Wilhelm Kaisen in einem Telegramm direkt an Bundeskanzler Adenauer und drängte ihn zur Abgabe einer Bundesgarantie, da neben Antwerpen auch Mailand den Indonesiern umfangreiche Bürgschaften angeboten hatten.[52] Es geht aus den gesichteten Akten nicht eindeutig hervor, ob für den Vertragsabschluss zur Gründung der DITH am 13. Februar 1959 eine Bundesbürgschaft vorlag. Für die Tabakernte von 1958 hatten die Bremer einen vorübergehenden privaten Versicherungsschutz von 12,2 Millionen DM aufgebaut; für das weitere Konsignationsgeschäft gingen die Bremer Schätzungen dahin, dass der Bremer Senat einen Betrag von 5 Millionen DM gewährleisten sollte, während der Bund eine Rückgarantie für eine Bankbürgschaft in Höhe von 50 Millionen DM übernehmen sollte.[53]

In den Niederlanden wurde der Vertragsabschluss vom 13. Februar und damit die Festschreibung der Entscheidung, den Tabakmarkt nach Bremen zu verlegen, erwartungsgemäß mit heftiger Kritik aufgenommen. Der niederländische Au-

---

49 Schreiben von Luns an Brentano, 13.01.1959, PAA B61/109.

50 Vgl. Aufzeichnungen von Bergens vom 24.01.1959 und 11.02.1959, PAA B24/199.

51 Vgl. Aufzeichnung zur Abteilungsleiterbesprechung vom 03.02.1959, 04.02.1959, PAA B61/109.

52 Fernschreiben von Wilhelm Kaisen an Konrad Adenauer, 09.02.1959, BAK B 136/7748.

53 Vgl. Schreiben des Vertreters Bremens beim Bund Heinrich Barth an Ministerialrat Praß im Bundeskanzleramt, 24.02.1959, PAA B109/61; und Schreiben des Botschafters der Bundesrepublik in Indonesien, Bassler, an das Auswärtige Amt, 14.01.1959, PAA B61/109, in dem Bassler erwähnt, dass bremische Firmen bei Lloyd's of London mit Unterstützung des indonesischen Botschafters über einen Versicherungsschutz verhandelten.

ßenminister richtete eine Verbalnote an seinen bundesdeutschen Kollegen, in der er die von Indonesien genannte Bedingung einer bundesdeutschen Unterstützung des Transfers aufgriff und von der Bundesregierung die Zusage an die befreundete Regierung der Niederlande verlangte, das Risiko der Geschäftsleute nicht durch Hermes-Bürgschaften abzusichern.[54] In seiner Antwortnote betonte Außenminister von Brentano, dass die diplomatische Unterstützung der Bremer Geschäftsleute durch das Auswärtige Amt sich auf die Bekundung des Interesses der Bundesregierung an dem Transfer beschränkt habe und stets davon ausgegangen sei, dass Indonesien auf keinen Fall den Tabakmarkt in den Niederlanden belassen würde, so dass die Bundesregierung den gegen die Niederlande gerichteten indonesischen Maßnahmen keinen Vorschub geleistet hätte. Die Verbalnote konnte wahrheitsgemäß auf die Forderung des niederländischen Außenministers antworten, dass die Bundesregierung das Beschlagnahmerisiko nicht durch das spezifische Mittel der Hermes-Bürgschaft absicherte. Das Auswärtige Amt habe die Bremer Geschäftsleute zudem auf das rechtliche Risiko hingewiesen, dass aus den indonesischen Enteignungen entstanden war.[55] Der Streit um die Eigentumsrechte, der den diplomatischen Verstimmungen zugrunde lag, wurde noch dadurch verkompliziert, dass die ausschließlich gegen niederländischen Besitz gerichteten indonesischen Enteignungsgesetze einen völkerrechtlichen Präzedenzfall geschaffen hatten.

In der juristischen Literatur entstand zeitgleich zu den Vorgängen in Indonesien eine Debatte darüber, inwiefern Verstaatlichungen, die eine bestimmte Nationalität diskriminierten, völkerrechtlich einzuordnen seien. Stellten solche Enteignungen einen Bruch des Völkerrechts dar, oder entstanden auch durch eine diskriminierende Praxis im konkreten Fall legale Eigentumsrechte der indonesischen Regierung an den ehemals niederländischen Wirtschaftsbetrieben und deren Erzeugnissen?[56] Solange eine gerichtliche Klärung ausstand, bestand für einen Käufer des betreffenden Rohtabaks das Risiko, die erworbene Ware und den gezahlten Kaufpreis zu verlieren. Dass eine privatwirtschaftliche Versicherung gegen dieses Risiko schwierig zu organisieren war, zeigen die oben geschilderten Vorgänge. Die Bremer Firmengruppe hatte sich daher bereits früh um eine Einschätzung des Risikos bemüht und eine örtliche Kanzlei mit der Erstellung eines

54 Verbalnote des niederländischen Außenministers an die Bundesregierung, 16.02.1959, PAA B61/109.

55 Verbalnote des Auswärtigen Amtes an die niederländische Bootschaft, 14.03.1959, PAA B61/109.

56 Vgl. *A. Verdross*, Die Nationalisierung Niederländischer Unternehmungen in Indonesien im Lichte des Völkerrechts, in: Netherlands International Law Review 6, 1959, S. 278–290, doi:10.1017/S0165070X00027273.

Gutachtens beauftragt, das die Tabakhandelsfirmen auch als Argument gegenüber dem Bremer Senat einsetzten.

In diesem Gutachten identifizierten die Verfasser drei mögliche Störungen des Tabakhandels, die aus niederländischen Ansprüchen entstehen könnten: Potenzielle Käufer würden verunsichert, die Bremer Importeure könnten ihrer im Voraus geleisteten Zahlungen und der Ware verlustig gehen, und die indonesischen Verkäufer riskierten den Verlust ihrer Einnahmen. Die indonesische Seite war nach Einschätzung der Anwälte vor allem an garantierten Exporterlösen interessiert, die die bundesdeutsche Seite jedoch nicht zusichern konnte. Das Gutachten verwies daher auf die angeblichen Garantien der belgischen Staatsbank, die in den Verhandlungen zur Sprache gekommen waren.[57] Die Bremer Anwälte schätzten jedoch die tatsächlichen Erfolgsaussichten einer Klage der niederländischen Plantagengesellschaften als gering ein. Sie schrieben, dass die niederländische Seite ihre Ansprüche auf die Diskriminierung der Niederländer bei der Inbesitznahme und Verstaatlichung von Unternehmen durch den indonesischen Staat stützten, dass aber dieser Fall von Diskriminierung sich qualitativ von der Diskriminierung etwa der Juden durch die nationalsozialistische Gesetzgebung unterschied. Denn die Emanzipation der asiatischen und afrikanischen Völker von ihren früheren Kolonialherren sei international anerkannt und eine Erscheinung der Zeitgeschichte, so dass die Niederländer nicht aufgrund ihrer Nationalität diskriminiert würden, sondern aufgrund ihrer früheren Rolle als Kolonialmacht.[58] In der späteren Urteilsbegründung des Bremer Oberlandgerichtes zugunsten der DITH sollte dieses Argument einer historischen Herleitung und Legitimation der diskriminierenden Enteignungspraxis interessanterweise wieder auftauchen.

Zugleich erhielt Barth in einer Unterredung mit dem Leiter der handelspolitischen Abteilung des Auswärtigen Amtes Harkort eine optimistische Einschätzung des Beschlagnahmerisikos, wenngleich Harkort klar erkennen ließ, dass die Bundesregierung kaum bereit sei, das Beschlagnahmerisiko zu decken. Da jedoch ein niederländischer Kläger zweifelsfrei seinen genauen Anteil an einer bestimmten Partie Tabak von den umstrittenen Plantagen belegen müsste und dieser Nachweis sehr schwierig zu erbringen sei, schätzte Harkort die Gefahr einer

57 Prospekt für die Bildung einer Bremer Tabakbörse, zunächst im Hinblick auf indonesischen Tabak, 06.01.1959, StAB 4,35–4426., übersandt mit Schreiben von Dr. Willner (Anwaltskanzlei Schackow, Lemke, Hobelmann, Willner, Schottelius und Köhler, Bremen), an den Bremer Bürgermeister Noltenius, 08.01.1959 betr. Indonesien Tabake, StAB 4,35–4426.

58 „Die indonesische Gesetzgebung richtet sich mithin nicht gegen die Holländer, weil sie Holländer sind, sondern gegen die bisherige Kolonialmacht", aus: Prospekt für die Bildung einer Bremer Tabakbörse, zunächst im Hinblick auf indonesischen Tabak, 06.01.1959, StAB 4,35–4426.

Intervention vor deutschen Gerichten als gering ein[59], womit er zwar einer Bundesdeckung eine Absage erteilte, aber die Bremer Unternehmen wiederum zu dem von der Bundesregierung ja erwünschten Geschäft ermunterte.

Im „Senembah-Prozess“ von 1959 klagten die beiden großen Plantagengesellschaften Deli Maatschappij und Senembah Maatschappij (beide mit Sitz in Amsterdam) gegen die Deutsch-Indonesische Tabak-Handelsgesellschaft. Sie bestritten die Rechtmäßigkeit des Besitzes an Tabaklieferungen, die 1959 von der indonesischen Plantagenverwaltung nach Bremen verschifft worden waren, wo sie von der DITH verkauft werden sollten. Die Niederländer vertraten den Standpunkt, dass die Beschlagnahme und Verstaatlichung ihrer Plantagen in Folge des indonesischen Gesetzes vom Dezember 1957 einen völkerrechtswidrigen Akt dargestellt hatten und infolgedessen auch kein rechtmäßiges Eigentum an den Erzeugnissen dieser Plantagen bestehen könne. Das Landgericht Bremen wies jedoch mit Urteil vom 21. April 1959 in erster Instanz die Klage der Deli- und der Senembah-Gesellschaft ab. Es betrachtete die Enteignungen der Plantagen als rechtmäßig, womit die Pflanzer-Gesellschaften erst gar kein Eigentum an dem versandten Tabak hatten erwerben können. Auch wenn es eine Diskriminierung der Niederländer gegeben habe, verlören die nach geltendem indonesischen Recht durchgeführten Enteignungen, für die eine Entschädigung vorgesehen war, nicht an Rechtskraft. Und die indonesischen Enteignungsgesetze verlören auch im Falle des in Deutschland befindlichen Tabaks nicht ihre Wirkung, da kein sog. Inlandsbezug des Falles bestehe.[60]

Gegen dieses Urteil erhoben nicht nur die klagenden Gesellschaften Einspruch. Auch andere Gerichte und die Rechtswissenschaft kamen zu abweichenden Schlussfolgerungen. Im Juni 1959 entschied das Oberlandesgericht Amsterdam über eine Klage der enteigneten Plantagengesellschaften gegen die indonesische Staatsbank und kam zu dem Schluss, dass mit der gezielten Enteignung ausschließlich niederländischen Besitzes das Völkerrecht verletzt worden war.[61] Das Bremer Urteil vom April 1959 wurde unmittelbar nach seiner Verkündung von dem Experten für Völkerrecht Ignaz Seidl-Hohenveldern kritisiert, dessen juristische Schriften im Vorfeld und für die Urteilsfindung selbst herangezogen worden waren. Seidl-Hohenveldern bemerkte, dass das Bremer Landgericht den Fall nicht in seiner vollen Bedeutung erfasst und neueste Entwick-

59 Fernschreiben von Heinrich Barth an den Präsidenten des Bremer Senats und den Senator für Häfen/Wirtschaft/Finanzen betr. Indonesien-Tabake, 12.1.1959, StAB 4,35 – 4426.

60 Vgl. Art. Berufung im Bremer Tabakprozeß, in: Bremer Nachrichten vom 19.06.1959.

61 o. A., Enteignung niederländischer Plantagen in Indonesien, in: Außenwirtschaftsdienst des Betriebsberaters 5, 9, 1959, S. 207–209.

lungen im Völkerrecht nicht zur Kenntnis genommen habe.[62] Aufgrund seiner internationalen Tragweite und völkerrechtlichen Bedeutung erlangte der Fall auch im Ausland Aufmerksamkeit. Ein niederländischer Korrespondent des *Economist* bezeichnete die offene Diskriminierung der niederländischen Firmen als einen Bruch internationalen Rechts, der den Niederländern trotz des ersten ablehnenden Urteils eine starke rechtliche und moralische Position verschaffte.[63] Als die ersten Einschreibungen für indonesischen Tabak Mitte des Jahres 1959 stattfanden, war der rechtliche Status der Ware immer noch umstritten.

Das letztinstanzliche Urteil des Oberlandesgerichtes Bremen vom 21. August 1959 wies die Berufung der Deli- und Senembah-Gesellschaften ab. Seidl-Hohenveldern sah zwar immer noch zahlreiche ungeklärte juristische Fragen[64], aber mit dem Urteil war praktisch die erwünschte Gewissheit über den Rechtsstatus des Tabaks erlangt und das größte Hindernis für den Tabakhandel überwunden. Der Transfer des Tabakmarktes nach Bremen war augenscheinlich nicht mehr zu verhindern gewesen, was am besten dadurch illustriert wird, dass niederländische Tabakhandelsfirmen bereits seit dem Frühjahr 1959 Büros in Bremen eröffnet hatten, um an den Auktionen teilzunehmen.[65] Der „Tabak-Krieg auf Bremer Wallstatt", wie die ZEIT martialisch titelte[66], war vorläufig beigelegt. Zwar wurde die rechtswissenschaftliche Diskussion auch in den folgenden Jahren weiter geführt[67] und versuchten die niederländischen Plantagengesellschaften auch weiterhin, über neue Gutachten die Rechtmäßigkeit der Enteignung zu widerlegen. Jedoch stellten diese Bemühungen offenbar keine Beeinträchtigung der Funktionsfähigkeit der Tabakbörse mehr dar, auch wenn sie als Argument in den fortlaufenden Streitigkeiten genutzt werden konnten. Indonesien hatte mit der Enteignung des Besitzes der ehemaligen Kolonialmacht einen Präzedenzfall geschaffen. Das Urteil nach deutschem Recht hatte zwar den Plantagengesellschaften die Möglichkeit genommen, Ansprüche auf die Tabakernten anzumelden, aber der niederländische Tabakhandel musste die Beseitigung der den

62 Vgl. *I. Seidl-Hohenveldern*, Enteignung niederländischer Plantagen in Indonesien. Nachprüfbarkeit durch deutsche Gerichte?, in: Außenwirtschaftsdienst des Betriebsberaters 5, 5, 1959, S. 105–107.

63 o. A., Indonesia's Achilles Heel, in: The Economist, 9. Mai 1959, S. 536–538.

64 *I. Seidl-Hohenveldern*, Ausländische Nationalisierungsmaßnahmen und ihre Beurteilung durch deutsche Gerichte. Zum Urteil des Hanseatischen Oberlandesgerichtes Bremen im Bremer Tabakstreit, in: Außenwirtschaftsdienst des Betriebs-Beraters 5, 12, 1959, S. 272–276.

65 o. A., Flucht aus Amsterdam, in: DER SPIEGEL vom 20.05.1959, S. 46 f.

66 DIE ZEIT Nr. 32 vom 07.08.1959; siehe auch „Wem gehört der Sumatra?", DIE ZEIT Nr. 35 vom 28.08.1959.

67 *I. Seidl-Hohenveldern*, Title to Confiscated Foreign Property and Public International Law, in: The American Journal of International Law 56, 2, 1962, S. 507–510.

Handel störenden Unsicherheit genauso begrüßen wie die restlichen Beteiligten, da ja auch die niederländische Zigarrenindustrie genauso auf den Rohtabak angewiesen war wie die der andern Länder. Doch auch im Jahrzehnt nach ihrer Gründung blieb der Markt für indonesischen Tabak zwischen den niederländischen, westdeutschen und indonesischen Parteien umstritten.

5 Deutsch-indonesisch-niederländische Verhandlungen über die Tabakbörse bis 1970

Durch den Gründungsvertrag war mit der DITH ein deutsch-indonesisches joint venture entstanden, das zu jeweils 50 % von indonesischen staatlichen Plantagengesellschaften gehalten wurde (1959 waren es zwei: PT Perkebunan Nusantara II, Nedan, and PT Perkebunan Nusantara X, Surabaya[68], 1984 waren es drei[69]) und zu 50 % von einem Konsortium Bremer Tabakhandelsfirmen (Hellmering & Köhne, Kulenkampff, Hoffman & Leisewitz, sowie Franz Krager) sowie der Bremer Landesbank. Die DITH besaß (und besitzt) einen deutschen und einen indonesischen Geschäftsführer. Der indonesische Geschäftsführer war ein Vertreter der PPN Baru, also ein Staatsbediensteter, während der erste deutsche Geschäftsführer Walther Köhne von der beteiligten Firma Hellmering & Köhne gestellt wurde. Die Besitzverhältnisse und die Besetzung des Postens des deutschen Geschäftsführers änderten sich in den folgenden Jahren zwar im Detail, die DITH blieb aber bis heute ein joint venture zu gleichen Teilen zwischen der indonesischen staatlichen Plantagenverwaltung und einem Zusammenschluss deutscher Firmen und Banken. Die Aufgabe der DITH war und ist der Verkauf der Tabake aus der Produktion der staatlichen Plantagen an die internationalen Abnehmer. Daneben existierten am Bremer Tabakmarkt anfangs 14 weitere Verkaufsgesellschaften für den Vertrieb des Tabaks von privaten Produzenten (sog. Smallholder-Tabake) oder bestimmten Staatsplantagen. Ab 1965 schrumpfte die Zahl der Verkaufsgesellschaften auf drei: die DITH für Staatstabak, die TEMINDO Tabakgesellschaft mbH für smallholder-Tabake und die JAJASAN PERRIN Tabakgesell-

68 Deutsch-Indonesische Tabak-HandelsgesellschaftmbH & Co. KG, 50 years Indonesian cigar tobacco auction in Bremen: successful co-operation, Bremen 2009, S. 3.
69 Siehe: Deutsch-Indonesische Tabak-Handelsgesellschaft mbh & Co. KG (Hg.): 25 Jahre Indonesischer Tabakmarkt in Bremen 1959–1984, Bremen 1984, ohne Paginierung, Abschnitt „Die Struktur des Zentralmarkts in Bremen".

schaft mbH für bestimmte Staatsplantagen.[70] Die Tabake der Staatsplantagen waren quantitativ am bedeutendsten, galten als qualitativ am besten und machten daher meist 80–90 % des Umsatzes aus. 1960/1961 wurde für den Tabakmarkt das noch heute genutzte Gebäude im Überseehafen errichtet und als Betreibergesellschaft 1961 die Tabakbörse GmbH gegründet.[71] Hier fanden seit 1961 die Einschreibungen für Sumatra- und Java-Tabake statt. Die folgende Tabelle zeigt, dass die Verkäufe der indonesischen Rohtabake einen hohen Prozentsatz der Tabakeinfuhr über Bremen ausmachten, zugleich aber in den 1960er Jahren ein Rückgang des Handelsvolumens einsetzte.

Tabelle 1: Verkäufe indonesischen Rohtabaks am Bremer Tabakmarkt, 1959–1971[72]

Verkäufe am Bremer Markt für indonesische Tabake, in Mio DM (nominal)				
Jahr	**Staatsplantagen-Tabake-Einschreibung**	**Smallholder-Tabake-Einschreibung**	**smallholder-und unter der -Hand-Verkäufe**	**Summe Jahr**
1959	109,6	15,3	7	131,9
1960	86,2	13,3	8	107,5
1961	86	18,3	14,3	118,6
1962	115,8	18,2	16,2	150,2
1963	116,4	15,3	10,1	141,8
1964	120,5	24,1	20	164,6
1965	120,2	20,6	45,6	186,4
1966	98,3	12	16	126,3
1967	100,3	16,3	24	140,6
1968	74	11,5	12	97,5
1969	78,3	16,1	9	103,4
1970	66,7	14,8	7,5	89

70 Vgl. Anlage zum Schreiben von Karl Willms, Bremer Senator für Bundesangelegenheiten, an Ministerialdirektor Hanemann, Bundesministerium für Wirtschaft und Finanzen, vom 16.03.1972, BAK B 102/186860.

71 Deutsch-Indonesische Tabak-HandelsgesellschaftmbH & Co. KG, 50 years, S. 4.

72 Zahlen entnommen aus: Anlage zum Schreiben von Karl Willms, Bremer Senator für Bundesangelegenheiten, an Ministerialdirektor Hanemann, Bundesministerium für Wirtschaft und Finanzen, vom 16.03.1972, BAK 186860, und Statistisches Jahrbuch der Freien Hansestadt Bremen, Bände für 1959–1971.

Tabelle 1: Verkäufe indonesischen Rohtabaks am Bremer Tabakmarkt, 1959 – 1971 *(Fortsetzung)*

Verkäufe am Bremer Markt für indonesische Tabake, in Mio DM (nominal)				
Jahr	**Staatsplantagen-Taba-ke-Einschreibung**	**Smallholder-Tabake-Einschreibung**	**smallholder-und unter der-Hand-Verkäufe**	**Summe Jahr**
1971	77,9	12,4	8,5	98,8
Summe	1250,2	208,2	198,2	1656,6

Mit der Gründung der DITH und der Tabakbörse war keineswegs Ruhe im Verhältnis der niederländischen, westdeutschen und indonesischen Parteien eingekehrt. Der Gesellschaftsvertrag zwischen der PPN Baru und der „Bremer Gruppe" wurde auf Zeit geschlossen und musste periodisch verlängert werden. Dadurch ergab sich die Gelegenheit, Änderungen an den Beteiligungen der Gesellschafter und an der Handelstätigkeit durchzusetzen. Zudem unternahmen die Niederländer die sechziger Jahre hindurch Versuche, wieder eine größere Rolle in der Abwicklung des Handels mit indonesischem Tabak zu erlangen oder gar die Tabakbörse nach Amsterdam zurückzuholen.

1968 etwa meldete die westdeutsche Botschaft in Djakarta dem Auswärtigen Amt und dem Bundeswirtschaftsministerium, dass offenbar eine Gruppe um den einflussreichen Direktor im indonesischen Landwirtschaftsministerium, Lubis, den Plan verfolgte, bei Verhandlungen über die DITH in Bremen die deutsche Gruppe mit dem Ziel auszubooten, den Tabakhandel allein in indonesische Hände zu nehmen oder, falls das nicht gelänge, die deutschen Provisionen herabzudrücken und den deutschen Geschäftsführer Walter Köhne, Chef der Tabakhandelsfirma Hellmering, Köhne & Co, durch eine Person zu ersetzen, die nicht selbst im Tabakhandel tätig war (wie eine Bank oder Anwaltskanzlei). Der deutsche Botschafter setzte dem indonesischen Handelsminister Soemitro und dem Gouverneur der indonesischen Staatsbank auseinander, dass die Zurückdrängung der deutschen Beteiligung sich negativ auf die wirtschaftlichen Beziehungen deutscher Firmen mit Indonesien auswirken würde.[73] Das Bundeswirtschaftsministerium war klar daran interessiert, den Tabakmarkt in Bremen zu erhalten, betrachtete aber die Regelung der Details als Angelegenheit der Gesellschafter der DITH. Vor allem sollte der deutsche Anteil nicht unter 50 % sinken, denn dann bestünde die Gefahr der Rückverlagerung nach Amsterdam. Der

73 Fernschreiben des deutschen Botschafters in Djakarta, Bassler, an das BMWi vom 29.07.1968, BAK B 102/186860.

Bund bürgte nach wie vor für Ausfallrisiken und wollte vermeiden, tatsächlich eintreten zu müssen.[74]

Als Ende August 1968 eine indonesische Delegation unter Leitung des besagten Direktors Lubis zur Verlängerung des Gesellschaftsvertrages nach Bremen reiste, war im Vorfeld von Handelsminister Soemitro signalisiert worden, dass nur über Details, nicht aber über Strukturveränderungen geredet werden sollte. Zur Überraschung der bundesdeutschen Verhandlungspartner erhob Lubis trotzdeem Forderungen nach einem Abbau der deutschen Beteiligung, die auf eine alleinige Kontrolle durch die indonesische Seite hinausliefen. Außerdem sollten die deutsche Geschäftsführung ausgeschaltet und die Gebühren der deutschen Partner halbiert werden. Die deutsche Gruppe erklärte, ihre Beteiligung mit 50 % sei nicht verhandelbar, während man über die anderen Punkte diskutieren könnte. Die Bremer Firmenvertreter baten über das Auswärtige Amt den deutschen Botschafter in Djakarta, noch vor der Rückkehr der Delegation nach Indonesien mit Soemitro zu sprechen.[75] Soemitro zeigte sich dem westdeutschen Botschafter zufolge bestürzt und erklärte, die Delegation habe eigenmächtig gehandelt; Forderungen nach einer Reduzierung der deutschen Beteiligung seien nicht Bestandteil ihrer Instruktionen gewesen. Letztendlich beschlossen die Bremer Gruppe und Indonesien nach weiteren Verhandlungen in Djakarta im Februar 1969 einen neuen Vertrag über die DITH, der die Beteiligung zu je 50 % weiter festschrieb, aber in den weiteren Punkten Indonesien entgegenkam: der deutsche Geschäftsführer wurde beibehalten, aber für den Tabakverkauf sollte ausschließlich der indonesische Geschäftsführer zuständig sein. Die Kommissionen wurden herabgesetzt. Auch in einem weiteren heiklen Punkt wurde ein Kompromiss gefunden: Indonesien hatte die Hereinnahme von Geschäftsbanken in das deutsche Konsortium angestrengt, die gegen eine Landes- und Bundesbürgschaft einen Kredit zur Vorfinanzierung der Ernte gewähren wollten.[76] Das Bankenkonsortium und die Bremer Tabakhandelsfirmen sollten jeweils 25 % der Anteile halten, wodurch bei einem entsprechenden Verhalten der Banken im Einklang mit der indonesischen Seite wieder die Möglichkeit bestanden hätte, den Tabakmarkt nach Amsterdam zu verlegen. Die westdeutsche Seite verhinderte dies, indem die Führung des Bankenkonsortiums durch die Bremer Landesbank vertraglich festgeschrieben wurde. Mit dieser Lösung zeigte sich der deutsche Botschafter in

---

74 Vermerk des Referats BMWi IV C 6 an das Referat BMW iV C 3, 02.08.1968, BAK B102/186860.

75 Fernschreiben der „Bremer Gruppppe" (gez. Gillesen) an das Auswärtige Amt, Ref. Z 6 b, vom 30.08.1968, BAK B 102/186860.

76 Vgl. Schreiben des Referats im BMWi VI B 1 [Dr. v. Coelln] – 872044, an Ref. V C 3 betr. Indonesisches Schuldenabkommen, hier: etwaige Übernahme einer Zahlungsgarantie durch die Bank Negara Indonesia oder durch den indonesischen Staat, 12.06.1968, BAK B102/186860.

seinem abschließenden Bericht zufrieden, zumal nun der Verbleib des Tabakmarktes in Bremen für weitere vier Jahre gesichert sei. Zufrieden war Botschafter Bassler auch damit, dass die Bundesregierung nicht offen sichtbar in Erscheinung treten musste, trotzdem aber informell zum richtigen Zeitpunkt Einfluss hätte nehmen können, etwa über den ehemaligen Bremer Senator und Vorstand der Bremer Landesbank Noltenius, der bei den Verhandlungen in Djakarta anwesend gewesen war. Die Niederlande, warnte Bassler, würden dennoch weiterhin versuchen, das Geschäft an sich zu ziehen.[77]

Diese Episode kennzeichnet die Art und Weise, wie das Importgeschäft mit indonesischem Tabak politisch flankiert und abgesichert wurde. Aus den Akten entsteht der Eindruck einer recht reibungslosen, eingespielten Zusammenarbeit zwischen den Bremer Firmenvertretern, den Ministerien und dem Botschafter. Eine Konstante bildet das Bestreben der Bundesregierung, ihre Unterstützung des Tabakhandels gegen die Interessen der Niederlande nicht offen durchzuführen. Ohne eine intensive staatliche Mitarbeit erscheint aber die Aufrechterhaltung des Projekts, nicht zuletzt weil die indonesischen Partner selbst staatliche Stellen waren, kaum denkbar.

Die niederländischen Tabakhändler hatten in der Tat seit Einrichtung der Tabakbörse die Diskriminierung niederländischer Makler beklagt. Neben den vier Bremer Firmen waren erst seit 1968 zwei niederländische Makler zugelassen worden. Im August 1969 erfuhr der deutsche Botschafter in Djakarta, dass Handelsminister Soemitro zwei weitere niederländische Maklerfirmen zulassen wolle. Außerdem erlaubte das Handelsministerium die Ausfuhr bestimmter niedriger Qualitäten über andere Häfen als Bremen. Damit sei die Möglichkeit der legalen und (durch Fehldeklaration) illegalen Umgehung des Bremer Verkaufsplatzes geschaffen worden.[78] Im März 1970 meldete Botschafter Bassler, dass Soemitro auch aufgrund niederländischen Drucks die Verlagerung des Tabakmarktes nach Amsterdam erwäge, zumal der größte Anteil der Tabakexporte in Bremen nach den Niederlanden verkauft werde.[79] Auch in den folgenden beiden Jahren stand die Möglichkeit einer Verlagerung weiter im Raum, wobei es möglich erscheint, dass die indonesische Seite diese Option lediglich als Verhandlungsargument gegenüber der Bundesrepublik Deutschland und den Niederlanden einsetzte. 1969–1972 kündigte sich jedoch eine beginnende Liberalisierung des indonesi-

---

77 Vgl. Schreiben des deutchen Botschafters in Djakarta an das Auswärtige Amt, 04.02.1969 BAK B102/186860.

78 Vermerk des Ref. V C 3, betr. Indonesien – Tabakmarkt, hier: Gefahr der Aushöhlung und Verlegung des Marktes nach Amsterdam, 22.08.1969 BAK B102/186860.

79 Fernschreiben des deutschen Botschafters in Djakarta Bassler an das Auswärtige Amt, 09.03. 1970, BAK B186860.

schen Außenhandel an, durch die die Fortführung des stark reglementierten Bremer Handels langfristig an Bedeutung verlieren würde. Neben der ab 1969 erlaubten freien Ausfuhr von minderen Tabakqualitäten[80] fanden zwei niederländische Firmen einen weiteren Weg der legalen Umgehung der indonesischen Ausfuhrbestimmungen, indem sie auf gepachtetem Privatland in Zusammenarbeit mit indonesischen Pflanzern eigenen Tabak guter Qualität anbauten und exportierten. Die Exporte waren vom Handelsministerium genehmigt worden unter der Maßgabe, dass die Preise 30 % höher liegen sollten als auf den Bremer Auktionen. Hier deutete sich auch an, dass die bescheidene private Erzeugung in Indonesien in Menge und Qualität bedeutender zu werden begann und die *smallholders* sich eine Liberalisierung des Handels wünschten.[81] Verbunden mit der nunmehr deutlich schrumpfenden Nachfrage nach Zigarren auf dem europäischen Markt begann der Abstieg des in den sechziger Jahren für so wichtig erachteten Bremer Tabakmarkts zu einem Nischengeschäft. Heute findet nur noch eine Einschreibung pro Jahr statt, auf der nur wenige Hundert Ballen zum Verkauf kommen.[82]

6 Fazit

Zusammengefasst war die auf den ersten Blick einfache Verlagerung einer Verkaufsorganisation für eine hoch spezifische Ware mit klar bestimmbaren Verkäufern und Käufern ein sehr voraussetzungsreicher Vorgang, der auch die Warenkette der Zigarrenindustrie merklich veränderte. Fünf Bedingungen waren für die Errichtung des Bremer Tabakmarktes notwendig:

Erstens gaben die konfliktreiche Dekolonisation Indonesiens und der außenpolitische Kurs des indonesischen Staates gegenüber den Niederlanden in den 1950er Jahren nicht nur den Anlass für den Transfer, sondern verhinderten auch den Aufbau eines alternativen Handelswegs und begründeten so die starke Kontinuität in der Abwicklung des Tabakhandels an einem europäischen Platz mittels des Verfahrens der Einschreibung. Obwohl enge wirtschaftliche Bezie-

80 Vgl. *R. Rice*, Sumitro's role in Foreign Trade Policy, in: Indonesia 8, 1969, S. 183–211, hier S. 197 f.

81 Vgl. Schreiben der deutschen Botschaft in Den Haag an das Auswärtige Amt betr. Bremer Tabakmarkt und niederländische Direkteinfuhr von indonesischem Tabak, 22. März 1972, BAK B186860.

82 Vgl. *S. Schuer*, Art. „Exklusiver Besuch der Bremer Tabakbörse", in: Weser-Kurier vom 17.09.2015, URL: https://www.weser-kurier.de/bremen/stadtteile/stadtteile-bremen-west_artikel,-Exklusiver-Besuch-der-Bremer-Tabakboerse-_arid,1210268.html, letzter Aufruf am 31.10.2017.

hungen zwischen ehemaligen Kolonialmächten und ihren früheren Besitzungen nach der Unabhängigkeit in der Region möglich waren (z. B. Im Falle Malaysias), bilden Indonesien und Vietnam die hervorstechenden Beispiele gewaltsamer Loslösungen und konfliktreicher Dekolonisation unter weitgehender Kappung etablierter Wirtschaftsbeziehungen.[83] Die Entscheidung ehemaliger Kolonialmächte für oder gegen eine Konfrontationspolitik gegenüber Unabhängigkeitsbestrebungen nach dem Zweiten Weltkrieg bestimmten dabei weitgehend den Charakter der Loslösung von der Kolonialmacht.[84] Die politische Unabhängigkeit Indonesiens ging der ökonomischen Unabhängigkeit voraus. Die Vehemenz des Vorgehens gegen niederländische Unternehmen war dabei nicht nur die Folge unmittelbarer innen- und außenpolitischer Entscheidungen unter Sukarno, diese konnten vielmehr aufgrund des langfristigen Ausschlusses der indigenen Bevölkerung durch die Kolonialherren und des wenige Jahre zurückliegenden Unabhängigkeitskrieges wirksam werden.

Die zweite Bedingung war die wirtschaftliche Schwäche Indonesiens und der Mangel an qualifizierten einheimischen Unternehmern, Kaufleuten und Transportmöglichkeiten. Indonesien war nicht in der Lage, den Handel im Inland zu organisieren, sondern auf einen europäischen Marktplatz mit der entsprechenden technischen und finanziellen Infrastruktur und das dortige Handelsnetzwerk angewiesen. Eine Aussetzung oder Umlenkung der Exporte kam ebenfalls nicht in Frage, da der Tabakexport eine der wenigen stabilen Devisenquellen Indonesiens darstellte und der Tabak fast ausschließlich in der europäischen Zigarrenindustrie Verwendung fand. Der Verkauf über Einschreibungen, die die Preisbildung zugunsten des Verkäufers lenkten, kam diesem Bedürfnis entgegen und erklärt die Beibehaltung der Strukturen aus der Kolonialzeit mit einem Verkaufsmonopol an einem zentralen Marktort. Diese Entscheidung und die Festschreibung der Besitzverhältnisse an der DITH, die eine einseitige Kontrolle ausschlossen, verhinderten wiederum eine spätere größere Selbständigkeit der indonesischen Staatsunternehmen.

Drittens besaß der Bremer Tabakhandel in der Tat eine lange Tradition und verfügte die Bremer Wirtschaft über entsprechende Kompetenzen. Diese Standortfaktoren allein erklären aber entgegen der Tradition der Tabakbörse nicht hinreichend die Entscheidung für Bremen als neuem Versteigerungsort – die Verlagerung der Einschreibungen von Amsterdam und Rotterdam, die schnelle Errichtung des eigenen Verkaufsgebäudes sowie der rasche Wechsel niederlän-

83 *Lindblad*, Bridges, S. 6 f.

84 *M. Frey*, Drei Wege zur Unabhängigkeit. Die Dekolonisierung in Indochina, Indonesien und Malaya nach 1945, in: VfZ 50, 3, 2002, S. 299 – 434

discher Händler an die Weser illustrieren ja gerade die Mobilität von Kapital und Kompetenzen. Vielmehr scheint die enge Verbindung der bremischen Hafenwirtschaft und des Handels mit der Landesregierung und die direkte Einschaltung der Bundesregierung entscheidend dafür gewesen zu sein, dass der Transfer die notwendige politische Unterstützung und Flankierung erhielt. Die schnelle und enge Zusammenarbeit zwischen Tabakhandel, Landes- und Bundesregierung war dabei nicht auf die Gründung des Tabakmarktes beschränkt, sondern bestand auch Ende der sechziger Jahre noch, wie die Beispiele der Abwehr indonesischer und niederländischer Bestrebungen zeigen. Obwohl in den gesichteten Dokumenten häufig eine öffentliche Rücksichtnahme auf niederländische Interessen betont wurde, bildete der weitere Hintergrund der engen Verzahnung von Politik und Wirtschaft die Konkurrenz zwischen deutschen und anderen europäischen Seehäfen.[85]

Viertens war die Herstellung von Rechtssicherheit unabdingbar, umso mehr, als die indonesische Enteignungspraxis eine bislang ungekannte Konstellation ergeben hatte. Der unklare Rechtsstatus der Tabaklieferungen machte die Absicherung durch Versicherungsschutz und staatliche Garantien notwendig, bevor die Entscheidung des Bremer Oberlandesgerichts vom August 1959 in letzter Instanz nicht nur die bereits erfolgten Transaktionen legitimierte, sondern für die Zukunft ihre Legalität festschrieb. Eine rechtshistorische Beurteilung dieser Entscheidungen kann hier und durch den Verfasser nicht geleistet werden. Die dort vorgebrachte Argumentation, dass die Loslösung ehemaliger Kolonien eine neuartige Rechtssituation in Bezug auf die Eigentumsrechte geschaffen habe, fügte sich allerdings in das Bestreben der Bundesrepublik, im Außenhandel mit den jungen Staaten der Peripherie eine größere Rolle zu spielen.

Fünftens zeigte die Bundesregierung – das Bundeswirtschaftsministerium noch mehr als das Auswärtige Amt – in ihren Entscheidungen keine Anzeichen, die wirtschaftlichen Interessen Bremens den Beziehungen zu den niederländischen Nachbarn hintanzustellen, trotz heftiger Proteste des niederländischen Außenministers und der Verweise auf Lieferungen militärischer Ausrüstung an einen potenziellen Kriegsgegner der Niederlande. Es finden sich in den gesichteten Akten auch keinerlei Einwände gegen die monopolartige Struktur des Tabakmarktes, die auf Grundlage einer wirtschaftsliberalen Position aus denkbar gewesen wären. Die Bundesregierung war stets bestrebt, den Transfer zu ermöglichen, wenn diese Unterstützung aus außenpolitischen Erwägungen kaschiert werden konnte. Sie nahm insofern eine pragmatische Haltung gegenüber

85 Vgl. Art. „Kleiner Riese an der Weser“, in: DIE ZEIT Nr. 27 vom 06.07.1962, URL: http://www.zeit.de/1962/27/kleiner-riese-an-der-weser, letzter Aufruf 31.10.2017.

dem niederländischen Partner ein, wie sie es bereits in der kurz zuvor umstrittenen Frage der Rheinschifffahrt getan hatte,[86] verfolgte aber wenige Jahre nach Unterzeichnung der römischen Verträge einen ausgesprochen nationalstaatlich geprägten Kurs in ihrer Außenhandelspolitik.

Gemessen am eingangs erwähnten Bild der Außenwirtschaftspolitik in der Ära Ludwig Erhard, in dem die Herstellung kooperativer Strukturen und Institutionen des internationalen Handels hervorstechen, erscheint das Beispiel der Tabakbörse bemerkenswert. Die Errichtung einer Verkaufsorganisation von geringer gesamtwirtschaftlicher Bedeutung mit monopolistischen Zügen und einem eigentümlichen Preisbildungsmechanismus gegen den Widerstand eines wichtigen europäischen Partnerlandes erscheint nicht unmittelbar mit der Vorstellung eines liberalen Programms in der Ausgestaltung wirtschaftlicher Beziehungen vereinbar. Inwiefern das hier geschilderte Beispiel allgemeine Schlüsse auf den Charakter der westdeutschen Außenhandelspolitik im Kalten Krieg zulässt, kann erst der Vergleich mit weiteren Fällen abschließend erhellen. Anhand des Beispiels des Bremer Tabakmarktes kann jedoch die vorläufige These vertreten werden, dass die junge Bundesrepublik ihren nationalstaatlichen Wirtschaftsinteressen Vorrang einräumte, wenn sie verlorene Positionen der ehemaligen Kolonialmächte im Außenhandel zu besetzen vermochte.

Eine Perspektive, die nicht nur die Herstellung von Institutionen des Welthandels und wirtschaftspolitischer Programmatiken in den Blick nimmt, sondern ebenso auf Akteure und Praktiken des internationalen Handels schaut, ist m. E. notwendig, um das historische Bild der jungen Bundesrepublik wie der europäischen Staaten in der Phase der Dekolonisation zu vervollständigen. Die Handlungen von Unternehmen, staatlichen Stellen und weiteren Akteuren folgten nicht unbedingt wirtschaftspolitischen Programmen. Nachdem 1949 bis 1958 eine liberale Welthandelsordnung hergestellt worden war, zeigt der Fall der Tabakbörse, dass ökonomische Konkurrenz nach wie vor einen selbstverständlichen Teil des Verhältnisses europäischer Partnerstaaten bildete. Unternehmen und Staat kooperierten intensiv im Wettbewerb um den lukrativen Marktplatz, jedoch zeigen die anfängliche Zusammenarbeit niederländischer und deutscher Akteure, die schnelle Akzeptanz der Verlagerung nach Bremen durch die niederländischen Tabakhändler und das Legitimationsbedürfnis der Bremer Tabakhändler, dass die Handlungen der Kaufleute nicht von nationalen Motiven, sondern von geschäftlichem Kalkül geleitet waren und die Wahl von Kooperation oder Konfrontation von kaufmännischen Risikoabwägungen abhing. Der von privatwirtschaftlichen

86 Vgl. *M. Lak*, „The Rhine in ruins." The consequences of World War II for the Rhine shipping between the Netherlands and Germany, 1945 to 1957, in: ZUG 60 (2015), 1, pp. 75–96.

und staatlichen Akteuren ausgetragene Konflikt um den Bremer Tabakmarkt erfolgte innerhalb eines institutionellen Rahmens, der weitaus wettbewerbsorientierter gestaltet war als die Wirtschaftsordnung der Zwischenkriegszeit und in dem die vormals politisch abhängige Kolonie Indonesien als formal gleichberechtigter Partner agierte, der, obwohl er seine strukturelle wirtschaftliche Schwäche nicht überwinden konnte, mitunter das westdeutsch-niederländische Verhältnis geschickt auszunutzen verstand. Letztlich blieb aber die Bundesrepublik im Dreiecksverhältnis der beteiligten Länder das dominante Element, was sich im Handeln der Ministerialverwaltung niederschlug.

Volksrepublik China

Yi Guo

Primat des Wirtschaftsinteresses im pragmatischen Handeln

Die Beziehungen zwischen der Bundesrepublik Deutschland und der Volksrepublik China von 1949 bis 1990

1 Die neue Weltordnung nach dem Ende des Zweiten Weltkriegs und die bundesdeutsche Außenpolitik

Die internationale Politik nach dem Ende des Zweiten Weltkrieges wurde sehr stark vom Ost-West-Konflikt geprägt, wobei die weltpolitische Ordnung von der Bipolarität und der Gefahr der militärischen Eskalation der beiden Supermächte USA und Sowjetunion beeinflusst wurde. Europa war Jahrzehnte lang durch den „Eisernen Vorhang“ (Winston Churchill 1946) geteilt und die gemeinsame Verantwortung der Besatzungsmächte für Deutschland nach dem Endes des Zweiten Weltkrieges zerbrach schnell. Deutschland war somit zum Frontgebiet des Kalten Krieges geworden.

Anders als nach der Niederlage im Ersten Weltkrieg wurde Deutschland durch den Zweiten Weltkrieg nicht nur militärisch entmachtet, sondern das Land hatte auch den völkerrechtlichen Status eines selbstständigen Staates verloren. Mit der politischen Besatzung und Spaltung war die Zeit nach dem Kriegsende durch die wirtschaftliche und gesellschaftliche Zerrüttung, aber auch eine moralische Traumatisierung gekennzeichnet.[1] Die geographische Spaltung entstand durch die Gründung der Bundesrepublik Deutschland (BRD) am 20. September 1949 und die Gründung der Deutschen Demokratische Republik (DDR) am 7. Oktober 1949. Die beiden Republiken besaßen in der Anfangsphase jeweils nur eine begrenzte Souveränität. Erst nach 1951 besetzte die BRD wieder ein Auswärtiges Amt, das am Anfang jedoch keinen eigenen Außenminister hatte. [2] Die Gestaltung der Au-

1 Vgl. *H. W. Maull*, Die prekäre Kontinuität: Deutsche Außenpolitik zwischen Pfadabhängigkeit und Anpassungsdruck. In: *M. Schmidt/R. Zohlnhöfer. (Hg.)*, Regieren in der Bundesrepublik Deutschland, Innen- und Außenpolitik seit 1949, Wiesbaden 2006.

2 Vgl. *R. Haftendorn*, Deutsche Außenpolitik zwischen Selbstbeschränkung und Selbstbehauptung: 1945 – 2000, Stuttgart [u. a.] 2001.

https://doi.org/10.1515/9783110541120-012

ßenpolitik der BRD nach ihrer Gründung lag somit für eine längere Zeit nicht in Bonn, sondern in den Händen der Alliierten Hohen Kommissare. Als ein Frontstaat des Ost-West-Konflikts war die Bundesrepublik für Jahrzehnte nicht in der Lage, seine eigenen Interessen selbstbewusst und offensiv oder gar „expansiv“[3] im außenpolitischen Handeln zu wahren. Erst durch die Ratifizierung der Pariser Verträge am 5. Mai 1955 wurde die Bundesrepublik von dem westlichen Lager in die NATO integriert und somit als ein souveräner Staat anerkannt. Die außenpolitische Situation der Bundesrepublik am Anfang ihrer Gründung konnte als „Überleben im engen Zwischenraum“[4] bezeichnet werden. Im Laufe dieser Überlebensgeschichte musste sich die BRD im internationalen Kontext ganz vorsichtig verhalten, um nicht „zum Spielball der Weltmächte“ zu werden oder „starke Gegenkräfte“ [5] zu wecken.

Im Zeitraum des Kalten Krieges haben die Regierungen der BRD kontinuierlich an der Kultur der Zurückhaltung festgehalten, die unter anderem auf die eigene Sicherheit und Prosperität abzielte. Diese Kultur hat zu dem Status des Landes in der Nachkriegszeit als wirtschaftlicher Riese und politischer Zwerg[6] beigetragen. Die bundesdeutsche Außenpolitik zeigte nach 1949 in hohem Maße eine Nachhaltigkeit und unterschied sich hinsichtlich ihrer Zurückhaltung und Suche nach der Normalisierung von der Außenpolitik anderer europäischer Länder.

1.1 Die bundesdeutsche Anlehnung an den Westen

Vor diesem Hintergrund war es in den wenigen Jahren nach dem Kriegsende für die Bundesrepublik undenkbar, über deutsche Interessen zu reden. Selbst der Begriff „nationale Interessen“ wurde als„unzeitgemäß“ betrachtet.[7] Im außenpolitischen Handeln zeigte der erste Bundeskanzler der BRD, Konrad Adenauer, eine herausragende Flexibilität, indem er versuchte, den „Erfolg der Methode des

---

3 *Haftendorn*, Außenpolitik, S. 9.

4 *Q. Pan*, Aus dem engen Zwischenraum. Beijing 1990, Übersetzung durch den Verfasser des vorliegenden Artikels.

5 *Haftendorn*, Außenpolitik, S. 9.

6 Mehr zu der „Machtvergessenheit“ bzw. „Entlegitimierung von Machtpolitik“ der Bunderepublik in der nachkriegerischen Geschichte siehe *H. P. Schwarz*, Die Zentralmacht Europas, Berlin 1994, S. 105–151.

7 *C. Hacke*, Nationales Interesse als Handlungsmaxime für die Außenpolitik Deutschlands. In: *K. Kaiser/J.Krause (Hg.)*, Deutschlands neue Außenpolitik. Band 3: Interessen und Außenpolitik, München 1996, S. 3–13.

Souveränitätsgewinns durch Souveränitätsverzicht"[8] zu erzielen. Dabei stand die *Westbindung*[9] als die grundlegende außenpolitische Strategie Adenauers im Zentrum der bundesdeutschen Außenpolitik. Die sogenannte Westbindung wurde als Integration in den Westen verstanden mit dem Ziel, die Handlungsspielräume der Außenpolitik zu erweitern Für die außenpolitische Grundentscheidung der Bundesrepublik im Zeitalter des Ost-West-Konflikts waren insgesamt die Westbindung und die dahinter steckenden „ideologischen und realpolitisch-pragmatischen Erwägungen"[10] von entscheidender Bedeutung. Für eine lange Zeit hat sich die Bundesrepublik der US-amerikanischen Aggression gegenüber China in den Fragen des wirtschaftlichen Embargos und des Grenzkonflikts zwischen China und Indien bewusst und ohne Verzögerung angeschlossen.

Die 50er Jahre waren durch die ideologische Konfrontation zwischen dem US-amerikanischen und dem sowjetischen Lager gekennzeichnet. Das Verhalten Bonns gegenüber der Volksrepublik China lässt sich außer mit dem Begriff der Westbindung auch noch als eine Reaktion auf die freundschaftlichen Beziehungen zwischen China und der DDR begreifen. Die einzige diplomatische Verbindung der Bundesrepublik zu dem östlichen Lager war die Aufnahme der diplomatischen Beziehungen zur Sowjetunion am 13. September 1955. Es dominierte die so genannte Hallstein-Doktrin, nach der die BRD den Alleinvertretungsanspruch für ganz Deutschland proklamierte. Dies hatte zur Folge, dass alle Länder im östlichen Lager außer der Sowjetunion, einschließlich der Volksrepublik China, von den diplomatischen Beziehungen mit der BRD ausgeschlossen wurden.[11]

Die Außenpolitik Bonns war lange Zeit durch die Politik Adenauers bestimmt. Adenauer war sich durchaus bewusst, dass die Bundesrepublik als ein besetztes Land nur „Zuschauer"[12] in der Asienfrage war. Aufgrund seiner Einschätzung über einen möglichen Gegensatz zwischen Moskau und Beijing plädierte Adenauer für Zurückhaltung mit dem Ziel, sich speziell in Fragen der diplomatischen

---

8 *Haftendorn*, Außenpolitik, S. 436.

9 Diese Strategie hat sich gegen den „Entwurf eines demokratischen Sozialismus" von Kurt Schumacher und die „Brückenkonzeption" von Karl Kaiser durchgesetzt.

10 *T. Trampedach*, Bonn und Peking: die wechselseitige Einbindung in außenpolitische Strategien 1949–1990, Hamburg 1997, S. 7.

11 Mitte der 1950er Jahre hat die Volksrepublik China versucht, durch inoffizielle Quellen ein Signal des Wunsches für die Aufnahme der diplomatischen Beziehungen mit der BRD zu senden. Jedoch wurde dieses Signal von der Adenauer-Regierung nach der Hallstein-Doktrin zurückgewiesen. Vgl. *T. Yin (Hg.)*, Deutsche Außenpolitik, Beijing 2010, S. 494.

12 *E. Majonica*, Bonn-Peking. Die Beziehungen der Bundesrepublik Deutschland zur Volksrepublik China, Berlin/Stuttgart 1971, S. 54.

Beziehungen mit China vorsichtig und abwartend zu verhalten.[13] Vor diesem Hintergrund hat die Adenauer-Regierung Anfang der 1950er Jahre die Initiative der Kuomintang[14]-Regierung in Taiwan mit dem Ziel der Herstellung diplomatischer Beziehungen zur Bundesrepublik ignoriert, um sich nicht in die Konflikte innerhalb Chinas einzumischen und sich Handlungsfreiraum im Fall der wachsenden Bedeutung Chinas in der politischen Abwägung der Sowjetunion zu gewährleisten. Der Tatsache, dass die Bundesrepublik nie versuchte, diplomatische Beziehungen mit der Kuomintang-Regierung in Taiwan aufzunehmen, lag außerdem noch der Gedanken zu Grunde, dass die Bundesrepublik nicht zum Sprecher einer Zwei-China-Lösung werden wollte, um den eigenen Alleinvertretungsanspruch für Deutschland durchzusetzen. [15]

2 Die chinesische Anlehnung an die Sowjetunion

Am 1. Oktober 1949 wurde die Volksrepublik China gegründet. Die Volksrepublik definierte sich von Anfang an als ein sozialistischer Staat, der dem sozialistischen Lager mit der Sowjetunion in führender Rolle angehörte. Kurz vor der Gründung der Volksrepublik hat Mao Zedong[16] drei Grundprinzipien für die Außenpolitik des neuen Chinas ausgesprochen: „*ling qi lu zao*[17] (另起炉灶)", „*dasao ganjing wuzi zai qingke* (打扫干净屋子再请客)" und „*yi bian dao* (一边倒)".

Bei „*ling qi lu zao*" handelte es sich um den „kompletten Neuanfang"[18] und schloss dabei die Übernahme der diplomatischen Beziehungen von der alten Republik aus. Stattdessen sollten neue diplomatische Beziehungen auf Verhandlungsbasis aufgebaut werden.

„*dasao ganjing wuzi zai qingke*" konzentrierte sich auf die „Beseitigung aller ungleichen Verträge", die China im 19. Jahrhundert mit den Kolonialmächten abgeschlossen worden waren und die eine Demütigung der politischen, wirtschaftlichen und kulturellen Souveränität des alten China bedeuteten.

---

13 Vgl. Ebd.

14 Auch als „Guomindang" geschrieben.

15 Vgl. *U. G. Fabritzek*, Gelber Drache, Schwarzer Adler, München [u.a.] 1973, S. 193.

16 Die chinesischen Namen werden im vorliegenden Artikel immer nach der chinesischen Schreibweise mit Familiennamen am Anfang angegeben.

17 Bezüglich der chinesischen Begriffe werden in dem vorliegenden Artikel sowohl die phonetische Wiedergabe nach dem offiziellen Pinyin-System als auch die chinesischen Schriftzeichen angegeben.

18 Übernahme der Übersetzungen von Friedrich. Dies gilt auch für die beiden anderen Übersetzungen der drei Prinzipien.

„yi bian dao“[19] fokussierte die „Anlehnung an die Sowjetunion“ und spielte für eine lange Zeit eine zentrale Rolle für das politische Handeln der neuen Volksrepublik.

Mit der Leitlinie der Anlehnung an die Sowjetunion hat die Volksrepublik China im Oktober 1949 die diplomatischen Beziehungen mit der DDR aufgenommen. Vor diesem Hintergrund war gleichzeitig die Möglichkeit der Aufnahme der diplomatischen Beziehungen zwischen China und der Bundesrepublik Deutschland ausgeschlossen, da die Bundesregierung einen Alleinvertretungsanspruch für ganz Deutschland verfolgte und die Anerkennung der DDR durch China das Grundelement der bundesdeutschen Außenpolitik berührte. Ein weiterer Grund für die fehlenden Kontakte der beiden Länder lag darin, dass das außenpolitische Hauptinteresse Bonns sich auf Europa und das atlantische Bündnis beschränkte.[20]

Am 14. Februar 1950 wurde der *Vertrag über Freundschaft, Bündnis und gegenseitige Hilfe* zwischen China und der Sowjetunion in Moskau abgeschlossen. Dieser Vertrag wurde als der erste Vertrag auf der Grundlage der Gleichberechtigung zwischen der Volksrepublik und einer ausländischen Regierung bezeichnet. Am 14. Mai 1955 wurde der *Vertrag über Freundschaft, Zusammenarbeit und gegenseitigen Beistand*, der auch als *Warschauer Vertrag* bezeichnet wurde, von acht sozialistischen Ländern einschließlich der Sowjetunion und China auf der *Konferenz europäischer Länder zur Gewährleistung des Friedens und der Sicherheit Europas* in Warschau unterzeichnet. Auf der Konferenz erklärte der chinesische Verteidigungsminister Peng Dehuai im Auftrag der chinesischen Regierung die vollständige solidarische Unterstützung Chinas für diesen Vertrag.[21]

Bis in die 1960er Jahre dominierte insgesamt die Anlehnung an das sowjetische Lager die außenpolitischen Richtlinien Chinas, wobei die chinesische Regierung öffentlich die DDR unterstützte und gleichzeitig das Regierungssystem und die Regierung der BRD kritisierte.[22] Diese Blockpolitik hat die Konfrontation zwischen den beiden deutschen Staaten von Anfang an geprägt. Es handelte sich in erster Linie um eine ideologische Konfrontation, die die direkte Konfrontation zwischen den USA und der Sowjetunion und deren Einfluss auf die beiden Lager

19 Diese Leitidee hat Mao Zedong zuerst in seinem Artikel vom 30. Juni 1949 veröffentlicht. Mao war fest der Überzeugung, dass es zwischen den beiden Lagern (Imperialismus und Sozialismus) keinen „mittleren Weg“ gäbe. Dieses Prinzip und die anderen zwei Prinzipien wurden im September 1949 durch die Politische Konsultativkonferenz des chinesischen Volkes (PKKCV) ratifiziert.

20 Vgl. *Majonica*, Bonn-Peking.

21 Vgl. Ebda.

22 Vgl. *Trampedach*, Bonn und Peking.

widerspiegelte. Eines der wichtigsten Ergebnisse der Ost-West-Konfrontation für China und die BRD war, dass zwischen ihnen „vorerst keine eigenständige Außenpolitik im eigentlichen Sinne“[23] betrieben wurde.

3 Annäherung und gegenseitige Anerkennung zwischen den beiden Ländern vor dem Hintergrund verstärkter Wirtschaftsinteressen

Zwischen der Volksrepublik China und der Bundesrepublik gibt es in der Nachkriegszeit durchaus Gemeinsamkeiten, da beide Länder einen Alleinvertretungsanspruch erhoben und die Anerkennung der internationalen Gemeinschaft anstrebten.[24] Um das letztere Ziel zu erreichen, musste die BRD aus Sicht Adenauers auf westliche Unterstützung setzen, um zugleich Druck auf die Sowjetunion auszuüben, mit ihr zu verhandeln und somit die deutsche Wiedervereinigung voranzutreiben. Dass die Wiedervereinigung Deutschland als langfristiges Ziel nur durch die Westintegration realisierbar war, bildete einen Eckstein der Adenauerschen Außenpolitik.[25] Das Streben nach Handlungsfreiraum, Sicherheit und Schutz vor einem möglichen Angriff der Sowjetunion sowie Schutz der westlichen Mächte für West-Berlin dominierte in den strategischen Überlegungen der bundesdeutschen Regierung,[26] die zu diesem Zeitpunkt noch nicht in der Lage war, eine eigenständige Chinapolitik mit Aussicht auf Erfolg zu betreiben.[27]

Der US-Außenminister Dean Acheson hatte bereits Ende der 1940er Jahre die Spaltung zwischen China und der Sowjetunion prognostiziert.[28] Im Laufe der 1950er Jahren stellte auch Konrad Adenauer Überlegungen über die Entwicklung der chinesisch-sowjetischen Verhältnisse an und ging dabei von einem unvermeidbaren Konflikt[29] zwischen den beiden wichtigsten sozialistischen Mächten aus: „Die freie Welt sollte die augenblickliche Schwäche der Russen auszunutzen versuchen und die Russen dazu bringen, ihren Druck nach Westen aufzugeben

---

23 *Fabritzek*, Gelber Drache, S. 193.

24 Vgl. *Y. Lian*, Bestimmungsfaktoren der Westeuropapolitik Chinas. Die Beziehungen der Volksrepublik China zur Bundesrepublik Deutschland in den 80er Jahren, Frankfurt a. M. 1995, S. 40.

25 Vgl. *J. Foschepoth*, Adenauer und die Deutsche Frage, Göttingen 1988, S. 17.

26 Mehr dazu siehe *Küsters* 2005.

27 Vgl. *Fabrietzek*, Gelber Drache.

28 Vgl. *J. Wang*, Rational Reflections on International Politics, Beijing 2006, S. 402.

29 Vgl. *Trampedach*, Bonn und Peking, S. 28.

und sich vor allem der Gefahr zuzuwenden, die sie wirklich bedrohte, nämlich Rot-China."[30] Mit dieser Tatsache war sich Adenauer durchaus bewusst darüber, dass Moskau für die Interessenlage Bonns erheblich gefährlicher war als Beijing. Im Vergleich dazu stellte die Volksrepublik wegen der geographischen Entfernung, seiner wirtschaftlichen und militärischen Schwäche keine unmittelbare Gefahr für die Bundesrepublik dar.[31]

Die chinesisch-sowjetischen Beziehungen hatten sich nach dem Tod Stalins im Jahr 1953 dauerhaft verschlechtert und nach 1957 wurde diese Tendenz noch verstärkt. Nach 1963 wurde die ideologische Kontroverse zwischen den beiden Ländern zunehmend öffentlich diskutiert und entwickelte sich letztendlich zu einem Konflikt, der sogar zu militärischen Auseinandersetzungen führte.[32] China versuchte in diesem Kontext, Signale an die Länder der so genannten *Zwischenzone*[33] zu senden, wonach das Land bereit wäre, in vertieften Kontakt mit diesen Ländern zu treten.[34] Hinter der Zwischenzonen-Theorie steckte der Gedanke der chinesischen Führung, dass wesentliche Faktoren des Weltfriedens und damit auch die Sicherheit Chinas eher von dem Verhältnis zu USA und weniger von demjenigen zur Sowjetunion abhing. Diese Einschätzung der weltpolitischen Kräftekonstellation spielte vor allem beim chinesischen Umgang mit Westeuropa eine Rolle.[35]

Im Vergleich zu den sich verschlechternden chinesisch-sowjetischen Beziehungen beruhigte sich die Lage zwischen Moskau und Washington in den 1960er Jahren deutlich. Die Errichtung der Berliner Mauer seitens der DDR 1961 und die Kubakrise von 1962 waren Symbole für eine neue Phase des Kalten Krieges zwischen den beiden Weltmächten. Der Atomteststop-Vertrag von 1963 zwischen der Sowjetunion, den USA und Großbritannien war auf den starken Protest Frank-

30 Zitiert nach *Fabritzek*, Gelber Drache, S.194.

31 Vgl. *Majonica*, Bonn-Peking, S. 92.

32 Durch den Ausbruch der bewaffneten Grenzkonflikte am Ussuri im März 1969 standen die beiden Länder sogar am Rande des Kriegsausbruches.

33 Diese Formulierung von Mao ursprünglich in den 1940er Jahren wurde von ihm im Januar 1964 beim Gespräch mit einer französischen Delegation bekräftigt. Zu der Zwischenzone zwischen den USA und den sozialistischen Ländern gehören nach Mao alle nichtsozialistischen Länder in Asien, Afrika und Lateinamerika sowie Länder in Westeuropa, Kanada, Japan und Australien.

34 Dieses Signal wurde von dem Generalkonsulat der BRD in Hongkong positiv wahrgenommen und durch seine Berichte an die Bunderegierung weitergeleitet. Mehr dazu siehe *Yin*, Außenpolitik, S. 496f.

35 Vgl. *Lian*, Bestimmungsfaktoren, S. 32. Nach Lian belegte die Aufnahme diplomatischer Beziehungen zwischen China und Frankreich die Tatsache, dass der Faktor USA statt Sowjetunion bei der Umsetzung der Zwischenzone-Theorie eine entscheidende Rolle gespielt hat.

reichs gestoßen und war zugleich Auslöser für die diplomatische Annäherung zwischen Frankreich und China. 1963 wurde der damalige französische Ministerpräsident Edgar Faure vom französischen Staatspräsidenten de Gaulle auf eine inoffizielle Mission in die Volksrepublik China geschickt, auf der die Herstellung diplomatischer Beziehungen zwischen den beiden Ländern vorbereitet wurde. Am 27. Januar 1964 nahm Frankreich als erster westlicher Staat diplomatische Beziehungen mit China auf, was sich wiederum negativ auf die französisch-amerikanischen Beziehungen auswirkte. Die USA fürchteten, dass andere Staaten der Pariser Diplomatie folgen würden. Aufgrund der erhöhten Empfindlichkeit der USA in der Chinafrage geriet die deutsche Chinapolitik zunehmend in eine Defensivlage.[36]

Im Oktober 1963 wurde Ludwig Erhard zum zweiten Bundeskanzler der Bundesrepublik gewählt. Während der Regierungszeit Erhards verbesserten sich die Beziehungen zur Volksrepublik China. Die Aufnahme der diplomatischen Beziehungen zwischen Frankreich und China hat auf die Kontakte zwischen der BRD und der Volksrepublik China insofern Einfluss gehabt, als die Bundesrepublik gezwungen wurde, über die bisherige Chinapolitik nachzudenken. Nach wie vor stand der BRD jedoch nur ein beschränkter außenpolitischer Handlungsspielraum zur Verfügung, der einerseits geprägt war durch zunehmende Eigeninteressen im Rahmen eines gefestigten Bündnisses mit den USA, andererseits durch die immer noch dominante Hallstein-Doktrin.[37] Die Haltung der Bundesrepublik gegenüber China war daher bis Ende der 1960er Jahre äußerst vorsichtig und zurückhaltend. Diese Situation erlebte erst nach dem Machtantritt der Regierung unter Willy Brandt 1969 eine grundlegende Veränderung.

Wirtschaftliche Interessen spielten in den 1950er und 1960er Jahren, in Zeiten der Dominanz ideologischer Konfrontationen, eine nicht unwichtige Rolle in den chinesisch-bundesdeutschen Beziehungen. Anfang der 50er Jahre erlebten die Wirtschaftsbeziehungen zwischen den beiden Ländern einen kurzen Aufschwung. Die Bundesrepublik sollte sich laut des damaligen Bundeswirtschaftsministeriums bemühen, mit China einen „geregelten Warenverkehr“[38] aufrecht-

---

36 Vgl. *Majonica* 1971, Bonn-Peking, S. 80.

37 Die außenpolitische Lage der BRD diesbezüglich skizzierte ein *Spiegel*-Artikel von 1964 mit dem Titel: „Feind des Feindes“, in dem behauptet wurde: „Zur Grundregel der gegenwärtigen Bonner China-Politik hat das Auswärtige Amt die Erkenntnis erklärt, zwar sei es stets von Vorteil, sich den Feind (China) seines Feindes (Sowjet-Union) zum Freunde zu machen, aber die Bundesrepublik habe – anders als de Gaulle – zu bedenken, dass dieser Feind des Feindes zugleich ärgster Feind des besten Freundes (Amerika) sei. Ohne enge Abstimmung mit den Vereinigten Staaten will Bonn deshalb keine großen China – Schritte tun.“ In: Der SPIEGEL 27/1996, S. 26–34.

38 *Majonica*, Bonn-Peking, S. 158.

zuerhalten. Nach dem Ausbruch des Koreakrieges und der Beteiligung Chinas an diesem Krieg litten die chinesisch-westdeutschen Handelskontakte dann aber besonders stark unter der westlichen Embargo-Politik gegenüber China, indem die deutsche Ausfuhr nach China und der Zahlungsverkehr mit China außergewöhnlich scharf kontrolliert wurden. [39]

Im weiteren Verlauf der bilateralen Wirtschaftsbeziehungen und trotz der verschlechterten Rahmenbedingungen spielten die Interessenvertretungen der westdeutschen Wirtschaft und Industrie eine große Rolle gespielt.[40] 1957 wurde ein halboffizieller Handelsvertrag auf Initiative der chinesischen Seite nach jahrelangen Begegnungen zwischen dem Ost-Ausschuss der deutschen Wirtschaft[41] und China zur Förderung des internationalen Handels abgeschlossen. Das Engagement des Ost-Ausschusses gegenüber China wurde von der Adenauer-Regierung gebilligt und genutzt, um die Wirtschaftsbeziehungen mit China ohne „diplomatische Zwickmühlen“[42] aufrecht zu halten. Auf Vorschlag des damaligen Außenministers Gerhard Schröder sowie auf Wunsch von Vertretern der Wirtschaft entschied sich Bundeskanzler Erhard, China durch geheime Kanäle zu kontaktieren mit dem Ziel, wirtschaftliche Beziehungen mit der Volksrepublik aufzubauen. Vor diesem Hintergrund haben dann insgesamt vier Gespräche in Bern im Jahr 1964, jeweils am 25. Mai, 21. Juli, 3. Oktober und 23. November, stattgefunden, in denen die bundesdeutsche Regierung unter Erhard mit chinesischen Vertretern über ein Warenabkommen geheim verhandelten.

Der Verlauf der Berner Gespräche verlief jedoch alles andere als reibungslos. Nach dem ersten und vor dem zweiten Berner Gespräch musste Erhard aufgrund des großen Druckes aus den USA Stellungnahmen abgeben mit dem Hinweis, dass die BRD keinerlei amtliche Beziehungen zu China pflege und auch nicht die Absicht habe, diese Position in nächster Zeit zu verändern.[43] Während des dritten und vierten Berner Gesprächs wurden auch die Kontakte zwischen Bonn und Beijing nicht weiter vorangetrieben. Dabei spielte auch der Besuch des Bundesverteidigungsministers a.D. Franz Josef Strauß 1964 in Taiwan eine negative Rolle für die Beziehungen zwischen der Volksrepublik China und der BRD. Nach dem Abschluss der vier Berner Gespräche gab der chinesische Außenminister Chen Yi

---

39 Im August 1951 haben die USA sogar eine Sperre des Zahlungsverkehrs nach China erwirkt. Mehr dazu siehe *Majonica*, Bonn-Peking, S. 158 ff.

40 Vgl. *Trampedach*, Bonn und Peking, S. 39 f.

41 Es handelt sich um ein Organ der deutschen Wirtschaftsvertreter, das 1952 gegründet wurde und sich auf nichtstaatlicher Ebene für die Intensivierung der Handelsbeziehungen mit den sozialistischen Ländern engagierte.

42 *Trampedach*, Bonn und Peking, S. 39.

43 Vgl. *Majonica*, Bonn-Peking, S. 101.

auf einer Pressekonferenz im Januar 1965 bekannt, dass die Volksrepublik China den Aufbau offizieller wirtschaftlicher Beziehungen mit der Bundesrepublik ablehne.

Das Scheitern der Berner Gespräche lag in erster Linie an den verschiedenen Zielvorstellungen der beiden Seiten. Während die Bundesrepublik in den Gesprächen lediglich ein Warenabkommen abschließen wollte, beabsichtigte China den Abschluss eines Handelsabkommens als Vorstufe zur Aufnahme diplomatischer Beziehungen.[44] Das Scheitern der Berner Gespräche zeigte auch, dass die beiden Länder zwar Interesse an den gegenseitigen Kontakten im Bereich von Politik und Wirtschaft hatten, doch für den Aufbau offizieller Kontakte war der Zeitpunkt noch nicht reif. Immerhin ging aus den Berner Gesprächen hervor, dass die wirtschaftlichen Einflussfaktoren bei der Annäherung der beiden Länder eine nicht zu unterschätzende Rolle spielten.

1966 brach in China die Kulturrevolution aus, die die politische und wirtschaftliche Abschottung Chinas in den nächsten zehn Jahren mit verursachte und einen Stillstand der Außenbeziehungen Chinas zur Folge hatte. Die Beziehungen zur BRD wie die Beziehungen zu anderen Ländern waren stark betroffen. Als die Regierung Brandt im Jahr 1969 an die Macht kam, war China zwar noch mitten in der Kulturrevolution, doch das Land bemühte sich zunehmend, den Zustand der internationalen Isolation zu überwinden. Für die endgültige gegenseitige Anerkennung beider Staaten war außerdem auch die Umwandlung der westdeutschen Chinapolitik von der Hallstein-Doktrin zur Neuen Ostpolitik von entscheidender Bedeutung.

Die Veränderung äußerer Rahmenbedingungen und innerer Entwicklungen auf beiden Seiten boten wichtige Voraussetzungen zur Aufnahme diplomatischer Beziehungen zwischen der BRD und China.[45] Für Bonn und Beijing schien es endlich so weit zu sein, die Normalisierung der bilateralen Beziehungen ihrem Interesse entsprechend zu realisieren. China betrachtete die Bundesrepublik als die wichtigste Wirtschaftsmacht Europas und eines der wichtigsten Länder in der Zwischenzone zwischen den beiden Supermächten. Gleichzeitig sah die Regierung Brandt in China eine aufsteigende überregionale Macht, die einen Einfluss auf die Veränderung der weltpolitischen Ordnung ausüben konnte. Der Aufbau der diplomatischen Beziehungen zwischen den beiden Ländern war keine einfache bilaterale Angelegenheit, sondern wegen der dominanten Bedeutung der

---

44 Vgl. *M. Leutner (Hg.)*, Politik, Wirtschaft, Kultur: Studien zu den deutsch-chinesischen Beziehungen, Münster 1996, S. 93.
45 Vgl. Ebda.

Sowjetunion „fast ausschließlich durch das Verhältnis – Washington – Moskau – Moskau – Ostberlin – bedingt“[46].

Im Oktober 1970 erkannte Kanada als der zweite westliche Staat offiziell die Volkrepublik China an. Am 25. Oktober 1971 wurde die Alleinvertretung der Volksrepublik China im Sicherheitsrat der Vereinten Nationen durch eine Resolution der Generalversammlung festgelegt. Die wachsende Zahl westlicher und neutraler Staaten, die ein Interesse an diplomatischen Beziehungen mit China hatten, spielte eine Rolle bei der Abwägung der Bundesrepublik Deutschland, offizielle Kontakte mit China aufzubauen. Nach dem Amtsantritt des amerikanischen Präsidenten Richard Nixon im Jahr 1969 wurde seitens der USA eine Doppelstrategie verfolgt, nach der eine Entspannungspolitik mit der Sowjetunion betrieben und zugleich die „China-Karte“ in dem weltpolitischen Machtspiel gespielt wurde.[47] Der geheime Besuch des nationalen Sicherheitsberaters der Vereinigten Staaten, Henry Kissinger im Juli 1971 hatte dem offiziellen Besuch von Nixon im Februar 1972 den Weg für den Aufbau offizieller Beziehungen geebnet. Durch den China-Besuch Nixons wurden auch die Hindernisse aus den USA bezüglich der chinesisch-bundesdeutschen Diplomatie beseitigt.

Seit 1969 stellte eine sozial-liberale Koalition die Regierung der Bundesrepublik. Die neue Regierung begann, eine *Neue Ostpolitik* zu betreiben und die Hallstein-Doktrin wurde außer Kraft gesetzt. Die Neue Ostpolitik zielte schwerpunktmäßig auf die Normalisierung der Beziehungen zu den sozialistischen Ländern ab und zeichnete sich durch eine Neuorientierung der bundesdeutschen Außenpolitik in Zeiten des Ost-West-Konflikts aus. Diese Politik führte in den darauf folgenden Jahren auch zur Normalisierung der Verhältnisse zur Volksrepublik China.[48]

Als ein NATO-Frontstaat musste die Bundesrepublik Deutschland ständig auf die Reaktion der Sowjetunion hinsichtlich der eigenen Annäherung an China achten. In der Zeit, als China in der Sowjetunion den größten Gegner sah, wollte sich die Regierung Brandt keinesfalls in den chinesisch-sowjetischen Streit einmischen. Im Prozess der offiziellen Kontakte mit China spielte die CDU als damalige Oppositionspartei eine nur inoffizielle, aber durchaus fördernde Rolle zwischen beiden Staaten. Der CDU-Vorsitzende Rainer Barzel äußerte sich beispielsweise dahingehend, dass die Ostpolitik ohne „Fernostpolitik“ nur eine

---

46 *Majonica*, Bonn-Peking, S. 11.

47 Vgl. *Leutner*, Studien.

48 Vgl. *W. Runge*, Schritt in die Weltpolitik? Beziehungen der Bundesrepublik Deutschland zur VR China 1949–2002, in: *M. Schüller* (Hg.), Strukturwandel in den deutsch-chinesischen Beziehungen: Analysen und Praxisberichte, Hamburg 2003.

halbe Sache sei.[49] Der CSU-Parteivorsitzende Franz-Josef Strauß forderte in verschiedenen Situationen, dass die Bundesregierung aktiv agieren müsse, um die Normalisierung der Verhältnisse zu China voran zu treiben.[50] Gerhard Schröder (CDU), der damalige Vorsitzende des Auswärtigen Ausschusses des Deutschen Bundestages, besuchte im Juli 1972[51] die Volksrepublik China auf Einladung der chinesischen Seite[52] und traf sich mit dem chinesischen Ministerpräsidenten Zhou Enlai in Beijing.[53] Bei diesem Besuch veröffentlichten beide Seiten eine gemeinsame Erklärung, in der es hieß:[54]

„Die Regierung der Volksrepublik China hat den von Dr. Gerhard Schröder, dem Vorsitzenden des Auswärtigen Ausschusses des Deutschen Bundestages, dargelegten Wunsch der Regierung der Bundesrepublik Deutschland nach baldiger Aufnahme voller diplomatischer Beziehungen zwischen den beiden Staaten mit Befriedigung zur Kenntnis genommen und erklärt, dass sie diesen Wunsch teilt. Die in diesem Zusammenhang notwendigen Vorbereitungen sollten durch diplomatische Vertreter beider Seiten in einem dritten Land getroffen werden."

Nach mehrwöchigen reibungslosen Verhandlungen[55] wurde das gemeinsame Kommuniqué über die Aufnahme diplomatischer Beziehungen am 11. Oktober 1972 von Bundesaußenminister Walter Scheel und dem chinesischen Außenminister Ji Pengfei unterzeichnet. Damit zeichnete sich symbolhaft das Ende der Entfremdung beider Länder ab und es begann eine neue Phase der bilateralen Beziehungen. Die Regierung der Volksrepublik China und die Regierung der Bundesrepublik Deutschland hatten am 11. Oktober 1972 beschlossen, diplomatische Beziehungen aufzunehmen und in kurzer Zeit Botschafter auszutauschen.[56]

---

49 Vgl. *Trampedach*, Bonn und Peking, S.132.

50 Vgl. *Q. Pan*, Aus dem engen Zwischenraum, Beijing 1990, S. 248.

51 Schon vorher im Februar 1972 hat Brandt in seinem Gespräch mit Nixon in Florida seine Entscheidung geäußert, dass er die Normalisierung der Beziehungen zu China zustande bringen wolle, wenn die Zeit reif werde. Vgl. *Pan*, Zwischenraum, S. 247.

52 Schröder hat im April 1972 anlässlich eines Empfangs der rumänischen Botschaft in der BRD einem damaligen chinesischen Journalisten, Wang Shu aus der Xinhua-Agentur, ein Signal gegeben, dass er bereit sei, einen Chinabesuch vorzunehmen. Wang wurde 1974 der chinesische Botschafter in der BRD. Mehr dazu siehe Ebda., S. 248.

53 Dass Schröder von Zhou empfangen wurde, zeigte die chinesische Regierung Hochachtung auf den Besuch Schröders und die hohen Erwartungen an die Folgen dieses Besuches. Vgl. Ebda.

54 *Leutner*, Studien, S. 149.

55 Dies lag nach Pan vor allem daran, dass es zwischen den beiden Ländern keine wesentlichen Interessenkonflikte gab und die Kuomintang-Regierung in Taiwan auch nie von der Bundesrepublik Deutschland offiziell anerkannt wurde.

56 Ebda, S. 151. Dieses Kommuniqué wurde präzise formuliert und nahm keinen Bezug auf die sensible Taiwan- und Berlinfrage.

4 Bilaterale Beziehungen nach 1972 und boomende Phase der Wirtschaftsverhältnisse

4.1 Aufschwung der bilateralen Wirtschaftsbeziehungen bis 1982

Am 7. Mai 1974 trat Willy Brandt wegen der Guillaume-Affäre unerwartet von seinem Amt als Bundeskanzler zurück. Helmut Schmidt wurde am 16. Mai 1974 vom Bundestag zu Brandts Nachfolger gewählt. Die Neue Ostpolitik unter Willy Brandt wurde unter der Regierung Schmidt weiter geführt. 1974 und 1976 besuchten die wichtigsten Oppositionspolitiker, darunter der CDU-Vorsitzende Helmut Kohl und der CSU-Vorsitzende Franz Josef Strauß, Beijing. Die Besuche der Unionspolitiker in China konnten als ein Zeichen für den Einfluss des China-Faktors auf die innenpolitische Landschaft der Bundesrepublik angesehen werden, da vor Kohls Besuch 1974 und nach der Aufnahme diplomatischer Beziehungen mit der Volksrepublik noch keine Spitzenpolitiker der Regierungskoalition in China gewesen waren. Nachdem Strauß im Jahr 1975 als erster bundesdeutsche Politiker von Mao persönlich empfangen worden war, besuchte Bundeskanzler Helmut Schmidt erst im Oktober desselben Jahres Beijing und wurde während dieses Besuches auch von Mao persönlich willkommen geheißen. Um die Bedeutung des Besuches von Schmidt herauszuheben, organisierte die chinesische Regierung für ihn einen Besuch in der Xinjiang-Provinz, was bis dahin bei noch keinem anderen ausländischen Spitzenpolitiker der Fall war.[57]

Obwohl sich die Außenpolitik der Regierung Schmidts durch eine härtere Gangart gegenüber Moskau auszeichnete, lassen sich durchaus auch Kontinuitäten beobachten. Schmidt wollte ebenfalls vermeiden, Beijing gegen Moskau auszuspielen und die bundesdeutschen Beziehungen zur Sowjetunion durch den Umgang zu China zu beeinträchtigen. Dabei spielte die pragmatische Erwägung der Bundesregierung gegenüber der Tatsache, dass die am weitesten im Westen stehenden sowjetischen Truppen nur eine Stunde, die sowjetischen Flugzeuge nur wenige Minuten östlich der Grenzen der BRD stationiert waren, eine entscheidende Rolle.[58] Vor diesem Hintergrund war China für die Regierung Schmidt insgesamt „weit entfernt".[59]

---

57 Vgl. *Yin*, Außenpolitik, S. 501.

58 Vgl. *H. Schmidt*, Menschen und Mächte, München 1987.

59 Ebda., S. 234.

Die Volksrepublik China erlebte im Jahr 1976 das schwierigste Jahr nach der Gründung des Staates, in dem innerhalb von acht Monaten die drei wichtigsten politischen Persönlichkeiten Zhou Enlai, Zhu De und Mao Zedong starben. Im Juli 1976 ereignete sich das Tangshan-Erdbeben, bei dem 240.000 Menschen ums Leben kamen. Vier Wochen nach dem Tode Maos wurde im Oktober 1976 die sogenannte Viererbande[60] verhaftet und die Kulturrevolution, die von 1966 bis 1976 gedauert hatte und einen Stillstand der wirtschaftlichen Entwicklung sowie gesellschaftliches Chaos verursacht hatte, endgültig beendet.

Im Dezember 1978 fand die Dritte Plenartagung des XI. Zentralkomitees der KPC in Beijing statt, auf der die Parteiführung unter Deng Xiaoping die *sozialistische Modernisierung* der Wirtschaft zum Schwerpunkt der politischen Arbeit erklärte. Diese Tagung bedeutete die Abkehr von der chinesischen Kulturrevolution bzw. von dem Kurs des Klassenkampfes in China und symbolisierte den Anfang der allseitigen Modernisierung des Landes. Der Arbeitsschwerpunkt der Partei wurde damit von dem so genannten Klassenkampf in Richtung des sozialistischen Modernisierungsaufbaus verlagert. Der Weg für die Entwicklung Chinas in den folgenden Jahrzehnten mit entscheidenden Schritten einer Modernisierungs-, Reform- und Öffnungspolitik (*gaige kaifang* 改革开放) wurde somit eingeschlagen. Als „kein Mann der Theorie"[61] hat Deng die im Jahr 1978 begonnene Reform- und Öffnungspolitik tiefgreifend geprägt. Die pragmatische Ausrichtung dieser Politik kann vor allem durch Aussagen Dengs „nach den Steinen tastend den Fluss überqueren" (*mo zhe shitou guo he* 摸着石头过河) und „egal, ob die Katze schwarz oder weiß ist – Hauptsache, sie fängt Mäuse" (*bu guan hei mao bai mao, zhuo dao laoshu jiu shi hao mao* 不管黑猫白猫，捉到老鼠就是好猫) beschrieben werden. Die Reform- und Öffnungspolitik lag der späteren rasanten Wirtschaftsentwicklung Chinas zugrunde, die sich seit Ende der 1970er Jahre unaufhaltsam fortsetzte. Seitdem hat die globale Bedeutung Chinas auf dem Gebiet von Politik und Wirtschaft dramatisch zugenommen.

Die „China-Ambitionen"[62] der deutschen Wirtschaft, die zwar im Zeitalter des Primats der Politik der BRD in den 1960er Jahren keine Priorität genossen hatten, führten seit den 1970er Jahren zu einer Normalisierung der Beziehungen zwischen der Bundesrepublik und der Volksrepublik China. Dabei waren die ökonomischen Interessen der deutschen Wirtschaft[63] von beträchtlicher Bedeutung und förderlich für die praktische Gestaltung der Chinapolitik der Regierungen in Bonn. Der

---

60 Jiang Qing, Wang Hongwen, Zhang Chunqiao und Yao Wenyuan.

61 *H. Schmidt*, Nachbar China: Helmut Schmidt im Gespräch mit Frank Sieren, Berlin 2006, S. 47.

62 *Trampedach*, Bonn und Peking, S. 10.

63 Gleichzeitig zeigte die deutsche Wirtschaft großes Interesse an der Beteiligung des Reformkurses in China.

Ausbau der wirtschaftlichen Zusammenarbeit zwischen der BRD und China insbesondere nach 1978 wurde auf vielfältige Weise mit den Interessen der Politik auf beiden Seiten verbunden.[64] China wurde „mehr und mehr als hoffnungsvolles Entwicklungsland“[65] von der deutschen Wirtschaft wahrgenommen, das große Absatzmöglichkeiten bot.

Für die chinesisch-bundesdeutschen Beziehungen im Bereich der Wirtschaft sind zwei Besuche chinesischer Spitzenpolitiker besonders hervorzuheben, nämlich der Besuch des chinesischen Ministers für Wissenschaft und Technologie, Fang Yi, im Oktober 1978 und der Besuch des Ministerpräsidenten Hua Guofeng im Oktober 1979 in der BRD. Während der beiden Besuche wurden wichtige Verträge[66] unterzeichnet und somit wurde „eine neue Phase in der wirtschaftlichen und wissenschaftlich-technischen Kooperation“ [67] eröffnet. Seit 1981 existieren deutsch-chinesische Joint-Ventures in der Volksrepublik auf der Grundlage des *Gesetzes der VR China über Gemeinschaftsunternehmen mit chinesischer und ausländischer Kapitalbeteiligung* von 1979, die im Laufe der Weiterentwicklung der Wirtschaftsbeziehungen eine bedeutende Rolle spielten und immer noch spielen.[68]

4.2 Bilaterale Beziehungen in der Kohl-Ära bis 1990

Der Bruch in der Regierungskoalition und die Aufnahme von Gesprächen zwischen FDP und CDU führten bald zu einem Regierungswechsel. Die neue Regierungskoalition unter Helmut Kohl wurde am 1. Oktober 1982 im Rahmen eines erfolgreichen konstruktiven Misstrauensvotums gegen den amtierenden Bundeskanzler Helmut Schmidt vom Bundestag zum sechsten Bundeskanzler gewählt. Die Regierungsperioden der schwarz-gelben Koalition mit Kohl als Bundeskanzler von 1982 bis 1998 haben die deutsch-chinesischen Beziehungen insgesamt kontinuierlich vorangetrieben und der Entwicklung der deutschen

---

64 Vgl. *Leutner*, Studien, S. 210.

65 Ebda., S. 179

66 Zu denen gehören vor allem das *Abkommen zwischen der Regierung der BRD und der Regierung der VRC über wissenschaftlich-technologische Zusammenarbeit*, das den bilateralen Austausch im erwähnten Bereich auf eine völkerrechtliche Basis stellte, und das *Abkommen zwischen der Regierung der BRD und der Regierung der VRC über wirtschaftliche Zusammenarbeit* zur Erweiterung der wirtschaftlichen Kooperation auf verschiedenen Gebieten.

67 *Leutner*, Studien, S. 212.

68 Das erste deutsch-chinesische Gemeinschaftsunternehmen war die im April 1981 gegründete Tianjin Liming Cosmetics Joint Industrial Company mit Beteiligung der deutschen Wella AG.

Chinapolitik wichtige Impulse gegeben. Nach dem Machtantritt der Kohl-Regierung bis Ende der 1980er Jahre fand eine Reihe von Ereignissen, die für die positive Fortsetzung der bundesdeutsch-chinesischen Verhältnisse von Bedeutung waren, statt. Dabei ist auch auf die Renormalisierung der sowjetisch-chinesischen Beziehungen nach langjährigen Spannungen im Laufe der 1980er Jahre zu nennen, deren Höhepunkt im Mai 1989 durch den Besuch Michail Gorbatschows in China gekennzeichnet war. Die Versöhnung zwischen den beiden großen sozialistischen Ländern, aber auch die Entspannung der Beziehungen zur Sowjetunion[69] hat auf die deutsche Chinapolitik insofern einen Einfluss ausgeübt, als der Faktor „Sowjetunion" in diesem Zusammenhang seine dominante Bedeutung verlor.

Helmut Kohl hatte schon in den 1970er Jahren seine Überzeugung gegenüber China entwickelt, dass die Volksrepublik als Mitglied im UN-Sicherheitsrat einen wichtigen Machtfaktor in der weltpolitischen Ordnung bildete und von großer Bedeutung für die Bundesrepublik war. Den Gedanken, dass die Bundesrepublik Deutschland und China gemeinsame politische und wirtschaftliche Interessen hatten, hat Kohl nach seinem Amtsantritt als Bundeskanzler fortgesetzt und ausdrücklich darauf hingewiesen, dass die deutsche Außenpolitik verstärkt Wert auf China legen und die bilateralen Beziehungen von einem *unnormalen* zu einem *guten* Zustand bringen sollte. Die Praktizierung dieses Willens schlug sich im Laufe der 80er Jahre in zahlreichen „hochmotivierten"[70] außendiplomatischen Begegnungen nieder, indem jährlich über 20 gegenseitige Delegationsbesuche auf mindestens der Ministerebene stattfanden, die die wichtigsten Austauschbereiche im Bereich von Wirtschaft, Technik, Bildung etc. erfolgreich abdeckten.[71]

Die Tatsache, dass die Regierung unter Helmut Kohl offene politische Konflikte mit der Volksrepublik vermied[72] und danach strebte, die Entwicklung der bilateralen Wirtschaftsbeziehungen voranzutreiben, führte dazu, dass die Wirtschaftsbegegnungen zwischen der BRD und China in der Ära Kohl eine insgesamt sehr positive Entwicklung erlebten. In den ersten Jahren nach 1982 zeichnete sich eine zunehmende Tendenz in Richtung einer „Interessenkonvergenz"[73] zwischen Bonn und Beijing ab. Die Tatsache, dass Helmut Kohl bei seinen mehrmaligen Chinabesuchen jeweils im Jahr 1984, 1987 und 1993 tatsächlich als „Chefverkäu-

---

69 Aber auch die Entspannung der sowjetischen Beziehungen zu den westlichen Ländern unter Gorbatschow.
70 *Yin*, Außenpolitik, S. 502.
71 Vgl. Ebda., S. 503.
72 Vgl. *S. Heilmann*, Grundelemente deutscher Chinapolitik, 2002. URL: http://www.chinapolitik.de/studien/china_analysis/no_14.pdf. Zugriff am 06.08.2010.
73 *Lian*, Bestimmungsfaktoren, S. 136.

fer" [74] für die deutsche Wirtschaft auftrat, belegte die Bedeutung der Wirtschaftsinteressen als wichtigstes Element der Interessenkonvergenz zwischen Bonn und Beijing.[75]

Kohl äußerte sich in seiner Rede nach seinem China-Besuch im Oktober 1984 vor dem Deutschen Bundestag: „Die Bundesrepublik Deutschland ist als eines der höchstentwickelten Industrieländer zu weitgehendem Technologietransfer bereit. Wir können für China ein Partner für die Modernisierung bestehender und für die Entwicklung neuer Industrien sein."[76] Tatsächlich war eine optimale Voraussetzung für eine gegenseitige Ergänzung der beiden Länder im Außenwirtschaftsbereich vorhanden: Während China als ein Entwicklungsland mit reichen Bodenschätzen, einem riesigen Binnenmarkt und niedrigen Löhnen nach industrieller Modernisierung strebte, war die Bundesrepublik Deutschland als ein führendes Industrieland mit moderner Technologie, Kapital und Transferbereitschaft in der Lage, China bei der wirtschaftlichen Entwicklung zu unterstützen.[77]

Kohl war davon überzeugt, dass beide Seiten „politisch, wirtschaftlich und auf wissenschaftlich-kulturellem Gebiet eine stabile und auf langfristige Dauer angelegte Zusammenarbeit verfolgen wollen"[78]. Nach dem Besuch Kohls in China 1984 haben der chinesische Ministerpräsident Zhao Ziyang und der Parteichef der KP China Hu Yaobang jeweils im Juni 1985 und im Juni 1986 die Bundesrepublik Deutschland besucht. In den gegenseitigen Besuchen betonten beide Seiten mehrmals, dass es zwischen Beijing und Bonn „keine grundlegenden Probleme, sondern vielmehr ein großes Maß an Übereinstimmung"[79] gebe. Dabei wurden vor allem die bilateralen Wirtschaftsbeziehungen im Kontext der weltweiten Entspannungspolitik hervorgehoben. Die deutsche Wirtschaft wurde von der chinesischen Regierung aufgefordert, sich mehr auf dem chinesischen Markt zu engagieren.

Zu der Entwicklung der deutsch-chinesischen Wirtschaftsbeziehungen in der Ära Kohl haben außer den Spitzenpolitikern große deutsche Wirtschafts- und Industrieverbände positiv beigetragen, zu denen z. B. der Bundesverband der Deutschen Industrie (BDI), der Deutsche Industrie- und Handelstag (DIHT), der

---

74 *Leutner*, Studien, S. 210.

75 Nach *Lian*, Bestimmungsfaktoren, S. 136, ließ sich diese Interessenkonvergenz vor allem in den folgenden Elementen erkennen: Standpunkt zur Weltstruktur, Welt-Frieden und Sicherheit, Angelegenheit der nationalen Einheit und Außenwirtschaftsinteressen.

76 *Leutner*, Studien, S. 238.

77 Vgl. *Lian*, Bestimmungsfaktoren, S. 142.

78 Ebda.

79 Ebda., S. 180.

Ostasiatische Verein (OAV) und die Verbände des Groß- und Außenhandels zählten. Darüber hinaus waren noch eine Vielzahl von Partnerschaften und Kooperationen zwischen deutschen Bundesländern und chinesischen Provinzen von Bedeutung.[80] Mit der Entwicklung der chinesischen Wirtschaft hat sich der deutsch-chinesische Handel rasch entwickelt. Während im Jahr 1972 der Warenverkehr der beiden Länder 2,7 Mrd. DM betrug, ist diese Summe im Jahr 1993 auf rund 23 Mrd. DM gestiegen. Im Jahr 1985 kam ein Exportplus in Höhe von 3,9 Mrd. DM der BRD im Handel mit China zustande.[81] Nach 1989 waren beträchtliche Überschüsse der chinesischen Seite im bilateralen Handel beobachtbar, die im Jahr 1990 3,9 Mrd. DM betrugen. Die „Wende" in den bilateralen Handelsbeziehungen war von mehreren Faktoren bestimmt, zu denen die zunehmende Diversifizierung der chinesischen Exportstruktur, die relativ hohen Preise der deutschen Einfuhren, die zunehmend schärfere ausländische Konkurrenz auf dem chinesischen Markt und auch die deutsche Sanktionspolitik gegenüber China nach dem Tiananmen-Ereignis am 4. Juni 1989 zählten. Nach den 1980er Jahren wurden verstärkt Waren aus China im Bereich der Fertigungserzeugnisse wie verarbeitete Textilien und Gebrauchsgüter nach Deutschland exportiert, wobei die von Deutschland nach China exportierten Waren zu fast vier Fünfteln aus den Bereichen der Investitionsgüter wie Maschinenbau, Fahrzeugbau und Chemie kamen.[82]

Eine Vielzahl an deutschen Großunternehmen wie Lufthansa, MBB, Mannesmann-Demag, Krupp, Siemens, Bayer, BASF, Mercedes-Benz und mittelständische Betriebe waren nach den 1980er Jahren durch Direktinvestitionen am chinesischen Markt beteiligt. Eine häufige Kooperationsform war die Gründung eines Joint Ventures, vor allem in Wirtschaftssonderzonen unter günstigen Konditionen wie Shanghai und Kanton, wobei die meisten deutsch-chinesischen Joint-Ventures in den Bereichen Maschinen und Pumpen, Fahrzeuge, pharmazeutische Produkte und Kosmetika, verarbeitete Kunststoffe, optische Fasern, Textilien und Getränke produzierten.[83] Im Oktober 1984 wurde das bisher größte

80 Vgl. *Leutner*, Studien, S. 211. Bis Mitte der 90er Jahre bestanden bereits viele wichtige Partnerschaften zwischen deutschen und chinesischen Städten wie Hamburg und Shanghai, Duisburg und Wuhan, Köln und Beijing, Berlin und Beijing, Frankfurt und Guangzhou, Dortmund und Xi'an. Zwischen den Bundesländern und chinesischen Provinzen wie Niedersachsen und Anhui, Hessen und Jiangxi, Schleswig-Holstein und Zhejiang, Bayern und Shandong, Nordrhein-Westfalen und Sichuan wurden auch Kooperationsabkommen abgeschlossen.

81 Vgl. Ebda., S. 213.

82 Vgl. Ebda.

83 Vgl. Ebda., S. 215.

deutsch-chinesische Joint-Venture-Unternehmen zwischen der Volkswagen AG und drei chinesischen Partnern gegründet.

Die Interessenkonvergenz zwischen dem wiedervereinigten Deutschland und China in erster Linie im Wirtschaftsbereich hat die Regierung Kohl praktisch-politisch genutzt und vorangetrieben. Für den Aufschwung der außenwirtschaftlichen Beziehungen zwischen den beiden Ländern war die hohe Motivation der chinesischen Seite an der Wirtschaftszusammenarbeit mit Deutschland in hohem Maße mitverantwortlich. Auf die Bundesrepublik als wichtigem Außenwirtschaftspartner in Westeuropa setzte China ganz bewusst. Die Bank of China unterzeichnete z. B. mit zehn Banken aus sieben Bundesländern am 23. Mai 1985 in Frankfurt a.M. ein Abkommen über die Emission öffentlicher Obligationen im Wert von 150 Mio. DM und galt als die erste chinesische Bank, die den europäischen Kapitalmarkt betrat.[84]

Die Vertiefung der bilateralen Zusammenarbeit im wissenschaftlich-technischen Bereich war in erster Linie auf das Anliegen Chinas zurückzuführen, technologisch nicht mehr abhängig zu sein und die technologische Modernisierung im Prozess der sozialistischen Modernisierung voranzutreiben. Die bundesdeutsche Bereitschaft,[85] Wissen und Know-How nach außen zu transferieren, kam den chinesischen Bedürfnissen zum richtigen Zeitpunkt entgegen. Anfang der 1980er Jahre wurden die ersten Kooperationsvereinbarungen im Bereich der deutsch-chinesischen Entwicklungszusammenarbeit getroffen. In den Jahren darauf stieg China zum größten Empfänger deutscher Entwicklungshilfe auf.[86] Auf der Grundlage der beiden wichtigen Verträge zwischen den beiden Ländern, dem Abkommen über technische Zusammenarbeit vom 13. Oktober 1982 und dem Abkommen über die Förderung und den gegenseitigen Schutz von Kapitalanlagen vom 7. Oktober 1983, wurde bis Ende der 1980er Jahre eine Vielzahl der Entwicklungshilfe in technischen und finanziellen Bereichen durchgeführt. Auch im Bereich des Kultur- und Bildungsaustausches erlebten die bilateralen Beziehungen eine Boomphase, in der deutsche Institutionen wie der DAAD und das Goethe-Institut eine aktive Rolle spielten.

---

84 Vgl. *Lian*, Bestimmungsfaktoren, S. 143.

85 Nach *Lian*, Ebda., war bei der deutschen Seite sogar eine „relative Großzügigkeit" im Vergleich zu anderen Industrieländern zu erkennen.

86 Vgl. *Heilmann*, Grundelemente.

5 Fazit

Nach dem Ende des Zweiten Weltkriegs waren die Beziehungen zwischen der Volksrepublik China und der Bundesrepublik Deutschland sehr stark durch den Einfluss der USA und der Sowjetunion geprägt. Für lange Zeit waren die beiden Länder überhaupt nicht in der Lage, eine eigenständige Außenpolitik zu betreiben.[87] Die Beziehungen zu einander waren während des Kalten Krieges also „nie unabhängig und frei von fremden Einflüssen".[88]

Die außenpolitischen Handlungsspielräume Chinas und der Bundesrepublik waren dementsprechend stark eingeschränkt. Das Interesse der Volksrepublik China an der Bundesrepublik Deutschland als wichtiger Wirtschaftsmacht in Europa und die Bestrebungen der chinesischen Seite zur Öffnung seiner Märkte haben dann im Laufe der 1970er Jahren zu einer substanziellen Annäherung und zur Aufnahme diplomatischer Beziehungen zwischen den beiden Ländern geführt.

Die neue Stellung der asiatischen Region in der Weltwirtschaft und die zukünftige Rolle dieser Region bei der Lösung vieler globaler Fragen wurden von der Regierung unter Helmut Kohl früh ernst genommen. Von 1982 bis in die 1990er Jahren hatte die Chinapolitik Kohls ein realpolitisches Ziel vor allem im Bereich der Wirtschaft erreicht, welches auch die Chinapolitik seiner Amtsnachfolger nach dem Jahrhundertwechsel auszeichnete. Insgesamt setzte Helmut Kohl in seiner Amtszeit im Bereich der Begegnungen mit China konsequent auf Wirtschaftsförderung. In den späteren Phasen der Ära Kohl wurden zwar die Menschenrechte und wertebezogene Faktoren durch einen Rechtsdialog zwischen den beiden Ländern nach 1994 auf der Botschafter-Ebene betont, doch solche Faktoren spielten aus Sicht vieler Beobachter bzw. Kritiker[89] im Vergleich zur Wirtschaftspolitik der BRD eine eher untergeordnete Rolle.

Zwischen 1989 und 1991 vollzog sich ein Strukturbruch der internationalen Beziehungen, die durch den Zusammenbruch des sozialistischen Lagers gekennzeichnet war und das endgültige Ende des Kalten Krieges zur Folge hatte. Am 9. November 1989 stellte sich die Chance zur Wiedervereinigung[90] der beiden

87 Vgl. *Fabritzek*, Gelber Drache, S. 190.

88 Dieser Ausdruck stammt zwar aus *Fabritzek*, Ebda., doch kann er auf die Realitäten der späteren Entwicklungen der Beziehungen zwischen den beiden Ländern übertragen werden.

89 Zur Kritik in der Öffentlichkeit siehe Buchsteiner 1996.

90 Über die „Wiedervereinigung Deutschlands" bestehen Verständnisunterschiede insofern, als es dabei z. B. nach K. Kaiser keineswegs um die „Wiedervereinigung" von zwei über mehrere Jahrzehnte getrennt gehaltenen Teilen des vorherigen Gesamtdeutschlands wieder zur früheren Einheit geht. Doch in der vorliegenden Arbeit wird die Bezeichnung „Wiedervereinigung" immer

deutschen Republiken, indem die Berliner Mauer und die Grenze seitens der DDR überraschenderweise geöffnet wurden. Diese Möglichkeit hat die bundesdeutsche Regierung erfolgreich genutzt. Der Wiedervereinigungsprozess vollzog sich in den nächsten Monaten mit dem Ergebnis, dass am 12. September 1990 ein Vertrag über die abschließende Regelung in Bezug auf Deutschland von den Außenministern der vier Siegermächte und den beiden deutschen Staaten unterzeichnet wurde. Die vereinigte Bundesrepublik Deutschland besitzt seither die volle Souveränität auf dem Gebiet der Innen- und Außenpolitik.

Die veränderte weltpolitische Ordnung durch die Wiederherstellung der nationalen Einheit Deutschlands, das Ende des Kalten Krieges, der Zusammenbruch der Sowjetunion sowie die Neuentstehung von Nationalstaaten in Mittel- und Osteuropa haben auf die internationalen Rahmenbedingungen der deutschen Außenpolitik einen tiefgreifenden Einfluss ausgeübt. Die Bundesrepublik Deutschland wurde nach Jahrzehnten einer eher zurückhaltenden Außenpolitik in die Lage versetzt, die Frage nach der Staatsräson öffentlich zu stellen. Die außenpolitischen Handlungsspielräume Deutschlands haben sich vergrößert, gleichzeitig stand das wiedervereinigte Deutschland vor neuen Herausforderungen, auf die die Bundesrepublik mit zahlreichen außenpolitischen Veränderungen und neuen Ansätzen in vielerlei Hinsicht reagierte,[91] und die auch das deutsche außenpolitische Handeln gegenüber China betrafen, wobei nach wie vor das Primat der wirtschaftlichen Interessen im Vordergrund steht.

---

im Sinne der historischen Ereignisse des Zusammenfügens von den beiden deutschen Republiken verwendet. In diesem Sinne kann man die „Wiedervereinigung" Deutschlands auch als „Vereinigung" Deutschlands verstehen. Siehe *K. Kaiser*, Das vereinigte Deutschland in der internationalen Politik, in: *K. Kaiser/H. W. Maull (Hg.)*, Deutschlands neue Außenpolitik, Band 1: Grundlagen, München ²1997.

91 Vgl. Gareis 2009, S. 13.

Fei He

Die Wirtschaftsbeziehungen zwischen der Bundesrepublik Deutschland und der Volksrepublik China 1949 – 1978

Die Übernahme der Mehrheit des Augsburger Roboter- und Anlagenbauerbauers Kuka durch den chinesischen Haushaltsgerätehersteller Midea im Jahr 2016 hat jüngst bei der Bundesregierung für erhebliche Unruhe gesorgt. Denn etwa zu derselben Zeit war der Verkauf des Aachener Chipanlagenbauers Aixtron an einen chinesischen Investor nur durch das Verbot des Verkaufs der US-Niederlassung von Aixtron durch die US-Regierung verhindert worden. Die Bundesregierung plant nun, ihr Vetorecht bei Firmenübernahmen durch ausländische Unternehmen auszuweiten.[1] Dieses Vetorecht richtet sich zwar nicht nur gegen die Volksrepublik (VR) China, aber der Zusammenhang dieser offen protektionistischen Maßnahme mit der Übernahme von Kuka durch einen chinesischen Konzern ist nicht zu übersehen. Dabei wird in der „westlichen Welt" immer der Eindruck vermittelt, als sei Protektionismus weiterhin ein Merkmal der chinesischen und keinesfalls der europäischen Außenwirtschaftspolitik, weshalb die Bundesregierung mit ihrer Initiative auch auf heftige Kritik der Wirtschaftsverbände gestoßen ist. Tatsächlich haben die chinesischen Regierungen während der maoistischen Zeit Direktinvestitionen ausländischer Unternehmen in ihrem Land vollkommen ausgeschlossen. Während das Verbot westlicher Direktinvestitionen in der VR China ein Ausdruck der Furcht vor der Entstehung kapitalistischer Enklaven innerhalb der planwirtschaftlichen Wirtschaftsordnung mit dem Ziel einer erneuten (imperialistischen) Fremdbestimmung des Landes durch „den Westen" einschließlich Japans gewesen war, fürchten die US- und in deren Gefolge die Bundesregierung den unkontrollierten Transfer von rüstungsrelevanter Hochtechnologie in ein Land, das nicht mit dem „Westen" politisch oder gar militärisch verbündet ist; womit plötzlich die Logik des „Kalten Krieges" wieder Einzug in die seit drei Jahrzehnten blühenden deutsch-chinesischen Wirtschaftsbeziehungen Einzug gehalten hat.

Diese Arbeit wurde durch die Fritz-Thyssen Stiftung gefördert.

1 Deutsche Wirtschafts-Nachrichten 2017: Bundesregierung will Vetorecht bei Unternehmensverkäufen. Online im Internet: https://deutsche-wirtschafts-nachrichten.de/2017/07/12/bundesregierung-beschliesst-vetorecht-bei-uebernahmen-deutscher-firmen, 23.09.2017.

https://doi.org/10.1515/9783110541120-013

Allgemein wird in der Öffentlichkeit angenommen, dass die Reform- und Öffnungspolitik von Deng Xiao-Ping Ende der 70er Jahre den Wendepunkt der deutsch-chinesischen Wirtschaftsbeziehungen darstellt. Das ist sicherlich nicht falsch, aber auch schon vor Dengs Reform- und Öffnungspolitik gab es bilaterale Handelsbeziehungen; und zwar seitdem im Jahr 1949 sowohl die Bundesrepublik als auch die VR China gegründet worden waren. In dieser Zeit hatte die VR China demnach nicht nur mit der DDR, sondern auch mit der Bundesrepublik Handel betrieben. Diese waren aber nicht durch eine stetige (Aufwärts-)Entwicklung gekennzeichnet wie in den letzten rund 35 Jahren, sondern unterlagen erheblichen Schwankungen, die von außen- oder innenpolitischen Imperativen in beiden Ländern ausgelöst wurden: Der „Große Sprung nach vorn", die Kulturrevolution und die sukzessive Verschlechterung der Beziehungen zur Sowjetunion waren für die VR China bedeutsam, während die Hallstein-Doktrin sowie die Entspannungspolitik für die deutsche Seite eine zentrale Bedeutung besaßen. Trotz des „Kalten Krieges" zwischen dem „Westen" und der VR China, der im Korea und Vietnam auch gewaltsam ausgetragen wurde, waren beide Seiten immer wieder bemüht, eine Normalisierung der politischen sowie der wirtschaftlichen Beziehungen zu erreichen. Dieser Aufsatz widmet sich der Entwicklung der Wirtschaftsbeziehungen zwischen der Bundesrepublik und der VR China im Windschatten des „Kalten Krieges" bis zum Beginn der Öffnungs- und Reformpolitik Ende siebziger Jahren. Der sich über drei Jahrzehnte ziehende Untersuchungszeitraum wird in vier Phasen geteilt:

- Die erste Phase behandelt die Wiederaufnahme der einst lebhaften Handelsbeziehungen von der Gründung beider Länder bis zur Unterzeichnung des ersten inoffiziellen Handelsabkommens im Jahr 1957.
- Die zweite Phase umfasst den Zeitraum von 1958 bis zum 1965 gescheiterten Versuch, den ersten offiziellen Handelsvertrag zwischen beiden Ländern abzuschließen.
- Die dritte Phase bildet die Zeitspanne von 1965 bis 1972, als die diplomatischen Beziehungen zwischen den beiden Ländern aufgenommen wurden; diese Phase war wesentlich durch die chinesische Kulturrevolution gekennzeichnet, die den Handel zwischen beiden Ländern fast zum Erliegen brachte.
- Die vierte Phase ist dann durch die vorsichtige Öffnung der noch maoistisch geprägten Politik der VR China charakterisiert, die aber innenpolitisch weiterhin durch eine höchst instabile Lage geprägt war.

1 Die Handelsbeziehungen zwischen der BRD und der VR China im Zeitraum von 1949 bis 1957

Der Zweite Weltkrieg und der chinesische Bürgerkrieg führten zum Ende aller offiziellen Kontakte zwischen dem chinesischen Festland und Westdeutschland. Die über Generationen gewachsene kulturelle und wirtschaftliche Präsenz Deutschlands in der Volksrepublik kam ebenfalls zu einem jähen Ende. Im Kalten Krieg entwickelte sich der Beitritt zu antagonistischen Blöcken ab 1949 zum dominierenden Merkmal der politischen Beziehungen zwischen der VR China und der Bundesrepublik. Es kam zu Abhängigkeiten von den Forderungen der sich gegenüberstehenden Seiten im Ost-West-Konflikt.[2] Der Abbruch der Kontakte zwischen der VR China und der Bundesrepublik lag auf der einen Seite an Maos Entscheidung für „die Neigung nach der einen Seite“[3], d. h. an dem Beitritt Chinas in die Allianz der Sowjetunion, auf der anderen Seite an der Außenpolitik unter Konrad Adenauer.

1.1 Die Außenpolitik der Regierung Adenauer

Nach der Gründung der Bundesrepublik Deutschland (BRD) sah der Bundeskanzler in der Kooperation mit den USA die einzige Möglichkeit für einen Wiederaufbau Westdeutschlands.[4] Die Regierung Adenauers erkannte vor allem Folgendes: Die Rolle Westdeutschlands war Kern der amerikanischen Stabilisierungspolitik in Europa; eine Rekonstruktion und Erholung Europas wäre ohne eine Kooperation mit Westdeutschland nicht möglich gewesen.[5] Angesichts des besonderen Stellenwerts der BRD in der amerikanischen Außenpolitik hielt Adenauer die Allianz mit den USA für zuverlässig. Außerdem glaubte er, dass der deutschen Bevölkerung nach der traumatischen Erfahrung des „Dritten Reichs“

---

2 *C. Neßhöver*, Die Chinapolitik Deutschlands und Frankreichs zwischen Außenwirtschaftsförderung und Menschrechtsorientierung (1989 bis 1997). Auf der Suche nach Balance, Hamburg 1999, S. 33.

3 *W. Runge*, Schritt in die Weltpolitik? Beziehungen der Bundesrepublik Deutschland zur VR China 1949–2002, in: *M. Schüller (Hg.)*, Strukturwandel in den deutsch-chinesischen Beziehungen. Analysen und Praxisberichte, Hamburg 2003, S.59.

4 *H. J. Schröder*, USA und westdeutscher Wiederaufstieg. (1945–1952), in: *K. Larres/T. Oppenlland (Hg.)*, Deutschland und die USA im 20. Jahrhundert, Darmstadt 1997, S. 95.

5 Ebda., S 99.

die demokratisch geprägten amerikanischen Rahmenbedingungen einfacher zu vermitteln wären, als die Diktatur Stalins.[6]

Neben politischen und ideologischen Gründen waren wirtschaftliche Faktoren von vorrangiger Bedeutung für die Regierung Adenauer: Nach dem Krieg war die Bundesrepublik für den Wiederaufbau dringend auf Wirtschaftshilfe im Rahmen des Marshallplans angewiesen. Adenauers Formel „Wiedervereinigung durch Westintegration“[7] überbrückte die Widersprüchlichkeit zwischen dem Wunsch nach der Wiedervereinigung der beiden deutschen Staaten einerseits und der Wirtschaftsintegration zwischen der BRD und anderen westeuropäischen Ländern andererseits.[8] Auch die im Jahr 1955 verkündete Hallstein-Doktrin legte den Schwerpunkt der deutschen Außenpolitik auf die Wiedervereinigung, indem sie eine Politik verfolgte, die auf die Isolierung der DDR gerichtet war. Laut dieser Doktrin brach die BRD ihre diplomatischen Beziehungen zu Staaten ab, wenn diese ihrerseits diplomatische Beziehungen mit der DDR aufnahmen. Die einzige Ausnahme war die Sowjetunion.[9] Schon vor der Hallstein-Doktrin wollte die Regierung Adenauer keine Chinapolitik betreiben. Grund dafür war nicht nur der vor dem Hintergrund des Koreakrieges ausgeübte Druck durch die USA, sondern auch die Allianz zwischen der VR China und der DDR. Zudem erahnte Adenauer bereits im Jahr 1952 die zukünftigen Spannungen zwischen der VR China und der Sowjetunion.[10] Daher war das Risiko für die BRD viel zu groß, zugunsten einer engeren Beziehung mit China in Konfrontation mit den zwei Supermächten zu geraten, obwohl Mao schon Mitte der 50er Jahre den Wunsch hatte, die Bindung mit der BRD wiederaufzubauen.[11] So begann eine Phase des begrenzten, informellen Handelsaustauschs und offizieller Distanz zwischen den beiden Ländern. Die Ursache der wirtschaftlichen und politischen Distanz war jedoch nicht nur die Politik der Regierung Adenauer, sie ergab sich auch aus der Außenpolitik unter Mao.

---

6 Ebda., S.108.

7 *Schröder*, USA, S. 107·

8 *D. Geppert*, Die Ära Adenauer, Stuttgart 2002, S. 6.

9 *W. Kilian*, Die Hallstein-Doktrin. Der diplomatische Krieg zwischen der BRD und der DDR 1955–1973, Berlin 2001, S. 13.

10 *T. Trampedach*, Bonn und Peking: Die wechselseitige Einbindung in außenpolitische Strategien 1949–1990, Hamburg 1997, S. 29.

11 *Runge*, Schritt, S. 59.

1.2 Die Außenpolitik unter Mao

Die von Mao als „die Neigung nach der einen Seite“ benannte politische Entscheidung für die Allianz mit der Sowjetunion war die Grundlage der chinesischen Außenpolitik in der Dekade nach der Gründung der VR China. In Anbetracht der speziellen sowjetischen Rechte, die seit der Konferenz von Jalta im Jahr 1945 und der Gao Gang-Affäre[12]im Jahr 1949[13]in der Mandschurei, Dalian und Lüshun bestanden, berücksichtigte Mao neben geopolitischen Überlegungen auch die Sicherheit des chinesischen Territoriums. Er entschied daher, trotz der Konflikte mit Stalin, eine Kooperation mit dem kommunistischen „elder brother“ statt mit den USA anzustreben.[14]

1950 war die ablehnende Haltung Amerikas gegenüber einer Expansion des Kommunismus in Asien evident.[15] Die Sperrung der Meeresstraße von Taiwan durch die siebte US-Flotte, die einen militärischen Angriff auf Taiwan verhindern sollte, deutete Premierminister Zhou En-Lai als eine aggressive Bedrohung und den Ausdruck einer besonderen Feindseligkeit der USA gegenüber der VR China.[16] Die chinesische Regierung fürchtete um die Sicherheit der Region Mandschurei, sollten die USA Nordkorea besetzen. [17] Die US-Flotte und der Angriff auf Nordkorea schufen ein Gefühl der Bedrohung, infolgedessen die VR China 1950 in den Koreakrieg eintrat, obwohl sich die chinesische Regierung ursprünglich auf den wirtschaftlichen Wiederaufbau konzentrieren wollte. So begann die Konfrontation zwischen den USA und der VR China, die zu amerikanischen Wirtschaftssanktionen bzw. zum Handelsembargo gegenüber der Volksrepublik führte. Das amerikanische Handelsembargo stellte das größte Hindernis für den deutsch-chinesischen Handel zu Beginn der Phase zwischen 1949 und 1957 dar.

---

12 Gao Gang war der Vorsitzende des regionalen Politbüros in Nordostchina. Er wurde im Jahr 1949 von Stalin nach Moskau eingeladen. Während der Reise unterzeichnete er ein Handelsabkommen zwischen der Sowjetunion und Nordostchina. Vgl. *M. Nakajima*, Foreign relations: from the Korean War to the Bandung Line, in: *R. MacFarquhar/J. K. Fairbank (Hg.)*, The Cambridge History of China. The People's Republic, Part 1: The Emergence of Revolutionary China 1949–1965, New York 1987, S. 265.

13 *H. Kissinger*, On China, New York 2011, S. 115.

14 *O. A. Westad*, The Global Cold War. Third World Interventions and the Making of Our Times, New York 2007, S. 259.

15 *J. Osterhammel*, China und die Weltgesellschaft. Vom 18. Jahrhundert bis in unsere Zeit, München 1989, S. 361.

16 *Nakajima*, Relations, S. 272.

17 *Osterhammel*, China, S. 362.

1.3 Das amerikanische Handelsembargo und die chinesischen Gegenmaßnahmen

Nach dem Ende des Zweiten Weltkriegs hatten die USA einen Handelskrieg eröffnet: Der Export von ungefähr 500 Gruppen amerikanischer Güter in den Ostblock wurde verboten. Verwirklicht wurde dies durch den *Economic Cooperation Act* bzw. den Marshallplan. Das Handelsembargo war eine Zusatzklausel des Marshallplans. Alle Länder, die militärisch verwendbare Güter in den Ostblock exportierten, wurden von den Hilfsmaßnahmen des Marshallplans ausgeschlossen.[18]

Im Juni 1950 wurde das Embargo gegenüber der VR China nach dem Ausbruch des Koreakriegs verschärft. Es galt jetzt nicht nur im Außenhandel, sondern auch im internationalen Zahlungsverkehr und für Auslandsvermögen.[19] Die westeuropäischen Verbündeten, inklusive der BRD, mussten ebenfalls an dem Embargo teilnehmen. Als das Embargo zusammen mit dem Marshallplan auslief, wurde der als *Battle Act* bekannte *Mutual Defense Assistance Control Act* verabschiedet. Die damit verbundene Politik ersetzte das alte Embargo. Die amerikanische Wiederaufbau- und Entwicklungshilfe wurde Staaten, die strategische Güter in den Ostblock exportierten, entzogen.[20]

Gegen die Verschärfung des Embargos ergriff die VR China eine Reihe von innenpolitischen sowie außenpolitischen Gegenmaßnahmen, wodurch der wirtschaftliche Schaden begrenzt werden konnte.[21] Die chinesische Wirtschaft wurde durch das amerikanische Embargo somit nicht völlig zerstört. Indessen geriet die VR China beim Außenhandel in eine zunehmende Abhängigkeit vom sowjetischen Block. Um die Auswirkungen der Handelsblockade zu beschränken, kam es ab diesem Zeitpunkt zu einer Zentralisierung des chinesischen Außenhandels: Vom zentralen Plan abweichende, lokale Regeln und Maßnahmen wurden automatisch außer Kraft gesetzt. Menge und Art der Güter für den Export und den Import wurden vom Staat vorgegeben; auch die Devisenreserven wurden zentral kontrolliert.[22]

---

18 *F. Cain*, Das US-Handelsembargo und Europa, in: *B. Greiner/C. T. Müller/C. Weber (Hg.)*, Ökonomie im Kalten Krieg. Studien zum Kalten Krieg, Hamburg 2010, S. 438.

19 *S. G. Zhang*, China und die Wirtschaftssanktionen des Westens, 1950 – 1953, in: *B. Greiner/C. T. Müller/C. Weber (Hg.)*, Ökonomie im Kalten Krieg. Studien zum Kalten Krieg, Hamburg 2010, S. 457.

20 *Cain*, US-Handelsembargo, S. 438 f.

21 *Zhang*, China, S. 460 ff.

22 *B. Naughton*, The Chinese Economy. Transitions and Growth, London 2007, S. 55.

Infolge des amerikanischen Handelsembargos war das Handelsvolumen zwischen der Bundesrepublik und der VR China in dieser Phase sehr gering. Den chinesischen Gegenmaßnahmen war es zu verdanken, dass die chinesische Wirtschaft und der Handel mit den westlichen Ländern nicht komplett zum Erliegen kamen. Allen Schwierigkeiten zum Trotz gelang es der Volksrepublik und der BRD dennoch, Geschäftskontakte aufrechtzuerhalten.

1.4 Die Handelsbeziehungen zwischen der BRD und der VR China 1949–1957 und der Abschluss des ersten Handelsabkommens

Viele private Handelsunternehmen in der VR China trieben seit 1949 und trotz der instabilen politischen Situation weiterhin Handel mit der BRD. Einige private Unternehmen wurden auch von staatlichen Institutionen beauftragt, Güter aus der BRD zu bestellen.[23] Einige deutsche Unternehmen, wie Bayer und BASF, versuchten, weiter auf dem chinesischen Markt aktiv zu bleiben. In der Anfangsphase des amerikanischen Embargos im Jahr 1950 wurden die von China bestellten Waren trotz der strengen amerikanischen Kontrolle durch Schmuggel ausgeliefert.[24] Neben illegalen Maßnahmen wurde der Handel zwischen den beiden Ländern hauptsächlich durch Bartergeschäfte und Transitgeschäfte betrieben. Da es sich bei Bartergeschäften um einen direkten Warenaustausch handelt,[25] konnten chinesische und deutsche Unternehmen das Verbot bezüglich des Zahlungsverkehrs mit der VR China umgehen. Bei den Transitgeschäften handelten die Unternehmen beider Länder nicht direkt miteinander, sondern über ein drittes Land. So wurde die Einfuhr aus der VR China in die Bundesrepublik fast ausschließlich im Transit über Osteuropa abgewickelt. [26] Transitgeschäfte hatten für die Volksrepublik den Vorteil, dass sie möglichst wenig Handel in US-

---

23 Brief von C.L.Hsueh von der Firma Pei-Feng an Farbenfabrik Bayer／培丰公司与 Bayer 往来，25.08.1949, Shanghai Municiple Archives/上海市档案馆: Q448-1-135; Abschrift vom Brief von Schnabel, Gaumer & Co. an die Aussenhandelsstelle der Verwaltung für Ernährung, Landwirtschaft & Forsten, 01.08.1949, BAL: 370-018; Brief von China Mercantile Co. Ltd. An Messrs. Carlowitz & Co./ Messrs. Carlowitz & Co. 华茂天津分公司代天津军医大学，西德礼和央行订购显微镜一百支美汇被冻结来往新建及简略报告, 09.01.1951, Shanghai Municipal Archives/上海市档案馆: Q448-5-6.

24 *Zhang*, China, S. 463.

25 Abschrift vom Brief der Farbenfabriken Bayer an Schnabel, Gaumer & Co., 08.08.1949, Unternehmensarchiv Bayer (BAL), 370-018.

26 Vertraulicher Runderlass Außenwirtschaft Nr.2/53, 23.01.1953, BAL: 335/1.

Dollar abrechnen musste. Auch deutsche Unternehmen zogen in manchen Fällen Transitgeschäfte vor. Beispielsweise verhandelte Krupp im Jahr 1955 mit der VR China über ein Kompensationsgeschäft via Ungarn,[27] wodurch das Projekt vor den USA verborgen werden konnte. Aber sowohl Barter- als auch Transitgeschäfte belasteten die Industrie beider Länder mit erheblichen Risiken und Kosten. Der Wunsch nach einer Normalisierung und Regulierung der Handelsbeziehungen zwischen den beiden Seiten wurde daher immer größer.

Auf der *International Economic Conference* in Moskau im Frühling 1952 versuchten deutsche Unternehmer, die vor der amerikanischen Handelsblockade umfangreiche Geschäftsbeziehungen zu China gepflegt hatten, wieder direkten Kontakt mit der Volksrepublik aufzunehmen.[28] Auf die Kontaktbemühungen der deutschen Industrie reagierte der chinesische Staat kooperativ. Zu Beginn der nach sowjetischem Muster entwickelten schwerindustriellen Zwangsindustrialisierung, bzw. des ersten Fünfjahresplans[29], hatte die VR China einen großen Bedarf an moderner Technik, um den eigenen Rückstand in der Industrie, insbesondere in der Schwerindustrie, aufzuholen. Die KP Chinas war daher daran interessiert, die guten Geschäftsbeziehungen der Vorkriegszeit wiederaufzubauen, statt den Handel auf indirektem, privatem sowie illegalem Wege zu treiben.[30]

Obwohl die VR China zu Beginn der 1950er Jahre in hohem Maße von Importen und Entwicklungshilfe[31] aus der Sowjetunion abhängig war,[32] hielt sich das Interesse Stalins an der Entwicklungshilfe für die Volksrepublik aufgrund schlechter Erfahrungen mit dem Jugoslawien Titos in Grenzen. Die Sowjetunion wollte verhindern, dass sich die VR China zu einer Bedrohung für ihren Einfluss in der kommunistischen Welt entwickeln könnte. Daher war die Entwicklungshilfe aus der Sowjetunion sehr begrenzt und erfolgte nie in Form von Spenden. Die Volksrepublik musste für alle importierten Güter und eingerichteten Projekte

---

27 Vermerk Betr.: Das Chinageschäft transit Ungarn, 26.02.1955, Historisches Archiv (HA) Krupp: WA51/5461.

28 *A. A. Stahnke*, The political context of Sino-West German trade, in: *ders.* (Hg.), China's Trade with the West: A political and economic analysis, New York 1972, S. 139 ff.

29 *L. Awater*, Die politische Wirtschaftsgeschichte der VR China. Vom Sowjetmodell zur sozialistischen Marktwirtschaft, Münster 1996, S. 59.

30 *Runge*, Schritt, S. 58.

31 Die sowjetische Entwicklungshilfe beinhaltete 156 Hilfsprojekte, die über 50 Prozent der industriellen Investitionen in der VR China ausmachten. Vgl.*N.R. Lardy*, Economic recovery and the 1st Five-Year Plan, in: *R. MacFarquhar/ J.K. Fairbank (Hg.)*, The Cambridge History of China. The People's Republic, Part 1: The Emergence of Revolutionary China 1949 – 1965, New York 1987, S. 177.

32 Ebda, S. 177.

hohe Preise entrichten. Zudem war die Höhe des von der Sowjetunion angebotenen Kredits sehr gering.[33]

Nachdem beide Seiten auf der erwähnten Moskauer Konferenz die Interessen des jeweils anderen erkundet hatten, wurde im Jahr 1953 der erste quasi-staatliche Kontakt zwischen der BRD und der VR China im Hotel Johanneshof in Ostberlin aufgenommen, um den Handel zwischen den beiden Staaten auszubauen. Das Gespräch wurde von der *China Import and Export Corporation*, später umbenannt in *China Council for the Promotion of International Trade* (CCPIT[34]), und dem China Subkomitee des Ost-Ausschusses der Deutschen Wirtschaft (Komitee der deutschen Industrie für den Handel mit dem Ostblock[35] geführt.[36] Einige chinesische Diplomaten waren ebenfalls präsent. Nach dem inoffiziellen Gespräch in Berlin versuchte der Ost-Ausschuss in Genf auf der Indochinakonferenz mit der chinesischen Delegation unter Premierminister Zhou En-Lai, ein inoffizielles Handelsabkommen für die Rechtssicherheit des Warenaustausches abzuschließen. Diese Absicht wurde von der Regierung Adenauer gebilligt.[37] Die eigentlichen Verhandlungen wurden weiter in Berlin geführt. 1955 proklamierte die VR China die Beendigung des seit Ende 1941 bestehenden Kriegszustandes zwischen China und Deutschland. Ungefähr einen Monat später genehmigte das Auswärtige Amt für die Verhandlung mit der CNIEC die Reise einer kleinen Delegation des Ostausschusses nach Berlin. [38]

Der Versuch scheiterte jedoch, weil die chinesische Seite das Handelsabkommen auf staatlicher Ebene und nicht lediglich mit dem Ost-Ausschuss ab-

33 *Lardy*, Recovery, S. 178f.; *Nakajima*, Relations, S 269; *D. A. Kaple*, Soviet advisors in China in the 1950s, in: *O. A. Westad (Hg.)*, Brothers in arms. The rise and fall of the Sino-Soviet alliance, 1945–1963, Washington 2000, S.120.

34 CCPIT wurde am Anfang der 50er Jahre mit dem Ziel der Pflege von Handelsbeziehungen zwischen China und denjenigen Ländern, die keine diplomatischen Beziehungen mit der VR China hatten, gegründet und hatte eine ähnliche Funktion wie der Ost-Ausschuss in der BRD. Rolf Audouard: Bericht über die Reise einer Wirtschaftsdelegation der Bundesrepublik Deutschland in die VR China unter Leitung von Herrn Berthold Beitz, 15.06.1973, HA Krupp: WA160/193.

35 Das Komitee des Ost-Ausschusses der Deutschen Wirtschaft wurde im Jahr 1952 gegründet und fungierte als die Gemeinschaftsinstitution der Spitzenverbände der deutschen Industrie zur Interessenvertretung deutscher Unternehmen im Ostblock. Das China-Subkomitee wurde als deutsche staatliche Unterstützung für den Handel mit der VR China gegründet. Die Organisation des Ost-Ausschusses war zwar privat, aber sie arbeitete eng mit der Regierung zusammen. Der Ost-Ausschuss wurde bevollmächtigt als Delegation in anderen Ländern. Deshalb war der Charakter des Ost-Ausschusses quasi-staatlich. *Stahnke*, Context, S. 140.

36 Brief der Arbeitskreis-China-Geschäftsführung an Köhler, 28.05.1953, BAL: 335/4.

37 *Neßhöver*, Chinapolitik S. 38 u. S. 85; *Stahnke*, Context, S. 140 f.

38 Chronologische Übersicht über die Tätigkeit des AK China während der Zeit vom 10.3.–24.8.1955, 24.08.1955, BAL: 335/3.

schließen wollte.[39] Nachdem die Bundesregierung und die Sowjetunion die Aufnahme diplomatischer Beziehungen nach einer Moskaureise Adenauers 1955 verabredet hatten, hatte auch die chinesische Regierung den Wunsch, die diplomatischen Beziehungen und die Wirtschaftsbeziehungen mit der BRD zu normalisieren. Von einem offiziellen Handelsabkommen versprach sie sich, der Aufhebung des amerikanischen Handelsembargos in Westeuropa durch eine mögliche Initiative der BRD näherzukommen. Die Bundesregierung lehnte die Forderungen der chinesischen Seite jedoch ab: Denn zum einen musste sie die Position der USA als strategischen Partner berücksichtigen und zum anderen wollte sie aufgrund der Hallstein-Doktrin nicht in einen direkten diplomatischen Kontakt mit der Volksrepublik treten.[40]

Während der weiteren Verhandlung für das Handelsabkommen des Jahres 1956 wurde ein beidseitiger Kompromiss geschlossen. Auf chinesischer Seite gewann ein solcher Kompromiss durch die beginnenden ideologischen Differenzen zwischen Mao und der Sowjetunion[41] an Attraktivität. Die Entfremdung von der Sowjetunion löste die chinesische Europapolitik aus ihrem blockpolitischen Denken heraus.[42] Neben diesem politischen Grund hatte die VR China auch einen großen industriellen Investitionsbedarf, nachdem der erste Fünfjahresplan erfolgreich[43] gewesen war. Auf deutscher Seite drängte die Industrie den Staat, die Rechtssicherheit durch ein Handelsabkommen mit China zu verbessern. Daher wurde im Jahr 1956 ein vorläufiges Handelsabkommen zwischen dem Ost-Ausschuss und CCPIT unterzeichnet. Darin sicherte der deutsche Staat eine Unterstützungsgarantie zu.[44] Das Ziel des Abkommens war die „Schaffung gemeinsamer, grundlegender Geschäftsbedingungen für die Zukunft". Das Handelsabkommen wurde im folgenden Jahr, trotz der negativen Reaktionen aus Washington, offiziell unterzeichnet.[45]

---

39 *Stahnke*, Context, S. 140 f.

40 *Neßhöver*, Chinapolitik, S. 34; *Runge*, Schritt, S. 59.

41 Im Jahr 1956 wurde der Peronenkult um Stalin von Chruschtschow auf dem XX. Parteitag abgeschafft. „Maos Prestige wurde dadurch verletzt, weil damals in China ein dem Stalinkult ähnlicher Maokult herrschte" (*D. Heinzig*, Chinas Beziehung zur Sowjetunion: Vom Konflikt zur begrenzten Kooperation, in: Ostkolleg der Bundeszentrale für politische Bildung (Hg.), VR China im Wandel, Bonn 1988, S. 197). Mao war auch unzufrieden mit Chruschtschows Politik der friedlichen Koexistenz mit den USA. Außerdem war die chinesische Regierung von der mangelnden sowjetischen Unterstützung im Koreakrieg enttäuscht (*Neßhöver*, Chinapolitik S. 34).

42 *Neßhöver*, Chinapolitik, S. 84.

43 Das Wachstum des industriellen Bereichs lag zwischen 1953 und 1957 durchschnittlich bei 18,7 Prozent (*Lardy*, Recovery, S. 155).

44 *Stahnke*, Context, S. 141.

45 *Neßhöver*, Chinapolitik, S. 40.

2 Die Handelsbeziehungen zwischen der BRD und der VR China 1958 – 1965

Im Zeitraum von 1958 bis 1965 waren die Handelsbeziehungen zwischen beiden Ländern von großen Schwankungen geprägt. Nach einem kurzen Peak des Handelsvolumens im Jahr 1958 lief das erste inoffizielle Handelsabkommen aus und wurde nicht verlängert, weil die chinesische Delegation die „handelspolitische Diskriminierung" und den „fehlenden politischen Willen" auf deutscher Seite bemängelte. Aber auch ohne ein weiteres Handelsabkommen entwickelte sich der Handel zwischen der BRD und der Volksrepublik bis zum Beginn der 60er Jahre sehr gut.[46] Die Schwankungen zwischen 1958 und 1965 hatten ihre Ursache vor allem in der chinesischen Wirtschaftspolitik. Die außenpolitischen Ereignisse wirkten sich auf die Handelsbeziehungen in dieser Phase kaum noch aus.

2.1 Die Wirtschaftspolitik der VR China 1958 – 1965

Der „Große Sprung nach vorn" wurde im Jahr 1958 initiiert. Dabei handelte es sich um ein gewaltiges Wirtschaftsexperiment zur raschen Erhöhung der schwerindustriellen Produktion. Unter dem Slogan „more, faster, better, and more economically" sollte die chinesische Wirtschaft nach Maos Entwicklungskonzept innerhalb kurzer Zeit unabhängig von der Sowjetunion werden und die schwerindustrielle Technik sowie Produktivität sollten innerhalb von fünfzehn Jahren besser als die in den USA und Großbritannien sein.[47]

Der Ausgangspunkt des „Großen Sprungs nach vorn" war die Abkoppelung von der Sowjetunion, die ihre Ursache in der sich weiter verschärfenden ideologischen Distanz hatte. Außerdem spürte Mao die Bedrohung der „Hundert-Blumen-Bewegung".[48] Daher initiierte er eine „Anti-Revisionismus-Kampagne" und

46 *M. Leutner,* Bundesrepublik Deutschland und China 1949 bis 1995. Politik-Wirtschaft-Wissenschaft-Kultur, Berlin1995, S. 47.

47 *Lardy,* Recovery, S. 362; *P. Schier,* Die wirtschaftliche und gesellschaftliche Entwicklung bis zur Kulturrevolution 1949 – 1966, in: Ostkolleg der Bundeszentrale für politische Bildung (Hg.), VR China im Wandel, Köln 1988, S. 71; *J. T. Dreyer,* China's Political System. Modernization and Tradition, Basingstoke 2008, S. 91.

48 Chinesische Intellektuelle kritisierten während der „Hundert-Blumen-Bewegung" den „reckless advance" des ersten Fünfjahresplans, weil der Landwirtschaft durch die schwerindustrielle Industrialisierung geschadet wurde. Die Idee des Wirtschaftsliberalismus bzw. der Verstärkung der Marktmechanismen verbreitete sich in der KP Chinas. Einige Parteimitglieder schlugen vor,

einen eigenen linksradikalen Wirtschaftsplan: Die von der Sowjetunion praktizierten und von Maos Gegnern vorgeschlagenen materiellen Anreize wurden abgeschafft. Kapital wurde massiv aus anderen Bereichen abgezogen und in die Schwerindustrie investiert.[49] Allerdings waren die schwerindustriellen Produkte, besonders die Produkte aus dem „backyard“[50], meist von sehr schlechter Qualität und zur weiteren Verwendung nicht wirklich geeignet. Die Landwirtschaft war stark überlastet.[51] Mao sah die Lösung für die Überlastung der Agrarwirtschaft in der militärischen Organisierung von Volkskommunen,[52] was aber das eigentliche Problem nicht lösen konnte. Output-Statistiken der Agrarproduktion wurden von politischen Kadern gefälscht, damit sie den radikalen ideologischen Anforderungen entsprachen. Deswegen erfuhr der Staat nicht rechtzeitig von der tatsächlichen Lage der landwirtschaftlichen Produktion.[53] Trotz des Widerspruchs der Sowjetunion wurde auf der Lushan-Konferenz[54] der „zweite Sprung“ entschieden. Die sino-sowjetischen Beziehungen verschlechterten sich infolgedessen deutlich. Im Sommer 1960 wurden alle sowjetischen Entwicklungsberater abgezogen und „die Einstellung aller sowjetisch unterstützten Industrie- und Investbauprojekte und aller Teilelieferungen und Kredite“ beschlossen, weil die Sowjetunion Maos Wirtschaftsplanung als feindliche Provokation gegenüber der

dass China ein marktorientiertes Modell für die weitere Entwicklung nehmen solle. Vgl. *Naughton*, Economy, S. 68.

49 *Lardy*, Recovery, S. 364; *Schier*, Entwicklung, S. 71; *Naughton*, Economy, S. 69.

50 Unter dem Slogan „walking on two legs“ wurden außer großen industriellen Projekten auch viele kleine Industrieanlagen wie z.B. kleine Stahlofen auf dem Land eingerichtet. Die Nutzung der ruralen Industrieanlagen wurde als Produktion im „backyard“ bezeichnet. Vgl. *Lardy*, Recovery, S. 364; *K. Lieberthal*, The Great Leap Forward and the split in the Yenan leadership, in: *R. MacFarquhar/J. K. Fairbank (Hg.)*, The Cambridge History of China. The People's Republic, Part 1: The Emergence of Revolutionary China 1949–1965, New York 1987, S. 305.

51 Der Staat kaufte Agrarprodukte billig auf, damit mehr Kapital in die Schwerindustrie investiert werden konnte. Der Export von Agrarprodukten war 1959 trotz der Hungersnot doppelt so hoch wie in der Phase des ersten Fünfjahresplans. Die Arbeitskräfte wurden aus dem Landwirtschaftsbereich abgezogen und in der Schwerindustrie eingesetzt (*Lardy*, Recovery, S. 380; *Naughton*, Economy, S. 71).

52 Die Volkskommunen wurden während des „Großen Sprungs nach vorn“ eingerichtet. Ihrem Charakter nach waren Volkskommunen landwirtschaftlichen Genossenschaften ähnlich, allerdings mit einem viel breiteren über die Landwirtschaft hinausgehenden Beschäftigungsbereich. Der Grad der Kollektivierung der Produktionsmittel sowie des Alltagslebens in einer Volkskommune war sehr hoch. Vgl. *Schier*, Entwicklung, S. 71 f; *S. Liu/G. Wu*, Chinas sozialistische Wirtschaft. Ein Abriss der Geschichte (1949–1984), Beijing 1988, S. 253 f.

53 *Lardy*, Recovery, S. 366; *Awater*, Wirtschaftsgeschichte, S. 120; *Naughton*, Economy, S. 70.

54 Auf der Lushan-Konferenz kritisierte der Verteidigungsminister Peng De-Huai nach seiner Reise nach Moskau den „Großen Sprung nach vorn“ und Maos persönliche Fehler, woraufhin er seinen Posten verlor. An seine Stelle trat Lin Biao (*Lieberthal*, Great Leap, S. 295 ff).

Machtstellung der Sowjetunion und deren Entwicklungsmodell ansah. Danach sank die Produktion in der Schwerindustrie sehr stark. [55]

Das extreme Ungleichgewicht der Landwirtschaft und der Schwerindustrie sowie widrige Wetterbedingungen führten zur schlimmsten Hungersnot in der chinesischen Geschichte seit der Gründung der VR China. Ende 1960 erkannte Mao das Wirtschaftsproblem. Im folgenden Jahr kritisierte er seine eigenen Fehler bei der Wirtschaftsplanung. In der Folge wurde das vom Vorsitzenden der KP Chinas Liu Shao-Qi und dem Generalsekretär des ZK Deng Xiao-Ping vorgeschlagene Konzept der Readjustierung adaptiert. Das Ziel der Readjustierung war vor allem die Erhöhung der Konsumgüterproduktion. Die Landwirtschaft stand nun wieder an erster Stelle.[56] Der Getreideaufkauf wurde reduziert. Eine Reform zur schrittweisen Rückkehr in die traditionellen Produktionsweisen wurde in die Wege geleitet.[57] Die Investitionen in die Schwerindustrie wurden reduziert, und kleine schwerindustrielle Fabriken mit geringer Produktivität wurden geschlossen. Die betriebsunfähigen Fabriken wurden durch neue Einrichtungen mit dem Schwerpunkt auf der Grundstoffindustrie ersetzt. Mehrere Untersuchungen der Wirtschaftssituation wurden durchgeführt.[58]

Im Jahr 1964 waren die Verluste, die im Zuge des „Großen Sprungs nach vorn" entstanden waren, durch die Readjustierung wieder ausgeglichen. Der industrielle Bruttoproduktionswert war sogar doppelt so hoch wie im Jahr 1957.[59] Nach der erfolgreichen Readjustierung erfolgte eine erneute Umorientierung der Wirtschaftspolitik: Angesichts der isolierten Situation Chinas versuchte Mao durch die als „3.–Front-Strategie"[60] bezeichnete Wirtschaftspolitik, die Unabhängigkeit der Volksrepublik in der Weltpolitik zu erreichen. Ein weiteres Ziel der „3.–Front-

---

55 *Lieberthal*, Great Leap, S. 312; *S. A. Whiting*, The Sino-Soviet split, in: *R. MacFarquhar/J.K. Fairbank (Hg.)*, The Cambridge History of China. The People's Republic, Part 1: The Emergence of Revolutionary China 1949–1965, Cambridge 1987, S. 501; *Awater*, Wirtschaftsgeschichte; S. 121.

56 *Lieberthal*, Great Leap, S. 295f.; *Liu/Wu*, Wirtschaft, S. 284 f.; *Schier*, Entwicklung, S. 76; 1988; *Naughton* Economy, S. 73.

57 Teilweise wurden auf dem Land Privatparzellen eingerichtet und Produktionsverantwortlichkeiten im Getreideanbau sowie Strukturen eines freien Marktes eingeführt (*Schier* ,Entwicklung, S 75).

58 *Lieberthal*, Great Leap, S. 323 f.; *Liu/Wu*, Wirtschaft, S. 319.

59 *Lardy*, Recovery, S. 395; *Liu/Wu*, Wirtschaft, S. 331.

60 Mit der „3.-Front-Strategie" sollte den industriellen Ballungszentren im strategisch ungünstigen und nur schlecht zu verteidigenden Küstenstreifen entgegengewirkt werden. Stattdessen sollte im chinesischen Hinterland eine neue industrielle Basis errichtet werden. Vgl. *M. Taube*, Chinas Rückkehr in die Weltgemeinschaft. Triebkräfte und Widerstände auf dem Weg zu einem global player, in: *M. Schüller (Hg.)*, Strukturwandel in den deutsch-chinesischen Beziehungen. Analysen und Praxisberichte, Hamburg 2003, S. 26.

Strategie" war die Vorbereitung auf einen eventuellen Krieg mit den USA in Vietnam. Daher lag der Schwerpunkt der Produktion auf dem industriellen Ausbau im Landesinneren und auf dem Ausbau der Verkehrsinfrastruktur, um die militärische Sicherheit zu verstärken.[61]

2.2 Die Außenpolitik der BRD 1958–1965

Zwischen 1958 und 1965 kann man die Außenpolitik der Bundesregierung keineswegs als erfolgreich bezeichnen. Die BRD befand sich immer noch in großer Abhängigkeit von den USA. Militärisch gesehen waren die USA im Kontext der Kuba-Krise von großer Bedeutung für die deutsche Sicherheitspolitik. Da die BRD einen „Frontstaatencharakter" hatte und ein Angriff von der Sowjetunion sehr wahrscheinlich erschien, war die Bundesrepublik auf den Schutz der USA angewiesen. Außerdem waren die USA weiterhin das ideologische Vorbild Westdeutschlands. Kennedy und sein Besuch in Berlin im Jahr 1963 hatten das Bündnis ideologisch noch einmal verstärkt. Nach Kennedys Ermordung kam es in vielen Universitätsstädten zu Sympathiekundgebungen. Das „Great Society"-Konzept von Kennedys Nachfolger Johnson hatte ebenfalls ein positives Echo gefunden. Daher waren gute Beziehungen zu den USA für die Bundesregierung ein zentrales politisches Anliegen. Davon abgesehen waren die USA aber auch ein wichtiger Wirtschaftspartner für die BRD.

Mit dem Mauerbau im Jahr 1961 waren Adenauers Bemühungen um die deutsche Wiedervereinigung de facto gescheitert. Die deutsche Teilung konnte wegen der Spannung des Kalten Kriegs nicht mehr verhindert werden. Außerdem blieb die Berlin-Frage weiterhin ungelöst. Berlin stand unter der Kontrolle der vier Siegermächte und war in einen östlichen (sowjetisch besetzten) und einen westlichen Teil getrennt. Westberlin bemühte sich von Anfang an um eine vollständige Integration in die BRD. Auch die Bundesregierung betrachtete Westberlin als einen Teil der BRD. Sie versuchte deshalb, alle Regierungsverträge mit der sogenannten Berlin-Klausel abzuschließen, nach der Verträge oder Abkommen auch für Westberlin gelten sollten.

Trotz der Verschärfung der West-Ostkonflikte bemühte sich die BRD um einen aktiven Handel mit der Sowjetunion und den anderen Ostblockstaaten. 1958 schloss die Bundesregierung ein Handelsabkommen mit der Sowjetunion ab. Ein Normalisierung trat aber dennoch nicht ein. So platzte ein großes Geschäft der deutschen Röhrenindustrie aufgrund eines Nato-Röhrenembargos. Der deutsche

61 *Liu/Wu*, Wirtschaft, S. 327 u. S. 355.

Osthandel wurde stark beeinträchtigt, als viele große westdeutsche Konzerne wie Mannesmann und Phoenix-Rheinrohr die mit der Sowjetunion sowie anderen Ostblockstaaten unterzeichneten Verträge nicht ausführen durften.[62]

2.3 Die Handelsbeziehungen zwischen der BRD und der VR China 1958 – 1965 und das Scheitern des zweiten Handelsabkommens

Im Jahr 1958 erreichte das Handelsvolumen zwischen der BRD und der VR China wegen des industriellen Bedarfs in Zusammenhang mit dem „Großen Sprung nach vorn" seinen Höhepunkt. Der Import aus der Bundesrepublik nach China hatte sich gegenüber 1957 mehr als verdreifacht. Gegen Ende des „Großen Sprungs nach vorn" im Jahr 1960 sank das Handelsvolumen sehr stark ab und erreichte den Tiefpunkt im Jahr 1963 während der chinesischen Readjustierung. Die Senkung des Handelsvolumens zwischen den beiden Ländern lag vor allem an der Umorientierung des chinesischen Wirtschaftsschwerpunktes bzw. an der Reduzierung der Investitionen in die Produktionsmittel. Dies waren die wichtigsten Exportgüter der BRD im Chinahandel.[63] Die Devisenknappheit war ein weiterer Grund. Die VR China hatte wegen des amerikanischen Embargos bereits vor dem „Großen Sprung nach vorn" vor dem Problem unzureichender Devisenreserven gestanden. Der Abzug des sowjetischen Kapitals verschlimmerte die Situation weiter. Fast alle Devisen wurden für den Import von Getreide aus Kanada und Australien während der großen Hungersnot verausgabt. Außerdem musste die VR China der Sowjetunion Schulden in Höhe von 7 Mrd. DM[64] termingerecht zurückzahlen. Deshalb stagnierte der Handel zwischen der VR China und der BRD trotz einer Lockerung des amerikanischen Embargos.[65]

Nach zwei Jahren der Readjustierung versuchte die VR China wieder aktiv Handel mit Westeuropa zu treiben. Chen Yun, eines der wichtigsten Mitglieder des Zentralkomitees der KP Chinas, schlug in seiner Untersuchung der Situation des Außenhandels vor, dass die VR China mehr Technik und Anlagen importieren und auf die Autarkiepolitik verzichten sollte. Nach Chen Yuns Vorschlag wurden

62 Ebda., S. 155 ff.

63 Der Import der Produktionsmittel in den ersten zwei Jahren der Readjustierung sank im Vergleich zu der Phase des „Großen Sprungs nach vorn" um ungefähr 40 .Vgl. Chinese Department of Comprehensive Statistics of National Bureau of Statistics 1984, S. 878 und eigene Berechnung.

64 Wirtschaftswoche Nr.24: China-Handel, Naivität verloren, 08.06.1973, HA Krupp: WA4/3999.

65 Zu den Gründen vgl. *Cain*, US-Handelsembargo, S. 443 ff.

zwischen 1963 und 1964 Erkundigungen für den Import von 100 Projekten im Bereich Metallurgie, Maschinenbau und Elektronikindustrie genehmigt,[66] um das industrielle Niveau zu heben und Lücken im Industriesystem aufzufüllen. Die „3.-Front-Strategie" nach der Readjustierung verstärkte das Interesse der chinesischen Regierung am Import von Industrieanlagen. Außerdem benötigte die VR China viele fertige Güter wie Stahlerzeugnisse und Maschinen, um die eigenen Engpässe bei der strategischen Entwicklung zu überbrücken.[67] Ideale Handelspartner für China in dieser Phase waren vor allem die westeuropäischen Länder inklusive der BRD, weil die Wirtschaftskontakte mit der Sowjetunion abgebrochen worden und die angestrebte Kooperationen mit Osteuropa und der Dritten Welt gescheitert waren.[68] Handelsmöglichkeiten mit den USA bestanden wegen des Vietnamkriegs ebenfalls nicht. Ideologisch wurden die Bemühungen um die Kooperation mit den kapitalistischen Ländern Westeuropas durch Maos „Zwischenzonentheorie" gerechtfertigt.[69] Bei der Bundesregierung war der Handel mit dem Osten, auch mit der VR China, gerne gesehen.

Nach der Genehmigung der Vorschläge von Chen Yun zum Anlagenimport durch die Parteiführung wurden die Wirtschaftskontakte zwischen deutschen Unternehmern und der chinesischen Regierung in Hongkong, Beijing und Bern wieder aufgenommen. Das Hauptziel der Gespräche war der Abschluss eines amtlichen Handelsabkommens. Wie beim letzten Handelsabkommen wollte die chinesische Regierung eine komplette Normalisierung der Handelsbeziehungen mit der BRD erreichen, damit die beiden Länder sich auch politisch einander annähern konnten. [70] Auf deutscher Seite drängten Unternehmer die Bundesregierung zu einer wirtschaftlichen und politischen Normalisierung der Beziehun-

66 *J. Sejna, J. D. Douglass*, Decision-Making in Communist Countries: An Inside View, Washington 1986, S. 14; *Lieberthal*, Great Leap, S. 325; *Liu/Wu*, Wirtschaft, S. 320.

67 Besprechung in Berlin-Ost mit Herren der chinesischen Regierung, 14.04.1965, HA Krupp, WA51/5462.

68 *Neßhöver*, Chinapolitik, S. 85.

69 Nach Maos Theorie gab es zwei Zwischenzonen zwischen den zwei Supermächten Sowjetunion und USA. Der ersten Zwischenzone wurden die kolonialen Entwicklungsländer der zweiten Zwischenzone wurden die kapitalistischen Länder in Westeuropa zugerechnet. Die Konflikte mit der zweiten Zwischenzone wurden als „Nebenwiderspruch" zum Haupt-Konfliktes mit den USA aufgefasst. Die VR China sollte nach dieser Theorie mit beiden Zwischenzonen kooperieren, um gegen die Supermächte zu bestehen und eine Weltmultipolarisierung zu erzielen. *Neßhöver*, Chinapolitik, S. 86 f.; *Osterhammel*, China, S. 370.

70 Aktenvermerk für Detjen, 12.07.1963, HA Krupp: WA51/5465.

gen zur Volksrepublik,[71] weil die deutschen Unternehmen Konkurrenznachteile im Vergleich zu Unternehmen aus anderen westlichen Ländern besaßen, welche die VR China diplomatisch anerkannt hatten. Daher kündigte die Bundesregierung im Jahr 1964 an, dass sie bereit sei, eine Intensivierung der Handelsbeziehungen mit der VR China zu unterstützen.[72]

Die Verhandlungen über das neue Handelsabkommen scheiterten aber. Das lag vor allem daran, dass die VR China eine Berücksichtigung der Berlin-Klausel ablehnte. Die chinesische Regierung bevorzugte eine neutrale Position in der Berlin-Frage, weil sie die Beziehungen zur DDR aufgrund von strategischen sowie geopolitischen Überlegungen, die sich gegen die Sowjetunion richteten, nicht ruinieren wollte. Ein weiterer Grund für den gescheiterten Abschluss des neuen Handelsabkommens war der Druck, den die USA auf die BRD ausübten. Als Washington von den Verhandlungen zwischen der BRD und der VR China erfuhr, erhob die US-Regierung Einwände.[73] Bundeskanzler Ludwig Erhard flog daher mit Außenminister Gerhard Schröder im Zuge der Verhandlungen mit China in die USA, um mit Washington über die deutsche Chinapolitik zu sprechen. Nach dem Gespräch mit US-Präsident Johnson sah sich die deutsche Regierung veranlasst, auf einer Pressekonferenz anzukündigen, dass die BRD kein offizielles Handelsabkommen mit der VR China unterzeichnen werde.[74] Dennoch ermöglichte die Bundesregierung im Frühjahr 1965 auf Wunsch der deutschen Industrie eine staatliche Ausfuhrbürgschaft für den Handel mit China, so dass der Handel in den folgenden Jahren auch ohne ein Handelsabkommen relativ reibungslos lief.[75]

Ab 1964 verhandelte die VR China mit zwei deutschen Unternehmen, der Deutschen Maschinenbau-Aktiengesellschaft (Demag) und Mannesmann über die Lieferung einer kompletten Walzanlage mit einem Gesamtwert von ca. 730 Mio. DM.[76] Eine deutsche Wirtschaftsdelegation wurde deswegen nach China eingeladen. Die im Frühjahr 1965 ermöglichte Bundesbürgschaft für das Chinageschäft sorgte für günstige Startbedingungen bei den Verhandlungen.[77] Dieses Projekt, für

71 Kurzbericht über einen Besuch in der VR China vom 10.11-01.12.1963 von Alfred Schulz an Ministerialdirigent Reinhardt Bundeswirtschaftsministerium, 04.12.1963, Bundesarchiv: B102/69058.

72 *Stahnke*, Context, S. 143 ff.

73 *Leutner*, Bundesrepublik, S. 93; *Trampedach*, Bonn, S. 25 f.

74 *W. E. Griffith*, Die Ostpolitik der Bundesrepublik Deutschland, Stuttgart 1981, S. 211; *Leutner*, Bundesrepublik, S. 92.

75 Handelsblatt: Bonn hält Gespräch mit Peking für nutzlos, 08.05.1967, HA Krupp: WA51/5467.

76 Fernschreiben, 03.05.1966, HA Krupp: WA51/5464.

77 *Neßhöver*, Chinapolitik, S. 38 f.

das die BRD eine Kreditbürgschaft unter Hermes-Deckung[78] von ungefähr 300 Mio. DM übernahm, war das größte und teuerste, über das China bis zu diesem Zeitpunkt jemals mit westlichen Firmen verhandelt hatte.[79] Der Kredit für das Walzprojekt lief fünf Jahre. Im Jahr 1966 wurde der Auftrag von der VR China und einem deutsch-französisch-belgischen Konsortium unter Führung der Demag bestätigt.[80]

Im Jahr 1965, unmittelbar nach der Phase der Readjustierung, stieg der Bedarf der schwerindustriellen Produktion weiter an.[81] Die Bedürfnisse der chinesischen Industrie waren nicht nur qualitativer Natur, sondern auch quantitativer: Das Handelsvolumen zwischen der BRD und der VR China war 1965 mehr als doppelt so hoch wie im Vorjahr. Die Importgüter aus der BRD waren vor allem strategische Güter für die „3.–Front-Strategie“: Maschinen, Chemikalien, Kupfer, Edelmetalle[82] und Schienen.[83] Die Wirtschaftskontakte wurden durch Bern und auf der Kanton- sowie Hannover Messe abgewickelt.

3 Die Handelsbeziehungen zwischen der BRD und der VR China 1966 – 1972

Die politischen Rahmenbedingungen wandelten sich im Zeitraum von 1966 bis 1972 für beide Länder stark. In der BRD wurde eine auf Entspannung gerichtete neue Ostpolitik durch die „Große Koalition“ (1966 – 1969) und besonders durch die sozialliberale Bundesregierung (seit 1969) initiiert. Die neue Ostpolitik hatte auch Auswirkungen auf die bilateralen Beziehungen zwischen der BRD und der VR China. Gleichzeitig begann mit der Kulturrevolution in der Volksrepublik der größte Klassenkampf in der chinesischen Geschichte. Der politische Diskurs

---

78 Die Hermes-Deckung ist eine Form der deutschen staatlichen Exportförderung: Die Grundform einer Hermes-Deckung ist die Einzelgarantie oder –bürgschaft, womit ein Exporteur ein einzelnes Exportgeschäft gegen Fabrikationsrisiken und Ausfuhrrisiken decken lassen kann. Vgl. *K. M. Schwab*, Der Exportkredit. Hinweise für den deutschen Exporteur, Frankfurt am Main 1966, S. 19; *J. Christopeit*, Hermes-Deckung. Inhalt und Funktion, Stellung im System der Exportförderung, wirtschaftspolitische Bedeutung mit rechtsvergleichender Bewertung, München 1968, S. 25.

79 Nachrichten für Außenhandel. 21.04.1967, HA Krupp: WA51/5464.

80 *Stahnke*, Context, S. 147 f.

81 Weltwirtschaften: China rüstet zum zweiten „Großen Sprung“, 19.03.1965, HA Krupp: WA51/5463.

82 Zeitungsartikel ohne Zeitschriftennennung: China-Handel stark im Kommen, 24.11.1965, HA Krupp: WA51/5463.

83 Bericht über den Besuch der Herbstmesse Kanton 1965, 05.01.1966, HA Krupp: WA51/5464.

wurde für eine lange Zeit durch die maoistische extreme Linke beherrscht. Die Veränderungen der politischen Rahmenbedingungen hatten aber keinen entscheidenden direkten Einfluss auf die Handelsbeziehungen zwischen den beiden Ländern. Dennoch müssen, um die weitere Entwicklung der diplomatischen sowie wirtschaftlichen Beziehungen zwischen der BRD und der VR China zu verstehen, die deutsche Entspannungspolitik und die Kulturrevolution vorgestellt werden.

3.1 Die deutsche Entspannungspolitik

Die Entspannungspolitik der BRD war dadurch gekennzeichnet, dass der Fokus der westdeutschen Außenpolitik auf eine friedliche Koexistenz mit dem Ostblock sowie der DDR und eine größere Unabhängigkeit von den USA gelegt wurde. Im Zuge der Entspannungspolitik sollte die BRD vor allem versuchen, die Interessen des Ostblocks sowie der DDR nicht zu verletzen. Weiterhin sollten die diplomatischen Beziehungen mit dem Ostblock ausgebaut werden. Voraussetzung dieser Politik war die Beibehaltung der strategischen Partnerschaft mit den USA.[84] Nach der Kubakrise 1962 wurden die Perspektiven einer Entspannungspolitik in der Bundesrepublik zwar diskutiert, aber erst im Jahr 1966 wurde mit der Modifikation der Hallstein-Doktrin durch die „Große Koalition" ein erster Schritt in diese Richtung unternommen. Mit der Übernahme der Regierungsverantwortung durch die sozialliberale Koalition im Jahr 1969 setzte sich die Entspannungspolitik letztendlich durch. Der Schwerpunkt der Außenpolitik der neuen Koalition lag auf der Ausweitung des westdeutschen Einflusses in Osteuropa und auf der Pflege der Beziehungen zur Sowjetunion.[85] Die Strategie des neuen Bundeskanzlers Willy Brandt war es, die deutsche Wiedervereinigung durch eine Annäherung an die östlichen Nachbarn inklusive der DDR vorzubereiten. Nach Brandts Überlegung konnte die Wiedervereinigung nur durch mehrere Schritte erreicht werden. Die friedliche Koexistenz mit dem Ostblock, besonders mit der Sowjetunion, wurde als notwendiger und wichtiger Schritt in Richtung der deutschen Wiedervereinigung angesehen. Außerdem konnte die deutsche Regierung durch die Entspan-

84 *Griffith*, Ostpolitik, S. 185; *G. Horn*, Entspannung und Konfrontation in den Ost-West-Beziehungen, in: *H. Ehmke/K. Koppe/ H. Wehner (Hg.)*, Zwanzig Jahre Ostpolitik. Bilanz und Perspektiven, Bonn 1986, S. 131 ff.

85 *H. Velbinger*, Eindämmung und Entspannung. George F. Kennan und die amerikanische Strategie in den 70er Jahren, München 1977, S. 75; *C. Fink/B. Schaefer*, Ostpolitik and the World, 1969 – 1974: Introduction, in: *C. Fink/ B. Schaefer (Hg.)*, Ostpolitik, 1969 – 1974: European and Global Responses, Cambridge 2009, S. 2.

nungspolitik günstige Bedingungen für den großindustriellen Osthandel schaffen, insbesondere mit der Sowjetunion.

Mehrere Ostverträge[86] und der Grundlagenvertrag mit der DDR wurden ab 1969 verhandelt.[87] Besonders wichtig war der deutsch-sowjetische Vertrag. Er wurde im August 1970 unterzeichnet. Der Vertrag beinhaltete vor allem eine Gewaltverzichtserklärung. Nach dem Vertragsabschluss sollte es keine Ausnahme mehr von der grundsätzlichen Nichtanwendung von militärischer Gewalt geben und der territoriale Status quo wurde anerkannt. Beide Seiten stimmten der Entspannungspolitik und der Verstärkung der wirtschaftlichen sowie technologischen Zusammenarbeit zu. Die Hallstein-Doktrin wurde offiziell aufgegeben. Der deutsch-sowjetische Vertrag erhöhte die deutsche strategische Sicherheit, stärkte die internationale Machtposition Bonns und vergrößerte den Spielraum für die BRD bei den späteren Verhandlungen mit der DDR. Aber der Vertrag musste durch den Bundestag ratifiziert werden, bevor er in Kraft treten konnte. Bis es schließlich zur Ratifizierung kam, vergingen wegen des Widerstandes der oppositionellen CDU/CSU zwei Jahre.[88]

3.2 Die Kulturrevolution und die chinesische Wirtschaftspolitik 1966–1972

Die Kulturrevolution war das Ergebnis des politischen Kampfes zwischen der Fraktion Maos und der pragmatisch-reformorientierten Fraktion Liu Shao-Qis in der KP Chinas. Die politische Säuberung Maos bezog sich nicht nur auf die Fraktion Lius, sondern auch auf andere Gegner und intellektuelle Kritiker Maos. Der Ausgangspunkt der Kulturrevolution waren die Differenzen zwischen den Entwicklungskonzepten Maos und Lius. Der wichtigste Unterschied zwischen den zwei Konzepten lag in der Setzung des Entwicklungsschwerpunktes: Klassenkampf (Mao) oder Wirtschaftsaufbau (Liu). Diese verschiedenen Konzepte waren ursächlich für das Streben beider Politiker nach der notwendigen Machtbasis bzw. Autorität für ihre Durchsetzung.[89]

86 Die Ostverträge waren die Verträge der BRD mit der Sowjetunion, Polen und Tschechoslowakei.

87 *Ehmke/Koppe/Wehner (Hg.)*, Ostpolitik, S. 11.

88 *Griffith*, Ostpolitik, S. 255 ff.; *Fink/Schaefer*, Ostpolitik, S. 4.

89 *O. Weggel*, Der Wandel in China seit der Kulturrevolution, in: Ostkolleg der Bundeszentrale für politische Bildung (Hg.), VR China im Wandel, Köln 1988, S. 79; *T. Heberer*, Das politische System der VR China im Prozess des Wandels, in: *T. Heberer/C. Derichs (Hg.)*, Einführung in die politi-

Die erste Phase bzw. die chaotischste Phase der Kulturrevolution war geprägt durch die Herrschaft der „Roten Garden". Die Aufgabe der „Roten Garden" war der Massenkampf gegen diejenigen, die dem „kapitalistischen Weg" folgten, d.h. gegen all jene, die für von Maos Konzept abweichende Entwicklungskonzepte standen.[90] Zahlreiche Intellektuelle im Politbüro und an Hochschulen sowie in der Produktion wurden zu Opfern der politischen Säuberungen. Das Verkehrswesen brach zusammen infolge der Blockierungen und Besetzungen durch die „Roten Garden". Die ganze Gesellschaftsordnung, das Ausbildungsniveau sowie die industrielle Produktion trugen unter den „Roten Garden" im Jahr 1966 schweren Schaden davon. Die Schäden der Produktion aber wurden erst später bemerkt; denn im Jahr 1966 stieg die Produktion noch weiter an. Die negativen Auswirkungen wurden erst im vierten Quartal des Jahres 1966 in den Wirtschaftsbereich hineingetragen.[91] Die Kulturrevolution hatte nur geringen Einfluss auf die Agrarwirtschaft. Das lag vor allem daran, dass der Klassenkampf hauptsächlich in den Städten stattfand. Außerdem erkannte Mao, geprägt durch die Erfahrung des „Großen Sprungs nach vorn", die Bedeutung der Landwirtschaft, weshalb die Agrarproduktion trotz der großen Revolution nicht vernachlässigt wurde. Nur im Jahr 1968 sank die Agrarproduktion wegen fehlender chemischer Grundstoffe für die Düngerproduktion leicht.[92]

Das durch die „Roten Garden" verursachte Chaos wurde 1967 durch die Stabilisierung der politischen Lage bzw. die Einrichtungen von Revolutionskomitees[93] in mehreren Provinzen gebremst. Der Einmarsch der Volksbefreiungsarmee in die Qinghua Universität, um die „Roten Garden" zu kontrollieren, beendete die Phase des Chaos in der Kulturrevolution. Danach erholte sich die Wirtschaft. Die Produktion erreichte 1969 wieder das Niveau aus dem Jahr 1966.[94] Danach wurde ein neuer „Sprung nach vorn" initiiert: Materielle Anreize wurden wieder abge-

---

schen Systeme Ostasiens. VR China, Hongkong, Japan, Nordkorea, Südkorea, Taiwan, Wiesbaden 2008, S. 26 f.

90 *J. T. Dreyer*, China's Political System. Modernization and Tradition, Basingstoke 2008, S. 98.

91 *Liu/Wu*, Wirtschaft, S. 360; *Awater*, Wirtschaftsgeschichte, S. 159 ff.

92 *D. H. Perkins*, China's economic policy and performance, in: *R. MacFarquhar/J. K. Fairbank (Hg.)*, The Cambridge History of China. The People's Republic, Part 2: Revolutions within the Chinese Revolution 1966–1982, New York 1991, S. 482; *Y. Y. Kueh*, China's New Industrialization Strategy. Was Chairman Mao Really Necessary?, Cheltenham 2008, S. 5.

93 Die Revolutionskomitees wurden von der Volksbefreiungsarmee kontrolliert. Ihre Aufgabe war die Kontrolle der „Roten Garden" und die Verstärkung der militärischen Macht. Vgl. *Awater*, Wirtschaftsgeschichte, S. 161 f.

94 *W. Chai*, The search for a new China. A capsule History, ideology, and leadership of the Chinese Communist Party, 1921–1974, with selected documents, New York 1975, S. 134 ff.; *Liu/Wu*, Wirtschaft, S. 373 ff.

schafft, ein neuer Wirtschaftsplan sah eine Dezentralisierung vor und die Ansiedlung von Industriebetrieben auf dem Land wurde gefördert. Der Schwerpunkt des Wirtschaftsplans lag auf dem industriellen Aufbau des Landesinnern. In diesem Zusammenhang wurden im Jahr 1970 über tausend Großbauprojekte für die militärische Verteidigung in Angriff genommen.[95] Außerdem wurden „fünf kleine Industrien" auf dem Land eingerichtet.[96] Nebenbei sollte die Landwirtschaft modernisiert werden und die Volkskommunen, nun aber mit einem eingeschränkten Privateigentumssystem, sollten beibehalten werden. Die Aufteilung der Investitionen und die Organisation der Produktion in allen Bereichen waren viel effizienter als während des „Großen Sprungs nach vorn".[97] Das Wirtschaftsentwicklungskonzept von 1969 bis 1971 stand in Kontinuität zu dem Konzept des ersten Fünfjahresplans. Der Produktion der Produktionsmittel wurde weiterhin Vorrang gegenüber der Produktion der Konsummittel eingeräumt. Charakteristisch für diese Phase ist, dass die Autarkiepolitik festgelegt wurde: Das bedeutete, dass die VR China die Wirtschafts- sowie Technikentwicklung so unabhängig wie möglich gestalten sollte.[98]

3.3 Die politischen Beziehungen sowie die Wirtschaftsbeziehungen zwischen der BRD und der VR China 1966–1970

1966 bis 1970 wurde der politische Kontakt zwischen der VR China und der BRD unterbrochen. Dieser Abbruch diplomatischer Kontakte war neben der Kulturevolution auch durch die neue deutsche Ostpolitik bedingt, weil der chinesisch-sowjetische Konflikt durch den Prager Frühling und die „Breschnew-Doktrin"[99] 1968 weiter verschärft worden war.[100] Der Konflikt erreichte seinen Höhepunkt mit dem Ussuri-Konflikt im Jahr 1969.[101] Die Annährung zur VR China hätte das

95 *Liu/Wu*, Wirtschaft, S. 376 ff.; *Naughton*, Economy, S 75 f.

96 Als die „fünf kleinen Industrien" wurden Eisen- und Stahlwerke, Maschinenfabriken, Kunstdüngerfabriken, Kohlegruben und Zementfabriken auf dem Land bezeichnet.

97 *Naughton*, Economy, S. 75.

98 *Perkins*, Economic Policy, S. 490.

99 Nach der „Breschnew-Doktrin" durften die kommunistischen Staaten in die innerstaatliche Politik in anderen kommunistischen Staaten intervenieren. Vgl. *Dreyer*, Political System, S. 318.

100 *Leutner*, Bundesrepublik, S. 139.

101 Der Ussuri-Konflikt bezeichnete eine bewaffnete Auseinandersetzung zwischen der Sowjetunion und der VR China wegen der territorialen Ansprüche auf eine Insel im Grenzfluss Ussuri. *B. Schaefer*, „Krieg schafft Revolutionen, Revolutionen beenden den Krieg". Furcht und

Streben der BRD nach einer Verbesserung der Beziehungen zur Sowjetunion gefährdet. Außerdem waren die USA wegen des Vietnamkriegs immer noch gegen eine Normalisierung der deutsch-chinesischen Beziehungen, obwohl die Spannungen zwischen der VR China und den USA ab 1966 gemildert wurden.[102] Die gegenseitige diplomatische Anerkennung sowie die Normalisierung der Handelsbeziehungen zwischen der BRD und der VR China wurden auf Eis gelegt. Trotz der inländischen Stimmen für eine flexible Chinapolitik bzw. für das Spielen der „China-Karte"[103], um den Einfluss der Sowjetunion auf die BRD zu beschränken, erklärte die BRD, dass sie keine Normalisierung der diplomatischen sowie Handelsbeziehungen mit der VR China anstrebte.[104] Nach dem Regierungsantritt der sozialliberalen Koalition änderte Willy Brandt seine Chinapolitik, da die Verhandlungen mit Osteuropa und der Sowjetunion Vorrang hatten. Die „China-Karte" zu spielen, hätte ein großes Risiko für die Entspannungspolitik bedeutet. Die Annäherung und Kooperation mit der VR China wurde weiter aufgeschoben.[105] Gleichzeitig war die chinesische Regierung enttäuscht über die deutsche Entspannungspolitik und die Unterzeichnung der Ostverträge, besonders über die Unterzeichnung des deutsch-sowjetischen Vertrags: In den chinesischen Medien wurden die Entspannungspolitik und die Ostverträge stark kritisiert.[106] Die Wirtschaftskontakte zwischen den beiden Ländern verblieben aufgrund der komplizierten politischen Situation weiter in einem inoffiziellen Status.

Die Kulturrevolution beeinflusste erst Ende der 60er Jahre die Handelsbeziehungen zwischen der BRD und der VR China. Deutsche Unternehmen gaben an, dass sie am Anfang der Kulturrevolution nur gewöhnliche Schwierigkeiten, wie Verspätungen der Verschiffungen und Probleme mit der Sicherheit der deutschen Techniker in China, beim Handel mit China erlebt hätten.[107] Der deutsche Export in die Volksrepublik stieg im Jahr 1966 um ca. 60 Prozent gegenüber dem Vorjahr an. Die Steigerung des Handelsvolumens lag darin begründet, dass die chinesische Wirtschaft in dieser Phase noch nicht entscheidend

---

Ideologie in China und der UdSSR, 1969 – 1976, in: *B. Greiner/C. Th. Müller/D. Walter (Hg.)*, Angst im Kalten Krieg. Studien zum Kalten Krieg, Hamburg 2010, S. 254 f.; *D. Schmidt/S. Heilmann*, Außenpolitik und Außenwirtschaft der Volksrepublik China, Wiesbaden 2012, S. 17.

102 *Trampedach*, Bonn, S. 79 ff.

103 Diese Position vertrat vor allem der damalige Vizekanzler Willy Brandt (SPD). Seine Chinapolitik erklärte er folgendermaßen: „China ist weit weg, aber dennoch kann es in Deutschland [...] im politischen Spiel eine chinesische Karte geben, die man nicht beiseite legen oder übersehen darf." (Der Spiegel 17/1968: Bonns Polizei liefert Mao Adressen. 22.04.1968. S.150).

104 *Stahnke*, Context, 158 f.

105 *Neßhöver*, Chinapolitik, S.34.

106 *Schaefer*, Krieg, S. 133 ff.

107 *Stahnke*, Context, S. 155 ff.

durch die Kulturrevolution beeinträchtigt worden war. Die gute Situation der Agrarproduktion sicherte auch das Exportvolumen der VR China in die BRD. Im Jahr 1967 erreichte das Handelsvolumen mit einem Wert von ca. 1,132 Mio. DM einen neuen Höhepunkt. Die negativen Einflüsse der Kulturrevolution (Feindlichkeit gegenüber Ausländern, Schädigung der chinesischen Wirtschaft und die Autarkiepolitik) wurden erst ab 1968 sichtbar: Das Handelsvolumen sank im Vergleich zu 1967 um fast 70 Prozent. Der Exportwert nach China verringerte sich zwischen 1967 und 1968 um mehr als 100 Mio. DM. Wenn die Inflationsrate in die Berechnung einbezogen wird, war das Handelsvolumen zwischen den beiden Ländern in der Phase von 1966 bis 1970 sogar noch geringer als das Handelsvolumen zwischen 1953 und 1957, als das amerikanische Embargo sehr streng war.[108] Auch das Demag-Projekt scheiterte im Jahr 1968[109]: Neben der Intervention der USA und den unterschiedlichen Preisvorstellungen des Demag-Konsortiums und der VR China war ein weiterer Grund für das Scheitern des Projektes, dass die Volksrepublik während der Kulturrevolution nicht in der Lage war, die große Walzanlage in China aufzubauen. Die 600 deutschen Techniker, die für den Aufbau der Walzanlage notwendig gewesen wären, konnten nicht nach China einreisen. Weiterhin widersprach der Import der Industrieanlage der Propaganda der Autarkiepolitik.[110] Aus den gleichen Gründen scheiterte auch ein großes Projekt, das den Import vieler Computer aus der BRD zum Ziel hatte. Obwohl zwischen 1969 und 1971 ein neuer „Sprung nach vorn" initiiert wurde, stieg der Wert der in die VR China exportierten industriellen Produkte aber wegen der Autarkiepolitik nicht. Die Bundesregierung wollte aufgrund der chaotischen Lage während der Kulturrevolution und aus strategischer Rücksichtnahme auf die USA und die Sowjetunion kein neues Handelsabkommen mit der VR China abschließen und die Ausfuhrbürgschaften für den Handel mit China liefen aus. [111]

3.4 Die Normalisierung der politischen und wirtschaftlichen Beziehungen zwischen der BRD und der VR China

Nach dem Abklingen der politischen Hitze der Kulturrevolution und der Erholung der Wirtschaft kehrte die VR China Anfang der 70er Jahre aus der politischen Isolierung zurück in die Weltpolitik. Diese Rückkehr begann mit der gegenseitigen

---

108 *Perkins*, Economic Policy, S. 490.

109 *Stahnke*, Context, S. 151.

110 Industriekurier: Chinas Walzwerkprojekt wird erst nach der Kulturrevolution aktuell, 15.02.1967, HA Krupp: WA51/5467.

111 *Stahnke*, Context, S. 153 ff.

Annäherung zwischen der Volksrepublik und den USA. Unter der Präsidentschaft Nixons kam es im Zuge seiner neuen Asienpolitik durch die Guam-Doktrin zu einem Abbau des militärischen Überengagements in Asien.[112] Aufgrund der Verschärfung der Konflikte zwischen der Volksrepublik und der Sowjetunion verfolgte Zhou En-Lai gegenüber den USA eine Politik der Annäherung. Neben diesen sicherheitsstrategischen Überlegungen war der Abbau der Spannungen zu den USA für die VR China weiterhin notwendig, um die chinesischen Spielräume in der Weltpolitik zu vergrößern. Außerdem waren die USA ein interessanter Wirtschaftspartner.[113] Im Gegensatz zu Zhou wollte Verteidigungsminister Lin Biao[114] aber die Beziehungen mit der Sowjetunion wiederherstellen, weil Lin seinen Gegenspieler Zhou En-Lai als einen starken Konkurrenten um die Machtnachfolge Maos sah. Daher wollte er keinem politischen Vorschlag Zhous zustimmen.[115] Mit dem Sturz Lin Biaos infolge von Machtkonflikten mit Mao wurde das größte Hindernis der Annäherung zwischen den USA und der VR China schließlich beseitigt. Im April 1971 wurde ein amerikanisches Tischtennisteam vom chinesischen Staat eingeladen und von Zhou En-Lai empfangen. Die Reise wurde von Washington voll unterstützt. Das amerikanische Interesse war dadurch begründet, dass sich die USA durch die Annäherung mit der VR China Vorteile in der Konfrontation mit der Sowjetunion erhofften. Außerdem wollten die USA mit der Hilfe Chinas den Vietnamkrieg beenden.[116] Diese Reise, die den Beginn der heute als „Ping-Pong-Diplomatie“ bezeichneten Annäherungen darstellte, schaffte die Voraussetzungen für weitere Kontakte zwischen den USA und der VR China.[117] Nach der Reise des Tischtennisteams besuchte US-Außenminister Henry Kissinger die Volksrepublik unter strenger Geheimhaltung.[118] Während der Reise sagte Kissinger die amerikanische Unterstützung für einen Beitritt der VR China in die UNO zu. Direkt im Anschluss trat die Volksrepublik im Jahr 1971 statt Taiwan in die UNO ein. Nach dem Besuch Kissingers reiste auch Präsident Nixon in die VR

---

112 *J. Glaubitz*, China in der Weltpolitik (1971–1988), in: Ostkolleg der Bundeszentrale für politische Bildung (Hg.), VR China im Wandel, Köln 1988, S. 172; *Osterhammel*, China, S. 377; *Taube*, Rückkehr, S. 24 f.

113 *Trampedach*, Bonn, S. 126; *Taube*, Rückkehr, S. 26.

114 Die Revolutionskomitees standen unter der Leitung der Volksbefreiungsarmee bzw. des Verteidigungsministers Lin Biao. Daher war Lin Biao in der zweiten Phase der Kulturrevolution der „mächtigste Politiker“ in der VR China (vgl. *Awater*, Wirtschaftsgeschichte, S. 165).

115 *J. D. Pollack*, The opening to America, in: *R. MacFarquhar/J. K. Fairbank (Hg.)*, The Cambridge History of China. The People's Republic, Part 2: Revolutions within the Chinese Revolution 1966–1982, New York 1991, S. 415.

116 *Leutner*, Bundesrepublik, S. 140; *Trampedach*, Bonn, S. 125; *Taube*, Rückkehr, S. 27.

117 *Dreyer*, Political System, S. 318.

118 *Kissinger*, China, S. 236.

China und unterzeichnete das Shanghai Kommuniqué. Darin bestätigten beide Staaten ihren Willen zur gegenseitigen Annäherung und in der Folge änderten die USA ihre Position in der Taiwan-Frage von einer Unterstützung Taiwans hin zu einer neutralen Position.[119]

Nach Kissingers Besuch in China änderten die chinesischen Medien ihren Standpunkt gegenüber der BRD.[120] Die Volksrepublik versuchte seitdem, unter Berufung auf die „Drei-Welten-Theorie“[121], mit Westeuropa gegen die Sowjetunion zu kooperieren. Die Kooperation mit Westeuropa war deswegen sehr wichtig für die VR China, weil Westeuropa durch die Bildung der EWG und die militärische Allianz mit den USA ein stärkerer strategischer Partner war als Osteuropa. Außerdem war die BRD als NATO-Frontstaat auch ein militärisch relevanter Faktor in Europa. Weiterhin war die BRD die stärkste europäische Wirtschaftsmacht, sodass es für die VR China im Rahmen ihres Wirtschaftsaufbaus wichtig war, mit der BRD zusammenzuarbeiten.[122] Nach dem Sturz Lin Biaos im Jahr 1971 übernahm Zhou En-Lai die Tagesgeschäfte des Zentralkomitees der Partei. Lins auf Autarkie setzendes Wirtschaftskonzept wurde nicht weiter verfolgt und die zum Stillstand gekommenen Importe von kompletten Anlagen und technischem Know-how wurden im Jahr 1972 wieder aufgenommen.[123] Für den Anlagenimport wurden 4,3 Mrd. US Dollar eingeplant.[124] Ohne politische Normalisierung war es für die VR China schwierig, Industrieanlagen, Devisen und Produkte aus der BRD zu beschaffen. Aber die Aufnahme diplomatischer Kontakte mit der BRD war für die chinesische Regierung nicht das dringendste Anliegen. Der Schwerpunkt der chinesischen Außenpolitik lag 1971 und 1972 vor allem auf der Annäherung an die USA. Außerdem versuchte die VR China in dieser Zeit noch immer, eine engere Kooperation mit der DDR zu erreichen.[125]

Im Jahr 1971 betrieb die BRD noch immer eine sehr vorsichtige Chinapolitik. Die Pflege der Beziehung zur Sowjetunion hatte nach wie vor Vorrang. Außerdem waren die Ostverträge noch nicht ratifiziert worden. Nach dem Besuch Nixons in

---

119 *Taube*, Rückkehr, S. 27; *Dreyer*, Political System, S. 318.

120 *Schaefer*, Krieg, S. 136.

121 Die Theorie war ähnlich wie die „Zwischenzonen-Theorie“. Die USA und die Sowjetunion gehörten zur ersten Welt, Europa und Japan zur zweiten Welt, China und die anderen Entwicklungsländer gehörten zur dritten Welt. Die Teilung der Welten erfolgte nicht nach dem Gesellschaftssystem, sondern nach der wirtschaftlichen sowie militärischen Entwicklung. Die USA wurden in dieser Phase als defensiv, die Sowjetunion dagegen als expansiv beschrieben. Vgl. *Glaubitz*, China, S. 167.

122 *Leutner*, Bundesrepublik, S. 140; *Trampedach*, Bonn, S.129; *Dreyer*, Political System, S. 320.

123 *Liu/Wu*, Wirtschaft, S. 398.

124 *Naughton*, Economy, S. 77.

125 *Runge*, Schritt, S. 62.

China gab es in der BRD immer mehr Stimmen für eine Annäherung an die VR China. Man sprach wieder davon, die „China-Karte" zu spielen, weil die Volksrepublik eine wichtige geopolitische Bedeutung für die BRD hatte; man erhoffte sich, den Einfluss der Sowjetunion auf die BRD zu beschränken. Für eine Kooperation mit der VR China traten neben der CDU/CSU[126] vor allem innerstaatliche Wirtschaftsinteressengruppen wie z. B. der Ostasiatische Verein ein, weil ab 1970 die Stagnation der politischen Beziehungen zwischen den beiden Ländern dem deutschen Export in die VR China schadete und die Stellung der BRD als größter Handelspartner Chinas in Europa bedrohte. [127] Seit 1969 hatten viele Staaten diplomatische Beziehungen mit der Volksrepublik aufgenommen. Sie war bis 1972 von 54 Ländern diplomatisch anerkannt worden, darunter auch von sieben NATO-Mitgliedern wie den Niederlanden, Großbritannien und Italien.[128] Der chinesische Staat kaufte lieber von Staaten, welche die Volksrepublik anerkannten – allerdings nur, solange die Preise nicht zu hoch waren.[129] Auf der Kantonmesse[130] 1970 wurden deutsche Unternehmer bei Verhandlungen mit den Chinesen oft auf die Defizite der politischen Beziehungen zwischen den beiden Ländern angesprochen. Das Ergebnis der Messe war entsprechend schlecht. Das Exportvolumen in die VR China sank von 1969 bis 1971 um 136 Mio. DM,[131] obwohl das seit 1951 existierende amerikanische Handelsembargo durch Präsident Nixon wesentlich gelockert und das Verbot der Kreditvergabe an kommunistische Länder zur Exportunterstützung aufgehoben worden war.[132] Ohne politische Normalisierung hätte die deutsche Industrie die Chance, den großen chinesischen Markt zu erobern, verpasst. Daher übte sie Druck auf die Bundesregierung aus. So reichte beispielsweise der Vorsitzende des Arbeitskreises China des Ost-Ausschusses, Heinz Hufnagel, ein Aide-Mémoire beim Außen- und beim Wirtschaftsministeri-

126 Zu den Gründen vgl. *Leutner*, Bundesrepublik, S. 142.

127 *Runge*, Schritt, S. 62; *Trampedach*, Bonn, S. 139.

128 Bericht über Politik und Wirtschaft der VR China, 06.08.1971, HA Krupp: WA 51/5469.

129 *Stahnke*, Context, S. 164.

130 Die Kantonmesse war ein Instrument des chinesischen Staats. Ihre Hauptfunktion war die Förderung des chinesischen Exports in die nichtkommunistischen Länder. Gleichzeitig wurde auch der Import in die VR China gefördert. Ab Mitte der 50er Jahre wurden viele westdeutsche Unternehmen auf die Kantonmesse eingeladen (HA Krupp, Handelsblatt: China um stärkeren Westhandel bemüht, 28.12.1965, WA51/5465).

131 Chinese Department of Comprehensive Statistics of National Bureau of Statistics 1984: 878 und eigene Berechnung.

132 Bericht über Politik und Wirtschaft der VR China, 06.08.1971, HA Krupp: WA 51/5469.

um ein, in dem die zurückhaltende Chinapolitik der Bundesregierung kritisiert wurde.[133]

Nach dem Beitritt der VR China in die UNO im Jahr 1971 und der amerikanisch-chinesischen Annäherung nahm auch das politische Interesse der BRD an einer Annäherung an die VR China zu. Als dann die Ostverträge mit einer Mehrheit des Bundestages ratifiziert und das Streben der VR China nach einer Kooperation mit der DDR gegen die Sowjetunion gescheitert waren, wurde der Vorsitzende des Auswärtigen Ausschusses des Bundestags, der ehemalige Außenminister Gerhard Schröder (CDU), durch Wang Shu, den Korrespondenten der chinesischen Nachrichtenagentur in Bonn, im Frühjahr 1972 nach China eingeladen.[134] Schröder war der erste hochrangige Politiker der BRD, der nach China reiste. Er wurde von Zhou En-Lai empfangen. Schröder äußerte während der Reise den Wunsch, diplomatische Beziehungen mit der VR China aufzunehmen, und der chinesische Staat signalisierte ebenfalls sein Interesse.[135] Schröders Reise nach China erfolgte vor den Bundestagswahlen und erhöhte wegen ihres Erfolges den Druck auf die regierende sozialliberale Koalition. Daher reiste Außenminister Walter Scheel im Oktober 1972 nach China. Am 11. Oktober 1972 unterzeichneten Scheel und der chinesische Außenminister Ji Peng-Fei in der Großen Halle des Volkes in Beijing ein gemeinsames Kommuniqué über die Aufnahme der diplomatischen Beziehungen.[136] Die Taiwan- und die Berlinfrage wurden nicht erwähnt. Voraussetzung für die Aufnahme der diplomatischen Beziehungen zwischen den beiden Ländern war, dass die BRD nicht die Interessen von Drittländern wie z. B. der Sowjetunion, Japan, den USA oder Indien verletzte.[137]

Während des Besuchs von Außenminister Scheel in Beijing wurde auch das Thema eines Ausbaus der Handelsbeziehungen zwischen den beiden Ländern angesprochen, so dass noch im gleichen Jahr ein neues Handelsabkommen „auf der Grundlage der Gleichberechtigung und des gegenseitigen Vorteils“ unter Einbeziehung der Berlin-Klausel für die „Entwicklung des Handels zwischen den beiden Ländern“ abgeschlossen werden konnte. Nach dem neuen Handelsabkommen sollten die beiden Länder eine „günstige Voraussetzung für eine weitere Intensivierung des Warenverkehrs“ schaffen und „günstige Bedingungen für den freien Zugang von Waren“ fördern. Die gegenseitige Meistbegünstigung wurde im Abkommen ebenfalls festgeschrieben. Die Preise für Waren und Dienstleistungen

133 Brief von Hanemann an Hufnagel, 04,06,1971, Mannesmann Archiv (SZAG) KA: M82.704.2 Bd.1.

134 *Leutner*, Bundesrepublik, S. 142.

135 *Trampedach*, Bonn, S. 131; *Schaefer*, Krieg, S. 138.

136 *Runge*, Schritt, S. 57; *Trampedach*, Bonn; 131.

137 *Schaefer*, Krieg, S. 142.

sollten nach dem Abkommen marktgerecht sein und der Zahlungsverkehr sollte „in Übereinstimmung mit den in jedem der beiden Staaten geltenden Bestimmungen in Deutscher Mark, in Renminbi oder in einer von den Geschäftspartnern vereinbarten frei konvertierbaren Währung abgewickelt [werden]". [138]

Eine gemischte Kommission für die Untersuchung und Förderung des Warenaustauschs sollte gebildet werden. Das neue Handelsabkommen war gültig bis 1974. Es schuf die allgemeinen Voraussetzungen für die Weiterentwicklung der Wirtschaftsbeziehungen zwischen den beiden Ländern.[139] Allerdings hielt die VR China vorerst noch an dem Grundsatz fest, keinen langfristigen Kredit im Ausland aufzunehmen. Immerhin erklärte sich die chinesische Seite aber bereit Zahlungsziele mit einer Anzahlung von 20 bis 30 Prozent „in Anspruch zu nehmen" und „für den zu kreditierenden Teil gleichmäßige Raten verteilt über höchstens 5 Jahre" zu zahlen.[140] Der Zinssatz sollte wie auch beim Handel mit Japan und Großbritannien bei 6 Prozent liegen. Unter der Bezeichnung „deferred payments" war die VR China bereit für eine Zahlungsweise, bei der „die Restsumme nach vorherigen An- und Zwischenzahlungen während Lieferung, Montage usw. nach Ablauf einer gewissen Frist, so z. B. der Garantieleistung oder dergl., in einer Summe bezahlt wird."[141]

4 Die Handelsbeziehungen zwischen der BRD und der VR China seit der Aufnahme der diplomatischen Beziehungen bis zur Öffnungs- und Reformpolitik 1978

Die Aufnahme der diplomatischen Beziehungen und die Normalisierung der Handelsbeziehungen öffneten eine neue Epoche der Wirtschaftsbeziehungen zwischen der BRD und der VR China. Ein intensiver Kontaktaustausch, sowohl auf der Wirtschaftsebene als auch auf der politischen Ebene, fand statt. Im Jahr 1975

---

138 Abkommen zwischen der Regierung der Bundesrepublik Deutschland und der Regierung der Volksrepublik China über den Handel und den Zahlungsverkehr, HA Krupp: WA 160/192.

139 *U. Reisach*, Deutsch-chinesische Wirtschaftszusammenarbeit – das Beispiel Siemens, in: *M. Schüller (Hg.)*, Strukturwandel in den deutsch-chinesischen Beziehungen. Analysen und Praxisberichte, Hamburg 2003, S. 133.

140 Rolf Audouard: Bericht über die Reise einer Wirtschaftsdelegation der Bundesrepublik Deutschland in die VR China unter Leitung von Herrn Berthold Beitz, 15.06.1973, HA Krupp: WA160/193, S. 17.

141 Ebda., S. 18.

fand die erste Ausstellung der deutschen Industrie TECHNOGERMA in Beijing statt, um den chinesischen Unternehmen das deutsche Industriepotenzial vorzustellen. Die Messe war mit zahlreichen Besuchern sehr erfolgreich.[142] Im Frühjahr 1976 wurde auch eine deutsch-chinesische Wirtschaftskommission eingerichtet.[143] Um den Warenverkehr zu verbessern, wurden einige Abkommen im Verkehrswesen abgeschlossen.[144] Seit der Aufnahme der diplomatischen Beziehungen stieg das Handelsvolumen zwischen beiden Ländern rasant.[145] Die BRD war im Jahr 1974 nach Japan und den USA der drittgrößte Handelspartner der VR China in Bezug auf Export. Als Abnehmerland war die BRD nach Hongkong, Japan und Singapur an vierter Stelle.[146] Dies lag nicht nur an der Normalisierung der Handelsbeziehungen, sondern auch an den „deferred payments", welche die VR China für den Handel mit der BRD eingeräumt hatte. Nachdem die Lieferantenkredite mit einer Laufzeit von bis zu fünf Jahren von der chinesischen Seite in Anspruch genommen worden waren, war die Entwicklung der Exporte in die VR China weniger strikt an die chinesische Exportfähigkeit gebunden. Durch die Einräumung von Zahlungszielen bzw. Lieferantenkredite hatte die Volksrepublik auch mehr Devisen, um etwa kleinere Importe bar zu bezahlen. Seit der Aufnahme der diplomatischen Beziehungen wurde der Handel nicht mehr nur auf den Warenverkehr beschränkt. Wesentlich mehr Anlagen wurden mit Zahlungszielen nach China exportiert. Mehr als zehn Anlagenverträge wurden innerhalb von fünf Jahren nach der Normalisierung der diplomatischen Beziehungen zwischen den beiden Ländern abgeschlossen. Das Demag-Projekt wurde 1973 ebenfalls wieder gestartet und die Anlage konnte 1977 in Wuhan den Betrieb aufnehmen.[147] Obwohl das Gesamtvolumen des deutschen Exports zu diesem Zeitpunkt wegen der Ölkrise leicht zurückgegangen war, stiegen die Lieferungen in die VR China im Jahr 1975 um 26,1 Prozent auf insgesamt 557,8 Mio. DM an.[148]

---

142 Vermerk über TECHNOGERMA Peking vom 5.-18.9.1975, 26.11.1975, HA Krupp: WA51/5497: 2.

143 Vermerk über die VR China – Deutsch-chinesische Wirtschaftskommission, 15.03.1976, HA Krupp: WA51/5496.

144 Deutsch-chinesische Luftverkehrsbeziehungen, 13.01.1975, Bundesarchiv: B136/12546.

145 Bericht über die Entwicklung der deutsch-chinesischen Wirtschaftsbeziehungen vom Bundesminister für Wirtschaft, 03.11.1976, Bundesarchiv: B102/240579.

146 Brief von Grüner an das Mitglied des Deutschen Bundestages Herrn Abgeordneten Dietrich-Wilhelm Rollmann, Betr.: Fragestunde des deutschen Bundestages am 4./5. Dezember 1974, 05.12.1974, Bundesarchiv: B102/240578.

147 Brief von Elson an Herrn Minister, Betr.: Besuch des chinesischen Botschafters Wang am 22. April 1974, 16.00 Uhr, 19.04.1974, Bundesarchiv: B102/240578.

148 Gesprächsführungsvorschlag Die wirtschaftlichen Beziehungen der Bundesrepublik Deutschland zu VR China, 30.09.1975, Bundesarchiv: B136/12545.

Der chinesische Export in die BRD nahm ebenfalls zu. Nach der Aufnahme der diplomatischen Beziehungen und der Normalisierung der Wirtschaftsbeziehungen wurde die Einfuhr aus der VR China großzügig liberalisiert. Trotz des konjunkturell bedingten Nachfragerückgangs auf dem deutschen Markt, als die Bezüge aus fast allen Staatshandelsländern stagnierten, nahm der Import aus der VR im Jahr 1975 um 10,7 Prozent und 1976 um weitere 10,6 Prozent zu. Da die chinesischen Ausfuhrsortimente an industriellen Fertigwaren sehr begrenzt waren, war der Import chinesischer Rohstoffe für die deutschen Unternehmen von vorrangigem Interesse. Er war daher bei fast jedem Wirtschaftsaustausch der beiden Länder ein zentrales Thema. Zwei Listen mit ca. 70 Waren (NE-Metall, seltene Erden, tierische und pflanzliche Öle, chemische und pharmazeutische Erzeugnisse), die deutsche Unternehmen gerne aus der VR China importieren wollten, wurden der chinesischen Seite im Jahr 1976 zugesandt.[149]

Zu den Rohstoffen, welche die deutsche Industrie aus der VR China importieren wollte, gehörten vor allem Kohlen und Erdöl. 1974 entwickelte sich die Volksrepublik zu einem wichtigen Erdölexporteur. Damit kam ihr eine zentrale Rolle auf dem internationalen Energiemarkt zu.[150] Die Volksrepublik war zudem daran interessiert, Energierohstoffe an die BRD zu liefern. Allerdings war der chinesische Ölimport mit hohen Frachtkosten verbunden und deshalb für die deutsche Seite nur über Tauschvereinbarungen umsetzbar. Um den Import der chinesischen Energierohstoffe zu fördern, boten mehrere deutsche Unternehmen an, die VR China bei der Exploration, der Entwicklung von Verfahren für die Aufbereitung sowie der Ausrüstung im Bereich Bergbau und Ölgewinnung zu unterstützen.[151] Auch die Bundesregierung signalisierte ihre Unterstützung dafür.[152] Die chinesische Regierung lehnte allerdings Joint Ventures ebenso wie Verpflichtungen zu Gegenlieferungen strikt ab und ließ Geschäfte nur auf Basis „Ware gegen Geld“ zustande kommen.[153] Auch der Exploration durch ausländische Gesellschaften stand man ablehnend gegenüber. Bei Öllieferung verhielt sich die Volksrepublik eher zurückhaltend, weil der Eigenbedarf der chinesischen

149 Bericht über die Entwicklung der deutsch-chinesischen Wirtschaftsbeziehungen vom Bundesminister für Wirtschaft, 03.11.1976, Bundesarchiv: B102/240579.

150 Vermerk über die Möglichkeiten des Bezugs von Rohöl aus der Volksrepublik China, 30.08.1975, Bundesarchiv: B136/12545.

151 Bericht über die Entwicklung der deutsch-chinesischen Wirtschaftsbeziehungen vom Bundesminister für Wirtschaft, 03.11.1976, Bundesarchiv: B102/240579.

152 Vermerk über die Möglichkeiten des Bezugs von Rohöl aus der Volksrepublik China, 30.08.1975, Bundesarchiv: B136/12545.

153 Bericht über Abendessen von Herrn Minister in der Botschaft der VR China am 5.11.1973, 05.11.1973, Bundesarchiv: B102/240578.

Industrie ebenfalls sehr hoch war. Zudem ist es denkbar, dass die VR China Ölexporte strategisch nutzen wollte, um andere Länder wie z. B. Japan, aber auch Nordvietnam, Nordkorea und die Philippinen stärker an sich zu binden.[154]

Seit 1977 wurde die Lieferung und technische Unterstützung im Bereich der Kernkraft offiziell zwischen der BRD und der VR China besprochen. Dies wäre vor der Aufnahme der diplomatischen Beziehungen undenkbar gewesen und kennzeichnete eine neue Ära der Wirtschaftsbeziehungen zwischen den beiden Ländern. Im Jahr 1977 wurde die BRD nach Japan der zweitgrößte Handelspartner Chinas, wobei der deutsch-chinesische Handel im Gegensatz zum Handel Chinas mit den USA, Großbritannien, Frankreich und den Niederlanden durch deutsche Ausfuhrüberschüsse gekennzeichnet war.[155]

5 Fazit

Nach der Gründung der BRD und der VR China versuchte die deutsche Industrie trotz des amerikanischen Embargos, Handel mit der Volksrepublik zu treiben. Wegen des Bedarfs an Industrieprodukten und Technik im Zuge des Wirtschaftsaufbaus, wegen des politischen Wunsches nach Unabhängigkeit von der Sowjetunion und auch wegen der Konfrontation mit den USA reagierte der chinesische Staat darauf sehr kooperativ. So kam es zur Verhandlung des ersten Handelsabkommens zwischen den beiden Ländern. Angesichts der antagonistischen Stellungen im Kalten Krieg handelte es sich dabei aber um ein inoffizielles Abkommen. Das Handelsvolumen zwischen der BRD und der VR China stieg aufgrund des Bedarfs der Volksrepublik an Produktionsmitteln für den „Großen Sprung nach vorn" massiv an. Mit dem Abzug der sowjetischen Entwicklungshilfe und der in diesem Kontext umgesetzten Readjustierung sank es jedoch wieder stark ab. Nach der Erholung der chinesischen Binnenwirtschaft scheiterten die Verhandlungen um ein zweites Handelsabkommen zwischen der BRD und der VR China an dem durch die USA ausgeübten Druck. Die mit der chinesischen Kulturrevolution initiierte Autarkiepolitik, die Schwächung der Wirtschaft und die deutsche Entspannungspolitik gegenüber der Sowjetunion (unter den Bedingungen des verschärften sino-sowjetischen Konflikts) resultierten in einem neuen Tiefpunkt der deutsch-chinesischen Handelsbeziehungen. Unter dem Druck der deutschen Industrie und der CDU/CSU sowie aufgrund des internationalen poli-

154 Vermerk über die Möglichkeiten des Bezugs von Rohöl aus der Volksrepublik China, 30.08.1975, Bundesarchiv: B136/12545.

155 Besuch des chinesischen Außenhandelsministers Li Chinag am Dienstag, 4. April 1978, 12.30 bis 13.15 Uhr, 03.04.1978, Bundesarchiv: B136/12546.

tischen Interesses nach einer chinesisch-amerikanischen Annäherung entschied die sozialliberale Regierung im Jahr 1972 schließlich, die politischen und wirtschaftlichen Beziehungen mit der VR China zu normalisieren. Seit der Aufnahme der diplomatischen Beziehungen wurden die Wirtschaftsbeziehungen zwischen den beiden Ländern wesentlich liberalisiert und verbessert. Die BRD wurde einem der wichtigsten Handelspartner der VR China.

Anders als heutzutage kann man beobachten, dass die Wirtschaftsbeziehungen zwischen Deutschland und der VR China im Kalten Krieg wesentlich von der Außenpolitik der USA beeinflusst wurden. Der außenwirtschaftliche Spielraum der Bundesregierung war durch die internationale politische Umwelt stark eingeschränkt. Trotz der Wünsche der deutschen Industrie konnte die Bundesregierung zwei Dekaden lang die Handelsbeziehungen mit der VR China nicht normalisieren. Die deutsche Industrie konnte in diesem Zeitraum kaum auf staatliche Unterstützung zählen, handelte aber allen Schwierigkeiten und Risiken zum Trotz mit der VR China. Neben dem Einfluss der internationalen Politik spielten die chinesische Binnen- sowie Außenpolitik ebenfalls eine große Rolle bei der Entwicklung der chinesisch-deutschen Wirtschaftsbeziehungen. Das betraf sowohl die verheerenden (wirtschafts-)politischen Fehler als auch die Furcht sich in eine erneute Abhängigkeit von den westlichen Mächten zu begeben.

Xin Tong

Die Wende in den Handelsbeziehungen zwischen der DDR und der VR China in den Jahren 1960–1962

Die Volksrepublik (VR) China und die Deutsche Demokratische Republik (DDR) sind nahezu zeitgleich – im Oktober 1949 – gegründet worden. Die Beziehungen zwischen den beiden Ländern, die gleichsam als Außenposten des kommunistischen Lagers angesehen wurden, spielten im Kalten Krieg eine besondere Rolle. Eine der wichtigsten Erwartungen der DDR-Führung im Hinblick auf die Beziehungen zur VR China richtete sich auf eine Intensivierung des Außenhandels als Grundlage des bilateralen Verhältnisses. In Phasen, in denen der ökonomische Austausch zurückging, traten deshalb wiederholt Spannungen in den Beziehungen auf. Obgleich der Handel nicht der einzige Faktor war, spielte er bei der politischen Entfremdung seit 1961 und für die Wiederannährung 1984 eine sehr wichtige Rolle. In diesem Aufsatz möchte ich meine Forschungsergebnisse über die Veränderung der wirtschaftlichen Beziehungen zwischen der DDR und der VR China am Anfang der sechziger Jahre darstellen und die Gründe analysieren.

Die bisherige Forschung zu den ostdeutsch-chinesischen wirtschaftlichen Beziehungen betont vor allem die Schlüsselrolle der politischen Beziehungen in diesem Zusammenhang.[1] Die Feststellung von Nicole Stuber ist recht typisch: „Es gibt jedoch keine Indizien dafür, dass wirtschaftliche Notwendigkeit ein ausschlaggebender Grund gewesen wäre, um möglichst enge Kontakte zur VR China zu pflegen. Es war eher umgekehrt; man hat versucht, die wirtschaftlichen Beziehungen zu politischen Zwecken zu nutzen."[2] Diese bisherigen Forschungen haben drei Schwächen:

Diese Arbeit wurde durch die Fritz-Thyssen Stiftung gefördert.

1 *W. Meißner* (Hg.), Die DDR und China 1949 bis 1990, Politik- Wirtschaft- Kultur Eine Quellensammlung, Berlin 1995; *C. Gardet*, Les relations de la République populaire de Chine et de la Républiquedémocratique allemande (1949–1989), Bern 2000; *N. Stuber*, East German China policy in the face of the Sino-Soviet conflict: 1956–1966, Diss. Zürich 2004; *T. Chen*, The GDR's relations with China, North Vietnam and North Korea (1960–1977), Diss. Shanghai 2014; *J. Ge*, A History of the GDR-PRC Relations, 1949–1965, Diss. Shanghai 2015.

2 *N. Stuber*, Grundzüge der Beziehungen DDR – VR China 1956 – 1969, in: *J. Krüger* (Hg.), Beiträge zur Geschichte der Beziehungen der DDR und der VR China, Münster 2002, S. 128.

https://doi.org/10.1515/9783110541120-014

Erstens unterschätzen sie die wirtschaftliche Abhängigkeit der DDR von der VR China.

Zweitens übersehen sie die großen Unterschiede in der Außenhandelspolitik beider Staaten vor und nach dem Jahr 1961.

Drittens haben die Untersuchungen der westlichen Forscher eine eindeutig ostdeutsche Perspektive, da sie ausschließlich auf deutschen Archivquellen basieren.

Der Schwerpunkt dieses Aufsatzes ist es, die Prioritäten im Außenhandel der VR China gegenüber der DDR zu untersuchen und dabei besonders die Ursachen für die Änderungen dieser Prioritäten in den Jahren 1960 – 1962 herauszuarbeiten. Außerdem möchte dieser Beitrag fragen, welchen Einfluss diese Änderungen auf die politischen Beziehungen zwischen der DDR und der VR China ausübten?

Die folgende Darstellung besteht aus vier Teilen. Der erste Teil blickt zurück auf die Entwicklung der Außenbeziehungen zwischen der DDR und der VR China in den 1950er Jahren, um die Ausgangslage und wichtige Rahmenbedingungen für die wirtschaftlichen Beziehungen beider Länder vor dem Jahr 1961 zu skizzieren. Der zweite Teil stellt exemplarisch Forschungsergebnisse über die wirtschaftlichen Beziehungen zwischen der VR China und der DDR in den fünfziger Jahren dar. Im Mittelpunkt steht dabei die Bewegung „Großer Sprung nach vorn" und die daraus resultierenden Probleme, die Kündigung des Handelsabkommens zwischen beiden Staaten und der Besuch des Politbüromitglieds der SED Hermann Materns in Beijing im Jahr 1961. Der dritte Teil widmet sich der Umorientierung der chinesischen Außenhandelspolitik im Jahr 1962 sowie den Reaktionen der DDR auf diesen Politikwechsel. Der vierte Teil fragt nach den Gründen für die Änderung und analysiert die gegensätzlichen Erwartungen der DDR gegenüber der VR China.

1

Bereits vor den Gründungen beider kommunistischen Staaten war China für Deutschland in den 1930er Jahren ein ganz wichtiger Handelspartner. Die damalige Handelsstruktur zwischen beiden Ländern ist fast bis zum Ende der DDR gleich geblieben. Die deutsche Seite importierte hauptsächlich Nahrungsmittel und Rohstoffe aus China und exportierte vor allem „Metallwaren", überwiegend Maschinen. Mangels ausreichender Devisenreserven, die für die Wiederaufrüstung benötigt wurden, hatte das Dritte Reich im April 1936 ein Abkommen über den Warenaustausch auf der Basis von Kompensationsgeschäften mit der Regierung des Marionettenstaats Mandschukuo geschlossen, womit sich Deutschland den Import von Sojabohnen aus Nordost-China[3] sicherte. Trotz heftiger diplomatischer Proteste der damaligen chinesischen Regierung, die dieses Abkommen als eine offizielle Anerkennung Deutschlands für Mandschukuo verstand, traf die NS-Regierung diese Entscheidung, weil den Sojabohnen aus Nordost-China als Rohstoffe für die Margarine-Produktion in Deutschland eine strategische Bedeutung für die Überwindung der „Fettlücke" zukam.

Nach ihrer Gründung hatte die VR China die wirtschaftlichen Beziehungen mit der DDR tatsächlich zu politischen Zwecken genutzt, da für die KP Chinas die ökonomische Unterstützung der DDR einen Beitrag zur europäischen sozialistischen Bewegung bedeutete. Nach Parteichef Mao Zedong war die DDR für sein Land noch wichtiger als andere europäische sozialistische Staaten im Ostblock, da beide Staaten viele gemeinsame Besonderheiten auszeichneten. So verstanden sich sowohl die VR China als auch die DDR als Teil eines gespaltenen Landes und diese Ausgangssituation brachte entsprechende Schwierigkeiten bei den Bemühungen um internationale Anerkennung mit sich. Außerdem befanden sich beide Länder geographisch an den Außenrändern ihres Blocks und konnten somit als ‚Frontstaaten' gelten.[4] Nach Lenins Weltanschauung gab es keinen wirklich dauerhaften Frieden nach der Oktoberrevolution, weil „Imperialismus dasselbe wie Krieg" sei. Die Frontstaaten sollten aufgrund ihrer besonderen Lage von anderen sozialistischen Ländern Hilfe bekommen, wie es auch bei Nordvietnam und Nordkorea der Fall war. Deshalb schrieb Mao am 16. Oktober 1953 an Deng Xiaoping und Chen Yun, die für Politik und Wirtschaft in der KP Chinas zuständig waren: „Wir müssen Deutschland[5] mit aller Kraft helfen. ... Wir hoffen, dass Deutschland uns weniger Maschinen, sondern mehr Konsumgüter liefern wird (was sie haben oder was sie herstellen können), weil viele Maschinen bei uns momentan noch nicht eingesetzt werden können. Trotzdem müssen wir darauf eingestellt sein, etwa unbrauchbare Maschinen als politische Hilfe für Deutschland zu importieren. Sogar, wenn wir damit Schulden aufbauen. Wir dürfen sie nicht allein lassen, besonders wenn ihre Schwierigkeiten viel größer als unsere

3 Nordost-China, damals auch Mandschurei genannt, wurde von 1932 bis 1945 wegen der Invasion der Japaner vom Marionettenstaat Mandschukuo verwaltet.

4 *B. Erlinghagen*, Anfänge und Hintergründe des Konflikts zwischen der DDR und der Volksrepublik China: kritische Anmerkungen zu einer ungeklärten Frage, in: Beiträge zur Geschichte der Arbeiterbewegung 3, 2007, S. 111–140, hier S. 113.

5 Für die VR China war die DDR die Repräsentanz ganz Deutschlands, da die Bundesrepublik Deutschland nur eine „falsche Regierung" oder ein Marionettenstaat sei, wie dies bei der Taiwan-Regierung der Fall war.

sind."[6] Maos Anweisung wurde getreulich umgesetzt und der Umfang des Außenhandels zwischen beiden Ländern nahm in der Folgezeit signifikant zu.

Aufgrund der politisch orientierten Prioritäten im chinesischen Außenhandel kann man grundsätzlich feststellen, dass die DDR den größeren Vorteil aus den wirtschaftlichen Beziehungen mit der VR China zog:

1. Der Wechselkurs zwischen der chinesischen Währung Renminbi und dem Rubel wurde nicht am Markt gebildet, sondern war vertraglich zwischen der Sowjetunion und der VR China geregelt worden, wodurch die Kaufkraft des Rubels erhöht wurde. Das war der chinesischen Seite auch klar, wie sie nach dem Bruch mit der Sowjetunion rückblickend feststellte: „Die Preise für viele Waren und Ausrüstungen, die wir aus der Sowjetunion importierten, waren viel höher als die Weltmarktpreise."[7] Die vertragliche Fixierung des Wechselkurses von Renminbi und Rubel war ein großer Vorteil für die DDR, die im Handel mit der VR China auch den Rubel als Zahlungsmittel vereinbart hatte.[8]

2. Viele Waren, die die VR China aus den obengenannten politischen Motiven in die DDR exportierte, hätte sie zu höherem Preisen am Weltmarkt verkaufen können. Diese entgangenen Erträge sind als Opportunitätskosten zu sehen.

3. Die DDR hatte dadurch auch eine Chance auf Switchgeschäfte oder Re-Export. Sie kaufte billige Waren (wie Seide) aus China und verkaufte sie zu einem hohen Preis auf dem Weltmarkt. Auf der anderen Seite kaufte die DDR Waren, die China wegen der Ausfuhrkontrollen des Coordinating Committee on Multilateral Export Controls (Koordinationsausschuss für Ost-West-Handel, meist kurz „CoCom") nicht auf dem Weltmarkt kaufen konnte und verkaufte sie nach China zu einem überhöhten Preis. Die Handelspolitische Abteilung der Botschaft der DDR in Beijing stellte dazu fest, dass „einige Importschwerpunktwaren sehr vorteilhaft in der VR China gekauft" werden könnten. Sie belegte diese These durch einen Vergleich der Einkaufspreise für bestimmte Warengruppen in der VR China im Vergleich zu den jeweiligen Weltmarktpreisen. Wenn der Preis in China mit 100 Prozent gerechnet wurde, lagen die Weltmarktpreise 1966 für

- Quecksilber bei 248 Prozent,
- Antimon bei 220 Prozent,
- Zinn bei 185 Prozent,
- Molybdän bei 246 Prozent,

6 中共中央文献研究室编,《毛泽东年谱》卷二, Beijing 2013, S. 179–180.

7 An das Zentralkomitee der Kommunistischen Partei der Sowjetunion, 10.3.1964, Stiftung Archiv der Parteien und Massenorganisationen der DDR im Bundesarchiv (BArch-SAPMO), DY 30 3609, Bl. 54.

8 *Z. Shen*, 《新中国建立初期苏联对华经济援助的基本情况——来自中国和俄国的档案材料》, in: 《俄罗斯研究》3, 2001, S. 53–66, hier S. 61 ff.

- Wolfram bei 110 Prozent,
- Sojabohnen bei 115 Prozent,
- Kolophonium bei 162 Prozent und
- Rohseide bei 205 Prozent.[9]

Auch der chinesischen Seite dürften diese Relationen bekannt gewesen sein, aber Maos Regierung brachte mehrfach Verständnis für die DDR als „Bruderland“ zum Ausdruck und sicherte Unterstützung zu, als die DDR wegen der instabilen innenpolitischen Situation im Jahr 1953 Lieferungen nach China verzögerte und die Verpflichtungen aus dem Handelsabkommen am Ende nicht erfüllen konnte.

Dieser große Vorteil für die „gesamten volkswirtschaftlichen Interessen der DDR“ erklärt, warum die ostdeutsche Seite nach 1963 trotz der rapiden Verschlechterung der politischen Beziehungen zwischen der VR China und der Sowjetunion weiterhin betonte, „dass es trotz der antimarxistischen und widersprüchlichen Politik der Gruppe um Mao notwendig“ sei, „alle Möglichkeiten der Verbesserung der Beziehungen zum chinesischen Volk durchzusetzen und die staatlichen Beziehungen zu festigen.“[10] Denn die Handelsbeziehungen zur VR China hatten einen ungleich höheren Stellenwert für die DDR als umgekehrt.[11] Deshalb konnte die chinesische im Gegensatz zur ostdeutschen Seite die Außenhandelsbeziehungen nach 1963 für politische Zwecken nutzen.

2

Auf ihrem V. Parteitag verkündete die SED-Führung im Jahr 1957, dass sie 1961 „Westdeutschland überholen werde“. Ulbricht versprach, die DDR „innerhalb weniger Jahre so zu entwickeln, dass die Überlegenheit der sozialistischen Gesellschaftsordnung der DDR gegenüber der Herrschaft der imperialistischen Kräfte im Bonner Staat eindeutig bewiesen wird und infolgedessen der Pro-Kopf-Verbrauch unserer werktätigen Bevölkerung mit allen wichtigen Lebensmitteln und Konsumgütern den Pro-Kopf-Verbrauch der Gesamtbevölkerung in Westdeutschland erreicht und übertrifft.“[12] Diese „Überholbewegung“ war zu dieser Zeit im sozialistischen Lager stark ausgeprägt. Auch deshalb versuchte die DDR-Führung, die Kollektivierung der Landwirtschaft in der DDR nachhaltig und

---

9 Jahresanalyse 1967, Handelspolitische Abteilung der Botschaft der DDR in Peking, BArch-SAPMO, DY 30 IV 2/6.10 252.

10 Ebda.

11 *Meißner*, Die DDR, S. 245.

12 *U. Mählert*, Kleine Geschichte der DDR, München 1999, S. 91–92.

notfalls auch gewaltsam durchzusetzen. Die Folgen waren jedoch völlig andere, als die Ost-Berliner Machthaber erwartet hatten: Die Kühe in den landwirtschaftlichen Produktionsgenossenschaften (LPG) produzierten nicht mehr, sondern weniger Milch. Nach der Einschätzung über die Entwicklung der LPG im Jahre 1959 musste man feststellen, „dass die Milchleistung je Kuh in den LPG insgesamt, ... bei 2.694 kg lag. Die Milchleistung je Kuh in den privaten Bauernhöfen betrug dagegen 3.246 kg im Jahr. [13] Angesichts solcher Unterschiede wurden die versprochenen Ziele unglaubwürdig. Wie konnte sich die DDR unter diesen Voraussetzungen von der wirtschaftlichen Abhängigkeit von der Bundesrepublik (BR) Deutschland befreien und eine „störungsfreie" Entwicklung umsetzen? Die SED-Funktionäre richteten ihre Augen auf China.

Mit der Bewegung „Großer Sprung nach vorn" wurde die VR China 1959 zum ‚Superstar' im sozialistischen Lager. Der Grund für diese Bewegung waren Maos große Ambitionen. Nach dem Tod Stalins herrschte Unsicherheit in Osteuropa. Die Autorität der sowjetischen Führer war angeschlagen, als Chruschtschow Anfang 1956 auf dem XX. Parteitag der KPdSU seine berühmte „Geheimrede" hielt. Die Entstalinisierung des Ostblocks bereitete den Boden für Unruhen in Polen und Ungarn, bei deren Folge Chruschtschow die Unterstützung Chinas brauchte, um seine beschädigte Autorität zu stärken. Gleichzeitig hofften diejenigen kommunistischen Führer in Osteuropa, die mit dem Kurs Chruschtschows nicht einverstanden waren, ebenfalls auf die Unterstützung der KP Chinas. So erklärten die Mitglieder einer DDR-Delegation in Beijing, dass sie vor allem von den Chinesen in politischen Fragen lernen müssten: „Jetzt senden wir deutsche Experten nach China. Bald müssen chinesischen Experten nach Deutschland gesendet werden."[14] Aufgrund der Schwäche der UdSSR sah die KP Chinas die Möglichkeit, eine wichtigere Rolle im sozialistischen Lager zu spielen. Bei Beratungen zwischen den kommunistischen und Arbeiterparteien 1957 in Moskau erreichte Mao einen Höhepunkt seines Ansehens im sozialistischen Lager. Die Folge war ein Machtkampf zwischen Mao und Chruschtschow als Führungsfiguren der internationalen Arbeiterbewegung. Obwohl Mao große Ambitionen besaß, hatte China weiterhin große wirtschaftliche Schwierigkeiten. Die VR China produzierte 1949 nur 40.000 Tonnen Stahl. Das war weniger als ein halbes Prozent der Produktion Großbritanniens, das im gleichen Jahr 15 Mio. Tonnen Stahl herstellte. Der Abstand zu den westlichen Industrienationen war für Mao auf Dauer nicht akzeptabel. Deswegen verkündete er 1957, dass China durch einen „großer

---

13 Einschätzung über die Entwicklung der LPG im Jahre 1959, 27. April 1960, BArch-SAPMO, DY 30/J IV 2/2 J 642, Bl. 20.
14 *Chen*, The GDR's relations, S. 36.

Sprung nach vorn“ in 15 Jahren Großbritannien überholen werde, während Chruschtschow konterte, dass die Sowjetunion in 15 Jahre die USA überholen werde.

Parallel zu diesen Bemühungen stieg das Außenhandelsvolumen zwischen der DDR und der VR China im Verlaufe der Jahre 1957–1959 deutlich an. 1959 war die DDR nach der Sowjetunion der zweitwichtigste Handelspartner Chinas. Eine gefälschte Statistik im Parteiorgan der KP Chinas überzeugte die osteuropäischen Genossen davon, dass die Chinesen wieder ein Wunder geschafft hatten. In seinem 1959 veröffentlichten Buch „Chinas großer Sprung“ erklärte das Mitglied des ZK der SED, Horst Sindermann: „Heute werfen die Sinologen an den Kolonialinstituten der imperialistischen Länder ihre längst vergilbten Manuskripte ärgerlich in den Papierkorb und versuchen recht und schlecht, mit dem ‚Phänomen China‘ zurechtzukommen“. [15]

Im Januar 1960 besuchte der Minister für Außenhandel und Innerdeutschen Handel Heinrich Rau die VR China und unterzeichnete einen neuen Handelsvertrag für die Jahre 1960–1962, der vorsah, den jährlichen Umsatz im Vergleich zu 1959 noch um 10 Prozent zu steigern.[16] Dadurch erreichte das gesamte Außenhandelsvolumen zwischen der DDR und der VR China „auf dem Papier“ seinen Höhepunkt, der bis zum Ende der „Großen Kulturrevolution“ (1976) nicht mehr übertroffen wurde. Zwar stimmte die SED-Führungsspitze mit vielen Maßnahmen der KP Chinas 1958 in der Bewegung „Großer Sprung nach vorn“ nicht überein, aber die DDR-Botschaft in Beijing freute sich über die höheren Bestellungen aus China.

Tatsächlich entwickelte sich der „Großen Sprung“ in China schon 1959 zu einer furchtbaren Katastrophe für das Land. Aber die DDR-Führung bemerkte in jener Zeit die binnenwirtschaftlichen Schwierigkeiten und die verheerenden Auswirkungen dieser Politik in China noch nicht. Am 5. Mai 1959 besuchte Marschall Peng Dehuai[17] in Begleitung Walter Ulbrichts die Sektorengrenze zwischen Ost- und West-Berlin. In einer „ungetrübten brüderlichen“ Atmosphäre fragte Ulbricht Marschall Peng, ob dieser in China den Wunsch nach mehr Fleischlieferungen in die DDR übermitteln könne. Das Ziel der DDR-Führung sei es, den durchschnittlichen Pro-Kopf-Konsum von Fleisch in der DDR in diesem Jahr auf 70 Kilo zu steigern. Denn in Westdeutschland sei der Pro-Kopf-Konsum von Fleisch

15 *H. Sindermann*, Chinas Großer Sprung, Berlin 1959, S. 4.

16 *Stuber*, East German, S. 189.

17 Peng war Kommandeur der Chinesischen Volksfreiwilligenarmee im Koreakrieg sowie ab 1954 der Verteidigungsminister der VR China. Zwei Monate nach diesem Staatsbesuch fiel er wegen der Kritik an der Wirtschaftspolitik Maos (auf der Konferenz von Lushan im Juli 1959) in Ungnade und wurde innerhalb eines Monats seines Postens als Verteidigungsminister enthoben.

auf 80 Kilo pro Jahr gestiegen. Nach der Erinnerung von Pengs Adjutant schwieg Peng eine ganze Weile, als er diese Forderung hörte. Denn er wusste, dass ein Chinese nur durchschnittlich 5 Kilo pro Jahr verbrauchte.[18] Letztlich antworte er, dass er nur versprechen könne, Ulbrichts Vorschlag zu überbringen. Er persönlich sei aber der Meinung, dass China bei diesem Problem nicht viel helfen könne, weil es noch chinesische Bürger gäbe, die großen Hunger hätten.[19] Ulbricht glaubte das offenbar nicht. Aber die durch den „Großen Sprung" ausgelöste Hungersnot in China war noch viel schrecklicher als der Marschall zugegeben hatte. Schon 1958 verhungerten Bauern auf dem Land, 1959 waren es schon einige Millionen und 1960 starben durch die Hungersnot mehr als 15 Mio. Chinesen.[20] Diese Situation bedrohte die Stabilität der chinesischen Regierung und zwang sie, den Außenhandel mit der DDR fast gänzlich einzustellen. Das war ein schwerer Schlag für die Wirtschaft der DDR, denn die Margarineherstellung war von den chinesischen Sojabohnenlieferungen abhängig.

Im Sommer 1960 bemerkte die DDR schließlich die Lieferverzögerungen aus der VR China. Im November erhielt die DDR Botschaft in Beijing eine offizielle Mitteilung der chinesischen Regierung, dass wegen verschiedener Naturkatastrophen und des Abzugs der sowjetischen Spezialisten ein großer Teil der Lieferungen in die DDR ausfallen müsse.[21] Wegen eines zeitgleichen Embargos gegen die DDR seitens der BR Deutschland schuf diese Entwicklung ein großes Versorgungsproblem für die DDR.[22] Deshalb wollte die Handelspolitische Abteilung der Botschaft der DDR in Beijing erreichen, dass bei den Verhandlungen im Außenministerium gegenüber den Außenhandelsgesellschaften der DDR „die gleiche Unterstützung wie bisher gewährleistet werden" würde. [23] Die Handelspolitische Abteilung glaubte, dass die Naturkatastrophen nur ein vorgeschobener Grund für die „vorübergehenden Schwierigkeiten" seien, da China weiter Nahrungsmittel

---

18 Niederschrift über die Unterredung beim Ministerpräsidenten Tschou En-lai am 21. September 1957 von 13.30 bis 14.45 h, DY 30 IV 2 6.10 179. In diesem Gespräch sagt Zhou dem stellvertretenden Ministerpräsidenten der DDR Fred Oelßner: „Wenn wir uns mit Ihnen vergleichen, dann essen wir Gras".

19 *K. Zhu*, 《庐山会议前陪彭德怀访东欧》, 《百年潮》 11, 2005, S. 17.

20 Die Anzahl von Hungertoten ist bis heute umstritten. Forscher schätzen die Anzahl auf zwischen 15 und 43 Millionen. Vgl. *J. Yang*, 《墓碑——中国六十年代大饥荒纪实》, Hong Kong 2009; *F. Dikötter*, Maos Großer Hunger, Massenmord und Menschenexperiment in China, Stuttgart 2014.

21 Fernschreiben von Botschafter Wandel an Minister Schwab, 9.11.1960, BArch-SAPMO, DY 30 IV 2/20 122, Bl.220 – 223.

22 Wegen der zweiten Berlin-Krise kündigte die Bundesregierung am 30. September 1960 das Interzonen-Handelsabkommen mit der DDR.

23 Jahresbericht 1960, Handelspolitische Abteilung der Botschaft der DDR in Peking, BArch-SAPMO, DY 30 IV 2/6.10 179, Bl. 130. Auch in: *Stuber*, Grundzüge, S. 126.

nach Vietnam und Albanien lieferte. Als tatsächlichen Grund vermuteten die Diplomaten den Konflikt zwischen China und der UdSSR, der im Abzug der sowjetischen Spezialisten aus China gipfelte. Die ostdeutsche Seite ging demnach davon aus, dass nicht wirtschaftliche Probleme für die chinesische Haltung verantwortlichen waren, sondern dass es sich um eine politische Strafmaßnahme handelte, weil die SED die Kritik der KPdSU an der aus ihrer Sicht zu radikalen Politik der KP Chinas unterstützte.[24]

Insofern war die Erwartung, dass das Problem durch politische Verhandlungen gelöst werden könnte, durchaus nicht völlig unrealistisch. Mit einer entsprechenden Botschaft von Walter Ulbricht flog das Mitglied des Politbüros der SED, Hermann Matern, im Jahr 1961 nach Beijing und bat Premierminister Zhou Enlai um die Erfüllung der chinesischen Lieferverpflichtungen nach dem weiterhin gültigen Handelsabkommen. In seinem Brief schrieb Ulbricht, dass ihm bewusst sei, dass die Erfüllung des Handelsabkommens „ein großes Opfer" für China bedeute. Aber er müsse trotz dieser Kenntnis an China appellieren, weil es ernste politische Notwendigkeiten gäbe.[25] Denn „es ist Ihnen bekannt, dass besonders ein wesentlicher Teil der Rohstoffe für unsere Margarine-Produktion aus der Volksrepublik China geliefert wurde. Ein Ausfall auch nur eines Teiles dieser Lieferungen wird sich unmittelbar auf die Versorgung unserer Bevölkerung auswirken, da wir nicht über die notwendigen Devisen zum Kauf in Ländern des kapitalistischen Weltmarktes verfügen".[26] Es ist völlig klar, dass Ulbricht die schwere Krise, in welcher sich die VR China befand und die die politische Stabilität des Landes bedrohte, nicht einmal im Ansatz überblickte. Auch vielen in den Städten Chinas lebenden Ausländern war dies noch unbekannt, weil die chinesischen Behörden verhinderten, dass Ausländer auf das Land reisten.[27] Die Lebenssituation in den Städten aber war viel besser als auf dem Land. Im Jahre 1961 behandelte die chinesische Regierung die Hungersnot als ein Geheimnis und war dabei sogar recht erfolgreich. Als der Handelsattaché der DDR-Botschaft Horst Brie Premierminister Zhou Enlai bat, der DDR bei der Lieferung von Sojabohnen zu helfen, entgegnete dieser: „Wenn bei euch in Europa durch Krieg und Verwüstung Hunger herrscht, leiden in erster Linie die Einwohner in den Städten. Bei uns ist es genau umgekehrt. Hunger und Tod treffen in der tausendjährigen Geschichte unseres Landes immer zuerst die Menschen auf dem Lande. Die

24 Ebda., S. 126 ff.

25 Schreiben des Ersten Sekretärs des ZK der SED, Walter Ulbricht, an Mao Zedong, 11. Januar 1961, in: *Meißner*, Die DDR, S. 272.

26 Ebda.

27 驻德使馆致外交部电, 1961年4月20日, 民主德国汪戴尔副部长与中国王国权大使谈两国关系中的一些问题, 中国外交部档案馆, 117–00967–07.

Chancen, irgendwie zu überleben, sind in der Stadt stets größer gewesen. Wir erhöhen die Lieferung an euch, aber dies geschieht auf Kosten unserer eigenen Menschen."[28]

Das Treffen mit Hermann Matern war ebenfalls sehr schwierig für Premierminister Zhou. Denn einerseits wollte er die gesamte Sojabohnenernte zur Linderung des Hungers der eigenen Bevölkerung sichern, andererseits musste er aber die Hungersnot in China selbst gegenüber den „Bruderstaaten" verschweigen. Am Anfang lehnte Zhou die Forderung der DDR rundweg ab. Viele Chinesen seien krank und brauchten Reis und Sojabohnen, um gesund zu werden. Er schlug vor, dass die DDR bei anderen sozialistischen Ländern in Europa nachfragen solle, die ihre Butterexporte erhöhen könnten. Unter den gegebenen Umständen könne die VR China der DDR leider nicht helfen. Matern war damit aber nicht zufrieden, sondern betonte, dass er nicht gekommen sei, um Hilfe zu erbitten, sondern um die Einhaltung der vertraglichen Verpflichtungen einzufordern. Die DDR habe keine notwendigen Devisen zum Kauf auf dem Weltmarkt. Andere osteuropäische Länder seien schon gefragt worden: „Wenn es noch eine einzige andere Möglichkeit gäbe, komme ich nicht hierher", sagte Matern.[29] Die Fronten verhärteten sich und es kam zu harten Auseinandersetzungen und gegenseitigen Vorwürfen. Zhou äußerte im Zorn: „Sie sind der Meinung: Deutschland über alles! Ich war 1920 in Berlin. Mir ist diese Idee gut bekannt. ... Wieso kann man uns noch ‚Bruderland' nennen? Dies ist die Haltung der kapitalistischen Länder, die nur ‚das Geschäft' kennen. ... Wenn Sie behaupten, dass ihnen egal ist, ob viele Chinesen sterben oder nicht, können wir Ihnen alles liefern." Matern antwortete: „Die Durchführung der Verträge wird viele Chinesen töten? Ich kann so was überhaupt nicht verstehen."[30] Am Ende willigte Zhou ein, zwanzig oder dreißig Tausend Tonnen Sojabohnen in den kommenden Monaten in die DDR zu liefern. Tatsächlich erreichten die zugesagten Sojabohnen die DDR aber erst Monate später nach dem Mauerbau. Insofern ist es nicht verwunderlich, dass sich die bilateralen Beziehungen nach Materns Besuch zunächst deutlich abkühlten. Allerdings wollten es beide Seiten nicht auf einen Bruch ankommen lassen. Der Mauerbau am 13. August 1961 war für China ein guter Anlass, seine Freundschaft durch die uneingeschränkte politische Unterstützung in der Presse zu demonstrieren. Wirtschaftliche Unterstützung aber konnte das Land nicht geben.

Der Aufbau stärkeren gegenseitigen Vertrauens wurde dann durch einen Protokollfehler verhindert. Im Oktober 1961 sah die SED-Führung anlässlich des

28 *H. Brie*, Erinnerungen eines linken Weltbürgers, Berlin 2006, S. 102.

29 周总理与马特恩会谈记录，1961年1月24日，中国外交部档案馆，109－03760－03，第54－57页。

30 Ebda.

12. Gründungsfeiertags der DDR die Möglichkeit der westlichen Welt zu demonstrieren, dass sie nicht isoliert sei, sondern nach dem Mauerbau die Unterstützung der sozialistischen Länder hatte. Der Leiter der chinesischen Delegation war Marschall He Long, Mitglied des Politbüros der KP Chinas und Stellvertretender Ministerpräsident. Aber die chinesischen Genossen hatten das Gefühl, dass sie missachtet wurden, weil die Mitglieder des Zentralkomitees der SED, Alfred Kurella und Herbert Warnke, beim Empfang für die chinesische Delegation nicht pünktlich, sondern rund zwanzig Minuten zu spät erschienen. Dieser Protokollfehler wurde von der chinesischen Delegation als ein vorsätzlich unfreundlicher Akt wahrgenommen. Im Bericht der chinesischen Botschaft in Berlin wurden vermerkt, dass die Einladung der DDR „tatsächlich Hinterlist war. ... Sie haben alles versucht, um uns zu betrügen.“[31] Die Botschaft folgerte daraus, dass die DDR-Seite die politische Unterstützung Chinas überhaupt nicht wertschätze. Um die chinesische Seite zu beruhigen, bemühten sich das Ministerium für Auswärtige Angelegenheiten in Berlin und die Botschaft der DDR in Beijing um eine Entschärfung der Situation, indem sie sich für den Fehler entschuldigten. Die Chinesen zeigten den Diplomaten der DDR aber nur „die kalte Schulter“. Dies konnte die deutsche Seite aber auf keinen Fall akzeptieren. Mit großer Enttäuschung schrieb Botschafter Hegen an den 1. Stellvertreter des Außenministers der DDR, Otto Winzer: Es sei jetzt zu klären, „in welchen Fragen wir von der VR China internationale Solidarität und Unterstützung verlangen“ und „in welchen Fragen wir eventuell auf eine Unterstützung von Seiten der VR China verzichten“ können und dafür „die Unterstützung eines anderen sozialistischen Landes in Anspruch nehmen“.[32]

Von November 1961 an gab es kaum noch Nachrichten über die DDR in den chinesischen Zeitungen. Die politischen Beziehungen verschlechterten sich in der Folgezeit immer weiter.[33] Matern schreib drei Jahre nach seinem erfolglosen Besuch in Beijing rückblickend: „Die chinesischen Parteiführer verlangen als Kaufpreis ihrer ‚Freundschaft‘ zur DDR, dass die SED die Politik der unverbrüchlichen Freundschaft mit der Sowjetunion und den anderen sozialistischen Ländern aufgibt.“[34] Dahinter verbarg sich wohl die Erkenntnis, dass die chine-

---

31 中国驻德使馆致外交部电，1961年10月11日，中国外交部档案馆，117-00969-01，第23-27页。

32 Schreiben von Botschafter Hegen an den Stellvertretenden Außenminister Schwab, Durchschrift an Min. Winzer und Gen. Florin, Peking, den 1.11.1961, PAAA, Bestand MfAA, A 6741, Bl. 13.

33 *Brie*, Erinnerungen, S. 101.

34 Der Weg, den Lenin uns wies. Aus der Rede Hermann Materns, Berliner Zeitung, 23.4.1964, in: *Meißner*, Die DDR, S. 217.

sischen Parteiführer die Kosten für die „Freundschaft" zur DDR für zu hoch hielten.

3

Als die DDR begann, sich auf die reduzierten Rohstofflieferungen aus der VR China einzustellen, hatte die chinesische Führung schon die Vorteile erkannt, die mit dem Handel mit westlichen Ländern verbunden waren. Am Anfang zwangen sie die Begleitumstände der Hungersnot Getreide zu importieren. Importe aus anderen sozialistischen Ländern waren nicht möglich, weil dort keine Überschüsse der benötigten Nahrungsmittel für Exporte zur Verfügung standen. Nur die USA wurden nicht in Chinas Überlegungen einbezogen, obwohl der Preis des Weizens aus den USA am günstigsten war. Dennoch wollte die chinesische Regierung von ihrem Hauptfeind keine Waren kaufen. Im Jahr 1960 beschloss Mao schließlich aber doch, den Vorschlag von Premierminister Zhou zu akzeptieren und Nahrungsmittel aus Kanada und Australien zu importieren.

Im April 1961 wusste die DDR-Botschaft in Beijing, dass China viel Getreide aus kapitalistischen Länder importierte: „Aus verschiedenen, nichtchinesischen Quellen ist zu entnehmen, dass mit Australien 1,05 Mio. t Weizen und 40.000 t Mehl und mit Kanada 780.000 t Weizen und 260.000 t Gerste vertraglich gebunden worden sind."[35] Im Oktober 1961 bemerkte die Handelsabteilung der DDR-Botschaft, dass China in London viel Gold und Silber „in nicht veröffentlichten Gesamtmengen verkauft".[36] In der DDR wurde daraufhin vermutet, dass ein Teil der so erlösten Devisen zur Bezahlung der chinesischen Weizenimporte aus kapitalistischen Länder erforderlich waren, wodurch die chinesischen Devisenreserven schon 1961 außerordentlich stark reduziert worden waren.[37] Später wurde klar, dass die VR China nicht nur mit Australien und Kanada, sondern auch mit vielen anderen westlichen Ländern, darunter auch mit der BR Deutschland, Verträge über Getreidelieferungen abgeschlossen hatte.

---

35 Neubert an das ZK der SED Gen. Soelle, Peking, den 22. April 1961, BArch-SAPMO, DY 30 IV A 2/6.10 179, Außenhandel mit China 1957–1962. Juni, Bl. 199.

36 Ludwig an das ZK der SED z. Hd. Genossen Sölle, Peking, 19. Okt. 1961, Anlagen, BArch-SAPMO, DY 30 IV 2/6.10 179, Bl. 345.

37 Ebda.

Tabelle 1: Nahrungsmittelkäufe der VR China im kapitalistischen Ausland mit Liefertermin 1961 (in 1.000 t)[38]

	Weizen	Mais	Gerste	Mehl	Hafer	Reis
Argentinien	-	45	-	-	-	-
Australien	2.285	-	360	40	60	-
Burma	-	-	-	-	-	300
Kanada	1.720	-	620	-	-	-
Frankreich	-	-	260	25	-	-
Westdeutschland	-	-	-	250	-	-

Neben Gold und Silber musste die VR China auch Sojabohnen auf dem Weltmarkt verkaufen, welche die DDR dringend gebraucht hätte. Um zu erklären, warum die VR China 11.000 t Sojabohnen nach Japan exportiert hatte,[39] teilte der Stellvertreter des zuständigen Ministers Li Tschang der Handelspolitischen Abteilung der Botschaft der DDR in Beijing mit, dass die VR China Verkäufe durchführe, um freie Devisen zu erhalten, „die zur Bezahlung der Getreidekäufe notwendig sind".[40] Unter diesen Umständen gingen die DDR-Diplomaten davon aus, dass im neuen Handelsabkommen, das im Folgejahr abgeschlossen werden würde, die Positionen Reis, Sojabohnen und andere Ölsaaten nicht mehr enthalten sein würden, obwohl sie die DDR weiterhin dringend benötigte.[41]

Als sich die wirtschaftliche Lage in China im Jahr 1962 endlich besserte, stieg das Außenhandelsvolumen trotzdem nur langsam wieder an. Die ostdeutsche Seite erklärte sich die aus ihrer Sicht unzureichenden Rohstofflieferungen an die DDR und die anderen sozialistischen Staaten damit, dass die Chinesen mehr und mehr traditionelle Handelsgüter in ihrer eigenen Industrie veredeln wollten.[42] Tatsächlich bemühte sich die chinesische Führung, Importe zu substituieren und mehr verarbeitete Produkte anstelle von Rohstoffen zu exportieren. Ein weiteres Ziel der Außenhandelspolitik war es, den Import aus den sozialistischen Ländern so niedrig wie möglich zu halten, um möglichst viele Waren und Devisen für den Handel mit den kapitalistischen Märkten zur Verfügung zu haben. Davon abge-

38 Ludwig an das ZK der SED z. Hd. Genossen Sölle, 19. Okt. 1961, Anlagen.

39 Ebda, Bl. 349.

40 Bericht der Handelspoltischen Abteilung bei der Botschaft der DDR in der VR China für das III. Quartal 1961, BArch-SAPMO, DY 30 IV A 26.10 179, Bl. 310.

41 Ebda.

42 Ebda, Bl. 335.

sehen hatten chinesische Fabriken auch kaum Respekt vor dem geistigen Eigentum der sozialistischen Länder, da sie diese als „Bruderländer“ betrachteten, die selbstverständlich bereit sein müssten, ihr „Know How“ mit anderen „Bruderländern“ zu teilen.

Die chinesischen Beamten verfügten zu Beginn der sechziger Jahre noch über keinerlei Erfahrungen mit der Funktionsweise des Weltmarktes. Ihre Vorstellungen waren geprägt von militärischer Rationierung (UdSSR) und der traditionellen landwirtschaftlichen Gesellschaft. Typisch für diese Vorstellungen sind die Äußerungen des stellvertretenden Hauptabteilungsleiters des Ministeriums für Auswärtige Angelegenheiten Jü Tschang gegenüber dem 1. Sekretär der bulgarischen Botschaft in Beijing: „Die Produktion der sozialistischen Länder hat das hauptsächlichste Ziel, die Bedürfnisse der Bevölkerung im eigenen Lande zu befriedigen. Sie hat nicht das Hauptziel, für den Export zu produzieren. Natürlich ist es notwendig, die Dinge zu produzieren, die in den freundschaftlich verbundenen Ländern gebraucht werden, aber das ist erst in zweiter Linie zu sehen. Die Entwicklung der Industrie kann und darf nicht auf den ausländischen Markt ausgerichtet sein, weil dann Schwierigkeiten für die eigene Industrie entstehen, wenn andere Länder nicht zu importieren wünschen. ... Wir in der VR China werden keine Unternehmen aufbauen, deren Produkte auf ausländische Märkte ausgerichtet sind, da das für sie eine große Gefahr bedeuten kann.“[43] Für Jü Tschang war der Import von Maschinen aus den osteuropäischen Ländern nur eine Hilfe der sozialistischen „Brudenstaaten“, nicht aber der für beide Seiten vorteilhafte Austausch von benötigten Gütern.[44]

Durch die westlichen Importe während der Hungersnot lernten die chinesischen Beamten, dass Geschäfte mit den westlichen Ländern Vorteile für beide Seiten hatten. Auf dem Weltmarkt konnte China zu einem günstigeren Preis bessere Waren als im sozialistischen Ausland kaufen und die eigenen Waren zu einem besseren Preis verkaufen. Damit wurden diese ursprünglichen Notfallmaßnamen nun zu einer alltäglichen, „normalen“ Aktivität. Zugleich hatte der Konflikt zwischen China und der Sowjetunion und den sich auf die sowjetische Seite schlagenden osteuropäischen Staaten unerwartet positive Auswirkung für den chinesischen Außenhandel. Denn durch die verständnislose Haltung gegenüber den Lieferproblemen der chinesischen Seite hatte die VR China gelernt, dass Außenhandel keine politische Pflicht für „Bruderländer“ war und weniger durch Ideologie, sondern mehr durch wirtschaftlicher Vorteile bestimmt war.

43 Auszug aus einem Aktenvermerk über ein Gespräch zwischen dem 1. Sekretär der bulgarischen Botschaft in Peking und dem stellvertretenden Hauptabteilungsleiter des MfAA, Genossen Jü Tschang am 13.2.1962, DY 30 IV A 26.10 179, Bl. 406–408.

44 Ebda.

Somit war es nur logisch, dass die VR China auch den Handel mit der BR Deutschland intensivieren wollte und eine heimliche diplomatische Annährung betrieb.

Schon im Jahr 1960 erfuhr die Handelspolitische Abteilung der Botschaft der DDR in Beijing von der positiven Entwicklung des Handels der VR China mit Westdeutschland. So habe die VR China „Tierhaare, Rohfedern, rohe Häute und solche Waren nach Westdeutschland geliefert, wo der Bedarf der DDR aus China nicht gedeckt werden konnte." Sie glaubte aber nicht an eine weitere Ausdehnung des Handels zwischen beiden Staaten, weil Adenauer ein „Feind der VR China" sei. Die Umorientierung der chinesischen Außenhandelspolitik war ihr allerdings nicht entgangen. Denn sie stellte zugleich fest, „dass die VR China ihren Bedarf dort deckt, wo sich die günstigsten Bedingungen des Marktes bieten." Die Freundschaft im sozialistischen Lager spiele offenbar keine entscheidende Rolle mehr. [45]

Tabelle 2: Vergleich der Entwicklung des Handels zwischen der BR Deutschland bzw. der DDR mit der VR China 1959–1964 (in Mio. Rubel)[46]

	1959	1961	1962	1963	1964
Export BRD	60,0	35,8	35,2	36,8	46,6
Import BRD	116,7	27,7	28,0	13,9	22,9
Gesamt	176,7	63,5	63,2	50,7	69,5
Export DDR	99,4	47,1	10,4	13,0	17,3
Import DDR	99,5	25,9	15,0	28,0	33,4
Gesamt	198,9	73,0	37,8	28,0	33,4

Nicht nur die BR Deutschland, sondern auch andere Länder der westlichen Welt verbesserten schrittweise ihre Wirtschaftsbeziehungen zur VR China. Die Handelspolitische Abteilung der Botschaft der DDR in Beijing bekam 1963 eine Meldung aus London, die besagte, dass der Leiter einer chinesischen Wirtschaftsdelegation in Großbritannien seine Gedanken „über eine Ausweitung der Wirtschaftsbeziehungen" vorgetragen habe. Demnach sollten beide Seiten eine

45 Jahresbericht der handelspolitischen Abteilung bei der Botschaft der DDR in der VR China für das Jahr 1960, BArch-SAPMO, DY 30 IV A 26.10 179, Bl. 131–132.

46 Einschätzung der Lieferung westdeutscher Stahlwerksausrüstungen für die VR China 27. April 1966, BArch-SAPMO, DY 30 IV A 2/6.10 252 (Es gibt keine Seitenzahl).

Steigerung des Handelsvolumens um mindestens 50 Prozent in Betracht ziehen. Ähnliche Steigerungsraten strebe die VR China auch im Handel mit Japan, Italien und Frankreich für die Jahre 1963 und1964 an.[47]

Tabelle 3: Der Außenhandel der VR China mit sozialistischen Staaten und der kapitalistischen Welt (jeweils Anteil an Chinas Außenhandelsvolumen)[48]

	1959	1960	1961	1962	1963
Sozialist. Staaten	70 %	63 %	49 %	42 %	40 %
Kapitalistische Welt	30 %	37 %	51 %	58 %	60 %

Am Beispiel der Kanton-Messe lässt sich die Umorientierung der Handelspolitik der VR China besonders gut demonstrieren. Die Kanton-Messe war 1957 nach dem Vorbild der Leipziger Messe organisiert worden und sollte als „KW [Kapitalistische Welt] – Exportmesse" dienen. Zunächst wurden Kaufleute vor allem aus Hong Kong, Südostasien und Afrika eingeladen, wobei viele Eingeladene kaum Interesse an einer Teilnahme an der Kanton-Messe hatten. Das Ziel dieser Politik war es, den politischen Einfluss der VR China in diesen Ländern zu intensivieren. Das leitende Prinzip war: Die Wirtschaft muss sich der Politik unterordnen, so dass sich auch der Außenhandel der Außenpolitik unterzuordnen hatte.[49]

Die Hungersnot veränderte auch Chinas Kurs für die Kanton Messe. Nach 1961 wies die Außenhandelsabteilung des Außenministeriums die Messeleitung an, mehr Kaufleute aus Westdeutschland, Frankreich, Italien und Großbritannien einzuladen, weil solche kapitalistischen Länder mit frei konvertierbaren Devisen bezahlen konnten. Mit dieser Neujustierung begann die Erfolgsgeschichte der Kanton-Messe. So soll die Besucherzahl im Jahr 1966 bei ca. 4.200 Ausländern gelegen haben, davon ungefähr 800 Japaner.[50] 1967 beklagte sich die Handelspolitische Abteilung der DDR-Botschaft in Beijing darüber, dass „die Kulturrevolution nicht zu einem Nachlassen des Interesses der kapitalistischen Firmen am chinesischen Markt geführt hat."[51] Denn trotz der radikalen politischen Bewe-

47 Bericht der Handelspolitischen Abteilung der Botschaft der DDR in der VR China für das 1. Halbjahr 1963, BArch-SAPMO, DY 30 IV A 2/6.10 252.

48 Ebda.

49 欧阳湘：《广交会客户邀请的国别（地区别）政策与中国经济外交的政策取向——以1972年中美关系正常化前为中心的历史考察》，《当代中国研究》, 2012, Vol. 19,49 – 56, hier 54。

50 Bericht über die Reise der Genossen Eckloff, Weigert und Deckert zur Kantoner Frühjahrsmesse 1966 vom 2. bis 7. Mai 1966, BArch-SAPMO, DY 30 IV A 2/6.10 252.

51 Jahresanalyse 1967, Botschaft der DDR Peking, handelspolitische Abteilung, BArch-SAPMO, DY 30 IV A 2/6.10 252.

gung zögerte die chinesische Regierung nicht, weiterhin Geschäfte mit kapitalistischen Ländern abzuschließen. Besonders japanische und westdeutsche Unternehmen konnten im Jahre 1967 eine erhebliche Steigerung ihrer Werkzeugmaschinenexporte nach China verzeichnen.[52]

Unter diesen Umständen bekam die Botschaft in Beijing aus Berlin die Aufgabe zugewiesen eine Ausweitung der Handelsbeziehungen der DDR mit der VR China zu planen. Entsprechend der damaligen ideologischen Sichtweise versuchte die Handelspolitische Abteilung der Botschaft die chinesischen Partner von den Vorteilen der DDR als Handelspartner gegenüber den westdeutschen Mitbewerbern zu überzeugen, indem sie betonte, dass neue Maschinen die gleichen technischen Normen besäßen wie die Maschinen aus sozialistischen Ländern, die bereits in China installiert seien. Dadurch seien Pflege und Wartung der Maschinen aus der DDR leichter, weil die chinesischen Arbeiter die Arbeitsweise der Maschinen aus der DDR bereits kannten. Diese Strategie war letztlich nicht erfolgreich, da die Maschinen aus der BR Deutschland einfach zu große Qualitätsvorteile besaßen. Als die VR China zu Beginn der 1970er Jahre die Beziehungen zur westlichen Welt in politischer und damit auch in wirtschaftlicher Hinsicht verbesserte, hatte die DDR-Botschaft in Beijing kaum eine Chance, die ihr gestellte Aufgabe der Ausweitung des bilateralen Handels erfolgreich zu erledigen.

4

Wie der Fall der Entwicklung der Wirtschaftsbeziehungen zwischen der VR China und der DDR zeigt, erwies sich die Planwirtschaft in den sozialistischen Ländern grundsätzlich als eine Bremse für die Entwicklung des Außenhandels. Zunächst jedoch, als der Außenhandel noch wesentlich durch die gemeinsame Ideologie von „Bruderstaaten" geprägt war, stützten sich die VR China und die DDR gegenseitig: Die DDR brauchte die politische Unterstützung der VR China, weil das Land als eine potenzielle Weltmacht über eine großes politisches Gewicht, insbesondere in vielen Entwicklungsländern in Asien, Afrika und Südamerika verfügte. Die DDR wollte den Einfluss Chinas nutzen, um von mehr Staaten diplomatisch anerkannt zu werden. Da jedoch kaum ein Land der „Dritten Welt" wegen der überlegenen Wirtschaftskraft der BR Deutschland den politischen Bruch riskierte, hatte diese Strategie nur einen sehr begrenzten Erfolg. Denn eine Anerkennung der DDR als zweiter deutscher Staat wurde von der BR Deutschland

52 Ebda.

aufgrund der „Hallstein-Doktrin“, nach der die Bundesrepublik die einzig legitime Vertretung des deutschen Volkes sei, mit Wirtschaftssanktionen bis hin zum Abbruch der diplomatischen Beziehungen bestraft.

Nach der Gründung der VR China hatte die DDR hohe Erwartungen an Chinas wirtschaftliche Leistungsfähigkeit und einige Industrie-Sektoren (wie die Margarine-Industrie) verzahnten sich eng mit China. Gleichzeitig brauchte die DDR die VR China auch, weil sie wegen der ideologisch verzerrten Tauschwertrelationen der sozialistischen Staaten bestimmte Rohstoffe wie Sojabohnen zu einem günstigeren als dem Weltmarktpreis kaufen konnte. Die Erwartungen der DDR waren jedoch nicht realistisch. Die Ost-Berliner Machthaber lehnten zwar die innere Herrschaftsstruktur Chinas ab, aber gerade diese ermöglichte es dem wirtschaftlich noch sehr rückständigen Land, die Bedürfnisse der eigenen Bevölkerung zu ignorieren und zu unterdrücken. Nur deshalb konnten die handelspolitischen Erwartungen der DDR erfüllt werden. Im Jahr 1961 hatte sich dieser Widerspruch wegen der Hungersnot in China dramatisch zugespitzt. Die Hungersnot und ihre Folgen für die Bevölkerung waren der DDR-Führung 1960 noch weitgehend unbekannt und so unterschätzte sie deren Auswirkungen auf den bilateralen Handel, was zu einer nachhaltigen diplomatischen Verstimmung führte.

Nach der Überwindung der Hungersnot änderten sich die Prioritäten im Außenhandel der VR China gegenüber der DDR, weil der Außenhandel nun statt „[kommunistische] internationale“ Interessen mehr dem nationalen Interesse einer besseren Versorgung der eigenen Bevölkerung dienen sollte. Durch Nahrungsmittelimport und Warenexport sammelte die Außenhandelsabteilung im Außenministerium der VR China während der sogenannten Sonderperiode der Hungernot umfangreiche Erfahrungen darüber, wie man mit der westlichen Welt zum gegenseitigen Nutzen Handel treiben kann. Seitdem hatten die Lieferungen aus dem sozialistischen Lager in China keine „selbstverständliche“ Priorität mehr. Die Waren aus der DDR mussten mit Waren aus der ganzen Welt konkurrieren. Aus diesen Gründen verlor die DDR – wie auch die anderen osteuropäischen Länder – während der sechziger Jahre deutlich an Gewicht für den chinesischen Außenhandel. Die Tragödie der Hungersnot hatte damit eine unerwartete Auswirkung: die chinesische Volkswirtschaft öffnete sich langsam gegenüber dem Weltmarkt. Diese Grundausrichtung der chinesischen Außenhandelspolitik überlebte alle späteren politischen Krisen in China und dauert bis heute an.

Autorinnen und Autoren

Annika Biss ist Spezialistin für Produkt-, Marken- und Unternehmensgeschichte im BMW Group Archiv

Anandita Bajpai ist Wissenschaftliche Mitarbeiterin am Seminar für Südasienstudien, Institut für Asien- und Afrikawissenschaften an der Humboldt-Universität zu Berlin

Julius Dihstelhoff ist Wissenschaftlicher Mitarbeiter im Fachgebiet Politik des Nahen und Mittleren Ostens am Centrum für Nah- und Mitteloststudien (CNMS)

Fei He ist Doktorandin am Lehrstuhl für Wirtschafts- und Unternehmensgeschichte der Ruhr-Universität Bochum

Yi Guo ist Dozent am Institut für Deutschlandstudien der Zhejiang-Universität in Hangzhou/ China

Mark Jakob ist Wissenschaftlicher Mitarbeiter am Institut für Wirtschafts- und Sozialgeschichte der Philipps-Universität Marburg und Mitglied des SFB/TRR 138: ‚Dynamiken der Sicherheit. Formen der Versicherheitlichung in historischer Persepktive'

Stefanie van de Kerkhof ist Privatdozentin für Wirtschafts- und Sozialgeschichte an der Universität Mannheim und z. Z. Vertretungsprofessorin für Neuere Geschichte/Public History an der Universität Heidelberg

Christian Kleinschmidt ist Professor für Wirtschafts- und Sozialgeschichte der Philipps-Universität Marburg und Mitglied des SFB/TRR 138: ‚Dynamiken der Sicherheit. Formen der Versicherheitlichung in historischer Persepktive'

Theresa Lennert ist Doktorandin an der Professur für Zeitgeschichte der Universität Paderborn

Rachid Ouaissa, ist Professor für Politik am Centrum für Nah- und Mitteloststudien (CNMS) der Philipps-Universität Marburg

Daniel Speich Chassé ist Titularprofessor für Globalgeschichte an der Universität Luzern

Stefan Tetzlaff ist Wissenschaftlicher Mitarbeiter am Leibniz Zentrum Moderner Orient an der Humboldt-Universität Berlin und Mitarbeiter am DFG-Projekt „Das moderne Indien in Deutschen Archiven"

Xin Tong ist Assistent Forscher an der Pädagogischen Universität Ostchina/ East China Normal University in Shanghai

Fatma Uzun ist Doktorandin am Institut für Wirtschafts- und Sozialgeschichte der Philipps-Universität Marburg

Dieter Ziegler ist Professor für Wirtschafts- und Unternehmensgeschichte der Ruhr-Universität Bochum

Bei Fragen zur Produktsicherheit wenden Sie sich bitte an:
If you have any questions regarding product safety,
please contact:

Walter de Gruyter GmbH
Genthiner Straße 13
10785 Berlin
productsafety@degruyterbrill.com